应急预案法治论

——突发事件应急预案的法治理论与制度建构

莫于川 主编

民主行政法论丛

本书获得中国人民大学国家发展与战略研究院学术著作出版资助

法律出版社
LAW PRESS·CHINA

学习是一种生活态度、生活方式与生活习惯！

——作者题记

本书作者

主　编

莫于川　中国人民大学法学院教授，法学博士

副主编

林鸿潮　中国政法大学法治政府研究院教授、博士研究生导师、应急管理法律与政策研究基地主任，法学博士、博士后，中国应急管理学会理事

曹海青　中央司法警官学院法学院副教授，法学博士

撰稿人（按撰写章节顺序）

莫于川　中国人民大学法学院教授，法学博士

任肖容　中国人民大学法学院博士生

林鸿潮　中国政法大学法治政府研究院教授、博士研究生导师、应急管理法律与政策研究基地主任，法学博士、博士后，中国应急管理学会理事

詹成豫　中国政法大学政治与公共管理学院教授，管理学博士、法学博士后

禹竹蕊　四川省委党校（四川行政学院）党建教研部教授，法学博士

钟开斌　中共中央党校（国家行政学院）应急管理培训中心副教授，法学博士

杜吾青　中国人民大学法学院博士生

曹海青　中央司法警官学院法学院副教授，法学博士

肖洋洋　江苏省海门市人民检察院检察官助理，法学硕士

雷　振　西南政法大学行政法学院讲师，法学博士

栗燕杰　中国社会科学院法学所副研究员，法学博士、管理学博士后

梅　帅　中国人民大学法学院博士生

李蕊佚　南开大学法学院副教授，法学博士、博士后

吕夏溪　中诚信托有限责任公司法务经理，法学硕士
唐　静　北京市接济救助管理事务中心二级主任科员，法学硕士
杨　珊　北京君众律师事务所律师，法学硕士
徐传梅　北京路浩律师事务所律师，法学硕士
高　斌　中建投信托股份有限公司研究部研究员，法学硕士
龚　姝　中国人民大学法学院硕士生
刘雄伟　中国人民大学法学院硕士生
孙　政　中国人民大学法学院硕士生
戎慧琳　中国人民大学法学院硕士生

协助统稿

曹海青　肖洋洋　任肖容　杜吾青　梅　帅　孙　政　戎慧琳

总　序　如何走向民主行政法

——树立行政法治观念与创新行政法律制度

随着经济体制改革目标的艰难确立和政治体制改革的稳健展开,30 多年来,我国的行政法制发展取得了长足进步。与改革开放以前相比,经过恢复发展、规范发展、全面发展三个发展阶段的行政法制,逐渐发生了以下几个方面的重大变化:第一,法治观念逐步强化。改革开放以来,在反思传统人治观念的基础上,行政法逐步确立起核心的法治观念,20 世纪末期又把"依法治国"确立为基本治国方略,上升为宪法原则。第二,行政法的权力结构从重权力、轻权利向权力和权利并重转变。《行政诉讼法》的颁布,使权力结构的重心开始发生转移,《国家赔偿法》《行政处罚法》《行政复议法》《行政许可法》《行政强制法》的出台促进了这一调整,开始形成权力和权利良性互动的局面。第三,政府职能从全能型政府向有限政府、从管制型政府向服务型政府转变。随着对政府与市场、与社会、与中介组织关系的认识不断深化,政府开始逐步转变职能,将部分职能让渡于社会,发生了行政事务民营化的转变,同时也增加了新职能,如鼓励、支持非公有制经济发展的职能。第四,行政法机制从单纯的制约机制转变为制约和激励兼顾。第五,行政行为方式从纯粹的命令—服从模式发展成为强制与非强制手段并重、优先采取非强制手段的多样化局面。第六,在程序与实体的关系上,从重实体、轻程序,重结果、轻过程,发展到实体和程序并重,结果和过程并重。第七,在对行政的监督上,从单纯的权力监督,发展到权利救济和权力监督并重。这些变化是广泛和深刻的,对行政法制建设具有革命性影响。

我国行政法制获得的新近重要发展和面临的重大现实课题,从总体上反映了行政法文化革新、行政法制转型发展的成果和方向,适应了市场经济、民主政治和精神文明发展的客观要求,体现了行政法制追求民主化、科学化和法治化的趋势,也提出了行政法制更稳健发展的新任务。可以说,这对于完善中国行政法制的具体制度和学科体系,全面实施依法治国方略,促进行政法治目标的实现,从而推动社会经济、政治和文化的稳健发展,使行政法制能获得更快、更健康的发展,具有重大的理论和实践意义。

人们的观念就是人们的眼镜。戴什么眼镜就看到什么世界。具有不同的法制观念,对于客观事物会有不同的认识,也会产生不同的法制实践效果。在推动行政法制改革创新的新形势下、新进程中,应根据变化了的法律价值观,树立与之相适应的现代法治观念,否则难免在行动上发生重大偏差。这是摆在行政公务人员及其他社会人士面前的一个重大课题,主要包括:一是要树立以人为本、保障人权、尊重人格的观念;二是要树立宪法、法律至上,政府权力有限的观念;三是要树立行政民主、公众参与、共同治理的观念;四是要树立建设服务型政府、强化公共服务的观念;五是要树立政府诚信、社会诚信、官民互信的观念;六是要树立接受监督、责任到位、权利救济的观念。

理论指导实践,实践丰富理论。从宪政建设和法治政府建设的角度看,我国已经出现并将继续深刻表现出行政法制在增强民主性方面的如下几个方面的深刻变化(不仅是行政法制和行政法学,其他法律领域和制度也同样发生着相关的深刻变化和影响)。

1. 关于中国行政法基础理论的民主化发展。2004 年修宪时"人权入宪"后,新时期行政法制的民主化趋势日益受到学界关注和研究,行政民主论应当成为 21 世纪中国行政法学的基础理论之一而发挥其应有的指导作用。有关实务研究和理论创新的要点是:其一,从当今世界民主化潮流的角度审视现代行政法的民主性问题,分析民主化潮流对行政法治进程的影响;其二,探讨行政民主的基本概念、演进历程和各国特点,以及行政民主的理论构造、制度安排和制约因素,如协商行政民主、行政服务、应急法治的理念与制度;其三,探讨行政法制的民主走向和行政民主原则的确立,行政民主原则的含义、构成、成本和作用,及其在行政法制诸环节的运用和难题;其四,在前述基础上,探索在民主精神引导下进一步推动行政法制的观念更新与制度创新。

2. 关于中国行政法主体理论与制度的民主化发展。新时期行政法制建设的基本趋势是行政主体的多元化、多样化、社会化。转型发展过程中出现的复杂多样的行政管理组织形态,或者说公权力组织形态,亟须从理论和操作上得到廓清,更多的组织形态(如社会行政主体)将会具备行政被告资格。涉及的理论问题和实务问题非常多,例如,审议会、联席会议、非政府组织的角色和职责等,都涉及公民参与管理的权利得到实现。这方面的理论与实务发展,有赖于并有助于廓清公共行政与行政法的关系,也有赖于并有助于行政组织人员法制的发展。

3. 关于中国行政法行为理论与制度的民主化发展。基本趋势是行为方式的多样化、柔软化、简便化、规范化、高效化,行政行为理念将增加现代性,形成并普遍接受广义的行政行为概念。可以预料,行政机关制定规则和执行规则等传统行政行为将继续发展外,行政指导、行政合同(契约、协议)、行政规划、行政服务、行政资助(给付)、行政奖励、政府采购、行政和解、公民参与、合作行政、共同治理等柔软、互动的行政方式,将获得更快速、规范化的发展。特别是政府信息公开法制和行政应急法制需要获得更多关注、更大发展。

4. 关于中国行政法监督救济理论与制度的民主化发展。行政法制体系中的监督救济要素和过程,将出现多元化、多样化、系统化、便民化、民主化的发展趋势。出现的创新制度,如更有效果的行政调解制度、规范化的行政怨情处理(行政投诉)制度、人大监督专员制度，更有力的司法审查制度（包括抽象行为司法审查制度），更人性、公平、便民的行政赔偿制度和行政补偿制度。

我国的行政法制建设已经并正在逐渐经历民主化、科学化、法治化和精细化的艰难行程，这是行政法制的民主精神、科学精神、法治精神日益增强、紧密联系、相互影响的交叉复合进程，其与经济、政治、社会和思想文化生活等各个方面以及宪法监督、刑事法治等其他公法领域有着强烈深刻持久的交互影响。不断增强行政管理和行政法制的民主性、科学性和规范性，特别是行政法制的民主化趋势及其制度创新，逐步构建民主行政法，这是一个基本的发展脉络。我们应当正确认知和秉持符合中国国情和普世精神的法律价值观，以现代民主法治发展的眼光，根据行政法治发展的要求，从观念上、体制上、规范上和具体制度及方法技术上进行深入研究与思考，把握发展趋势，作出正确选择，通过深化改革积极推进观念更新和制度创新，深入推进依法行政，加快建设法治政府，努力推动行政法制和行政法学在新时期获得更大的发展，促进行政法治目标的完整实现，促进中国大陆经济与社会的快速、健康、和谐发展。

从依法有效保护行政相对人合法权益的角度出发，对民主行政、行政指导、行政合同、行政规划、行政应急、行政资助、行政奖励、参与行政、合作行政、城市治理、行政和解、行政调解等诸多行政法学新领域、新课题进行探索，有助于深化认识、形成共识、推动革新，获得对行政法制民主化发展趋势及其制度创新规律性的认识，加快法治政府和服务型政府建设的步伐，这是设立“民主行政法论丛”的立意，希望借此扩展视野、培养人才、多出成果、奉献社会。

谨以为序。

莫于川*

* 中国人民大学法学院二级教授、博士研究生导师、法学博士，中国行政法研究所所长、中国法学会行政法学研究会副会长，多个中央国家机关和地方党政机关的法制顾问或咨询专家。

应急预案是应急法治体系的基础环节

——莫于川教授主编《应急预案法治论》序

这次新冠肺炎疫情，是新中国成立以来我国遭遇的传播速度最快、感染范围最广、防控难度最大的公共卫生事件。经过全国上下和广大人民群众艰苦卓绝努力并付出巨大牺牲，疫情防控已取得阶段性的重大胜利成果。

反思数月来的新冠疫情防控艰难斗争经历，依法、科学、有序和全民防控乃是我们取得胜利的重要法宝。正如习近平总书记在中央全面依法治国委员会第三次会议上指出的："疫情防控越是到最吃劲的时候，越要坚持依法防控，在法治轨道上统筹推进各项防控工作，保障疫情防控工作顺利开展。"实践证明，只有坚持依法防控、依法治疫，才能确保防控措施有序有效，有效维护人民群众生命健康和经济社会协调发展。

抗击非典、汶川大地震救灾以来，我国吸取深刻教训加大应急法制建设力度，逐步建立了比较完整的应对突发事件的法律规范体系，包括各位阶、各领域、各地方的专门法律规范和应急预案以及工作机制，这被称为"一案三制"（应急预案、应急体制、应急机制和应急法制）为核心的应急管理及其法制体系，使我国应急法律制度建设水平大幅提升，它们是用无数生命为代价换来的科学方法和制度文明结晶，也是应急法治理念的具体表现。例如，防范为主、常备急需、先行处置、尊重程序、及时报告、专业处置、比例协调、严格问责、注重宣教等法治原则和法律制度。

这次新冠肺炎疫情防范应对过程中的诸多经验教训，反映出我国"一案三制"为核心的应急管理及其法制体系需要进一步改进完善，更主要的是存在运行不够顺畅甚至被束之高阁、视而不见、弃而不用等问题。我国各级各类应急预案体系作为"一案三制"的基础性、实践性和实效性保障环节原已基本建成，理应积极运用其进行有准备、有依据和有效率的依法科学应对，但新冠肺炎疫情防控过程中特别是在前期仍出现了公共卫生应急预案的准备、启动和实施等被轻视忽视、受阻不畅或搁置不用，不能满足疫情防范应对工作需要的诸多沉痛教训，引起了社会各界的广泛批评和反思检讨。

鉴于此，中国人民大学中国行政法研究所所长、中国法学会行政法学研究会副会长、《突发事件应对法》修改专家组成员莫于川教授，带领林鸿潮、詹成豫、钟开斌、禹竹蕊、曹海青等国内应急管理和应急法制研究的一大批青年学者迅速行动，秉持法学理论与法治实践相结合的原则，开展应急预案法治化专题研究，取得重要成果，体现了公法学人的责任担当。他们从应急预案的基础理论、编制制度、基本内容、动态管理等方面入手，写出这一部容量很大、分量很重的学术专著《应急预案法治论——突发事件应急预案的法治理论与制度建构》，对于《突发事件应对法》《突发事件应急预案管理办法》等应急法律制度的不断完善，特别是对于应急预案体系的完善，发挥出应急法治保障功用，具有重要的参考价值。

挫折使人进步，灾难令人警醒。新冠肺炎疫情防控是全民参与的阻击战、总体战，现在仍处于常态化疫情防控斗争中，只要同舟共济、众志成城，我们定能赢得这场人民战争的最终胜利。新冠肺炎疫情防控斗争中积累的经验教训有助于人们对应急预案体系及其运行机制进行深入思考，加强和完善应急预案法治体系有助于提升应对突发公共事件的政府治理和社会治理的法治化水平。此书是我国应急管理和应急法治领域的重要参考书，值得重视，特作推荐。

谨以为序。

马怀德*

2020 年 6 月 10 日序于蓟门桥校区

---

* 中国政法大学教授、校长，中国法学会行政法学研究会会长，《突发事件应对法》修改专家组召集人。

目　录

第二编　应急预案的编制制度

第三编　应急预案的基本内容

第四编　应急预案的动态管理

附　录

绪　论　新冠肺炎疫情防控工作引出的应急预案话题

2020 年年初突发的新型冠状病毒肺炎疫情(以下简称新冠肺炎疫情)已造成我国巨大的生命财产损失,超过 8 万人确诊感染,死亡病例已逾 3000 人,超过 2003 年的非典疫情,对我国经济社会发展和应急管理法治提出了极大挑战。在中国共产党领导下,在中国各族人民经过艰苦努力付出了巨大代价,终于取得疫情防控的重大成效,也为世界各国防控疫情争取了宝贵时间。在我国做出重要贡献之际,新冠肺炎疫情却在国际社会广泛存在的无端指责、传统思维和迟缓行动中已悄然迅速蔓延。截至 2020 年 4 月 24 日,已有超过 200 个国家和地区报告了确诊病例,确诊病例总数已经超过 260 万人,死亡病例已逾 18 万人。世界卫生组织(World Health Organization,WHO)总干事谭德塞先生 3 月 11 日在记者会上宣布,世界卫生组织经过疫情评估后认为,新冠肺炎已形成"全球大流行",也即全球性流行病,且预计不长时间内确诊病例、死亡病例和受影响国家和地区数量还会增加。新冠肺炎疫情的发生再次表明,人类是一个休戚与共的命运共同体,一个国家和地区难以独善其身,须联手抗击疫情。

可以说,这次新冠肺炎疫情是中华人民共和国成立以来在我国发生的传播速度最快、感染范围最广、防控难度最大的重大突发公共卫生事件,对执政党和人民政府、全国人民来说,这是一次危机,也是一次大考,更是一次通过全面深刻反思改进今后可能获得更稳健持续发展的机会。面对大考,很多地方的党委和政府在党中央统一领导下,带领人民群众和各类组织齐心协力积极开展防控工作,为夺取举国抗击新冠肺炎疫情斗争最终胜利做出了应有贡献;但也有少数地方和部门面对突如其来的疫情进退失措,制定的一些防控措施明显违法不当,甚至应急行政决策和执法措施一经推出就引发社会争议造成工作被动,教训不可谓不沉痛、不深刻,而其中一个重要教训就是,某些行政公务人员的危机管理能力,特别是依法防控能力不足。

因此,在近期召开的多个重要会议上,包括 2020 年 2 月 5 日中央全面依法治国委员会第三次会议、2 月 14 日中央全面深化改革委员会第十二次会议、2 月 23 日统筹推进新冠肺炎疫情防控和经济社会发展工作部署会议,习近平总书记在发表重要讲话时谈道,必须依法防控疫情,疫情防控越是到最吃劲的时候,越要坚持依法防控,在法治轨道上统筹推进各项防控工作,保障疫情防控顺利开展。而依法防控疫情的要义之一,乃是必须高度重视、认真建设和妥善运行突发公共卫生事件应急预案体系。

自疫情暴发以来,各地纷纷启动重大突发公共卫生事件一级响应机制,对疫情防控起到了积极作用。实际上,该响应机制早在2006年发布的《国家突发公共卫生事件应急预案》中就有规定,适用于突然发生,造成或者可能造成社会公众身心健康严重损害的重大传染病、群体性不明原因疾病、重大食物和职业中毒以及因自然灾害、事故灾难或社会安全等事件引起的严重影响公众身心健康的公共卫生事件的应急处理工作。《国家突发公共卫生事件应急预案》根据突发公共卫生事件性质、危害程度、涉及范围,将突发公共卫生事件划分为四级:特别重大(Ⅰ级)、重大(Ⅱ级)、较大(Ⅲ级)和一般(Ⅳ级)。除《国家突发公共卫生事件应急预案》外,我国许多地方还制定了地方性应急预案,如《广东省突发公共卫生事件应急预案》《重庆市突发公共卫生事件专项应急预案》等。个别省市针对此次新冠肺炎疫情还尽快制定了具体的应急预案,如《安徽省新型冠状病毒感染的肺炎疫情防控应急预案》《天津市应对新型冠状病毒感染的肺炎应急预案》等。随着疫情得到良好控制,国家卫生健康委员会颁布了《关于省级及以下启动和调整新冠肺炎疫情防控应急响应的指导意见》,随后青海、内蒙古、甘肃等多地将重大突发公共卫生事件响应级别调整为三级,甘肃还制定了《甘肃省复工复产企业新冠肺炎疫情防控应急预案(范例)》逐步有序复工复产,确保正常经济社会运行。可见,应急预案在突发公共事件应对和恢复重建中发挥着特别重要的功用。

2003年的严重急性呼吸综合征(SARS,简称非典)事件推促我国开启了突发公共卫生事件应急法治建设工程,因此,那一年被称为我国应急法制建设元年。此后,我们还经历了汶川、玉树大地震等系列自然灾害,因而持续推进了应急管理体系和应急法制建设。2018年机构改革后,应急管理部的组建,标志着我国的应急管理进入新阶段,现在仍处于磨合调适期。经过十几年的建设,目前我国应急管理体系的立法和预案总体来说比较完整,已逐步建立健全应对突发事件的法律规范体系。从《突发事件应对法》到《传染病防治法》《食品安全法》,再到《突发公共卫生事件应急条例》《政府信息公开条例》,包括各位阶、各领域、各地方的专门法律规范和应急预案以及工作机制已逐步推出、尚需完善。

但是,此次新冠肺炎疫情防范应对过程反映出我国"一案三制"(应急预案、应急体制、应急机制、应急法制)的应急管理体系仍不够健全,特别是运行不够顺畅。例如,我国在非典疫情之后重金打造的传染病疫情网络直报系统在疫情早期人为失灵;黄冈市卫健委时任主任在接受督导组问询时一问三不知;云南省大理市卫生健康局以加强防疫工作为由将从云南发往重庆的防疫物资擅自"紧急征用";疫情防控中不少地方采取了所谓"硬核"但实为不依法办事的管制措施,包括恣意自行封路、封村、封小区等;多省应急物资缺乏,医用设备、防护服、口罩等物资频频告急;等等。

因此,习近平总书记在2020年2月23日在统筹推进新冠肺炎疫情防控和经济社会发展工作部署会议上讲话时强调指出,"在这次应对疫情中,暴露出我国在重大疫情防控体制机制、公共卫生应急管理体系等方面存在的明显短板,要总结经验、吸取教训"。对于应急物资保障,习近平总书记在2020年2月14日主持召开中央全面深化改革委员会第十二次会议并发表重要讲话时特别强调:"要健全统一的应急物资保障体系,把应急物资保障作为国家应急管理体系建设的重要内容,按照集中管理、统一调拨、平时服务、灾时应急、采储结合、节约高效的原则,尽快健全相关工作机制和应急预案。"

应急预案是我国"一案三制"应急保障体系中的重要组成部分,因此,将应急预案纳入法治轨道并对此积极运用进行科学、有效的应急管理,则是我国应急保障制度化发展的必由之路。要进一步反思和优化我国疫情防控依据的应急法律规范和应急预案,只有在常态下未雨绸缪,将应急法治作为基本原则,对此加以深入研究、深化认识,制度化地投入做好应急防范准备,方能及时顺利实现从常态向非常态的衔接和转化,积极发挥应急管理体系的作用。应急管理应坚持法治思维,相关部门运用符合科学规律和国情实际的应急预案依法防控,实际上也是简捷规范的科学防控、有序防控和有效防控。应当以此次疫情为鉴,在法治培训中强化应急法治教育,提升应急法治共识。

本书的研究工作思路和总体考虑是,从公共管理和公法理论及方法的角度,为完善我国突发公共卫生事件应急预案体系建设提出应急管理和法治理论与对策研究成果。具体包括:(1)通过危机防控实务开展实证研究,分析危机防控实践中突出的应急管理和法律问题,对中央和地方的公共卫生防控立法建制特别是应急预案制定和运行情况进行多维度评估,通过典型案例、大数据分析和区块链技术,对应急预案相关管理和法律问题及对策方案进行分析研究;(2)通过应急管理和法制的比较研究,具体了解域外重要国家和地区在危机防控实践中的发展动态,对其应急预案制度的特色做法和实践经验进行梳理分析比较,为完善我国应急预案管理和法治保障,从而改善政府治理、社会治理体系和提升依法治理能力,提供多维度的参考借鉴;(3)通过应急管理与法治的关系研究,对党的十八大以来若干重要纲领性文献和党中央、国务院的战略部署,特别是习近平总书记关于疫情防控、公共卫生制度完善发展等方面"存在的明显短板,要总结经验、吸取教训"的指示精神进行深入研究,准确把握包括应急预案体系在内的疫情防控管理体系和法治体系的新内涵,创新发展我国危机管理理论和法治理论;(4)通过分析、解决问题的对策研究,特别是结合新冠肺炎疫情防控工作中涉及的应急预案、体制、机制和法制发展的实际情况,运用法学、管理学、社会学、政治学、思想政治教育等理论指导,从观念、规范、队伍、制度、运行、方法、环境等角度提出创新完善中国特色应急预案体系和法治体系的路径建议。希望通过系统深入研究,从正确认知和逐步完善中国特色的应急预案体系来推动国家治理体系和治理能力现代化。

本书选取"一案三制"中的"一案"——应急预案为研究主题,系统深入地专题研究应急预案法治化的理论和实践问题。研究进路是,从法治视野中的应急管理、应急法制与应急预案的相互关系入手,撰写如下四编:第一编主要研究应急预案的基础理论,包括应急预案的法律性质、法律效力、作用原理、逻辑基础、基本功能、体系类型、编制依据和编制方针等;第二编主要研究应急预案的编制制度,包括应急预案的编制主体、编制程序、编成文本与发布方式等;第三编主要研究应急预案的基本内容,包括应急预案的基本构造,应急预案中的应急体制、应急机制和应急保障等;第四编主要研究应急预案的动态管理,包括应急预案的启动、实施和终结,评估和更新,应急预案工作的监督管理,应急预案实施环境的改善等;附录主要介绍了典型的应急预案实施案例、国外的应急预案文本、国内应急预案文本和应急预案研究的论著目录。沿此思路加强和完善应急预案法治体系,有助于提升应对突发公共安全事件的政府治理和社会治理的法治化水平。

一方面,就应对突发公共卫生事件的角度而言,本书对完善重大疫情防控救治体系、加强我国公共卫生法治保障具有积极意义;另一方面,随着疫情影响已蔓延全球,世界各国成为休戚与共的命运共同体,对应急预案理论与制度规范的研究成果或也具有世界意义。

为了国家的长治久安,我们要增强忧患意识,加强应急管理建设,推动我国的应急管理水平向更高质量、更有效率、更具可操作性的方向迈进。

第一编　应急预案的基础理论

第一章　应急预案的法律性质和法律效力

在2003年非典疫情之前，“应急预案”[1]一词对绝大多数人来说还显得十分陌生。但随着近几年来我国公共应急管理体系迅速发展，特别是2008年以来各种重特大突发事件密集发生后，诸如“启动××应急预案”一类的语句频频见诸各种媒体，逐渐成为人们熟知的一种政府应急管理手段。在此次抗击新冠肺炎疫情中，各地也纷纷制定或启动应急预案。例如，2020年1月29日宁夏回族自治区人民政府发布《宁夏回族自治区应对新型冠状病毒感染的肺炎疫情工作应急预案》，贵州省交通运输厅系统制定《贵州省交通运输应对新型冠状病毒感染肺炎疫情应急预案》，河北省根据《河北省突发公共卫生事件应急预案》启动河北省重大突发公共卫生事件一级响应等。

应急预案到底是什么呢？在管理学上不难直截了当地给出它的定义：“应急预案是针对可能的重大事故(件)或灾害，为保证迅速、有序、有效地开展应急与救援行动、降低事故损失而预先制定的有关计划或方案。”[2]其目的是解决“突发事件事前、事发、事中、事后，谁来做、怎样做、做什么、何时做、用什么资源做”的问题。[3] 既然应急预案旨在为突发事件应对中一切可以预设的问题提供指南，那么，它在法律上是不是一种行政法律规范呢？如果是，它在我国的法律规范体系中又应居于何种位置呢？应急预案又能否成为政府采取应急管理措施的直接依据呢？无论是在立法上，还是在理论上，这些问题都未曾获得解答。特别是自2004年以来，国务院将“一案三制”——应急预案、应急体制、应急机制、应急法制——概括为应急管理体系的核心内容，在形式上将预案与法制并立起来，更给人以预案不是“法”的直观判断，甚至给人以“一案”凌驾于“三制”之上的观感。值得玩味的是，这种概括虽然并不合乎应急预案的本质，却恰恰“暗合”于我国应急体系的现状。

2008年“5·12”汶川地震之后，以国家总体应急预案的修订为开端，现有的预案体

---

① 广义的应急预案包括各种企事业单位、社会团体和组织，甚至家庭和个人的应急方案。本章限于主题，只讨论行政机关为应对公共突发事件而制定的应急预案，即狭义的应急预案。

② 詹承豫、顾林生：《转危为安：应急预案的作用逻辑》，载《中国行政管理》2007年第5期。

③ 参见闪淳昌：《构建社会主义和谐社会中的中国应急管理》，中国科协年会专题论坛暨第四届湖北科技论坛“湖北省减灾与应急管理体系建设”分论坛会议论文，武汉，2007年9月，第6～12页。

系建设已经开始了以完备化、可操作化和无缝衔接为主要特征的战略转移。[①] 换言之，我国应急预案体系的第二轮建设进程已经启动，某些地区和部门已经制定了第二个，甚至第三个版本的应急预案。那么，在这里首先判明应急预案的法律性质、规范效力及其在现有应急规范体系中的位置，对于把握预案建设的未来发展方向，进一步明确我国预案体系建设的指导方针，无疑有基础性的意义。

第一节 应急预案的法律属性及其异化

一、从两个事例说起

事例一：我国现有应急预案体系的形成，始于 2003 年 12 月国务院办公厅应急预案工作小组的成立。此后，按照“横向到边、纵向到底”的原则，各级政府及其部门编制的总体预案、专项预案和部门预案陆续就绪，在 2005 年年初基本完成。[②]

按照行政法学上的权威理论，政府颁布的文件可以区分为法规命令和行政规则两种。前者属于法规范，对内、对外均有拘束力；后者则属行政机关内部规则，对私人无拘束力。[③] 但近些年，在国外也出现了行政规则外部化的现象。[④] 如果按照形式上的标准，我国的行政文件中只有行政法规和行政规章属于法规命令（行政文件中具有法规范属性的部分）。[⑤] 按照这一标准，那么，现有的各级、各类预案便无一符合条件，都只能被归入不具备外部效果的行政规则中。

综观我国的应急预案，除其制定主体与行政法规、规章有所重合外，在制定程序、颁布形式、文件名称等方面，多数不具备行政法律规范的形式外观。这一点从各级、各类应急预案制定时的行文名称，便可窥见一斑。国家总体应急预案的文号是“国发”而非“国务院令”，即国务院的一般规范性文件，而不是行政法规；国家各专项应急预案的文号为“国办函”，这更是直接将其归入内部公文一类；各省级政府制定的总体应急预案一般使用“×政”“×府”“×政文”“×政发”而非“省长令（市长令、主席令）”，即并非省级的地

---

① 参见闪淳昌、周玲：《从 SARS 到大雪灾：中国应急管理体系建设的发展脉络及经验反思》，载《甘肃社会科学》2008 年第 5 期。

② 2005 年 2 月 25 日，第十届全国人大常委会第十四次会议上，国务委员兼国务院秘书长华建敏所作《关于突发公共事件应急预案编制工作和安全生产情况的报告》。

③ 参见［日］盐野宏：《行政法》，杨建顺译，法律出版社 1999 年版，第 67 页。

④ 参见［日］盐野宏：《行政法总论》，杨建顺译，法律出版社 2008 年版，第 64 页。

⑤ 参见朱芒：《论行政规定的性质——从行政规范体系角度的定位》，载《中国法学》2003 年第 1 期。但需要在此说明的是，对照我国现实，将政府文件作“法规命令—行政规则”的二元划分，只是学者们一厢情愿的理论界分。大量行政法规、规章以外的政府文件发挥着实质上的外部规范效力，所谓“其他行政规范性”文件的通用概念便揭示了这一事实。对此类文件在法律上应当如何定位，学界存在极大争论。

方政府规章。但其中出人意料的是，天津市政府在2006年制定总体应急预案时，一方面，以一般规范性文件的形式发布（文号为津政发〔2006〕36号）；另一方面，却又严格地遵循了规章备案程序，将其作为规章向国务院报请备案（备案号为津政备〔2006〕3号）。这个有意或无意的"失误"似乎隐约透露出，某些地方政府已经意识到，一定级别的应急预案在某些方面确实具有和规章类似的属性，在事实上发挥着类似于——有时甚至高于规章的规范作用，因此，在某些环节上便不自觉地"参照"了规章的制定程序。

事例二：2007年年底，在《突发事件应对法》颁布实施后不久，出于奥运会安保工作的需要，北京市启动了这部法律的地方实施性立法工作，准备发布《北京市实施〈中华人民共和国突发事件应对法〉办法》。[①] 在立法过程中，其起草者曾就该实施办法的立法形式——以地方性法规还是地方政府规章的形式出台——有所争论。之所以最终选择制定为地方性法规，一个重要的原因在于：此前，由北京市政府制定的总体应急预案（2004年制定，2005年修订）已经对全市的应急组织、职责、机制、保障等作出了比较详尽的规定，而实施办法中的相当部分内容又直接脱胎于总体预案，如以规章形式出台，二者将有重复之嫌。[②]

这一选择实际上"默认"了北京市的总体预案具有类似地方政府规章的地位，否则，该《实施办法》作为对外生效的立法文本，总体预案作为内部的工作方案，即使二者内容有所交叉，也绝无担心其重复的必要。更有说服力的事实是，自北京市的总体应急预案制定以来，一方面，在突发事件发生后作为工作方案被启动和使用过；另一方面，北京市应急管理的组织机构、职责配置和运行机制却紧紧依据总体预案的规定而展开。可以说，在《实施办法》出台前，北京市的应急总体预案已经"替代"其扮演着突发事件应对地方性规范的角色。而全国其他省份总体预案的角色，也大抵如此。

二、应急预案的本质及其在我国的异化

应急预案的本来面目如何？通过分析其在管理学上的定义，并对照其他国家的做法便不难得到结论。[③] 至少在以下3个方面，应急预案与法规范存在本质差别：（1）应急预案在内容上并不创设某种新的权利义务，而是根据特定区域、部门、行业的需要，对各种法律、法规、规章中业已创设的权利义务进行抽取、梳理、组合、解释的结果，一言以蔽之，

---

① 该实施办法于2008年5月23日由北京市第十三届人大常委会第四次会议通过，自2008年7月1日起施行。

② 有关北京市突发事件应对地方实施性立法的基本构想和思路，可以参见林鸿潮：《论公共应急领域的地方"二次立法"》，载《北京行政学院学报》2008年第3期；马怀德、李程伟等：《〈突发事件应对法〉的地方立法创新：对北京范本的解读》，载《国家行政学院学报》2008年第4期。

③ 例如，美国《联邦反应计划》（Federal Response Plan，FRP）最早就是作为《罗伯特·斯坦福减灾和紧急救助法》的具体执行方案而编制的，FRP在序言中即声明其目的并非创设新的职权和机构，而是在各机构、组织现有职权的基础上促进其协作以形成合力。日本的防灾基本规划则是其《灾害对策基本法》的实施方案。

它只是各种应急法律规范在特定范围内的具体执行方案;①(2)政府编制应急预案的目的,并非要创制一种具有确定约束力的制度安排,而是在既有的制度安排下尽量提高应急反应的速度,应急预案作为一种建立在假设、预测、推理基础上的较佳备选方案,只不过是“没办法的办法”,不排除在危机真正来临时被更佳方案取代的可能,或者在实际执行中根据突发事件的情景变化而动态调整;(3)应急预案的外部功能也并不在于谋求一般人对它的遵守与服从,而主要是通过预案的启动对公众产生感召、动员、宣示等作用。

基于这种认识,无论是在理论上,还是在实务中,人们都将各级、各类预案当作在法律上具有同一属性的事物来看待,即将预案视为应急法律规范、应急管理制度在一定范围内的具体实施方案,不同级别、不同类型应急预案之间的差别只在于所实施的法律和制度、其所针对的突发事件有所不同而已。发达国家的实践也已经印证了这一点。但在我国,应急预案体系的建设有其特殊背景,是在应急法律规范体系远未完善的前提下启动的,因而具有“法律滞后、预案先行”的突出特征。因此,部分应急预案的性质和功能已经在实践中发生了异化,并由此产生了重新定位应急预案并调整其建设方针的必要性。

应急预案的上述功能和特征主要是在高层级的预案中发生了重大变异。综观当前的各种高阶预案——主要是国家和省两级的总体预案——它们几乎不具备最起码的可操作性,②自然也不可能在突发事件来临时作为工作方案真正发挥作用。相反,这些应急预案以大量篇幅对应急管理各环节中的权力、职责、权利、义务进行了分配和设定——有时,这些工作甚至是创制性的,具有一定的行政组织法规范特征。之所以如此,其根本原因在于现有的应急法律体系虽于近年有所发展却仍不完善,行政机关编制预案时缺乏足够的法律资源作为其渊源,便不得不采取“立法滞后、预案先行”的方式。换言之,在一定条件下由应急预案来扮演“法”的角色,用于调整一定范围内应急管理活动中的社会关系,正是当前的现实所必需的。③ 由此,我们正可以合理地解释当前预案编制中深受诟病的两种“错误倾向”:一是预案内容粗疏笼统,所谓“上下预案一般粗”,“原则的话很

① 行政法学界对应急预案的性质有所争论:于安教授认为预案只是对现有法律授权的具体实施办法(于安:《制定〈突发事件应对法〉的理论框架》,载《法学杂志》2006 年第 4 期);莫纪宏教授则认为预案是应急管理法制的重要部分(莫纪宏:《中国紧急状态法的立法状况及特征》,载《法学论坛》2003 年第 4 期)。对于这一问题,笔者赞同前者的观点。

② 参见张红:《我国突发事件应急预案的缺陷及其完善》,载《行政法学研究》2008 年第 3 期。

③ 例如,在《突发事件应对法》出台前,编制国家总体应急预案的首席专家闪淳昌教授在论及国家总体预案与该法的关系时,一方面称总体预案是“政府和群众管理公共危机,应对突发公共事件的行动准则”;另一方面又认为《突发事件应对法》出台后将成为各级政府编制预案的法律依据。实际上,这承认了在《突发事件应对法》出台前,国家总体预案的法律依据并不充足,反而“代理”前者在事实上扮演了国家应急总规范的角色。参见陈福今、唐铁汉主编:《公共危机管理》,人民出版社、党建读物出版社 2006 年版,第 150 ~ 151 页。该书第五章“国家突发公共事件总体应急预案”为闪淳昌教授所撰。

多”，[①]而这正是高阶的应急预案由具体操作方案异化成了法律规范的必然结果；二是预案“一编了之”、缺乏演练，实际上，已经异化为法律规范的预案恰恰是无法被“演练”的。

那么，这些应急预案到底是通过哪些内容、以何种方式、对应急管理活动的哪些方面加以调整，从而在事实上具备了法规范的属性，成为应急法律体系的一部分呢？对此，我们只有通过详细分析这些预案的内在结构和作用方式，才能获得全面的认识。

第二节　高阶应急预案的内在结构与规范效力

一、对50部高阶预案的实证分析

在此，本书选择位阶较高的国家总体应急预案、在笔者撰写本章时已经公布的18个国家专项应急预案、[②]31个省份的总体应急预案，共50部预案作为考察对象。尽管某些预案的全本因保密原因而未能被笔者全部掌握，但从已经公布的简本中，我们仍可清晰地归纳出其基本结构。综观这50部预案，除必不可少的总则类规定（编制目的、编制依据、适用对象、工作原则等）和附则类规定（术语解释、预案管理、下级预案目录等）外，其核心内容可以梳理为以下8个方面：（1）突发事件分级标准；（2）应急组织体制；（3）危机预测、预警、预控等事前管理措施；（4）突发事件报告、响应、处置、救援等事中管理措施；（5）危机恢复、重建、善后等事后管理措施；（6）应急保障；（7）信息发布与公开；（8）责任与奖惩。

笔者在甄别这些内容是否具备法规范属性时，鉴于上文已经提到的形式标准不可能奏效（除了制定主体这一点），将主要考虑实质上的判断标准。标准之一，自然是看这些内容对其所指向的人是否具有拘束力，这是判断法律规范最核心的基准。“说一个规范有效力就是说我们假定它的存在，或者就是说，我们假定它对那些其行为由它所调整的人具有约束力。法律规则如果有效力的话，便是规范。”[③]标准之二，笔者认为还应考虑它们与上位规则的关系。只有当预案的内容已经不再满足于解释和执行上位规则，而是自行创设或补充某种规则时，它们本身才成为了法规范。因为，任何具有独立法律效果的规范在内容上都应当包含对某种权利义务的创设或补充。为了执行上位规则而作出的解释性规定不能被认为具有新的、独立的法律效果，其规范效力只能归结于它所解释、

---

① 蒋树声主编：《建立和完善保障公共安全的应急体系》，群言出版社2007年版，第6页。

② 国家专项应急预案共有26部，已经制定但尚未公布的是《国家粮食应急预案》《国家金融突发事件应急预案》《国家涉外突发事件应急预案》《国家处置大规模群体性事件应急预案》《国家处置大规模恐怖袭击事件应急预案》《国家处置劫机事件应急预案》《突发公共事件新闻发布应急预案》《国家石油供应中断应急预案》。

③ ［奥］凯尔森：《法与国家的一般理论》，沈宗灵译，中国大百科全书出版社1996年版，第32页。

执行的上位规则。[①] 在这里,这种解释性规定只能被归入仅作用于行政机关内部的行政规则——尽管行政规则有时也会产生事实上的外部效果,但学理上并不承认其具有法规范属性。[②] 至于预案中的某些内容仅仅是对上位规则的整理、归纳,甚至重复,就更应该被排除在法规范外了。

(一)突发事件的分级标准

50 部应急预案中关于是否有完整规定分级标准的可参见表 1-1。

表 1-1 预案中的突发事件分级标准 单位:部

分类	预案名称[③]	数量
完整规定分级标准	大面积停电事件、民航飞行事故、重特大森林火灾、地震、防汛抗旱、核应急、通信保障、突发地质灾害、医疗卫生救援、突发环境事件、自然灾害救助; 北京市、福建省、海南省、江苏省、山东省、西藏自治区、云南省	18
部分规定分级标准	国家总体预案;安全生产事故、城市地铁事故、铁路行车事故、公共卫生事件;上海市	6
没有规定分级标准	海上搜救、重大动物疫情、重大食品安全事故;安徽省、甘肃省、广东省、广西壮族自治区、贵州省、河北省、河南省、黑龙江省、湖北省、湖南省、吉林省、江西省、辽宁省、内蒙古自治区、宁夏回族自治区、青海省、山西省、陕西省、四川省、天津市、新疆维吾尔自治区、浙江省、重庆市	26

从表 1-1 可以发现,在统计分析的 50 部预案中,有 11 部国家专项预案和 7 部省级总体预案对分级标准作出了完整的规定,有的甚至修改了法律、法规中既有的分级标准。例如,《国家突发地质灾害应急预案》便对《地质灾害防治条例》中的分级标准有所改动。国家总体预案(在其全本的附录中规定了特别重大与重大突发事件的分级标准)、4 部国家专项预案规定了部分分级标准,1 部省级总体预案(上海市)补充了个别分级标准。3 部国家专项预案、23 部省级总体预案没有规定分级标准。其中,23 部省级总体预案的情况又分两种:一是其本身不作规定,完全适用国家标准;二是其本身不作规定,但授权其专项预案、部门预案划定全部或部分标准。

我们知道,突发事件的分类、分级和分期是整个公共应急管理体系建立的根基,也是

① 参见叶必丰、周佑勇:《行政规范研究》,法律出版社 2002 年版,第 97 页。

② 参见[德]哈特穆特·毛雷尔:《行政法学总论》,高家伟译,法律出版社 2000 年版,第 599 页;[日]盐野宏:《行政法》,杨建顺译,法律出版社 1999 年版,第 73~78 页。

③ 为行文简便,表格中对应急预案名称的表述均采用简称。例如,《国家突发公共事件总体应急预案》简称国家总体预案,国家专项应急预案只称事件名称,省级总体应急预案则只称省、自治区、直辖市名。

应急法律制度的核心。[①] 应急管理中大量权利义务关系的设定,都必须以突发事件级别的划定为前提。应对不同级别的突发事件,政府所拥有的权力、承担的职责以及私人所负担的义务都有着明显的差别。对此,《突发事件应对法》除一般性地规定突发事件分为四级外,将具体划定分级标准的权力全部授予了国务院及其部门,而后者落实这一"立法委托"义务的方式,就是编制相关预案。因此,国家级预案中有关突发事件分级标准的划定,就属于典型的补充性立法。至于在《突发事件应对法》实施前,某些省级预案中曾经划定、补充或修正的分级标准,现在自然应归于无效了。

(二)应急管理的组织体制

50 部应急预案预中关于是否有创制机构职权或补充既有机构的职权可参见表 1－2。

表 1－2 预案中的应急组织体制 单位:部

分 类	预 案 名 称	数量
创制机构和职权	国家总体预案;城市地铁事故、大面积停电事件、民航飞行事故、铁路行车事故、海上搜救、通信保障、医疗卫生救援、突发环境事件、重大食品安全事故;31 部省级总体预案	41
补充既有机构的职权	安全生产事故、重特大森林火灾、地震、防汛抗旱、核应急、突发地质灾害、公共卫生事件、重大动物疫情、自然灾害救助	9

从表 1－2 可以发现,这 50 部预案无一例外地规定了各类应急管理机构的设立及其职责。其中,国家总体预案、9 部国家专项预案、31 部省级总体预案直接规定了相关应急指挥机构及其办事机构、应急管理日常机构、专家咨询机构、应急救援队伍的设置和职权;另有 9 部国家专项预案对既有的应急管理机构,在其职责、分工和相互关系等方面作出了进一步规定。

应急管理的组织体制,决定了由谁代表国家对外行使紧急权力、行使哪些紧急权力,以及在应急管理过程中有关行政机关的相互关系如何等重大问题。这些问题的答案,显然只能由法律或者正式的行政立法来提供。但在上述 50 部预案中,除 9 部是在既有的应急体制框架下作出的执行性规定外,其余 41 部预案在长达两年的时间里实际上扮演了应急组织法的角色,其创立的体制框架直到《突发事件应对法》发布才获得"追认"。即使是现在,上述预案的内容在事实上仍是对有关法律的重要补充。

① 参见薛澜、钟开斌:《突发公共事件分类、分级与分期:应急体制的管理基础》,载《中国行政管理》2005 年第 2 期。

（三）事前应急管理措施

50 部应急预案预中对预案的事前管理分类可参见表 1－3。

表 1－3 预案中的事前管理措施 单位：部

分 类	预 案 名 称	数量
规定预警分级标准	通信保障；北京市、海南省、甘肃省	4
授权下位预案规定预警分级标准	安徽省、贵州省、河南省、湖北省、湖南省	5
未规定预警分级标准	其余 38 部预案	38
未规定事前管理措施	大面积停电、飞行事故、医疗卫生救援	3

从表 1－3 可以发现，50 部应急预案关于事前管理的规定大多集中于临事管理阶段，即监测、预警和预控部分，较少涉及无事管理，即危机预防和应急准备部分。除 3 部国家专项预案因其所应对的突发事件性质特殊（大面积停电、飞行事故、医疗卫生救援），不可能实行临事管理外，其余 47 部预案对此均有所规定。具体包括 3 种情形：（1）这些规定中的大多数内容，都是行政机关的内部工作规则，是行政机关为落实上位法确定的应急职责而作出的解释性规定，不对外产生拘束力；（2）有部分内容涉及单位或个人对突发事件信息的监测与报告，但仍是对上位法作出的解释性规定，没有设定新的权利义务；（3）《国家通信保障应急预案》和 8 个省的总体预案规定（或授权规定）了危机预警级别的划分标准。在《突发事件应对法》中，预警级别的划分标准和事件级别的划分标准一样，都被授予了国务院及其部门。因此，《国家通信保障应急预案》对预警级别的划分，应当被视为受法律委托而作出的补充性规定。而 8 部省级总体预案自行作出的规定或授权其下位预案作出的规定，显然因为越权而应当被认定为无效。

（四）事中应急管理措施

事中管理，即应急响应、处置和救援，是应急预案编制的核心环节。对此，除 1 部省级总体预案（内蒙古）完全沿袭法律和国家预案，没有实质内容外，其余 49 部预案都作出了较为详细的规定。其内容可以被清晰地分成三个部分：（1）明确各级政府及其部门在应急响应中的职责、分工和相互关系；（2）根据上位法的规定细化各种处置措施；（3）规定应急响应的基本步骤和程序。

由于法律对行政机关授予的紧急处置权极其宽泛，其中不乏没有任何实质性限制的概括性授权条款，①加上程序性规范在应急法中的严重缺失，因此，非经一定层级的预案加以补充、阐释，行政机关绝不可能形成可以付诸执行的应急处置方案。但是，这些经过预案补充的方案能否被实施，在法律上却不无疑问。原因在于，《突发事件应对法》第 48

① 如《突发事件应对法》第 49 条第 10 项所规定之“防止发生次生、衍生事件的必要措施”，便是将极广泛的自由裁量空间概括性地赋予了行政机关。

条作出了这样的规定:“突发事件发生后,履行统一领导职责或者组织处置突发事件的人民政府应当针对其性质、特点和危害程度,立即组织有关部门,调动应急救援队伍和社会力量,依照本章的规定和有关法律、法规、规章的规定采取应急处置措施。”但是,有关“采取应急处置措施”的方案在“法律、法规、规章”中却不是现成的,只有在应急预案中才可能找到。那么,应急预案中所规定的应急处置方案到底能否被实施呢?在实践中,行政机关当然不可能对预案中的规定弃之不顾——否则,预案的编制就失去了最重要的意义——那么,就只能选择对法律上的限制视而不见了。

(五)事后应急管理措施

上述50部预案均对应急处置结束后的恢复、重建等事后管理措施作出了规定,其内容主要包括两个方面。(1)建立应急处置结束的制度,除1部省级总体预案(甘肃)外,其余49部预案都以不同方式规定了结束应急处置的条件、主体和程序。但是,应急处置的结束意味着非常态管理向常态管理的转变,标志着两种行政法律秩序的切换,关系一系列重大权利义务关系的转变,自然是必须由法律(而不是应急预案这样的一般行政规范性文件)来回答的问题。[①] 但由于法律上对此完全未作规定,预案中的规定实际上就具有了创制意义。(2)为落实上位法所规定的各种恢复重建措施而做出的解释性规定。

笔者注意到,在甘肃省的总体预案中,竟然存在“授权”当地立法机关制定灾害保险相关法规、规章的条款,显然是把预案当成了后者的上位规范。这也从一个侧面反映出预案的编制者在把握其性质时的困惑。[②]

(六)应急保障措施

50部应急预案预中关于预案中的应急保障可参见表1-4。

表1-4 预案中的应急保障措施

单位:部

分类	预案名称	数量
创制某种制度	安全生产事故、铁路行车事故、通信保障、医疗卫生救援、突发环境事件;北京市	6
越权授权立法	北京市、海南省、河北省、湖南省、重庆市	5
仅有内部规则	其余30部预案	30

从表1-4可以发现,50部预案中有关应急保障的内容,大多数是为了执行上位法而

① 参见于安:《突发事件应对法着意提高政府应急法律能力》,载《中国人大》2006年第14期。

② 这种在预案中要求上级机关立法的规定,可谓由来已久。早在北京市2003年颁布的《防治传染性非典型肺炎应急预案》中,就曾要求地方国家权力机关制定《北京市实施〈突发公共卫生事件应急条例〉办法》(地方性法规)。参见李程伟:《北京防治非典型肺炎应急预案的行政学评析》,载《北京行政学院学报》2004年第1期。

制定的行政机关内部规则，但同时也创设了一系列新的制度，包括：(1)有4部国家专项预案(安全生产事故、铁路行车事故、通信保障、医疗卫生救援)规定了应急救援开支的负担规则；[①](2)国家突发环境事件应急预案规定了政府应急能力评价机制；(3)北京市总体预案授权行政机关在紧急状态下作出负担性行政行为时，可以省略某些法定行政程序。

此外，有5部省级总体预案在保障措施中作出了荒诞的“授权立法”规定：(1)这5部预案均以“法制保障”之名，要求地方立法机关抓紧制定、修改应急管理的相关法规、规章；(2)北京市总体预案更突破宪法保留，进一步“授予”其市政府在紧急状态下的紧急立法权和紧急命令权。

(七)信息发布与公开

除1部省级总体预案(内蒙古自治区)外，其余49部预案均对应急管理中的信息公开制度有所规定，但其内容或是简单重复、援引上位法，或只是执行上位法的具体措施。

(八)责任与奖惩机制

50部应急预案预中对奖惩机制的规定分类可参见表1-5。

表1-5 预案中的奖惩机制 单位：部

分类	预案名称	数量
创设法律责任	安全生产事故、城市地铁事故、民航飞行事故、海上搜救、突发环境事件； 福建省、海南省、湖北省、湖南省、江苏省	10
创设问责机制	重庆市	1
准用性规则	其余32部预案	32
没有相关规定	大面积停电事件、核应急、通信保障、公共卫生事件、重大动物疫情、重大食品安全事故；甘肃省	7

从表1-5可以发现，除6部国家专项预案和1部省级总体预案外，其余43部预案均对应急管理中的奖惩和法律责任作出了规定，其中：(1)有关奖励制度的内容均属解释性规定；(2)有关法律责任的内容多属准用性规则，没有实质意义；(3)5部国家专项预案和5部省级总体预案直接设定了若干违法情形的法律责任，而这些规定在此后颁布的《突发事件应对法》和其他法律、法规中并未全部获得“追认”；(4)重庆市总体预案规定了应急管理中的行政问责机制。

① 此前，对个别类型的事故在救援经费上的负担，法律、法规曾有零星规定，这几部预案是首次作出统一的规定。

二、高阶预案的规范效力

从上述分析可以发现,笔者所选择的这50部位阶较高的应急预案,其在内容上除努力将各种应急法律规范转化为可供操作的具体实施方案外,[①]事实上还创制了一系列重要的应急管理制度,或者对某些法律上没有完整设定的权利义务作出了重要补充——如对突发事件分级标准和危机预警分级标准的确定——离开了这些补充性规定,大量的法律规范将无从实施。而从这些规定的目的来看,对内对外都具有显而易见的约束力,其作为法律规范的属性已经毫无疑问。事实上,就国家建立应急预案体系的初衷而言,对这些制度的创设也恰恰被认为是编制这些预案的核心目标。《国务院有关部门和单位制定和修订突发公共事件应急预案框架指南》就专门指出,应急预案的制定、修订应该“紧紧围绕应急工作体制、工作运行机制和法制建设”等方面进行。可见,在这些预案的编制过程中,建章立制的“立法”意味本来就十分浓厚。但是,这些预案在事实上的规范效力与其作为低位阶文件——甚至是内部文件——的外在形式之间,却存在明显的紧张关系。某些预案中频频出现的越权规定,更凸显出这种内在的紧张关系。

第三节　对高阶应急预案合法性的重构

我们知道,应急预案在本质上是政府实施非常态管理时的执行性、可操作性方案。应急预案的实施关系一系列法律秩序的剧烈变动,集中表现为公权的扩张和私权的克减。因此,应急预案的编制和实施就必须获得合法性上的保护,即预案中的每项内容都必须有确切的法律依据。但显而易见的是,我国现有的应急法律规范体系无法完整地提供这种保护。在法律的完善不可能一蹴而就而预案的编制又迫在眉睫的情况下,某些预案就不得不既充当既有法律的实施方案,又在后者缺位时及时补位,使其自身也成为应急法律规范体系的一部分。正如某些学者已经注意到的,“在应急预案编制中,出现了现有法律不完善或没有法律的问题,一些预案暂时代替了法律的空白”。[②] 笔者还注意到,北京市的《突发公共事件应急预案管理暂行办法》在定义各类预案时,交替使用“计划”和“规范”两词加以描述,这正生动地揭示了当前应急预案作为工作计划和法规范的双重属性。[③] 那么,具有法规范内容的应急预案,应当如何实现其内在属性与外在形式间的匹

---

① 至于这些内容经过转化之后是否真正具备了可操作性,则另当别论。

② 钟开斌、张佳:《论应急预案的编制与管理》,载《甘肃社会科学》2006年第3期。

③ 例如,《北京市突发公共事件应急预案管理暂行办法》第2条:“应急预案是……计划、程序和规程”;第7条:“总体应急预案是……整体计划和程序规范”,“专项应急预案是……行动计划和程序规范”,“应急保障预案是……行动计划和程序规范”,“部门应急预案是……行动计划和程序规范”。而在定义社会单元预案和大型活动预案时,却仅仅称为“具体行动方案或措施”。

配,以摆脱效力上的不确定状态,[①]其各部分内容又如何与新的规范形式相协调,就成了必须解决的问题。

一、高阶预案的规范形式和法律位阶

正如上文所述,由于形式标准和实质标准的不统一,在我国,行政文件的外在形式并不是决定其是否具有规范效力的恰当标准,在行政法规、规章外广泛存在具有法规范(法规命令)意义的行政文件[②]——它们经常被称作一般规范性文件,上文对各类应急预案的剖析也已经印证了这一点。一般规范性文件的效力无论是在行政系统内部,还是在司法审查中,都获得了承认。

不过,形式上的差别虽不足以决定规范效力的有无,却足以决定规范效力的大小和层级。那么,对于那些应急预案中已经规定且必须规定的内容,现有的规范形式能否保证其具有足够的合法性,就是一个无法回避的问题。

例如,各级政府设立的各类应急指挥机构和日常应急管理机构,虽然有组织法和《突发事件应对法》上的依据,但其职权中的绝大多数内容却仅仅源于应急预案的规定。那么,作为一般规范性文件的预案是否足以成为这些机构对外行使职权的依据,就十分值得质疑。与此同时,应急预案为政府各部门所确定的应急管理职权,也常常超越法律上的范围。譬如,在"综合协调"原则的指引下,预案往往会确定某一部门作为应对某类突发事件的主责部门,并赋予其协调其他部门的权限,而这种权限一般为法律上所无。又如,应急救援类预案所确立的救援费用负担规则,本质上是一种民事责任制度,显然更不应由一般规范性文件来调整。更关键的是,作为预案核心的应急处置实施方案,由于其载体并非法律、法规或规章,诚如上文分析,其效力恰恰被《突发事件应对法》所否定——这一问题的出现,固然与立法技术上的失误有关,但确实为应急预案的实施制造了合法性障碍。至于预案中所规定之应急处置的结束、紧急状态下行政程序的简化,以及为违法行为设定的法律责任,更是远远逾越了一般规范性文件的权限范围。

由此,笔者认为,在应急规范的法规范属性必须得到承认但与其现有的效力等级又不相匹配的情况下,通过形式上的改造来提高这些规范的层级就成了一种必然选择。具体来说,国家总体预案和专项预案应以行政法规的形式制定;国家部门预案应以部门规章的形式制定;省级总体预案和专项预案则应以地方政府规章的形式制定。[③] 例如,2016

① 参见戚建刚、杨小敏:《"松花江水污染"事件凸显我国环境应急机制的六大弊端》,载《法学》2006年第1期。

② 参见朱芒:《论行政规定的性质——从行政规范体系角度的定位》,载《中国法学》2003年第1期。

③ 有学者认为,应急预案必须以立法的形式出台是由其本质属性所决定的。笔者认为,恰恰相反,应急预案本来不具有法规范属性,自然也无须立法。这里之所以提出立法的必要性,仅仅与我国当前的特殊现实条件有关,其可以被视为一种不得已的过渡措施。参见王世彤、毛华斌、窦艳芬:《地方政府及组织突发事件应急预案制定原则分析》,载《社会科学家》2006年第3期。

年颁布的《生产安全事故应急预案管理办法》由原国家安全生产监督管理总局颁布为部门规章层级。至于由此以下的各级预案，其创设或补充某制度的空间应已收缩殆尽，在性质上只是纯粹的解释性规定，仍然以一般行政文件的形式存在即可。

二、高阶预案全本的公布及其法律效力

规范形式的改变，必然导致预案的编制程序有所变化。从北京市、广东省、湖南省等地颁布的应急预案管理(暂行)办法和实践的做法来看，应急预案的编制程序介于一般行政规范性文件与行政立法之间，较一般规范性文件更严格，而比诸行政立法又略显宽松。应急预案的制定，在起草机构、初步审查、征求意见、审议批准等环节上与行政立法的程序已经颇为接近，只需在颁布形式、备案对象等方面略加调整便可达成一致。因此，启动行政立法程序用于编制应急预案，并不存在其他实质性的障碍。

下面，以《北京市突发公共事件应急预案管理暂行办法》所规定的预案编制程序为例，比较省级专项应急预案与省级地方政府规章在制定程序上的异同(见表1－6)。

表1－6 省级专项应急预案与省级地方政府规章在制定程序上的异同

制度环节	省级专项应急预案	省级地方政府规章
主体	省级应急委员会①(应急委员会的组成人员比该级政府的组成人员略多)	省级人民政府
立项	省级应急委员会下属某一专项指挥部或政府下属某一部门报请制定	省级人民政府下属某一部门、机构或下一级人民政府报请立项
起草	省级应急委员会下属某一专项指挥部或政府下属某一(几)个部门(共同)起草	省级人民政府下属某一(几)个部门、机构(共同)起草
审查	省级人民政府应急办审查 向相关单位征求意见、召开专家评审会	省级人民政府法制办审查 向相关单位征求意见、召开论证会或听证会
决定	党委、政府主要首长批准	政府常务会议或全体会议审议决定 特殊情况下由政府主要首长批准
公布	以省级应急委员会名义印发 印发范围为有限的相关单位 删节后的简本向社会公布	政府首长签署命令 全部内容向社会公布

① 2018年机构改革后，国家成立应急管理部负责组织编制国家应急总体预案和规划，指导各地区各部门应对突发事件工作，推动应急预案体系建设和预案演练。地方相应成立应急管理厅、应急管理局等负责应急管理工作，组织和指导各地、各部门应对安全生产类、自然灾害类等突发事件和综合防灾减灾救灾工作；组织、指导应急预案体系建设，建立完善事故灾难和自然灾害分级应对制度等。

续表

制度环节	省级专项应急预案	省级地方政府规章
实施	印发之日起实施	公布后30日后实施 特殊情况下自公布之日起实施
备案	报中央政府有关部门备案 抄送省级人大常委会	报国务院、省级人大常委会备案
解释	由制定机关解释	由制定机关解释

通过对比可以发现,应急预案的制定和行政立法的制定之间,最关键的差别就在于公布环节。在已经制定的国家和省级预案中,有部分专项预案和部门预案并未公布,其他预案一般也只公布经过大量删节的简本。在这些没有公布的内容中,实际上包含了若干重要的法规范,如多数预案中的突发事件分级标准和危机预警分级标准在简本中便被完全或部分删除。依照“不公开则无效力”的基本法理,按照这些规定所采取的应急管理措施,便不免有违法的嫌疑,乃至于可能“损害公民的基本权利和国家应急制度的基本准则”。①

对此,笔者认为,可以区分为3种情况来处理:(1)部分被删节的内容实无保密的必要,应在应急预案的公开版本中予以保留,如有关分级标准、应急管理机构的具体组织方式、应急处置的具体措施及程序等规定;(2)部分内容确需保密且纯属内部工作规则,不产生外对效力,因此没有公开的必要,如有关临事、事中、事后管理的流程图,有关应急指挥机构的负责人、联系人及其通信方式,有关应急资源的分布及其调配方式等预案的支持附件;(3)某些内容在平时确实不宜公开,但当突发事件一旦发生而必须适用时,就必须由预案编制机关迅速公布,按照行政立法程序中“公布即生效”的例外规定而获得效力,②如有关应急动员方案、应急特别开支的筹集和使用、应急处置期间的新闻管制等方面的规定。

三、法规范和法律实施方案在高阶预案中的组合方式

通过行政立法的形式编制国家和省级的应急预案,将带来一个新的问题,即这些预案中两部分不同性质的内容——法规范和法律实施方案——之间的兼容问题。法规范所设定的权利义务具有确定性、强制性,甚至唯一性。而预案中的实施方案则是一种建立在经验、预测、推理基础上的行政计划,具有弹性、动态性、可调整性,不能保证在突发

① 于安:《制定紧急状态法的基本问题(下)》,载《法学杂志》2004年第5期。

② 《行政法规制定程序条例》第29条规定:“行政法规应当自公布之日起30日后施行;但是,涉及国家安全、外汇汇率、货币政策的确定以及公布后不立即施行将有碍行政法规施行的,可以自公布之日起施行。”《规章制定程序条例》第32条规定:“规章应当自公布之日起30日后施行;但是,涉及国家安全、外汇汇率、货币政策的确定以及公布后不立即施行将有碍规章施行的,可以自公布之日起施行。”

事件来临时必然被选择,在被选择之后不被修改。如果按照通常的立法套路将后者规定在应急预案中,其结果要么导致应急行动完全丧失灵活性,要么使法律化的应急预案权威扫地。鉴于此,有必要在这些预案中将上述两部分内容适度分离开来。

但是,预案中的法规范呈现明显的分散状态,与作为操作方案的其他内容高度融合,不可能脱离后者而单独被分割出来。因此,笔者认为,有必要将这里的操作方案进一步区分为基本实施方案和具体实施方案。基本实施方案与国家、省两级预案的现状大致相当,其目标是保证各类上位规范的完整落实。那么,国家、省两级的总体预案就以这种基本实施方案为主体,结合具有法规范属性的另一部分内容,两者组合后依照预案中的各要素顺次编制即告完成。而对于国家专项预案、部门预案及省级专项预案来说,还必须在此基础上以附件的形式补充临事、事中、事后三个环节的具体实施方案,才能确保其可操作性。① 具体实施方案与基本实施方案的不同在于增加了各项应对措施之间的逻辑顺序、每项措施的执行人及其职责、完成职责的各种科学辅助方法(如应急资源的配置和调度方法、人员疏散模型等),甚至还包括了每种方案的网络计划图。② 未来,这种具体实施方案还可能借助计算机技术和网络技术以数字化的方式呈现,从而在结合事态即时信息的基础上,迅速生成、调整针对每一次突发事件的行动方案。③ 况且,按照应急决策的基本方法,应急预案应当为决策者提供多套具体实施方案供其评估、比较、选择,④这种要求与预案中作为法规范和法律基本实施方案的内容完全不同——后面两者在预案中只能是唯一的,不具有可选择性。

应急预案的上述结构与其功能也是匹配的。法规范和基本实施方案组成了预案中具有确定性的部分,用于应对突发事件中必然遭遇的确定性问题,其核心是权责配置和资源分配,这正是总体预案或专项预案、部门预案的正文部分需要解决的问题;具体实施方案则构成预案中具有灵活性的部分,用于应对突发事件中的不确定性问题,其核心是危机分析和危机决策,而这正是专项预案、部门预案在附件部分需要解决的。⑤

---

① 造成这种差别的原因在于:就总体预案而言,其层级越高则规范功能越强、操作功能越弱,反之,亦然;而就专项预案和部门预案而言,却并不因层级不同而使操作性上的要求有所变化,因为,不同层级专项预案和部门预案的差别仅仅是所应对的突发事件在级别上有所不同。

② 参见于瑛英、池宏:《基于网络计划的应急预案的可操作性研究》,载《公共管理学报》2007 年第 2 期。

③ 参见翟丹妮:《应急平台中数字化预案系统建设的研究》,载《中国公共安全》(学术版)2008 年第 1 期。

④ 参见申晓留、杨京京、郭瑞鹏:《基于预案的应急决策方法研究》,载《电讯技术》(工业工程版)2005 年第 10 期。

⑤ 参见詹承豫、顾林生:《转危为安:应急预案的作用逻辑》,载《中国行政管理》2007 年第 5 期。

第四节 低阶预案的虚化与我国应急预案体系的功能分化

一、低阶预案的虚化

应急预案在我国的异化,表现在两个方面:一方面,表现为绝大多数高阶(国家和省两级)预案异化为应急法律体系的一部分;另一方面,还表现为低阶(省级以下)预案由于对高阶预案的模仿而丧失了本来的功能和意义。

应当承认,在应急预案的编制过程中,下级预案在编制方式、编制技术、框架结构等方面对上级预案有所沿用,自然在所难免。在我国,尽管《突发事件应对法》第 17 条提出了"国家建立健全突发事件应急预案体系"的基本目标,但并未对预案编制和修改的程序与方式作出明确规定。在实践中,应急预案的编制天然地遵循了自上而下的路径。这固然有下级行政机关业务水平有限、积极性不高,从而对上级机关依赖性较强等问题,但与我国应急预案编制的总体指导方针更有密切关系。

根据 2004 年《国务院有关部门和单位制定和修订突发公共事件应急预案框架指南》(国办函〔2004〕33 号)的规定,有关部门和单位制定、修订相关预案时需要参考该框架指南。尽管该框架指南同时也指出,各编制主体"根据突发公共事件的性质、类型和自己的实际情况,可以适当增减或修改相应内容,调整结构",但以该框架指南为参照物编制的各种预案,在结构和内容上便难免趋同。国务院及其部门编制应急预案之后,又以自身为模板,提出地方各级政府及其部门的应急预案编制框架,让后者"依葫芦画瓢"。例如,在原卫生部的《突发公共卫生事件社区(乡镇)应急预案编制指南(试行)》(卫办应急发〔2006〕215 号)中,就对社区(乡镇)突发公共卫生事件应急预案的编制作出近乎无所不包的安排。尽管该指南同样要求各编制主体要"结合社区(乡镇)自身实际情况"(1.2 编制依据和要求),对应急预案"根据突发公共卫生事件的形势变化和实施中发现的问题及时进行更新、修订和补充"(7.1 预案的制定与更新),但各社区(乡镇)最终出台的应急预案大同小异是毋庸置疑的。由于下级机关在制定应急预案时,对自身特殊性的考虑严重不足,而是满足于照搬照抄直接脱胎于上级预案的编制指南以敷衍了事,由此,造成低阶预案的模式化现象严重。这些预案内容粗疏笼统、大而无当,某些内容对上位预案的抄袭甚至近乎笑谈。所谓"上下预案一般粗""原则的话很多"之类的批评,恰恰是此类现状的准确写照。

从本质属性上看,各级应急预案都是应急法的具体实施方案,具有相同的法律性质和作用原理,不同层级间预案的差别仅仅在于所应对的突发事件在级别、规模上有所不同。因此,下位预案对上位预案的适度沿用和模仿非但无可厚非,还有利于促进上下级预案间的衔接与协同。但在我国则不然，低阶预案对高阶预案过度模仿的后果，将直接造成其自身功能的虚化。诚如上文分析，我国的绝大多数高阶预案已经异化为应急法律规范的一部分，其规范指引功能远重于实战操作功能。由于这种"以案代法"的过渡性安排为当前应急管理的现实所必需，因此，高阶预案在可操作性上的欠缺情有可原。但对于省级以下的低阶预案来说，由于其创制或补充法律制度的空间已经收缩殆尽，必须被定位为纯粹的操作方案。但是，由于预案编制方针和具体编制过程中对上位预案的过度模仿，恰恰导致这些低阶预案的可操作性受到严重损害。如果说高阶预案在性质上的异化是"失之东隅、收之桑榆"，那么，低阶预案因过度模仿而造成的功能虚化，则完全背离了国家建立应急预案体系的初衷。

二、我国应急预案体系的功能分化

在整个国家的应急体系中，应急预案是应急法律规范和应急管理实践之间的"媒介"。普通的法律规范可以直接作用于社会生活实践，而应急法律规范则往往不能。其根本原因在于应急法律规范自身的特殊性。人类在不断应对突发事件的过程中，将经过多次检验证明为正确的方法逐步积累下来成为制度，而这些制度中最成熟的那一部分又上升为法律。因此，应急法律规范代表了人类从具有不确定性的突发事件中总结出来的具有相对确定性的应对之道。通过赋予这些方法以法的拘束力，用于指引、约束人们的应急管理行为，体现了"以不变应万变"的经验理性。而以普遍性、确定性调整为主要特征的法律，与具有个别性、不确定性的突发事件及其应对过程之间存在天然的紧张关系。因此，应急法律规范在内容上往往相对抽象、弹性较大，与普通法律大不相同。这些法律只能为人们应对突发事件的活动提供最一般、最基本的指引，而往往无法直接付诸实践。因此，只有先结合一定地区、部门、行业、事件的特点，将这些法律规范转化为可供操作的、具有一定灵活性安排的具体实施方案，即以应急预案作为"媒介"，才能适用于突发事件应对的实践中（应急法律规范、应急预案体系、应急管理实践关系见图 1－1）。

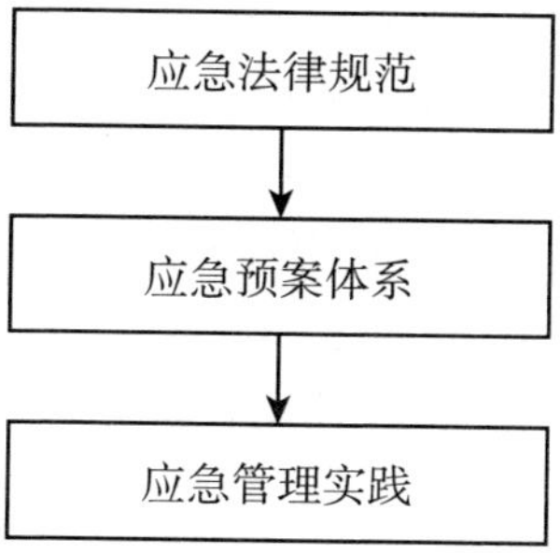

图 1－1　应急预案在应急管理系统中的地位（应然层面）

我国应急预案体系的建设，是在应急法律规范体系取得长足发展但仍远不完善的背景下进行的。这一特殊背景决定了，为弥补法律缺位所留下的真空地带，高阶预案不得不暂时“上升”为应急法律规范的一部分,替代后者发挥必要的规范和指引功能。正如上文所述,应急领域的各种法律、法规、规章与这些高阶预案一道,分别作为正式和非正式的渊源,共同构成当前我国的应急规范体系。这种受制于现实条件而作出的过渡性安排,在短时间内难以根本改变,因而具有必要性与合理性。但这种做法却造成了高阶预案在规范形式与实质内容上的背离,因此,必须立足于改革其制定方式和程序做到“名实相符”,以确保其合法性。

而经过高阶预案的代位补充,应急规范体系已经相对完整。省级以下的低阶预案已无发挥规范与指引功能的必要,而应当被忠实地定位为应急规范的具体实施方案。但是,由于在编制方法和编制技术上的对高阶的预案的过度仿效,已经导致这些预案在功能上严重失位,不堪一用。解决这一问题的关键在于,在充分认识高阶预案与低阶预案不同功能定位的基础上,有差别地设计两者的编制框架、编制程序和编制技术,促使后者“下沉”归位,切实增强其可操作性(高阶应急和低阶应急关系见图1－2)。

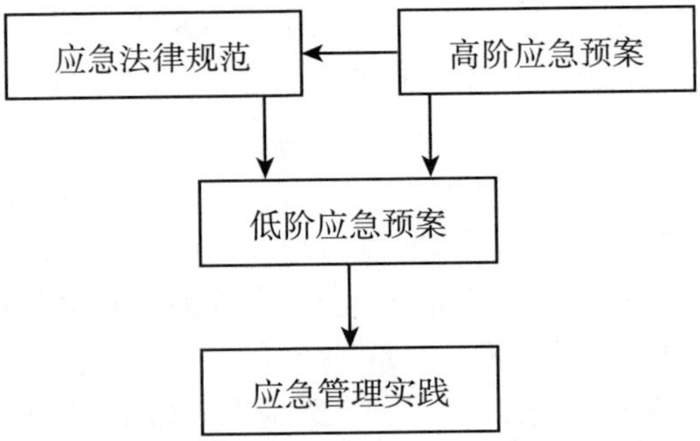

图1－2 应急预案在应急管理系统中的地位(实然层面)

三、低阶预案的完善

完善低阶预案的关键,就在于增强其可操作性。鉴于低阶预案可操作性不足的根本原因在于对已经异化为法律规范的高阶预案过度模仿,因此,其革新的核心也恰恰在于打破这两者之间“一脉相承”的沿袭关系。笔者认为,在编制省级以下的各类预案时,应当尽可能在编制主体、编制过程和编制技术等方面,作出有别于高阶预案的设计。其具体举措包括以下几点。

第一,以风险评估作为预案编制的根本前提。为了保证应急预案的科学性和可操作性,必须全面系统认识和评估预案所针对的潜在突发事件,要识别重要的潜在事件、性质、区域、分布和事故后果,并根据风险分析的后果,分析应急救援力量和可用资源的情况,为所需的应急资源准备提供建设性意见,这一过程可以增强对动态变化的预测,提高对可能发生的突发事件的预测。风险评估的目的是明确应急的对象、突发事件的性质及影响范围、后果严重程度,为应急准备、应急响应和恢复措施提供决策依据。风险分析要结合事件的具体情况进行,分析可能出现的事故,针对某种潜在的事故,分析本地区相应的脆弱性情况,哪些人群、哪些单位和哪些地区属于弱势,应该加强防护。将风险评估与应急预案的制定紧密结合,不仅有助于确定应急工作重点,提供划分预案编制优先级别的依据,也能够为应急准备和应急响应提供必要的信息和资料。

第二,低阶预案编制主体的"实在化"。目前,各级各类应急预案都是在行政机关的主导下制定的,尽管在制定过程中也不同程度地征求了相关单位(包括与预案实施相关的其他行政机关、军事机关和立法机关等)的意见。但后者在预案制定过程中并无实质性的参与。而应急预案一旦启动,其实施主体却不仅是行政机关自身,还涉及其他一系列相关单位和个人,尤其是非政府组织和个人。那么,为了确保低阶预案真正切合应急管理实践的需要,在应急预案的编制过程中,就必须充分吸收预案启动后可能涉及的各类主体(或其代表)的参与。谁可能参与预案的实施,谁就应当参与预案的编制。因此,参加应急预案编制的主体应当包括但不限于以下人员:编制机关的行政首长或其代表、应急管理机构的一线工作人员、关联部门的工作人员、应急救援组织(企业、专家)、相关领域的技术专家、法学和管理学专家、相关企事业单位代表、志愿者(组织)代表、相关非政府组织代表,等等。

第三,低阶预案编制程序的完善。笔者认为,为了彻底斩断下级预案简单沿用上级预案的痼疾,有必要对《国务院有关部门和单位制定和修订突发公共事件应急预案框架指南》及各类《应急预案编制导则》作出实质性的调整。其核心内容是对应急预案进行分级管理,对省以下的各级、各类预案,按照每一层级应急预案的不同性质和任务,分别编订专门的框架指南和编制导则,而不是适用统一的框架指南和编制导则。

第四,低阶预案内在结构的调整。笔者认为,与高阶预案中的专项预案和部门预案类似,所有低阶预案的内容都应当进一步区分为基本实施方案和具体操作方案。其中,基本实施方案与当前低阶预案的现状大致相当,其目的在于贯彻各类应急法律规范的要求,并指明本地区(行业、部门、单位)所应对突发事件的相关特殊事项。具体操作方案则以保证预案可操作性的各类支持附件为主,包括应急处置工作方案,相关风险及隐患列表、应急预案和执行程序名录、相关应急资源名录、各相关单位通讯录、力量部署及交通流线图、事件处置规范性表格、政府宣传口径、政府内部工作流程及其他相关敏感信息等。这类支持附件在突发事件发生时,可以根据应对的需要及时进行调整,能够极大地增强现场应急处置的灵活性和针对性。

第五,充实低阶预案的标准操作程序。就追求可操作性的低阶预案而言,预案标准操作程序的描述应当尽量做到简单清晰,一般应包括适用范围、职责、具体任务说明、操作步骤、负责人员等要素,作为组织或个人履行应急预案所规定的职责和任务时的详细指导。标准操作程序应尽量采用活动检查表的形式,对每一活动留有记录区,供逐项检查核对时使用。已经做过核对标记的检查表,自动成为应急活动记录的一部分。通过标准操作程序规定和描述的“可操作化处理”,突发事件发生后,即使在没有接到上级命令或者领导缺位的情况下,各类应对主体仍可在第一时间启动预案,从而提高应急响应的速度和质量。

四、结论

高阶预案在性质上的异化以及由此产生的不同层级间预案的分化,是当前我国应急体系所处发展阶段的必然现象,在我国应急法律规范体系得到充分完善之前,这一现象是难以获得根本改变的。在此前提下,根据“结构—功能”主义的观点,这些不同属性的预案在应急管理体系中的地位和功能必然存在重大差别,因而需要对不同层级的预案实行分级管理,在当下的预案建设方针上作出相应调整。

对于大多数高阶预案“上升”为法律规范,从而丧失可操作性这一现象,笔者认为,应当尊重现实需要而非过度苛责。通过应急预案来创设、补充若干必要的制度以弥补立法上的不足,是受制于现实条件的一种过渡性安排。随着应急法律体系的逐步完善,预案中的内容正不断被立法所吸收,《突发事件应对法》的颁布、《防震减灾法》的修订、《食品安全法》的颁布等,无不表明了立法机关的这种努力。尽管如此,“以案代法”的局面也很难在短时间内获得根本改变,预案中具有法规范属性的内容还将长期存在下去。对此,我们就应当暂时放弃对可操作性目标的追求,转而通过规范其编制主体、程序和内容,确保其能够合法地调整应急管理活动中的各种社会关系。

就低阶预案而言,当前的关键则在于纠正其对上位预案过度效仿的积弊,促使其充分“下沉”,恢复作为应急管理具体操作方案的本来面目。因此,必须在其编制框架、编制方法和编制技术上作出不同于高阶预案的设计。

第二章 应急预案的作用原理和逻辑基础

应急管理能力已经成为保障经济发展与社会稳定的关键因素，也是检验一个政府行政能力的重要标志。毫无疑问，在我国应急体系构建的过程中，应急预案建设已经成为非常重要的因素之一，自从2003年非典事件以来，中国应急管理的预案体系建设已经取得了相当大的成就，①在实际应急工作中制、修订应急预案和启动应急预案增多，在应对突发公共事件中发挥了重要作用。

但是，在不同的突发危机事件实际应对过程中，应急预案所起到的作用与功效却千差万别。比如，在经历了2003年非典疫情之后，针对2004年非典疫情②的应急预案和应急管理，可以说起到了积极有效的作用；而2005年年底的吉林石化公司双苯厂胺苯车间发生爆炸事故和松花江污染事件中，在启动应急预案后，依然造成了巨大的影响和无可挽回的损失。为什么在应对有些突发危机事件时，我们虽然及时启动了应急预案，却对控制和化解危机帮助甚微？确保应急预案通畅、及时、有效作用的内在逻辑原因是什么？目前，国际与国内关于应急预案的研究主要集中在应急预案界定、应急预案的编制和实施方面，对于应急预案的深层次作用逻辑涉及较少，本章的主要目标就是探讨应急预案之所以能发生应急的作用的背后逻辑原因。

第一节 应急预案：以确定性应对不确定性，寓应急管理于常规管理

应急预案的核心思想之一就是以确定性应对不确定性，寓应急管理于常规管理。预案即预先制定的行动方案，应急预案又称应急计划，是针对可能的重大事故（件）或灾害，为保证迅速、有序、有效地开展应急与救援行动、降低事故损失而预先制定的有关计划或方案。它是在辨识和评估潜在的重大危险、事故类型、发生的可能性、发生过程、事故后

① 刘霞、严晓：《我国应急管理"一案三制"建设：挑战与重构》，载《政治学研究》2011年第1期。

② 2004年4月23日，卫生部（现卫计委）公布北京市发现了一例非典确诊病例，相比2003年，2004年的非典疫情出现时，预警机制也很快被启动。参见刘英丽、曹红蓓：《2004：SARS的医防漏洞》，载中国新闻网：http://www.chinanews.com/n/2004-05-06/26/433137.html，2020年2月23日最后访问。

果及影响严重程度的基础上,对应急机构与职责、人员、技术、装备、设施(备)、物资、救援行动及其指挥与协调等方面预先作出的具体安排。应急预案可以根据突发事件的类型、事件所在的区域和事件发生所在单位进行定义。根据对现行应急预案的分析,就基本内容而言,一个完整的应急预案框架通常主要包括如下6大要件:(1)总则:规定应急预案的指导思想、编制目的、工作原则、编制依据、适用范围;(2)组织指挥体系及职责:具体规定应急管理的组织机构与职责、组织体系框架;(3)管理流程:根据应急管理的时间序列,划分为预警预防、应急响应和善后处置3个阶段;(4)保障措施:规定应急预案得以有效实施和更新的基本保障措施,如通信信息、支援与装备、技术;宣传培训演习、监督检查等;(5)附则:包括专业术语、预案管理与更新、跨区域沟通与协作、奖励与责任、制定与解释权、实施或生效时间等;(6)附录:主要包括各种规范化格式文本、相关机构和人员通讯录等。这6个方面共同构成了政府应急预案的要件,它们之间相互联系、互为支撑,共同构成了一个完整的应急预案框架。

目前,我国已初步形成了以国务院统一领导,有关部门和地区协调配合的应急管理体制;初步建立了包括监测预警机制、应急信息报告机制、应急决策和协调机制、分析负责与响应机制、奖惩机制和社会治安综合治理、城乡社区管理等的应急管理机制体系;颁布了《国家安全法》《传染病防治法》《安全生产法》《防洪法》等35部应急管理相关的法律法规。按照不同的责任主体,我国的预案体系设计为国家总体应急预案、专项应急预案、部门应急预案、企事业单位应急预案4个层次。早在2006年,我国已完成国家总体应急预案、25部专项应急预案、80部部门应急预案,基本覆盖了经常发生的突发公共事件的主要方面。① 这表明,全国应急预案编制工作基本完成,初步形成全国应急预案体系,应急管理体系建设正在加快推进。

"从政府这一管理主体的视角出发,政府在解决确定性和不确定性问题时,通常采用常规决策与非常规决策。涉及解决确定性问题的常规决策,属于常态管理范畴;而非常规决策问题面对的往往是突发性的、不确定性的问题,属于危机管理问题。"②然而,应急预案本身无法消除突发事件发展本身的不确定性,只能在确定性的应对过程当中尽可能地把突发危机的事件转化成为可以控制的常规事件,把危机管理转换为常规管理。此时,就有一个很重要的问题,一个突发性的危机事件如何才能转化为一个普通的常规事件呢?如何能实现从应急管理到常规管理的转变呢?为此,我们需要对危机、危机事件、常规事件、常规管理等基本概念进行更仔细的梳理与比较。

① 参见钟开斌、张佳:《论应急预案的编制与管理》,载《甘肃社会科学》2006年第3期。

② 高小平、侯丽岩:《危机管理方法论初探》,载《中国行政管理》2005年第5期。

第二节 辨析安危:常规事件与危机事件,常规管理与应急管理

“危机”是一个复杂的概念,各国立法、学术界和实践部门的定义不尽相同。① 在各种各样的定义中,我们依旧可以获得类似的本质。可以认为,危机通常是在决策者的核心价值观念受到严重威胁或挑战、有关信息很不充分,事态发展具有高度不确定性和需要迅捷决策等不利情景的汇聚。

一般而言,危机的发生,将影响全国、省、自治区、直辖市或者省、直辖市、自治区范围内部分地区、部分行业的国家安全、地区安全和行业安全以及法律制度的正常运行,并危及社会安全和公共秩序、公民的生命和财产安全,如果不采取非常应紧急措施就不足以控制和消除严重的社会危害。在危机情境下,要把事件因突发性以及不确定性而可能造成的损害降至最低限度,决策者往往必须在有限的时间及其他各种约束下作出关键性的决策,采取和具体的危机应对措施。

由危机的定义和对目前危机管理的研究总结得出,所谓危机事件,一般具有以下特点。

(1)巨大的破坏性(含破坏威胁):突发公共事件对一个社会系统的基本价值和行为准则架构产生严重威胁,影响范围通常不仅涉及个人,而是具有群体性的特点,因此,会造成对社会系统高度破坏性。

(2)变化不确定(含信息不对称):在突发公共事件的开端,经常无法用常规性规则进行判断,信息严重不充分、不及时、不全面,且其后的衍生和可能涉及的影响没有经验性知识可供指导,一切似乎都在瞬息万变。

(3)时间紧迫性(含资源有限性):决策者对危机情形的处理,在决策上只有有限的反应时间,即决策者所面临的环境达到了一个临界值,事态的发展瞬息即变,政府急需在资源有限的情况下,用最快的速度作出决策。

一个危机事件与一个常规事件最大的不同点就在于是否具有上述这样 3 个基本特点(见表 2-1)。

---

① Eric S., Bengt S., Crisis Management Europe: An Integrated Regional Research and Training Program, International Studies Perspectives (1):1. 该项研究表明,危机就是指决策者面对这样一种场景:重要的价值受到威胁,而且可以采取处理行动的时间十分有限,同时,环境的变化具有高度的不确定性。

表2-1 公共管理视角看危机

分类视角	平常时期	紧急时期
一般事态:常规性(确定性、程序性)	一般平常:日常常规管理	一般紧急:紧急常规管理
危机事态:非常规性(不确定性、非常规程序性)	慢性危机:日常非常规管理	紧急危机:紧急非常规管理

根据上面的定义以及我们从公共管理的二维分类视角交叉后的四类事态来看,危机管理中所界定的危机并不包括那些平常长期时期存在的慢性危机;同时,也不包括那些一般的突发紧急事态,因为它们一般不存在高度的不确定性,并能够用我们常规的方法加以解决,从而不会对我们不会构成真正的威胁。而只有那些具有高度不确定风险又必须运用非常规手段加以解决的突发紧急事态才构成我们危机管理中所要重点关注的威胁事态。同时,我们还必须关注每一次危机与任何事物一样都有自身的特点,从而都具有崭新性;这种崭新性越强,事态越独特或者越与过往越不同,其对我们的威胁与挑战就越大,也就越决定危机应对往往只能是紧急时期的非程序化应对。①

第三节　必要条件:化危机事件为常规事件的桥梁

将危机事件转化为常规事件,是应急管理当中最为核心的应对要点之一。只有针对突发危机事件的3个基本特征完成了向常规事件的转变,才能称其为对突发危机事件作出有效的管理和控制,为此,笔者引入类必要条件组合分析法。

假设有两个命题X、Y,若X不成立,则Y一定不成立,此时,则称X是Y的必要条件。假设存在一种现象Ω,是我们都想避免的。假设引起这种现象有3个必要条件:A,B,C,而且这些必要条件之间无相关关系。那么我们可以知道,只要破坏任何一个必要条件,那么这种现象就不会发生。根据排列组合公式,我们可以得到共有C3(1)+C3(2)+C3(3)=3+3+1=7种阻止这种现象发生的方法,即破坏A、B、C、AB、AC、BC、ABC这样7种组合的必要条件方案。以上的方法笔者称为类必要条件组合分析法。

在应急管理研究中,可以把危机定义为一种现象,那么用类必要条件组合分析法来分析危机对策的时候,就可以采取这样的步骤。首先,分析危机现象发生的必要条件,根据目前的学术研究分析,我们假设危机具有巨大的破坏性(含破坏威胁)、变化不确定

① 参见彭宗超、詹承豫:《能力提升——司、局级干部读本》,经济管理出版社2006年版,第279页。

(含信息不对称)、时间紧迫性(含资源有限性)这样3个必要条件。那么我们可以得到共有C3(1)+C3(2)+C3(3)=3+3+1=7种阻止这种现象发生的方法,即7种应急对策方案。当然,这7种方案的实施难度和作用机理并不相同。①

由类必要条件组合分析法我们可以知道,只要应急预案能构建这7种对策方案中的相关的方案就可以对危机事件起到控制和化解的作用。比如,2020年暴发的新冠肺炎疫情,假如其病理犹如普通感冒一样可以轻松治愈,那么就不再具有巨大的破坏性(含破坏威胁)这一条件,因而不会成为危机事件;假如对其传播的途径和范围,事件发展的过程都可以准确和清晰的预测的话,那么就不再具有变化不确定(含信息不对称)这一条件,我们就可以使用常规的疾病预防控制手段来控制这个事件,进而进入政府的常规管理中;假如在2020年时,我们由信息得知在2050年将会遇到新冠肺炎疫情的话,那此时就不再具有时间紧迫性(含资源有限性)这一条件,也不会对现在的我们构成一个突发的紧急威胁。一些欧洲国家应对新冠肺炎疫情的"淡定态度"和舒缓举措,甚至某些政府官员和公共卫生专家竟然令人惊讶地提出无须过分紧张,仅需花费几年时间即可缓解、淡化新冠肺炎疫情必然出现巨量病残病亡人数所致负面影响。② 另外,如果同时阻止2种必要条件,甚至3种必要条件发生,那么此时所谓的突发性事件对我们来说,将是日常管理工作所遇到的众多普通事务中的一件。

第四节 案例比较:2004年非典事件和2005年松花江污染事件

2003年非典疫情后,为防止非典疫情反复,2003年9月11日,北京市正式发布了《北京防治传染性非典型肺炎应急预案》。该预案依据非典病例发生数、疫情播散速度和范围及流行趋势,将疫情划分为3个预警等级。同时,北京各区的街道也在编制街道等社区危机应急预案。2004年4月22日卫生部宣布,北京发现一例非典疑似至5月9日

---

① 类必要条件法的优缺点如下。在对社会科学研究中,用类必要条件法分析有以下缺陷:①社会科学中的必要条件判别起来比较困难,而且根据不同的偏好和价值判断不同会有所不同,所以只能用假设的方式来表明必要条件的属性;②各必要条件之间会存在一定的相关性。同时,类必要条件法分析会带来以下优点:①简单方便,非常实用有效;②适用范围广,无论是理性决策,还是直觉决策,类必要条件法都是一个可以利用的对策分析框架;③产出方案多,通过对必要条件的排列组合后,可以产出大量的能相互替代的方案;④决策时间伸缩性强,可长可短,利于时间压力较大、信息高度不对称的危机决策和快速决策。

② 不少欧洲国家的决策者和民众都囿于既往经验误解地把新冠肺炎视为一种"流感Plus(加强版)""大号流感",故鲜少采取强制性限制措施。参见新华社驻比利时记者封寿炎:《疫情之下,欧洲人为何普遍"淡定"》,载新华网客户端:https://baijiahao. baidu. com/s? id=1660590243773249980&wfr=spider&for=pc,2020年3月8日最后访问。

全国无新发非典疑似病例和确诊病例,北京经历了非典从发现到终止的一个完整流行病学过程和相应的突发事件应对与管理过程。世界卫生组织5月18日发布公报宣布,中国前不久出现的非典疫情已经得到控制。WHO驻华代表处新闻官鲍勃·迪茨在评价中国此次应对非典的措施时认为,中国在这方面很有经验和成效。综观全局,应急预案在整个应急管理过程中发挥了很大的作用,从得到报告、监测、流调,到网络试验室的联合、专家组咨询,再到成立政府应急组织、进行应急决策和动员资源等,都是根据预案井然有序地进行的。①

通过2003年与2004年的两次非典对比,我们可以看到,巨大的破坏性(含破坏威胁)、变化不确定(含信息不对称)、时间紧迫性(含资源有限性)等特性均发生了相应变化。因为2003年时,我们对整个疾病的传播途径和病理机制的信息不清楚,所以非典疫情的发展变得具有高度不确定性;另外,由于在医学角度无法完全的治愈,所以构成巨大的破坏性;加之大面积的快速传播对时间的紧迫性提出了极高的要求,综合起来形成对中国政府的一个典型的突发性危机事件。而在2004年非典的预防中,可以看到我们在时间紧迫性和高度不确定性两个方面都做出了非常优秀的控制,虽然仍具有巨大的破坏性的性质,但此时已经从根本上将这样一个突发性危机事件变成一个常规性的危机事件,从而极大地发挥了应急预案和应急管理的作用。

2005年11月13日,吉林省吉林市的石化公司双苯厂胺苯车间发生爆炸,成百吨苯流入松花江,最高检测浓度超过安全标准108倍。随着下泻的减缓,污染带从80公里蔓延到200公里,导致下游松花江沿岸的大城市哈尔滨、佳木斯,以及松花江注入黑龙江后的沿江俄罗斯大城市哈巴罗夫斯克等面临严重的城市生态危机。

2005年松花江污染事件,恰恰具有另一层意义。从相关的资料分析来看,我们认为可以将此次事件分为两个阶段:吉林石化公司双苯厂胺苯车间发生爆炸事故阶段和松花江污染事件阶段。从危机事件的角度可以分成:吉林石化公司双苯厂胺苯车间发生爆炸的安全生产事故危机,以及松花江污染后的政府诚信和国际关系的衍生危机。

就吉林石化公司双苯厂胺苯车间发生爆炸事故而言,这是一个安全生产事故,无论从巨大的破坏性、变化不确定、时间紧迫性3个方面来看,都不能被称为严重的突发性危机事件,因为爆炸一旦发生之后,其破坏已经造成(在爆炸扩散范围控制的情况下),信息相对明晰、变化不确定程度较低。但从后来事件的发展过程看,我们可以认为吉林石化公司的企业应急预案在发生爆炸事故之后未能起到应有的作用,根据普通的化学常识,有机物通过充分燃烧之后不会遗留有毒物质,而接下来沸沸扬扬的松花江污染事件证明了,大量的有机物质在未充分燃烧的情况下排进了松花江(引起这种结果极大可能就是

① 参见薛澜等:《2004年北京SARS——政府应急反应效能评估》,清华大学公共管理学院危机管理课题研究组内部分析资料,2004年6月。

应急预案从最初的编制到后来的管理中存在漏洞），进而引发了政府诚信和国际关系的衍生危机（此时，松花江污染事件的破坏性已无法挽回、发展方向确定，已不是整个应急处置中的核心危机，政府无法对事件本身巨大的破坏性、变化不确定、时间紧迫性 3 个方面进行有效处置，相对而言衍生危机已成为应急处置中的核心）。

国务院在相关处理中说明："要结合实际情况，不断改进本地区、本部门和本单位《重大突发事件应急救援预案》中控制、消除环境污染的应急措施，坚决防范和遏制重特大生产安全事故和环境污染事件的发生。"①

从逻辑角度分析，应急预案相当于在用一套固定的确定体系去应对不确定的突发性危机事件，所以应急预案就不可避免地承担了两个功能。一方面，是以确定性去应对危机事件中都会遇到的确定性问题，核心就是资源的协调分配和事故权责体系构建。资源的协调分配包括人力资源、物资资源、财力资源、技术资源和信息资源的准备和使用，事故权责体系的构建包括法律、规章、应急处置过程中的各个相关领导、部门、机构及个人的责权分配。另一方面，是以灵活性去应对危机事件当中的不确定性，核心就是危机分析及危机决策。危机分析就是通过所有可能获得的信息对危机的发生、发展及趋势进行分析，危机决策则是在危机分析的基础上有针对性的采取措施以化解危机，在应对不确定性的过程中，危机事件本身巨大的破坏性（含破坏威胁）、变化不确定（含信息不对称）、时间紧迫性（含资源有限性）3 个必要条件是否被仔细分析和有效控制就成为危机能否被化解的核心关键因素。

而我国在很长时期里呈现的应急预案体系，则更多的是在信息报送、资源调配、责任体系等方面作了更明确和严格的规定，其主要功能是弥补了过去不明晰的责任体系和不协调的资源配置，但是在对于如何将突发危机事件转化为常规事件方面还缺少更清晰的目标导向。

第五节 转危为安：应急预案编制与管理的政策建议

一、编制中继续完善以确定性应对确定性部分环节

所谓确定性环节，是指在应急管理中，无论何种突发危机事件都必须完成的确定性应对环节部分，主要包括资源配备的协调方面和权责体系的明晰方面两个大方面。

资源配备的协调方面：资源的协调分配包括人力资源、物资资源、财力资源、技术资

① 《国务院对中石油吉林石化分公司双苯厂"11 · 13"爆炸事故及松花江水污染事件作出处理》，载新华网：http://news.xinhuanet.com/environment/2006-11/24/content_5370873.htm，2020 年 4 月 15 日最后访问。

源和信息资源的准备和使用。各种资源的综合协调、各项预案之间的衔接与配套都会影响预案的执行和有效性,由于我国原来所制定和发布的各项应急预案部门色彩浓厚,随着我国应急预案框架体系的初步建立,不同预案之间势必存在一些不协调,甚至相互矛盾的地方。已经制定、修订的各部门应急预案之间、各专项预案之间、部门应急预案和专项预案之间都需要进行协调,特别是要加强各种资源的综合调和衔接。

权责体系的明晰方面:事故权责体系的构建包括法律、规章、应急处置过程中的各相关领导、部门、机构及个人的责权分配。法制保障、科研保障和社会动员与舆论保障,相关权责范围需要进一步明晰,相关法律需要修改,一些新法律急需出台。确定性的权责体系是应对不确定性的突发性危机事件的重要基础。

二、编制中亟须弥补以灵活性应对不确定性部分环节

在应急预案编制过程中,要充分考虑应急处置过程中遇到的不确定性部分,而通过对降低巨大的破坏性(含破坏威胁)、降低变化不确定(含信息不对称)和降低时间紧迫性(含资源有限性)3 个方面的分析,以应对各种新型的突发性危机事件。

(一)降低巨大的破坏性(含破坏威胁)

降低巨大的破坏性(含破坏威胁),对于每个具体的突发性危机事件来说,具体的破坏方式和破坏程度都不相同。应对这些新型的不确定性危机事件,主要从两个方面进行降低破坏性控制:一种是降低危机事件本身的破坏性;另一种是提高危机事件中的人、财、物的抗破坏能力。

在编制应急预案的过程中,如何使预案的相关措施降低破坏性是一个非常重要的考虑。首先,预案当中要对各个可能发生的危害有一个大致的风险区域估计。其次,要对降低各种破坏威胁的可能应对途径作出相应的考虑。这样,就可以在应急处置过程当中提供有意义的参考。当然,此部分的编制过程应该引入专业领域专家和风险分析专家的意见和建议。最后,应急预案中应加入应对民众出现心理恐慌等现象的对策,切实改善公众的危机应对意识和能力状况;如何借助医学专家、社会心理学家、伦理学家、危机管理专家等的作用;如何向公众提供心理、经济与法律等社会救助体系等。

(二)降低变化不确定性(含信息不对称)

突发性危机事件的相关信息应该有整体的收集、报送、整理、分析、共享的机制,以确保在事件发生之时有更充分的信息。当然,我国目前的应急预案中在信息分析与部门之间共享机制方面尚待继续完善。另一个更重要和有效的部分则是建立突发危机事件数据库,加强危机事件发展模式研究,更准确地预测突发事件的发展和变化方向。如果能在危机进一步发展前,正确地预测出危机的发展趋势,就可以提前采取相应措施,达到控制危机发展的最佳效果。

通过对一些突发事件案例的综合分析,我们把危机分为四种常见发展模式:蔓延式发展模式、周期性发展模式、爆炸性发展模式和跳跃性发展模式。

应对蔓延式发展模式的危机,首要的是把握其蔓延的趋势和破坏程度,划出适当的隔离区域以阻止危机的蔓延发展,将危机隔离在一定范围内处理化解;应对周期性发展的危机,要逐步纳入日常的常规管理,建立切实有效的常规监测体系和应急准备系统,积极化解危机峰值所可能产生的破坏效应;应对爆炸性发展模式的危机,危机公关沟通往往起非常关键的作用,积极有效地采取适当的危机公关沟通措施,恰当地处理好与相关媒体和危机利益相关者的关系,是化解此类危机的重中之重;跳跃性发展的危机是当危机在一个区域或者一个国家发生后,通过现代化的通信和交通手段,跳跃性地传递到另外一个区域或者另外一个国家。跳跃式危机极难控制,应对跳跃式发展的危机,迅速隔离危机跳跃发展传播的途径往往非常重要。对危机发生源和危机传播途径进行监测和控制,是有效遏制此类危机的常用措施。

危机情境的情况极端复杂,危机的发展通常是几种模式混合在一起,有可能面临这四种危机发展模式的结合。在恰当正确地预见危机的动态发展模式时,及时捕捉危机关键信息,并根据其发展模式提前控制关键环节,这将对降低突发性危机事件的不确定性有至关重要的作用。

(三)降低时间紧迫性(含资源有限性)

在应对突发性危机事件的过程中,时间和资源总是不够的,因此,在编制预案的过程中,就要有意识地在各个环节当中尽可能地节省时间和节约资源。常用“墙式”策略和“迂回式”策略来争取时间和延缓事件破坏影响。

三、预案管理中的强化应急预案作用部分

(一)加强应急预案教育和演练

应急预案本身并不能自动发挥作用,其作用的大小要受制于其制定水平和执行能力高低的影响。因此,要在平时做好应急人员的培训和演练,不断提高指挥和救援人员应急管理水平和专业技能,提高预案的执行力。进行务实和实战的应急预案演练有两个核心优势:一是增加对潜在危机的警惕性;二是增加处理危机的经验。通过有效的演练,可以克服临场混乱、措施不当、抢险物质准备不充分、抢救人员不到位、延误抢救最佳时间等问题。

(二)建立应急处置方案提供、评价和选择机制,提高应急处置的经济性

所有的决策其实都是一种权衡,做决策的过程实际就是利弊权衡和协调的过程,应急管理也是如此。当我们在选择应急方案时,只有在投入和产出之间寻找到一个最佳的或者较为优化的结合点,才能得到一个好的决策方案。但是如果没有可替代的方案进行比较和选择,那么如何做到择优呢,提高应急管理的经济收益、降低应急管理的经济成本更无从谈起。因此,在制定和实施应急预案时,应该采取适当的方法产出更多的处置方案,并对这些方案进行比较和分析,选择最佳或者较为优化的方案,类必要条件组合法是产出方案和选择方案的有效方法之一。当然,在面对那些影响国计民生的重大突发事件

时,必然要不计代价的去化解和处理危机,但是,对于一个影响范围不广和性质并不严重的突发事件的解决过程,则应该有相应的方案比较和选择机制。

应急体系与应急预案建设是一个不断完善的过程。我们不但可以在应急管理和应急处置中做到实用有效,确保国家和人民的生命财产安全,而且在应急处置过程中也可以做到明智清醒,在各种优秀的应急方案中分析比较,选择最恰当和经济的应急方案。

第三章 应急预案的基本功能和体系类型

随着工业化、城市化、经济全球化等因素的快速推进和发展，当今世界的突发事件越来越多。1994 年联合国第一届国际减灾大会就制定了《建立更安全的世界的横滨战略：预防、防备和减轻自然灾害的指导方针》，希冀通过实施有效的管理，降低社会的脆弱性，提高人类在灾害面前的承载力。

突发事件固有的不确定性与法律的确定性之间存在天然的矛盾，这就决定了应急法律规范难以直接作用于应急管理实践。因此，应急领域的法律规范往往需要借助一定的媒介，结合一定范围内应急管理工作的实际，转化为可操作的具体方案。这种媒介就是应急预案。应急预案的最大价值就在于，将法律上的应急策略和方法转化为可供操作的具体方案。可以说，应急预案本身不是法律，而是法律的执行方案；应急预案本身也不是机制，而是机制的具体化，或者说是微观的机制。①

第一节 应急预案的基本功能

应急预案是针对可能的重大事故（件）或灾害，为保证迅速、有序、有效地开展应急与救援行动、降低事故损失而预先制定的有关计划或方案，②旨在为突发事件的现场处置提供指导，帮助应急组织尽可能地运用高效、科学的行动将事件造成的损失降至最低。应急预案是应急管理体系建设的龙头，是“一案三制”的起点。应急预案起着应急规划、纲领和指南的作用，是应急理念的载体，是应急行动的宣传书、动员令、冲锋号，是应急管理部门实施应急教育、预防、引导、操作等多方面工作的有力“抓手”。制定预案，实质上是把非常态事件中隐性的常态因素显性化，也就是对历史经验中带有规律性的做法进行总结、概括和提炼，形成有约束力的制度性条文。启动和执行预案，就是将制度化的内在规定性转为实践中外化的确定性。预案为应急指挥和救援人员在紧急情态下行使权力、实施行动的方式和重点提供了导向，可以降低因突发公共事件的不确定性而失去对关键时

---

① 参见林鸿潮：《公共应急管理机制的法治化》，华中科技大学出版社 2009 年版，第 8 页。

② 参见詹承豫、顾林生：《转危为安：应急预案的作用逻辑》，载《中国行政管理》2007 年第 5 期。

机、关键环节的把握,或浪费资源的概率。①

应急预案的编制与管理是应急管理过程中非常重要的一个环节,这是国内外的共识。1993年国际劳工大会通过《预防重大工业事故公约》,将应急计划(预案)作为重大事故预防的必要措施。② 俗话说,"居安思危,思则有备,有备无患",通过预设应急预案,可以将应急管理转化为常规管理,将应急管理工作纳入制度化、法制化的轨道,最大限度地化解危机,减少突发事件给国家、社会造成的损失。但是,需要明确的是,政府编制应急预案的目的,并非要创建一种具有确定约束力的制度安排,而是要在既有的制度安排下尽量提高应急反应的速度。应急预案作为一种建立在假设、预测、推理基础上的较佳备选方案,只不过是"没办法的办法",不排除在危机真正来临时被更佳方案取代的可能。应急预案的外部功能也不在于谋求一般人对它的遵守与服从,而主要是通过预案的启动对公众产生感召、动员、宣示作用。③

总体来讲,应急预案具有确定性应对功能和灵活性应对功能,使其可以在突发事件应对中将常态与非常态工作很好地结合,从而具体发挥应急教育、预防、引导和操作等作用。在2020年新冠肺炎疫情防控中许多地方的正面经验是,浙江、北京、上海等省市根据当地突发公共卫生事件应急预案,及时且恰当地启动Ⅰ级应急响应,充分发挥应急预案的确定性应对与灵活性应对功能,成立统一指挥协调的应急组织,科学有效调度应急物资,精准采取有针对性的应急处置措施,坚决遏制疫情扩散蔓延,取得了良好成效,受到了各方的积极肯定。

一、应急预案的确定性应对功能

虽然各类突发事件形态各异、千变万化,但在应对处置时,有一些问题却"万变不离其宗",具有普适性。这就使我们可以在事先进行明确的制度设计,切实做好应对准备。一部好的应急预案不仅要周全地考虑各种可能发生的灾害情况,而且还要有最优化的应对策略。如果应急预案的内容只是一些谈应急处置的重要性、必要性、指导思想和编制原则等抽象性、概括性很强的条款,缺乏真正明确的具体措施,不具备真正的可操作性,其作用显而易见就会大打折扣。因此,可以这样说,应急预案的首要功能就是确定性应对功能。从本质上说,确定性应对功能就是用一套事先设定好的确定计划和方案去应对各类突发事件中共有的一些情况。作为有效执行非常态管理的预设方案,应急预案事前从确定、规范的角度对应急处置形成科学、合理的制度性设计,确保一旦发生突发事件,各部门能够迅速、有序地采取明确的应对措施,真正做到组织有效、反应迅速、运转高效。应急预案虽然无法消除突发事件本身发生发展的不确定性,但却凭借确定性应对功能,

① 参见高小平:《中国特色应急管理体系建设的成就和发展》,载《中国行政管理》2008年第11期。

② 参见张廷竹:《国内外事故应急救援预案管理概况》,载《浙江化工》2006年第7期。

③ 参见林鸿潮:《公共应急管理机制的法治化》,华中科技大学出版社2009年版,第22页。

尽可能地将突发的非常规事件转化成为可控制的常规事件,用常规决策进行常态管理。

（一）建构明确的应急组织体系

在任何一起突发事件的处置中,都需要由一个统率全局的组织机构来承担、协调具体的应对工作。这就需要预案制定机构邀请各领域的专家,事先经过综合评估潜在隐患和风险,评估本地区、本单位脆弱点,分析可能发生的突发事件的种类和级别,并根据突发事件的客观发展规律,建构起一个合理的应急组织体系。要科学评估谁更适合做突发事件发生后的第一反应人,在实际应对中承担预警责任;也要科学评估谁更适合全面负责指挥领导处置工作。要确定各个应对环节的负责机构,把应对处置中的每一个责任包括保障都分解到一个具体的机构,甚至明确的个人。必要时,不同的机构之间可确定相应的工作协议,以便在突发事件应对中按协议自动履行,实现协调互助,避免混乱现象的发生。突发事件即使爆发,有了这样的一个权责分明、协调一致的明确的应急组织体系,也能依计划有条不紊地进行高效处置。

（二）进行科学合理的资源整合与布局

要想有效应对突发事件,必须事先做好资源的协调分配。制定应急预案时,要详尽地分析本地区、本单位可整合的各种资源,包括人力资源、物资资源、财力资源、技术资源和信息资源等。根据实际处置的需要,提前准备、补充各种资源,明确规划资源的合理布局及科学的调配路线,为应对突发事件做好资源保障。尤其要强调的是,在应急处置中,信息的畅通、快捷是非常重要的。在应急预案制定时务必要建立起明确的信息网络系统,包括完善公用通信网,建立有线与无线相结合、基础电信网络与机动通信系统相配套的应急系统,①为灾情监控、灾情报告、及时预警、信息传递沟通等活动做好准备工作,确保突发事件应对工作的信息畅通,便于应急指挥部及时作出协调、解决,有效处置突发事件。

（三）建立明确的社会动员机制

当今,社会组织已经成为不可忽视的社会力量。政府与社会共同合作,共同应对突发事件已经成为大势所趋。因此,在编制应急预案时,就要全面梳理本地区,甚至相邻地区可能参与救援的各种社会组织、各类志愿者,以及他们所拥有的各种资源和专业能力,建立起明确的社会动员机制,力争妥善、合理、科学地调配可能参与的各种社会力量,以期更好地处置突发事件。

（四）创设明确的奖惩机制

奖惩制度的严肃性与科学性,是应急预案权威性的保障,旨在促使各部门履行自己的职责,使预案的规定得到真正的落实和服从。在制度设计时,就需要考量奖惩是否得

---

① 参见莫于川、肖竹主编:《突发事件应对法制度解析与案例指导》,中国法制出版社 2009 年版,第 130 页。

力、是否具备可行性,理性分析奖惩可能引起的社会反响和现实起到的反思、促进效果。设立明确的、科学的奖惩制度,有效保证应急处突中严整的组织和有序的活动,保障应急预案的实施。

(五)设计明确的宣教方案

突发事件的破坏性很强,不但要有组织地积极应对,也需要增强公众的危机意识和危机管理技能。无数鲜活的案例说明,突发事件发生后,如果群众具备相应的知识,不但可以有效配合政府的应急处置,还能展开积极自救,大大降低人员伤亡和财产损失。因此,应急预案的宣传培训是非常重要的。只要在应急预案中明确规定如何面向全社会,真正做好以预防、避险、自助、互救、减灾为主要内容的宣传、教育和培训工作,提高公众对突发事件的认知,强化自救意识和能力,就能在实际处置突发事件时,有效减少突发事件带来的人员伤亡和财产损害。

(六)制订明确的演练计划

制定应急预案时,要明确相应的演练计划。预案毕竟是预设的,现实的突发事件更具有不可预知性,甚至可能和我们当初设想的情况背道而驰。必须通过演练或实施,才能检验应急预案是否科学、合理,是否真正具有实操性。只要能确保应急预案制定后按照计划及时演练,就可以发现存在的问题并及时修订、不断完善,保障应急预案的实操性。

二、应急预案的灵活性应对功能

不可否认的是,突发事件具有太多不确定因素。如果应急预案只具有确定性应对功能,还不足以化解危机。因此,我们需要关注应急预案的另一个重要功能——灵活性应对功能。从本质上说,灵活性应对功能就是以灵活性去应对突发事件当中的不确定性。客观事件的发展变化往往是不以人的主观意志为转移的。制定应急预案时,无论对事件本身如何详尽梳理,人为的假设始终无法穷尽突发事件发生发展的各种可能性。这就要求应急预案的一些应对条款要灵活设置,以便合理地迅速变通,有效处置一些突发状况、次生事件和衍生事件。当然,从应急预案本身制定的目的来看,就是要以确定性应对不确定性,因此,这里所说的灵活性实质上是相对的,是采用非常规决策来对突发事件进行非常态管理。

(一)相对灵活地梳理事件

编制应急预案时,如果能尽可能地估计各种可能出现的问题,就可以把准备工作做得更扎实细致。所以,事前制定主体邀请专家进行风险评估是非常有必要的。但是,因为气候、地形、人员因素等种种不断变化的原因,突发事件本身始终会处于一种不确定状态,事前的风险评估不可能与真实情况完全一致。这就要求制定主体以突发事件为主导,灵活地梳理出一个相对完整的"事故树",并请专家对其是否符合客观规律进行评估。根据"事故树",能够比较清楚地看出主要事件和各种次生事件、衍生事件。同时,要使应急组织能够明确,“事故树”毕竟无法穷尽一切可能,它仅仅是指导、是参考,现实的风险与隐患随时变化,主要事件、次生事件和衍生事件与事前的假设都可能有所不同。这样,应急组织才能不拘泥于一种固定的思维和行为模式,在实际处置时,真正灵活、迅速地作出反应。

(二)设计相对灵活的处置流程

经过灵活的事件梳理,预案制定主体能以事件为主导依次制定出相应的应急方案。在对突发事件的发生、发展及趋势进行灵活分析的基础上,有针对性地制定应急措施以化解危机。这些措施对应到绘制的“事故树”上就会形成一幅相对完整的突发事件应对模式图。一旦突发事件发生、发展,可以相应地选择处置流程(包括主流程和分支流程),灵活应对。例如,根据突发事件级别的变化能随即作出合理的调整和应对;根据自然条件的变化、资源的消耗灵活处置;对事件发展过程中产生的次生事件、衍生事件灵活处置;有效处置出现的预设之外的情况;等等。

(三)建立相对灵活的资源储备

在突发事件应对中,资源能否得到保障十分关键。一般认为,事件的规模越大、越严重,则级别越高,对资源的需求量也就越大。要定期检查各种资源储备情况,根据实际对物质资源、技术资源和信息资源进行随时更新。要在整合现有资源的基础上建立相对灵活的资源储备,以满足确定的资源布局和调配的需要。在预防和应急的领域里应该树立舍得花钱的理念,要有合理的专项的预算经费,加大预防和应急准备。这样,即使突发事件的发展变化引发了一些没能预料到的次生事件和衍生事件,也有充足的资源应对,不至于捉襟见肘。

(四)进行相对灵活的后期处置

突发事件本身会对社会造成极大的破坏,而应急预案的实施目标就是要尽可能地减少突发事件造成的社会、经济和人民生命财产损失。危机状态化解后,要尽快恢复正常的生产、生活秩序。善后恢复、社会救助等后期处置措施的设置不但要完善,还一定要灵活。以便能针对不同事件、不同群体的实际需要采取相对灵活的处置方式,从而积极展开重建工作,有效汇集救灾资源并作出最有效的统筹分配,将赈灾物资及时送达灾民手中,并适时安抚民心、消除群众恐慌,减少社会负面影响。

第二节 应急预案的体系类型

建立一套多层次、多领域的应急预案体系,坚持预防与应急相结合,常态和非常态相结合,是各国政府在应急管理工作中总结得出的共同经验。目前,发达国家都根据各自所面临的突发事件的类型和特点,分门别类地制定了各行各业、各部门以及各单位的预案,应急预案体系覆盖到政府机构、社会团体、企事业单位、地方基层管理部门和社区服务部门等。总体来看,应急预案覆盖面广、涉及各个领域,形成了应对突发事件的天罗地网。[①] 例如,针对各种类型的突发事件,美国政府制订了纲目并举的操作计划,既有总体上的联邦应急计划,也有具体针对特殊性质突发事件的《美国政府打击国内恐怖主义行动计划》(The United States Government Interagency Domestic Terrorism Concept of Operations Plan,CONPLAN)。同时,针对不同产业和部门面临的形态各异的突发事件,美国有不同的应急计划,各部门的分工协作也会有所不同,如联邦放射性突发事件应急计划(FRERP)、国家油类和危险品污染应对计划(NOHSPCP)等。德国从联邦到州都编制了应急预案。在联邦层面,2002 年 12 月 6 日通过的《德国民事保护新战略》,明确由联邦和各州共同担负消除严重危险的责任(如自然灾害、工业事故、传染疾病以及恐怖主义行为),并根据危险程度和人口密度,建立了防止危险的分级体制。它的目标:使联邦和各州的救助机构(如联邦技术救援机构、各州的消防部门和救助组织)能够更紧密地合作;建立新的协调机制,加强对信息的管理和紧缺资源的调配,使联邦和各州更有效地合作;建立并切实实行共同领导谅解机制。在州层面,德国各州也都结合各自情况制定了州级灾难救助预案,还针对具体事件制定了专项预案。以黑森州为例,根据专家委员会起草的《黑森州灾难分析报告》,编制了州级灾难救助预案以及各专项预案。[②]

一、建立应急预案体系的基本原则

制定应急预案就是为了防患于未然,通过对潜在风险和隐患的全面梳理,找出相应的脆弱点,提前针对可能发生的突发事件设计处置对策,便于快速、有序、高效地控制突发事件的发展,将损害降至最低。一国的应急预案包括国家总体预案、各地方预案、各部门预案、各行业预案等。这些预案共同构成了应急预案体系。建立应急预案体系应遵循下列基本原则。

(一)标准化原则

同一类突发事件都有一些共性,其处置也有一定的规律可循。要在认真归纳总结经验教训的基础上,严格规范各类各级应急预案制定和实施的管理标准和程序,确保应急预案制定过程标准化和实施过程程序化。凡是属于应急处置中的常态工作,即和应急预案的确定性应对功能有关的,如同类应急预案的应急组织体系、资源整合与布局、社会动员机制、奖惩机制、宣教方案、演练计划等,都应该遵循明确的制定和实施标准。

(二)实操性原则

应急预案的生命在于实操性。如果突发事件一旦发生,事先制定的应急预案却根本

---

① 参见钟开斌、张佳:《论应急预案的编制与管理》,载《甘肃社会科学》2006 年第 3 期。

② 参见薛澜、张强、钟开斌:《危机管理:转型期中国面临的挑战》,清华大学出版社 2003 年版,第 206 ~ 211 页。

无法及时启动和顺利运行,那么预案就等同于一张废纸。因此,构建应急预案体系要以实操性为前提,要确保制定的应急预案可操作性强,符合突发事件处置的现实需要。这就要求低阶应急预案不能一味模仿高阶应急预案,要有必要性和针对性,确保预案能真正发挥实际作用。

(三)专业性原则

突发事件处置本身就是强调在专业处置基础上的综合协调。俄罗斯的特别情况部是一个专门化和专业化的典型代表,是俄罗斯5大部之一。特别情况部将俄罗斯划分9个地区,专门负责89个州的救灾活动。而美国新成立的国土安全部更是代表了危机管理专门化和专业化的发展趋势。① 构建相应的应急预案体系一定要体现较强的专业性。要在专业评估风险、梳理事件、查找隐患、评估资源的基础上,合理界定应急预案的制定主体,明确各类应急事件的响应程度,突出重点、分清主次,科学地确定体系中应急预案的覆盖面和制定的优先级。

(四)协调性原则

一个体系内的应急预案应该协调一致,甚至相互配合。从纵向的关系看,低阶的应急预案应该和高阶应急预案协调一致。从横向的关系看,一个体系内不同部门制定的应急预案应该能够衔接。突发事件的应对工作往往需要多个部门,甚至多个地区的相互配合,因此,应急预案制定主体应注意预案内容与其他有关部门制定的预案内容之间的协调和衔接,特别是要加强主管部门与配合部门之间应急预案的协调和衔接,切实改变应急预案之间各说各话的情况。

(五)动态闭环管理原则

如果应急预案制定后就被束之高阁,不再更新,最终必定会因情势变更而导致其实操性受到严重破坏,直至完全失效。发达国家经常根据政府应急管理的实际情况,让预案编制和运作一直处于动态管理中,伴随突发事件和外部环境的变化而充实、改进和完善,使预案因时、因地、因环境而及时修订,以保证预案的准确性、科学性、指导性和可操作性。例如,美国政府定期颁布《国家安全战略报告》,对美国可能遭受的各种威胁和危机进行全面评估,作为一段时期内国家安全工作的指导,并在日常的应急管理中,选择实际案例,建立各类突发事件的案例库,及时更新应急预案,并从理论总结到实践操作全方位寻求符合美国国情的解决方案。② 这是非常值得借鉴的。我们要根据现实情况的变化,在动态综合评估的基础上,真正动态地实现应急预案从制定到演练、实施,再到制定(更新)的完整过程,不断修订、更新各级各类应急预案,建立和完善应急预案的体系,真正实现动态的闭环管理。

---

① 参见韩大元、莫于川主编:《应急法制论》,法律出版社2005年版,第229~230页。

② 参见钟开斌、张佳:《论应急预案的编制与管理》,载《甘肃社会科学》2006年第3期。

二、我国应急预案的体系

2003年非典疫情以后，整个国家和社会都对突发事件的处置工作进行了反思，并有了新的认识。2003年12月国务院办公厅应急预案工作小组的成立，是我国"一案三制"公共应急体系全面建设工作展开的标志。应急预案作为龙头，其体系的完善被逐步提上了日程。为了使我国的应急预案编制做到"纵向到底、横向到边"，纵向贯通行政和各类组织层级，横向覆盖行政和社会层面，国务院办公厅在2004年4月6日发布了《国务院有关部门和单位制定和修订突发公共事件应急预案框架指南》，并于2004年5月22日颁发了《省（区、市）人民政府突发公共事件总体应急预案框架指南》。2006年1月8日，国务院发布了《国家突发公共事件总体应急预案》。同时，国务院各有关部门已经编制了国家专项预案和部门预案；全国各省、自治区、直辖市的省级突发公共事件总体应急预案均已编制完成；各地还结合实际编制了专项应急预案和保障预案；许多市（地）、县（市）以及企事业单位也制定了应急预案。至此，全国应急预案框架体系初步形成。2008年以来，我国进入了应急预案体系的逐步完善阶段。在进一步吸取2008年年初的雨雪冰冻灾害、"3·14"拉萨打砸抢烧事件、"5·12"汶川大地震和2010年青海玉树地震等突发事件应急处置的经验教训的基础上，我国逐步制定了基本涵盖各类突发公共事件的各级各类应急预案，应急预案框架体系基本形成。应急预案从主要适用于企业的技术手段上升为普遍适用的公共政策。从公共政策的视角看，中国应急预案体系的建构可以被概括为由政府主导的自上而下的政策动员过程。①

国务院2006年1月8日发布的《国家突发公共事件总体应急预案》对我国应急预案的体系类型作出了相应规定，按照不同的责任主体，把全国突发公共事件应急预案体系设计为6个层次。应该看到，我国的应急预案框架体系是在立足中国国情、认真总结实践经验、吸收借鉴国外成熟做法、广泛听取各方面意见的基础上形成的。我国应急预案框架体系不仅参考了美国、日本、俄罗斯、德国等国以及联合国等国际组织的各种规划、预案和指南的相关内容，分析了美国"9·11"事件、印度洋海啸、疯牛病等危机事件，总结了我国的历史教训和实践经验并根据我国的国情进行了创新，因此，具有一些其他国家没有的、超前的、创新的内容，具有鲜明的中国特色。② 不同类别、不同层级、不同地域的应急预案应当组成一个高度衔接的体系，衔接性是应急预案充分发挥作用的重要保证。③

（一）突发公共事件总体应急预案

总体应急预案是全国应急预案体系的总纲，是国务院应对特别重大突发公共事件的

---

① 参见张海波、童星：《中国应急预案体系的优化——基于公共政策的视角》，载《上海行政学院学报》2012年第6期。

② 参见钟开斌、张佳：《论应急预案的编制与管理》，载《甘肃社会科学》2006年第3期。

③ 参见李尧远、曹蓉、许振宇：《国家应急管理现代化：意涵、标准与路径》，载《中国地质大学学报》（社会科学版）2017年第3期。

规范性文件,规定了国务院应对特别重大突发公共事件的组织体系、工作机制等内容。总体应急预案统领整个应急预案体系,指导全国的突发事件应对工作,其目的在于确立应急管理的基本原则和运作框架,是其他各类应急预案的依据。它主要适用于涉及省级行政区划的,或超出事发地省级人民政府处置能力的特别重大的突发事件。总体应急预案根据突发公共事件的发生过程、性质和机理,将突发公共事件分为自然灾害、事故灾难、公共卫生事件、社会安全事件 4 类;并且,按照性质、严重程度、可控性和影响范围等因素,将各类突发公共事件分为 4 级,即Ⅰ级(特别重大)、Ⅱ级(重大)、Ⅲ级(较大)和Ⅳ级(一般)。

(二)突发公共事件专项应急预案

专项应急预案主要是国务院及其有关部门为应对某一类型或某几种类型突发公共事件而制定的应急预案,由主管部门牵头,会同相关部门组织实施。目前已经发布的国家专项应急预案包括:国家自然灾害救助应急预案;国家防汛抗旱应急预案;国家地震应急预案;国家突发地质灾害应急预案;国家处置重、特大森林火灾应急预案;国家安全生产事故灾难应急预案;国家处置铁路行车事故应急预案;国家处置民用航空器飞行事故应急预案;国家海上搜救应急预案;国家处置城市地铁事故灾难应急预案;国家处置电网大面积停电事件应急预案;国家核应急预案;国家突发环境事件应急预案;国家通信保障应急预案;国家突发公共卫生事件应急预案;国家突发公共事件医疗卫生救援应急预案;国家突发重大动物疫情应急预案;国家重大食品安全事故应急预案;等等。

(三)突发公共事件部门应急预案

部门应急预案是国务院有关部门根据总体应急预案、专项应急预案和部门职责为应对突发公共事件制定的预案,由制定部门负责实施。目前已经发布的部门应急预案有:卫生部和中国气象局编制的高温中暑事件卫生应急预案;教育部和卫生部制定的学校甲型 H1N1 流感防控工作方案(试行);农业部制定的农业部门应对人间发生高致病性禽流感疫情应急预案;交通运输部制定的交通建设工程重大生产安全事故应急预案、国家专业救助打捞力量应对突发事件应急预案、国家海上搜救应急预案、交通部南海救助应对水上突发事件应急预案、公路交通突发事件应急预案;铁道部制定的铁路交通事故应急救援规则;公安部制定的高速公路交通应急管理程序规定;等等。

(四)突发公共事件地方应急预案

地方应急预案具体包括:省级人民政府的突发公共事件总体应急预案、专项应急预案和部门应急预案;各市(地)、县(市)人民政府及其基层政权组织的突发公共事件应急预案。上述预案在省级人民政府的领导下,按照分类管理、分级负责的原则,由地方人民政府及其有关部门分别制定。

(五)企事业单位根据有关法律法规制定的应急预案

企事业单位是其内部发生的突发事件的责任主体。矿山、建筑施工单位和易燃易爆物品、危险化学品、放射性物品等危险物品的生产、经营、储运、使用单位,公共交通工具、公共场所和其他人员密集场所的经营单位或者管理单位必须依法制定应急预案。如德国大众汽车公司和汉莎航空公司,也结合企业自身特点,制定预防火灾、恶性事故等的应急预案。①

(六)重大活动的主办单位制定的应急预案

举办大型会展和文化体育等重大活动,主办单位应该制定应急预案,并报同级人民政府有关部门备案。

全国突发公共事件应急预案体系体现了《突发事件应对法》(2007年)第4条规定的"统一领导、综合协调、分类管理、分级负责、属地管理"原则。首先,国家突发事件总体应急预案是全国范围内其他各类预案的依据,地方突发事件总体应急预案是地方范围内其他各类预案的依据,这是"统一领导"的体现;其次,国家组织制定国家突发事件专项应急预案,各级地方人民政府组织制定地方突发事件专项应急预案,这是"综合协调"的体现;再次,国务院有关部门根据其职责和国务院相关应急预案,制定国家突发事件部门应急预案,这是"分类管理"的体现;最后,各级地方人民政府和县级以上各级地方人民政府的有关部门制定相关的突发事件应急预案,这是"分级负责、属地管理"的体现。

但是,从目前的情况看,缺乏一定范围内的综合预案、各专项预案之间衔接不畅,是我国应急预案体系的软肋。政府的应急预案体系由总体预案、专项预案和部门预案构成;其中,总体预案是适用于全部突发事件的一般性规定,其目的在于确立应急管理的基本原则和运作框架,其规范和指导意义远远大于其操作意义,可操作性先天不足;专项预案和部门预案适用于单一类型的突发事件,而专项预案在一定程度上考虑了各部门在应对单类突发事件中的协作关系,却未顾及这些部门在应对多类并发的突发事件中的协作关系。随着综合性灾害的日益常见,如何增强各专项预案的协调性,并在此基础上将"单一版"预案体系升级到"综合版",已经成为一个迫切需要解决的问题。② 同时,由于大多数突发事件最初发生在基层,因而,基层做到有效防范并及时开展先期处置是应急管理的基础性工作,这体现了就近就便、首发处置、属地为主的应对方针和责任机制。③ 当下,还要加快将应急预案的编制工作向社区、农村和各类企事业单位深入推进,真正实现应急预案体系的全面覆盖。目前,我国的应急预案体系已基本建成,进入了常态化管理阶段。当下,我国还应当对这一体系加以优化,在现行应急预案体系下进一步探讨不同层级应急预案的功能,提炼应急预案概念与框架,优化应急预案的核心内容,推进应急预案

---

① 参见钟开斌、张佳:《论应急预案的编制与管理》,载《甘肃社会科学》2006年第3期。
② 参见林鸿潮:《公共应急管理机制的法治化》,华中科技大学出版社2009年版,第159页。
③ 参见肖文涛、许强龙:《基层政府应急预案管理:困境与出路》,载《理论探讨》2016年第1期。

体系的现代化。①

三、我国应急预案的类型

目前，国内比较一致的观点是，我国政府制定的应急预案分为总体预案、专项预案和部门预案。实际上，根据不同的标准，可以对应急预案的类型进行不同的划分。学者们对此也进行了相应的讨论。

（一）按所要应对的突发事件的类型进行分类

按此类，可以将应急预案分为自然灾害应急预案、事故灾难应急预案、突发公共卫生事件应急预案和突发社会安全事件应急预案。

1. 自然灾害应急预案。其主要是针对水旱灾害、气象灾害、地震灾害、地质灾害、海洋灾害、生物灾害和森林草原火灾等自然灾害所制定的应急预案。

2. 事故灾难应急预案。其主要是针对工矿商贸等企业的各类安全事故、交通运输事故、公共设施和设备事故、环境污染和生态破坏事件等事故而制定的应急预案。

3. 突发公共卫生事件应急预案。其主要是针对传染病疫情，群体性不明原因疾病、食品安全和职业危害、动物疫情，以及其他严重影响公众健康和生命安全的事件所制定的应急预案。

4. 突发社会安全事件应急预案。其主要是针对恐怖袭击事件、经济安全事件和涉外突发事件等制定的应急预案。

（二）按应急预案的制定主体所属地域进行分类

按此类，可将应急预案分为中央应急预案和地方应急预案。

1. 中央应急预案。其包括国务院制定的《国家突发公共事件总体应急预案》、国务院及其有关部门制定的专项应急预案和国务院有关部门制定的部门应急预案。

2. 地方应急预案。其包括地方政府及其部门制定的突发公共事件总体应急预案、专项应急预案和部门应急预案，以及企事业单位制定的应急预案和重大活动组织者制定的应急预案。

（三）按应急预案的适用对象范围进行分类

按此类，可将应急预案分为综合预案、专项预案和现场预案。

1. 综合预案。综合预案是一个地区或部门的整体预案，从总体上阐述这个地区或部门的应急方针、政策、应急组织结构及相应的职责，应急行动的总体思路等。通过综合预案，可以很清晰地了解一个地区或部门的应急体系及预案的文件体系。更重要的是，综合预案可以作为该地区或部门应急救援工作的基础和“底线”，即使对那些没有预料的紧急情况，也能起到一般的应急指导作用。

2. 专项预案。专项预案是针对某种具体的、特定类型的紧急情况，如危险物质泄

① 参见吴晓涛：《中国突发事件应急预案研究现状与展望》，载《管理学刊》2014 年第 1 期。

漏、某一自然灾害等而制定的。专项预案是在综合预案的基础上,充分考虑了某特定危险的特点,对应急的形势、组织机构、应急活动等进行更具体的阐述,具有较强的针对性。

3. 现场预案。现场预案是在专项预案的基础上,根据具体情况需要而编制的。它是针对特定的具体场所(以现场为目标),通常是该类型事故风险较大的场所或重要防护区域等所制定的预案。例如,危险化学品事故专项预案下编制的某重大危险源的场外应急预案、防洪专项预案下的某洪区的防洪预案等。现场应急预案的特点是针对某一具体现场的特殊危险及周边环境情况,在详细分析的基础上,对应急救援中的各方面作出具体、周密而细致的安排,因而现场预案具有更强的针对性和对现场具体救援活动的指导性。①

(四)按应急预案的效力特征进行划分

按此类,可以将应急预案分为常备应急预案和临时应急预案。

1. 常备应急预案。这类应急预案只要制定出来,就持续有效,直到被依法废除效力才会终止。绝大部分应急预案都属于常备预案。

2. 临时应急预案。其主要是指举办大型会展和文化体育等重大活动时,组织者临时制定的应急预案。相对常备应急预案而言,临时应急预案的效力不持久,一般在活动结束后就失去效力。下一次再举行活动,组织者需另行制定应急预案。

还有学者指出,可以根据应急预案的对象和级别进行分类,将应急预案分为应急行动指南或检查表、应急响应预案、互助应急预案和应急管理预案。其中,应急行动指南或检查表是针对已辨识的危险制定应采取的特定的应急行动。指南简要描述应急行动必须遵从的基本程序,如发生情况向谁报告、报告什么信息、采取哪些应急措施。这种应急预案主要起提示作用,对相关人员要进行培训,有时将这种预案作为其他类型应急预案的补充。应急响应预案是针对现场每项设施和场所可能发生的事故情况,编制的应急响应预案,如化学泄漏事故的应急响应预案,台风应急响应预案等。应急响应预案要包括所有可能的危险状况,明确有关人员在紧急状况下的职责。这类预案仅说明处理紧急事务必需的行动,不包括事前要求(如培训、演练等)和事后措施。互助应急预案则是相邻企业为在事故应急处理中共享资源,相互帮助制定的应急预案。这类预案适合于资源有限的中、小企业以及高风险的大企业,需要高效的协调管理。而应急管理预案是综合性的事故应急预案,这类预案详细描述事故前、事故过程中和事故后何人做何事、何时做,如何做。这类预案要明确制定每一项职责的具体实施程序。应急管理预案包括事故应急的 4 个逻辑步骤:预防、预备、响应、恢复。县级以上政府机构、具有重大危险源的企

---

① 参见刘功智、刘铁民:《重大事故应急预案编制指南》,载《劳动保护》2004 年第 4 期。

业,除专项事故应急预案外,必须制定重大事故应急管理预案。[①] 不过,很多学者对这种分类方法持否定意见,认为上述分类中所提及的4类“预案”,只有应急管理预案才是真正意义上的应急预案。

---

① 参见吴宗之、刘茂:《重大事故应急预案分级、分类体系及其基本内容》,载《中国安全科学学报》2003年第1期。

第四章　应急预案的编制依据和编制方针

第一节　应急预案的编制依据

一、应急预案编制依据的含义

所谓应急预案编制依据，是指应急预案编制主体编制预案时所参照、适用的规范和标准，主要包括法律、法规、规章、其他规范性文件、标准和应急预案等。如《北京市突发事件总体应急预案》(2010 年)的编制依据被表述为："以《中华人民共和国突发事件应对法》《国家突发事件总体应急预案》《北京市实施〈中华人民共和国突发事件应对法〉办法》等国家及本市有关法律、法规、规章和相关文件规定为依据，严格依法行政，依法管理。"

应急预案编制依据的主要作用在于证明相应预案具有合法性基础，以增强其权威性。作为突发事件的应急与救援的计划与方案，应急预案一般会对应急组织机构与职责、预测预警、处置程序、应急保障措施以及事后恢复与重建措施等内容作出规定。这些规定的妥当与否直接影响突发事件的处置效果。为什么有关单位和部门可以通过应急预案对这些重要事项作出规定？这是应急预案编制主体在应急预案制定之初需要回答的问题。这个问题一般通过在预案中说明预案的编制依据来解决，即相关的编制依据授权或规定编制主体可以或应当在相应领域制定预案。也就是说，编制依据说明了预案的上位规范依据，从而证明该预案具备合法性基础。此外，编制依据对应急预案编制具有约束作用。编制依据一般会对应急预案的编制主体、编制内容等作出规定。这种规定即是对预案编制的限定与约束。编制主体在编制预案时应当遵守编制依据的有关规定。

二、应急预案编制依据的种类

应急预案编制依据的种类主要有法律、法规、规章；其他规范性文件；标准和上位应急预案。

(一)法律、法规、规章

法律、法规、规章是应急预案最主要的编制依据。这里的法规包括行政法规和地方性法规；规章包括部门规章和地方政府规章。正是法律、法规、规章关于应急预案编制主体、编制内容和程序等方面的规定为应急预案的存在提供了法律依据。特别是《突发事件应对法》关于应急预案的有关规定,更是为我国应急预案体系的建立提供了一般法意义上的依据。① 可以说,离开相应的法律、法规和规章的有关规定,应急预案就失去了存在的合法性基础。正因如此,现有应急预案无不把有关的法律、法规、规章作为自身的主要编制依据。如《北京市地震应急预案》就将《防震减灾法》《破坏性地震应急条例》《地震预报管理条例》《震后地震趋势判定公告规定》《北京市实施〈中华人民共和国防震减灾法〉办法》等相关法律、法规和规章作为编制依据;又如《国家自然灾害救助应急预案》(2011 年)把《突发事件应对法》《防洪法》《防震减灾法》《气象法》《自然灾害救助条例》等法律、法规作为编制依据。

(二)其他规范性文件②

所谓其他规范性文件,是指"行政机关及被授权组织为实施法律和执行政策,在法定权限内制定的除行政法规和规章以外的决定、命令等普遍性行为规则的总称"。③ 除法律、法规和规章外,其他规范性文件也是应急预案的一种重要编制依据。这里的其他规范性文件特指由预案编制主体的上级政府或部门制定的相关规范性文件。这些规范性文件除在相关法律、法规和规章的基础上就应急预案的编制提出进一步的细化要求外,还可以为预案编制主体提供编制内容方面的参考。需要特别说明的是,这里的其他规范性文件包括由各级政府及其部门发布的各种应急预案编制指南或导则,如《国务院有关部门和单位制定和修订突发公共事件应急预案框架指南》和《省(区、市)人民政府突发公共事件总体应急预案框架指南》。这些指南或导则在结构和内容方面为预案编制主体提供了更明确的指引。基于其他规范性文件的上述作用,大量应急预案在把相关法律、法规和规章作为编制依据的同时,还将有关的规范性文件列为编制依据。如《台州市路桥区矿山事故应急预案》就将规范性文件《浙江省人民政府关于切实加强安全生产工作的决定》作为其编制依据之一。

(三)标准

标准在性质上属于其他规范性文件,但它在内容上与其他类别规范性文件有较大区别——标准具有高度的技术性和专业性。由于这种专业性特征符合应急预案,特别是专项预案及部门预案对突发事件应对与处置专业化的需求,因此标准也常被作为应急预案的一种编制依据。当涉及标准所规定的事项时,应急预案可以直接规定适用相应的标准,从而使预案内容更简洁。如《阜平县龙鑫石材有限公司安全生产事故应急救援预案》

---

① 参见《突发事件应对法》第 17 条、第 18 条、第 23 条和第 24 条。

② 鉴于标准和应急预案作为编制依据具有独特的功能和意义,本章将对二者作单独介绍,因此这里的"其他规范性文件"不包括标准和应急预案。

③ 姜明安主编:《行政法与行政诉讼法》(第 5 版),北京大学出版社、高等教育出版社 2011 年版,第 176 页。

的编制依据中就包括《重大危险源辨识》(GB 18218—2000)、《安全评价通则》(AQ 8001—2007)、《金属非金属矿山安全规程》(GB 16423—2006)、《爆破安全规程》(GB 6722—2003)等标准。

(四)上位应急预案

政府及其部门发布的应急预案同样属于其他规范性文件。本书之所以将上位应急预案单独作为应急预案编制依据的一种,是因为它与拟制定的应急预案有着很密切的联系,可以为拟制定的应急预案提供更直接、更明确的指引。如《国家地震应急预案》中关于预警和预防、应急响应、后期处置、保障措施等事项的规定均可为《北京市地震应急预案》的编制提供有益参考。需要注意的是,应急预案编制主体在将上位预案作为编制依据后,不能照搬照抄上位预案,要结合本地区、本单位、本部门的实际情况进行预案编制工作。

三、应急预案编制依据的表述

应急预案编制主体在预案中表述编制依据时应注意以下两个问题。

(一)明确表述编制依据

应急预案编制主体应在预案中明确地表述预案的编制依据,为预案的编制提供合法性上的保护。预案编制主体应在编制依据部分列明主要规范依据的全称,而不可使用"有关法律、法规、规章"等模糊性说法。如果预案编制主体未能确切地表述预案编制依据,可以被视为预案未列明编制依据,预案本身的合法性就容易受到质疑,预案的权威性也将受到影响。

(二)合理表述编制依据

一部预案的编制依据通常包括多部法律、法规、规章、其他规范性文件等。在对这些依据进行表述时,要按照规范的位阶高低依次表述;位阶相同的规范则按照从一般到特殊的次序排序。如《邯郸市突发重大动物疫情应急预案》的编制依据被表述为:依据《中华人民共和国动物防疫法》(中华人民共和国主席令二十四号修正)、《重大动物疫情应急条例》(2017 年中华人民共和国国务院令第 687 号修正)、《国家突发重大动物疫情应急预案》(国办函〔2005〕51 号)、《河北省动物防疫条例》(河北省人大常委会公告第 77 号)、《河北省突发重大动物疫情应急预案》(冀政办〔2020〕8 号)和《邯郸市突发公共事件总体应急预案》(〔2005〕52 号)及相关法律、法规和规定,制定本预案。

第二节 应急预案的编制方针

一、应急预案编制方针的含义

应急预案编制方针,是指导应急预案编制的纲领和原则。由于应急预案编制质量直接影响预案的执行效果，因此，应急预案编制主体应注重提高预案编制质量。应急预案编制方针是对预案编制要求的高度抽象和概括，可以为预案编制主体提高预案质量提供明确指引和导向。预案编制主体严格依照编制方针编制预案将有效提高预案的可行性和实用性。很多省市政府已经认识到应急预案编制方针的这种积极作用，纷纷在其应急预案管理办法中对此作了规定。如国务院《突发事件应急预案管理办法》第13条规定："各级人民政府应当针对本行政区域多发易发突发事件、主要风险等，制定本级政府及其部门应急预案编制规划，并根据实际情况变化适时修订完善。"如《陕西省突发事件应急预案管理暂行办法》第10条规定："编制应急预案应遵行以下原则：（一）合法性原则。符合有关法律、法规及其他有关规定，充分体现以人为本，预防为主、预防与处置相结合等应急管理的工作原则。（二）可行性原则。认真进行风险评估，全面分析应急资源需求与现状，力求应急措施明确具体、符合处置突发事件的实际，便于操作。（三）简便性原则。内容完整，格式规范，重点突出，结构严谨，条理清楚，表述准确，简便易行。（四）协调性原则。加强与应急预案相关部门的协调与沟通，确保上下级应急预案之间和同一层面应急预案之间的衔接协调，增强应急预案体系的协调性。"

二、应急预案编制方针的内容

目前，国内学界对应急预案编制方针尚未形成统一认识。笔者结合部分省、市应急预案管理办法的有关规定及现有研究，提出以下编制方针：参与性原则、针对性原则、专业性原则、便捷性原则和可行性原则。

（一）参与性原则

参与性原则，是指应急预案编制小组应由"预案启动后可能涉及的各类主体（或其代表）"[①]组成。突发事件的应急处置与救援涉及来自不同部门、不同专业领域的应急各方，需要应急各方在相互信任、相互了解的基础上进行密切配合和相互协调。[②] 正因如此，应急预案编制小组需要吸纳预案启动后可能涉及的应急各方参与。应急各方在编制过程中通过讨论可就相应突发事件的处置与救援达成相对一致的意见，这将有利于促进突发事件发生时各方的协调配合，从而提高应急处置和救援效率。具体来说，应急预案编制小组一般应包括预案编制主体的负责人或其代表、关联部门（单位）的工作人员、应急救援组织代表、相关领域技术专家、志愿者（组织）代表，等等。为避免应急各方对预案编制的参与形式化，预案编制单位应为编制小组创造良好的工作条件，积极引导小组成员进行深入细致的讨论。只有真正贯彻参与性原则，才能切实增强预案的全面性和科学性。

---

① 林鸿潮：《公共应急管理机制的法治化》，华中科技大学出版社2009年版，第36页。

② 参见刘功智、刘铁民：《重大事故应急预案编制指南》，载《劳动保护》2004年第4期。

（二）针对性原则

针对性原则，是指应急预案编制小组应通过风险评估和应急能力分析掌握本地区或本单位潜在的重大危险、事件类型、事故后果以及应急资源分布和应急救援力量等情况，并在此基础上编制应急预案。既然应急预案是针对可能的重大突发事件或灾害而预先制订的计划或方案，那么预案编制小组的首要任务就是风险评估，即分析和把握预案针对的对象——可能发生的重大事件。风险评估是应急预案编制的基础。风险评估的结果不仅有助于确定需要重点考虑的危险，提供划分预案编制优先级别的依据，而且也为应急预案的编制、应急准备和应急响应提供必要的信息和资料。① 此外，编制小组还应清晰地了解已有的应急资源和应急能力，因为只有如此，编制小组才可能提出符合预案编制单位应急能力的最现实可行的应急策略、措施。概括来说，针对性原则的核心要求是要在风险评估和应急能力分析的基础上编制预案。如果不进行风险评估和应急能力分析，一味照搬、套用上位预案，制定的预案会因缺乏针对性而丧失实用性。关于风险评估和应急能力分析的具体内容，参见本书第五章。

（三）专业性原则

所谓专业性原则，是指应急预案的编制应符合科学规律、体现相关专业要求。应对、处置突发事件是一项复杂而系统的工程。突发事件的类型不同，其发生、发展的规律不同，涉及的专业知识也不同，即使突发事件类型相同，由于时间、空间等具体条件不同，处置措施也不尽相同。鉴于此，编制小组应注重把握突发事件发生、发展规律，结合相关专业知识制定预案。突出专业性原则，要广泛吸收和听取各行业专家的研究意见。国务院《突发事件应急预案管理办法》第 16 条规定："政府及其部门应急预案编制过程中应当广泛听取有关部门、单位和专家的意见，与相关的预案作好衔接。涉及其他单位职责的，应当书面征求相关单位意见。必要时，向社会公开征求意见。"具体而言，专业性原则主要有两方面的要求。

一是符合科学规律。应急预案的编制必须在充分把握相关突发事件发生、发展规律的基础上进行。编制小组确定预案编制的指导思想、进行风险评估和应急能力分析、划分应急职责，设计应急处置措施，准备应急资源、安排后期处置等，都要符合科学规律，按照应急处置与救援行动的特点和要求、事态发展的阶段性、相关科技规律组织与实施。

二是体现相关专业要求。为使应急预案的编制切实体现专业要求：(1)要吸纳相关领域技术专家参加预案编制小组，相关专家可以通过发挥自身专业优势，提出相应的意见、建议，从而增强预案的专业性；(2)要使预案体现相关专业规范、标准的要求，我国在自然灾害应对及事故灾难处置等方面制定了大量的专业规范和标准，如《震后地震趋势判定公告规定》《重大危险源辨识》《安全评价通则》等，编制小组应结合这些专业规范和

① 参见刘功智、刘铁民：《重大事故应急预案编制指南》，载《劳动保护》2004 年第 4 期。

标准制定预案,使预案体现这些专业规范和标准的要求。

(四)协调性原则

协调性原则,是指应急预案编制主体应确保拟制定的应急预案与相关应急预案衔接协调。任何应急预案都不是孤立的,都处于应急预案体系的某一环节,与体系内其他相关预案有密切关系。只有当拟制定的应急预案与相关应急预案有效衔接时,拟制定的应急预案在应急实践中的作用才能得到充分发挥。既然如此,预案编制主体就应正视这种关系,通过主动与有关单位或部门的沟通协调,保持拟制定的应急预案与相关应急预案紧密衔接。这既有利于增强拟制定应急预案的严密性,也有利于促进应急预案体系的统一性。《广东省突发事件应急预案管理办法》规定,应急预案应"保持与上级和同级应急预案的紧密衔接,保持与相邻行政区域相关应急预案的衔接"。协调性原则的具体要求是应急预案编制主体应使拟制定的预案在组织体系、分级标准、预警指标、应急措施、应急资源、责任体系等方面与上位和同级相关应急预案衔接协调;在次生、衍生事件方面与相关应急预案良好衔接;必要时,政府与企业之间可通过协议进行衔接。① 有学者认为,预案体系所涉及的3层结构,包括政治社会系统与应急管理体系之间的关系,应急管理体系内"一案三制"之间的相互制约关系和应急预案体系内部的结构约束,是加强预案体系协调性建设的重点。②

(五)便捷性原则

便捷性原则,是指应急预案应当重点突出、简便易行。作为突发事件应对与处置的行动指南,应急预案应便于应急工作人员和社会公众理解和掌握,这就要求预案的编制要重点突出,简便易行。便捷性原则要求主要有以下两项:一是重点突出,即编制小组应围绕应急响应、应急处置、应急救援等突发事件应对与处置的重点内容展开预案编制工作,要力求做到主题鲜明、文字简练;二是简便易行,即编制小组应将应急处置措施适当分解,使基本应急任务相对简单,而且是凭借现有应急能力和应急资源能够做到的。有学者从战术级层面的应急预案更具有针对性地提出了促进便捷性原则实践化相关内容,包括制定可供基层单位参考的通用现场操作指南和标准操作程序,完善基层单位的现场行动方案等。③

(六)可行性原则

可行性原则,是指编制小组应通过划分职责、明确措施等方式增强预案的实用性和可操作性。任何机关和组织编制应急预案的根本目的是通过预案的启动把突发事件造成的损失、损害降至最低。而要实现这一目的,应急预案必须具有可行性。可行性是对

① 参见《北京市突发事件应急预案管理办法》第17条第5项。

② 参见张海波:《中国应急预案体系:结构与功能》,载《公共管理学报》2013年第2期。

③ 参见曹海峰:《新时期国家应急预案体系再定位与系统重构》,载《国家行政学院学报》2018年第6期。

应急预案最基本的要求。强调预案编制要体现参与性、针对性、专业性、协调性和便捷性的目的恰恰是要增强预案的可行性。从这个意义上说，可行性原则是预案编制的根本原则。但是值得指出的是，预案的编制也要注重可行性与前瞻性的统一。有学者指出，在实践中，问责机制的压力使预案的编制者不得不意识到如果"写到了但做不到"要承担怎样的责任。这一点在以部门职能为基础进行预案编制时表现得尤为明显，编制者对凡是超出部门职责或现有能力的条款都高度警惕，以免日后因此承担相应的责任。①

可行性原则的具体要求主要包括以下两项：

一是职责明确。应急预案对各相关单位、部门的职责定位应尽可能明确具体，避免在应急预案实际应用中出现职责不清、推诿扯皮等情况。突发事件的发展往往具有很大的不确定性，如果因为应急预案对职责规定不清而造成应急处置行动无法协调一致，延误最佳处置时机，后果将会十分严重。

二是措施具体。有关研究表明，人在紧急状态下的认知能力和执行能力较正常状态下有所下降，复杂的任务及其组合将会降低应急预案的实施效果。所以，预案对应急措施的规定要很具体，要明确告知相关人员具体的应急任务、行动步骤等，使参与应急的人员能有效地开展应急工作。

① 参见张海波：《中国应急预案体系：结构与功能》，载《公共管理学报》2013 年第 2 期。

第二编　应急预案的编制制度

第五章　应急预案的编制主体和编制程序

第一节　应急预案的编制主体

应急预案的编制主体与应急预案体系紧密相关，不同级别和不同类型的应急预案由不同的机构承担编制职责。因此，可以按照"纵向分级，横向分类"的原则，对应急预案的编制主体进行分析。我国现行政府层次是5级制，即中央、省（自治区、直辖市）、市（地区）、县（市）、乡镇（街道）。同时，社区、乡村、学校、企业等基层单位也承担了突发事件应对任务，因而也属于应急预案编制主体之一。应急预案的编制主体在纵向上可分为中央、省（自治区、直辖市）、市（地区）、县（市）、乡镇（街道）、基层单位6个级别；在横向上，根据预案类型不同划分为总体应急预案、专项应急预案、部门应急预案、企事业单位应急预案、重大活动应急预案、基层应急预案6大类。

一、总体应急预案的编制主体

总体应急预案，是指国家或者某个地区、部门、单位为应对所有可能发生的突发事件而制定的综合性应急预案。总体应急预案是明确应急管理和处置的组织指挥体系、处置原则、标准及程序，是应急管理和处置的纲领性预案。总体应急预案通常由各级人民政府负责制定，由各级人民政府应急管理领导机构负责解释和组织实施，由各级人民政府应急管理办事机构负责具体编制工作。总体应急预案是各级人民政府为应对本级人民政府辖区范围内突发事件而制定的组织管理、指挥协调相关应急资源和应急行动的整体计划，是指导各级人民政府专项应急指挥机构、下级人民政府、本级人民政府有关部门编制和修订各类应急预案的依据。据统计，截至2010年7月，所有省、市级政府和98.8%的县级政府编制了总体应急预案。

《国家突发公共事件总体应急预案》是全国应急预案体系的总纲，是国务院应对特别重大突发事件的规范性文件，由国务院制定，国务院办公厅组织实施。我国《突发事件应对法》第17条规定："国务院制定国家突发事件总体应急预案。"因此，国家总体应急预案的编制主体为国务院，具体由国务院办公厅承担。2003年11月，国务院办公厅成立由国务委员兼国务院秘书长为组长的专门的应急预案工作小组，负责编制国家的总体应急预案。2005年4月17日,《国家突发公共事件总体应急预案》颁布实施,下发至省级政府。2018年3月,中共中央印发《深化党和国家机构改革方案》,将组织编制国家应急总体预案的职责划归应急管理部,对应急预案编制作出调整。

各省(自治区、直辖市)、市(地区)、县(市)的总体应急预案,由相应级别的人民政府负责制定,通常由相应级别的人民政府的应急管理办事机构具体编制。根据《国家突发公共事件总体应急预案》的有关规定,省级人民政府的突发事件总体应急预案报国务院备案。例如,《北京市突发事件应急预案管理办法》(2017年修订)明确规定:"市总体应急预案由市应急办负责编制。各区和天安门等重点地区的总体应急预案分别由各区政府和天安门等重点地区管委会负责编制。"2016年修订的《北京市突发事件总体应急预案》对市总体应急预案的编制与制定规定:"本预案由市政府负责制定,市应急委负责解释与组织实施,编制修订工作由市应急办具体负责。"对预案审查与批准规定:"本预案由市政府、市应急委审定。"对预案印发、备案与公布规定:"本预案以市政府名义印发,并报国务院备案。同时,应及时向社会公布,对确需保密的内容,按有关保密规定执行。"《重庆市突发事件应急预案管理办法》(渝办发〔2008〕273号)规定,重庆市突发事件总体应急预案"由市政府应急管理办事机构负责编制"。

二、专项应急预案的编制主体

专项应急预案,是指各级人民政府及其有关部门按照突发事件的分类,为应对某一类型或某几种类型突发事件的涉及若干个部门职责的行动方案、保障方案和操作手册。专项应急预案通常是为应对危害严重或影响范围广、需多个部门协同处置的某种类型突发公共事件而制订的行动计划和程序规范。专项应急预案是各级人民政府总体应急预案的组成部分,属于各级人民政府总体应急预案和对应上级人民政府专项应急预案的下位预案。专项应急预案由各级人民政府组织制定,通常由各级人民政府有关部门牵头制定,报各级人民政府审定、批准后实施。按照突发事件分类,分别编制自然灾害、事故灾难、公共卫生和社会安全事件4类专项应急预案,是部门协作配合、应急联动的主要依据。

中央层面的专项应急预案,是指国务院及其有关部门为应对某一类型或某几种类型突发事件而制定的应急预案。专项应急预案一般由国务院有关部门牵头制定,报国务院审定、批准后实施。我国《突发事件应对法》第17条规定:"国务院……组织制定国家突发事件专项应急预案。"2005年,国家共制定26件专项应急预案,其中自然灾害类5件、事故灾难类9件、公共卫生类4件、社会安全类8件。5件自然灾害类专项应急预案为:《国家自然灾害救助应急预案》《国家防汛抗旱应急预案》《国家地震应急预案》《国家突发地质灾害应急预案》《国家处置重、特大森林火灾应急预案》。9件事故灾难类专项应急预案为:《国家安全生产事故灾难应急预案》《国家处置铁路行车事故应急预案》《国家处置民用航空器飞行事故应急预案》《国家海上搜救应急预案》《国家处置城市地铁事故灾难应急预案》《国家处置电网大面积停电事件应急预案》《国家核应急预案》《国家突发环境事件应急预案》《国家通信保障应急预案》。4件公共卫生类专项应急预案为:《国家突发公共卫生事件应急预案》《国家突发公共事件医疗卫生救援应急预案》《国家突发重大动物疫情应急预案》《国家重大食品安全事故应急预案》。8件社会安全类专项应急预案为:《国家粮食应急预案》《国家金融突发事件应急预案》《国家涉外突发事件应急预案》《国家处置大规模群体性事件应急预案》《国家处置大规模恐怖袭击事件应急预案》《国家处置劫机事件应急预案》《突发公共事件新闻发布应急预案》《国家石油供应中断应急预案》。①

省(自治区、直辖市)、市(地区)、县(市)的专项应急预案,通常由相应级别的人民政府组织制定,具体由相应级别的人民政府的专项应急指挥机构或政府部门牵头编制。通常,牵头单位由各级人民政府的应急管理办事机构提出,报本级人民政府同意。例如,《重庆市突发事件应急预案管理办法》(渝办发〔2008〕273号)第8条第2项规定:"市政府专项应急预案分别由市政府救灾办、市安监局、市卫生局、市公安局牵头编制。"根据《北京市突发事件总体应急预案》(2016年修订),北京市级专项预案分别由市地震局、市安全监管局、市卫生局、市公安局、市经济信息化委等牵头编制。

三、部门应急预案的编制主体

部门应急预案,是指各级人民政府有关部门根据总体应急预案、专项应急预案和部门职责为应对突发事件制定的行动方案、保障方案和操作手册,属各级人民政府总体应急预案和对应上级人民政府部门应急预案的下位预案。根据各地区常发的突发事件和处置需要编制的单项应急预案,是部门(单位)应急管理和处置的直接依据。部门应急预案一般由各级人民政府的有关单位负责制定。

中央层面的部门应急预案是指国务院有关部门根据总体应急预案、专项应急预案和部门职责为应对突发事件制定的预案。我国《突发事件应对法》第17条规定:"国务院有关部门根据各自的职责和国务院相关应急预案,制定国家突发事件部门应急预案。"截至2005年年底,国家有关部门共制定了80件部门应急预案。此外,还有国务院有关部门应急预案971件。其中,行业或突发事件应急预案893件,部门机关内部应急预案78件。②

省(自治区、直辖市)、市(地区)、县(市)的部门应急预案,通常由相应级别人民政府的应急管理部门(单位)负责编制。例如,《北京市突发事件应急预案管理办法》(2017年修订)明确规定:"市应急办负责统筹规划、组织指导、监督考核本市应急预案体系的建设

---

① 参见林鸿潮:《论应急预案的性质和效力——以国家和省级预案为考察对象》,载《法学家》2009年第2期。

② 参见陈婧、刘婧、王志强、杜鹃、何飞、史培军:《中国城市综合灾害风险管理现状与对策》,载《自然灾害学报》2006年第6期。

工作,负责明确市级应急预案的体系构成,组织编制本市应急预案的管理规范、指南和导则等。”根据《北京市突发事件总体应急预案》(2016 年修订),北京市级部门预案分别由市住房城乡建设委、市经济信息化委、市卫生局、市发展改革委、市交通委等作为编制主责部门,北京全市共制定了市级专项应急预案 118 件,其中自然灾害类 20 件、事故灾难类 31 件、公共卫生类 21 件、社会安全类 36 件、应急保障类 10 件。

四、企事业单位应急预案的编制主体

企事业单位应急预案,是指企事业单位根据相关法律、法规和单位实际情况制订的应急预案。企事业单位是突发事件应对的重要力量,而制定应急预案对企事业单位妥善应对和处置突发事件具有重要意义。因此,企事业单位一般都应当制定应急预案。特别是矿山、建筑施工单位和易燃易爆物品、危险化学品、放射性物品等危险物品的生产、经营、储运、使用单位以及公共交通工具、公共场所和其他人员密集场所的经营单位或者管理单位,应当制定具体应急预案。我国《突发事件应对法》第 23 条明确规定:“矿山、建筑施工单位和易燃易爆物品、危险化学品、放射性物品等危险物品的生产、经营、储运、使用单位,应当制定具体应急预案,并对生产经营场所、有危险物品的建筑物、构筑物及周边环境开展隐患排查,及时采取措施消除隐患,防止发生突发事件。”该法第 24 条规定:“公共交通工具、公共场所和其他人员密集场所的经营单位或者管理单位应当制定具体应急预案,为交通工具和有关场所配备报警装置和必要的应急救援设备、设施,注明其使用方法,并显著标明安全撤离的通道、路线,保证安全通道、出口的畅通。”《北京市实施〈中华人民共和国突发事件应对法〉办法》第 19 条第 2 款规定:“供水、排水、供电、供煤、供油、供气、供热、交通、通信、有线电视网络等公共设施的经营、管理单位,应当制定具体应急预案,建立安全巡检制度,及时消除事故隐患,保障安全运营。”

中央在地方单位应急预案是指中央在地方行政机构、企事业单位为应对可能出现的突发事件而制订的行动计划和程序规范。据统计,截至 2006 年,中央企业预案制定率达 100%,高危行业绝大部分规模以上企业已制定应急预案。事业单位、社会团体也制定了应急预案。以中国红十字系统为例。目前,全国已有总会及 27 个省级红十字会应急预案被纳入政府总体应急预案体系,272 个地(市)级、604 个县级红十字会制定了应急预案,已成为国家应急体系的重要组成部分。① 据统计,截至 2010 年 7 月,高危行业企业安全生产应急预案覆盖率达到了 100%,为有效应对突发事件发挥了重要的基础性作用。

五、重大活动应急预案的编制主体

重大活动应急预案,是指举办大型会议、展览和文化体育等重大活动,主办单位制定的应急预案。大型活动应急预案由主办大型会展和文化体育等重大活动的单位,按照“谁主办、谁负责”的原则,依据所在城市大型活动相关管理规定,结合活动特点及实际情

---

① 参见王君平:《凝聚人道的力量》,载《人民日报》2009 年 10 月 27 日,第 16 版。

况,负责起草。

重大活动应急预案由主办单位根据有关法律法规制定。在 2008 年北京奥运会期间,有关部门制定了一整套场馆内外各级各类突发事件的应急预案。各单位针对本系统、本领域、本地区奥运期间面临的主要风险,依据国家及市级有关应急预案,编制修订有针对性的应急预案,针对评估出的风险源(点),制定有可操作性的具体处置方案,实现“一风险一预案”,确保对风险的有效应对。水电气热、防汛、交通、通信、消防等重要领域的部门和相关区县组织制定奥运场馆应急预案,实现“一场馆一预案”。相关区县要对重点地区所面临的主要风险,制定有针对性的应急预案,加强属地保障,实现“一区域一预案”。按照工作要求,督促指导市筹委会相关工作机构、全市应急体系和相关单位针对面临的主要风险,完善应急预案和处置方案,形成较为完善、覆盖全面的国庆活动应急预案体系。水电气热、防汛、交通、通信、消防等重要领域组织制定了针对重点区域的应急预案,组织实施了全市生产经营单位应急预案备案。有针对性的组织开展了百余次专项或综合应急演练,确保突发事件高效应对。例如,北京奥组委首都机场场馆运行团队针对护照遗失、签证过期等 20 个应急专题,制定了 70 部涉及 11 个业务口的应急预案。完善奥运场馆应对暴雨天气措施,制定了奥林匹克公园公共区水系调度和应急排水预案及 23 部竞赛场馆(群)安全度汛保障预案。① 为了完成平安绿色地如期举办好 2022 年北京冬季奥林匹克运动会和残疾人冬季奥林匹克运动会,奥组委已经为此制定了一系列应急预案,以与各项工程建设和工作方案相配合,未雨绸缪、有预则安地确保冬奥会和冬残会的顺利举行。仅以张家口为例:作为冬奥会冬残会主赛场所在地的该市,已于 2019 年 10 月由市应急管理局、市冬奥办联合制定了《张家口市筹办 2022 年冬奥会修订编制各类应急预案工作方案》,决定全面修订全市各级各类相关应急预案,2020 年 4 月底前完成市预案修编工作,各县区预案参照市级相关应急预案修编工作要求和时间节点进行,于 2020 年 6 月底前做好预案修编工作。②

六、基层应急预案的编制主体

基层应急预案,是指乡镇(街道)、行政村、社区等基层组织以及各级各类学校(含各类幼儿园、保育院、托儿所)、医院所制定的应急预案。基层应急预案是应急预案体系的基础。作为社会的基本构成单元,乡镇、街道、企业等基层组织和单位是广大人民群众工作、生活的重要场所,是防灾减灾的前沿阵地,既在第一时间直接面对灾害又在第一时间应急处置灾害。研究表明,突发重大灾害发生后绝大部分被救人员是由基层单位非专业

---

① 参见陈荞、李英辉:《机场制定 70 项预案应对》,载《京华时报》2008 年 8 月 7 日,第 17 版。

② 参见(河北新闻网)记者高振发、通讯员朱广涛:《张家口市将全面修订 2022 年冬奥会各项应急预案》,载东方网:http://news.eastday.com/eastday/13news/auto/news/china/20191014/u7ai8860442.html,2020 年 3 月 7 日最后访问。

救援人员自发救助完成的,专业救援队伍所救援的人员只占5%左右。

当前,我国相关法律法规的有关规定体现出各级政府和社会各界对基层应急预案编制工作的重视。我国《突发事件应对法》第7条规定:“地方各级人民政府和县级以上地方各级人民政府有关部门根据有关法律、法规、规章、上级人民政府及其有关部门的应急预案以及本地区的实际情况,制定相应的突发事件应急预案。”虽然未对基层应急预案编制工作提出法律要求,但该法第29条规定:“县级人民政府及其有关部门、乡级人民政府、街道办事处应当组织开展应急知识的宣传普及活动和必要的应急演练。”“居民委员会、村民委员会、企业事业单位应当根据所在地人民政府的要求,结合各自的实际情况,开展有关突发事件应急知识的宣传普及活动和必要的应急演练。”2007年8月发布的《国务院办公厅关于加强基层应急管理工作的意见》对完善基层应急预案体系作出强调:“要进一步扩大应急预案覆盖面,力争到2008年底,所有街道、乡镇、社区、村庄和各类企事业单位完成应急预案编制工作。”“地方各级人民政府、各有关部门要加强对基层应急预案编制工作的指导,制订编制指南,明确预案编制的组织要求、内容要求和审批程序;县级人民政府及其有关部门要加强基层应急预案编制、衔接、备案、修订等管理工作。”

基层组织和单位作为社会管理的基本单元,在应急管理工作中发挥着不可替代的重要作用,也承担着重要的应急预案编制职责。在职责分工上,乡镇(街道)和行政村、社区应急预案的编制和修订工作,通常由乡镇(街道)负责组织实施,预案编制范围要涵盖所有行政村和社区。通常,乡镇(街道)可结合本行政区域实际,制定落实上一级政府总体应急预案、专项应急预案、部门应急预案和其他类型应急预案的行动方案。居委会、村委会等基层群众自治组织和社区在属地政府的指导下制定相关应急行动方案。

第二节 应急预案的编制程序

应急预案编制应当按照相应的应急预案编制框架或者指南进行。省级专项应急预案和部门应急预案编制框架由省人民政府组织制定;其他应急预案编制指南由相应人民政府及其有关部门,根据实际情况组织制定。应急预案编制总体上遵循“全”“准”“活”“练”四原则:“全”体现为预案编制横向和纵向的全覆盖;“准”要求应急预案编制务必结合实际、有针对性;“活”强调应急预案并非一成不变,要随着应急目标等变化不断调整完善应急预案,加强应急预案动态管理;“练”指的是预案的实际效果,即应急预案的实战演练。①

通常,应急预案的编制包括如下程序(见表5-1)。一是成立应急预案编制小组,由

① 参见陶振:《突发事件应急预案:体系、编制与优化》,载《行政论坛》2013年第5期。

有关行政负责人负责，有关部门(单位)及人员参加。二是应急预案编制部门(单位)开展风险分析和应急能力评估。三是有关部门(单位)组织起草应急预案。四是应急预案编制部门(单位)组织征求涉及部门(单位)及专家的意见，涉及部门(单位)及专家要以书面形式提出意见和建议；涉及与公众权益密切相关的应急预案，应当以适当方式广泛征求意见。五是按照有关程序审批，及时公布应急预案并组织实施；根据实施和评估的结果，对应急预案进行修订和完善。①

表5－1 应急预案的编制程序②

序号	步骤	内容	目标
第一步	成立编制小组	吸纳与预案有关的部门和人员参加	集思广益 吸纳各方意见
第二步	风险隐患评估 应急能力分析	收集、分析预案所涉及的法律法规；识别危险因素；评价现有人力、物力和能力	摸清底数 有的放矢
第三步	起草应急预案	基于分析结果，按照一定的框架格式，编制预案	清晰明了 简单实用
第四步	应急预案的 评审与发布	征求预案所涉及单位的意见；召开专家评审会议；按照评审意见修改完善预案；提交预案批准单位，经相关会议批准后印发	科学评审 提高质量
第五步	应急预案的 实施、评估与 修订	开展预案的宣传、培训、演练；定期检查预案落实情况；定期评审和更新预案	检验预案 锻炼队伍 磨合机制 教育群众

一、成立编制小组

应急预案制定机关或者单位应当成立应急预案编制小组，负责应急预案起草工作。应急预案编制小组通常由应急预案制定机关或者单位负责人、相关部门负责人、从事突发事件应对工作的实际工作者及相关专家等共同组成。应急预案编制小组可下设若干工作小组。同时，应根据应急处置工作的需要，不断完善编写小组，充实、补充编写小组成员。应急预案制定机关或者单位应该明确专门机构负责组织协调各预案编写小组的工作。

① 参见刘功智、刘铁民：《重大事故应急预案编制指南》，载《劳动保护》2004年第4期。

② 资料来源：根据广东省、天津市、北京市发布的应急预案管理办法整理。

编写小组承担如下工作职责。

(1)根据相关法律法规和预案要求,组织编制本地区或本部门总体应急预案、专项应急预案、部门应急预案、企事业单位应急预案、重大活动应急预案、基层应急预案的建议稿。开展应急预案体系建设的调查研究,为完善预案提供第一手材料。

(2)小组实行会商制度,通报前阶段工作情况,及时对未完成任务进行预警提示,安排下阶段工作任务;分享每个成员收集的相关预案信息,探讨应急预案体系建设,进一步完善本地区、本部门的应急预案。

(3)组长承担牵头、组织、协调职责,负责小组的日常管理工作,明确小组成员分工,组织落实应急预案制定机关或者单位决定的事项。

(4)小组成员要坚持收集、整理、分析、研究国内外相关预案资料,积极参加预案编写小组各项活动,相互支持、密切配合,共同编制和完善应急预案。

(5)编写小组成员所在单位,应支持应急预案体系编修组的工作,为小组成员开展预案体系建设调研,编制和修改完善应急预案创造条件。

例如,2003 年 11 月,国务院办公厅成立由国务委员兼国务院秘书长为组长的专门的应急预案工作小组,负责编制《国家突发公共事件总体应急预案》,组织国务院有关部委拟订专项预案和部门预案,指导各省(区、市)政府制定应急预案。之前,国务院办公厅对全国应急管理的法律、法规、体制和应急预案等情况进行了调查摸底。2004 年 2 月,工作组调研北京、上海、黑龙江、福建、河南、湖北、广东、重庆和新疆 9 省市和哈尔滨、厦门、福州、广州、深圳、郑州 6 大城市。①

二、进行风险评估和应急能力分析

2006 年 9 月 23 日,华建敏在中央企业应急管理和预案编制工作现场会上讲话强调:"应急预案是基于危险源辨识和风险评估之上的应对方案,统筹安排突发公共事件事前、事发、事中、事后各个阶段的工作,是应急管理工作的主线。"因此,制定预案时应当在评价与潜在危险相适应的应急资源和能力的基础上,选择最现实、最有效的应急策略。这就要求应急预案制定机关或者单位应当开展风险分析和应急能力评估工作,分析应急预案适用范围内容易引发突发事件的危险源、危险区域的情况,分析本地区及周边地区应急资源分布和具备的应急能力情况。

一是风险评估。风险评估是应急预案的源头环节,也是改进应急预案工作的"最重要的基础性工作"。② 风险评估,是指对不良结果或不期望事件发生的概率进行描述及定量的系统过程,也就是对一特定期间内安全、健康、生态、财产等受到损害的可能性及可能程度作出评估的系统过程。风险评估通过分析风险发生的概率与后果来界定风险,

① 参见钟开斌、张佳:《论应急预案的编制与管理》,载《甘肃社会科学》2006 年第 3 期。

② 李湖生:《应急预案体系建设的理论基础研究探讨及其启示》,载《中国应急管理》2012 年第 5 期。

在此基础上对各种风险进行综合排序,从而为避免或减轻风险提供一套科学系统的方法。2006 年 7 月国务院发布《关于全面加强应急管理工作的意见》,要求开展对各类突发事件风险隐患的普查和监控。“各地区、各有关部门要组织力量认真开展风险隐患普查工作,全面掌握本行政区域、本行业和领域各类风险隐患情况,建立分级、分类管理制度,落实综合防范和处置措施,实行动态管理和监控,加强地区、部门之间的协调配合。对可能引发突发公共事件的风险隐患,要组织力量限期治理,特别是对位于城市和人口密集地区的高危企业,不符合安全布局要求、达不到安全防护距离的,要依法采取停产、停业、搬迁等措施,尽快消除隐患。要加强对影响社会稳定因素的排查调处,认真做好预警报告和快速处置工作。社区、乡村、企业、学校等基层单位要经常开展风险隐患的排查,及时解决存在的问题。”我国《突发事件应对法》第 20 条规定:“县级人民政府应当对本行政区域内容易引发自然灾害、事故灾难和公共卫生事件的危险源、危险区域进行调查、登记、风险评估,定期进行检查、监控,并责令有关单位采取安全防范措施。”“省级和设区的市级人民政府应当对本行政区域内容易引发特别重大、重大突发事件的危险源、危险区域进行调查、登记、风险评估,组织进行检查、监控,并责令有关单位采取安全防范措施。”

风险评估的目的是生成与特定风险诱因有关的信息,这些诱因具有不确定性,但有可能产生影响。风险评估的最终结果是对风险的判断,它以模拟影响的概率分布表现出来。风险的可能性和后果主要受 3 个因素决定:(1)风险源(致灾因子)本身发生的可能性和危害程度;(2)风险所作用对象(受灾体)的承受能力(脆弱性);(3)控制和应对突发公共事件的能力。因此,风险评估主要包括 3 个核心组成部分:危险源识别、危险强度估计和暴露对象的评估。风险评估主要包括以下内容:识别危险的性质、地点、强度及其发生的可能性;判定承灾体存在与否、脆弱性及其危险暴露程度;判断减灾能力和可利用的资源;判定风险的可接受水平。

二是应急能力分析。依据风险评估的结果,对已有的应急资源和应急能力进行评估,包括本地区、本部门所有相关的人、财、物等应急资源的评估,明确应急救援的需求和不足。应急资源包括应急人员、应急设施(备)、装备和物资等;应急能力包括人员的技术、经验和接受的培训等。应急资源和应急能力将直接影响应急行动的速度、有效性。

三、起草应急预案

根据风险评估和应急能力分析的结果,有关部门(单位)的编写小组起草本地区、本部门的应急预案。应急预案编制部门(单位)组织征求涉及部门(单位)及专家的意见,涉及部门(单位)及专家要以书面形式提出意见和建议;涉及与公众权益密切相关的应急预案,应当以适当方式广泛征求意见。例如,2004 年 3 月至 5 月,国务院办公厅预案工作小组组织相关实际工作者、专家学者起草应急预案,完成初稿。

应急预案的起草应符合下列要求:(1)符合国家有关法律、法规和方针政策,符合当地有关法规、规章和应急管理工作要求;(2)保持与上级和同级有关应急预案的衔接;

(3)与突发事件风险状况和现有应急处置能力相适应;(4)按照部门(单位)和有关人员职责分工,明确部门(单位)和有关人员应急处置的职责,落实相应责任;(5)基本要素齐全,应急措施具体,处置程序简明,具有可操作性;(6)内容完整,简洁规范,通俗易懂,好记管用,文字简洁规范,符合《国家行政机关公文处理办法》(国发〔2000〕23 号)的相关要求。

应急预案基本内容应当包括编制目的、编制依据和适用范围,应急组织指挥体系与各相关部门职责,突发事件的预防与预警机制、应急处置程序、应急保障措施、事后恢复与重建措施等。根据国务院办公厅 2004 年 4 月 6 日下发的《国务院有关部门和单位制定和修订突发公共事件应急预案框架指南》(国办函〔2004〕33 号),各级各类应急预案主要包括以下基本内容。

(1)总则。主要包括编制目的、工作原则、编制依据、适用范围等。

(2)应急组织机构与职责。主要包括领导机构、指挥机构和日常工作机构及有关部门(单位)和人员职责、组织体系框架、应急联动机制等。

(3)预警和预防机制。主要包括信息监测与报告、预警预防行动、预警支持系统、预警级别发布以及预警化解措施等。

(4)应急响应。主要包括分级响应程序、信息共享与处理、响应程序、应急通讯、指挥与协调、区域和部门(单位)联动机制、紧急处置、应急人员安全防护、群众安全防护、社会力量动员与参与、调查分析检测与后果评估、新闻发布、应急结束等。

(5)后期处置。主要包括善后处置、恢复重建、社会救助、保险理赔以及评估、调查和总结等。

(6)保障措施。主要包括通信与信息、应急支援与装备、应急队伍、交通运输、医疗卫生、社会治安、物资经费、社会动员、紧急避难场所、技术储备、宣传培训与演习、监督检查等。

(7)附则。主要包括有关名词术语、缩写语与编码的定义与说明,应急预案管理与更新、国际(国内)沟通与协作、奖励与责任、制定与解释部门、预案实施或生效时间等。

(8)附录。主要包括与本部门有关的应急预案、预案总体目录、分预案目录、各种规范化格式文本、有关机构和人员通讯录、有关突发事件分级标准、危险源与灾害点现状分布图(册)等。

以上为应急预案框架的基本内容,有关部门和单位可根据实际情况,增加或减少有关内容。基层应急预案(包括乡镇、街道、企事业单位)应当重点明确先期应急处置职责、信息报告、人员撤离路线以及应急保障等内容。村(社区)应急预案应当紧密结合实际,突出信息报告、先期处置、人员撤离等有关内容。现场应急预案应当具有针对性,突出现场防灾避险、应急抢险及人员疏散等内容。

各级各类应急预案格式要求如下。(1)各省(区、市)人民政府突发公共事件总体应急预案应按照《省(区、市)人民政府突发公共事件总体应急预案框架指南》确定的框架进行编制。(2)国务院有关部门和单位的应急预案应按照《国务院有关部门和单位制定和修订突发公共事件应急预案框架指南》的格式要求编制。(3)市、区县(自治县)人民政府及部门(单位)应急预案应按照所在市政府相关应急预案框架统一格式进行编制;企事业单位应急预案格式按照行业主管部门要求和实际情况确定,也可参照政府应急预案格式编制。(4)乡镇(街道)应急预案格式参照市、区县(自治县)人民政府应急预案格式编制。(5)村(社区)以及现场应急预案格式根据实际情况确定。(6)各级各类应急预案的文字表述应简明、准确、严谨,每个自然段用阿拉伯数字编号,以便检索和引用。(7)各级各类应急预案有涉密内容的,应当标注密级,并严格按照保密规定进行管理。

四、评审与发布应急预案

应急预案制定单位应依照有关法律法规和应急预案管理办法对应急预案进行审核、审议、备案、报批和公布等事项。2004 年 5 月 22 日,国务院办公厅下发《省(区、市)人民政府突发公共事件总体应急预案框架指南》,用于指导地方组织制定公共突发事件应急预案。2005 年 1 月 26 日,时任国务院总理温家宝主持召开国务院常务会议,听取国家突发公共事件应急预案编制工作汇报,审议并原则通过了《国家突发公共事件总体应急预案》。2005 年 4 月 17 日,《国家突发公共事件总体应急预案》颁布实施,下发至省级政府。

一些省、市出台的应急预案管理办法均对应急预案的评审与发布作出了规定。例如,广东省人民政府办公厅印发的《广东省突发事件应急预案管理办法》(粤府办〔2008〕36 号)规定:"省总体应急预案经征求各地级以上市人民政府、有关单位和省应急管理专家意见后,报省政府常务会议审议。县级以上人民政府总体应急预案经征求相关单位、专家意见后报同级人民政府常务会议审议。专项应急预案经同级人民政府应急管理办事机构初审后,报同级人民政府审定。""专项应急预案报同级人民政府应急管理办事机构初审时,应提交下列编制说明材料:(一)编制背景;(二)编制原则;(三)编制过程及主要内容等;(四)征求意见和对反馈意见采纳情况;(五)对分歧意见的处理结果和依据;(六)应予以说明的其他事项。""省部门应急预案经征求有关单位、专家意见后,由预案制定单位按有关程序审议。审议通过的省部门应急预案应报省政府应急办备案。"

根据《国家突发公共事件总体应急预案》等有关规定,审议通过的省总体应急预案、专项应急预案应报国务院备案。审议通过的地级以上市总体应急预案、专项应急预案应报省人民政府、省有关单位备案。部门应急预案应报同级人民政府应急管理办事机构和省有关单位备案。企事业单位应急预案和重大活动应急预案报有关行政主管部门备案。同时,应急预案制定单位应按照我国《保守国家秘密法》的有关规定,确定应急预案密级。

应急预案制定单位应向社会公布应急预案和简明操作手册。涉及国家秘密和商业秘密的,应按照保密要求公布应急预案简本和简明操作手册。

五、实施、评估与修订应急预案

应急预案制定单位应当按照有关法律法规和应急预案管理办法的规定,结合实际情况,按制定应急预案的程序及时修订应急预案,并将修订后的应急预案进行备案。

应急预案应根据实际情况的变化,及时进行修订。例如,《广东省突发事件应急预案管理办法》规定:"各类应急预案原则上每3年至少修订一次。有关法律法规对应急预案修订周期另有规定的,从其规定。""乡镇(街道)等基层政权组织,居委会、村委会等基层群众自治组织和社区的应急行动方案原则上每两年至少修订一次。"再如,2010年北京市修订总体应急预案。除旱灾、冰雪、高温等旧版应急预案中已经提出的突发事件外,该版预案还新增了恐怖袭击、植物疫情和外来生物入侵等生物灾害、核事件与辐射事故、重污染天气、突发环境事件等内容。

应急预案制定单位要建立应急预案评估制度,在突发事件应急处置或应急演练结束后,及时总结分析应急预案适用情况。从充分性、可行性、完整性、可接受性、符合性5个方面开展评估,以提升应急准备能力,促进应急预案不断完善。[①] 应急预案制定单位也可以委托专业技术服务机构开展应急预案评估工作。例如,《广东省突发事件应急预案管理办法》第24条规定:"应急预案中有下列情形之一的,制定单位应当结合实际情况,适时修订。(一)不符合本办法第九条规定;(二)应急组织指挥体系或职责调整;(三)相关单位或人员发生变化;(四)应急预案制定单位认为应适时修订的其他情形。"同时,有关单位对处于生效期间的应急预案,认为有必要根据实际情况进行修改的,应及时告知应急预案制定单位。应急预案制定单位应认真研究,及时反馈研究结果。

---

① 参见薛元杰、周建新、刘铁民:《突发事件应急预案的评估研究》,载《中国安全生产科学技术》2015年第10期。

第六章　应急预案的编成文本与发布方式

第一节　应急预案的编成文本

根据2013年国务院制定的《突发事件应急预案管理办法》第6条的规定，应急预案根据制定主体的不同可以分为政府及其部门应急预案、单位和基层组织应急预案两大类。其中，政府及其部门应急预案由各级人民政府及其部门制定，包括总体应急预案、专项应急预案、部门应急预案等。因此，应急预案是一个分类明确、针对明晰的规范体系。不同种类应急预案内容各有侧重，差异较大。

总体应急预案主要规定突发事件应对的基本原则、组织体系、运行机制，以及应急保障的总体安排等，明确相关各方的职责和任务。[①] 较有代表性的总体应急预案为《国家突发公共事件总体应急预案》。总体应急预案主要由"总则""组织体系""运行机制""应急保障""监督管理""附则"等部分构成。此外，一个国家机关或其组成部门曾经也就本部门管理的重点领域制定了若干总体应急预案，但是根据《突发事件应急预案管理办法》第7条第2款的规定，只有县级以上各人民政府才能制定总体应急预案。因此，这些曾经命名为"总体应急预案"的预案，更多是专项应急预案。例如，原国家人口计生委制定的《人口和计划生育突发事件总体应急预案》和中国人民银行制定的《中国人民银行突发事件总体应急预案》。有部分地方政府也制定了总体应急预案，例如，海南省2006年制定了《海南省人民政府突发公共事件总体应急预案》，珠海市2012年制定了《珠海市突发事件总体应急预案》，这是规范化、法治化、标准化应对局部地区突发事件等良好举措。

国家层面专项和部门应急预案侧重明确突发事件的应对原则、组织指挥机制、预警分级和事件分级标准、信息报告要求、分级响应及响应行动、应急保障措施等，重点规范国家层面应对行动，同时体现政策性和指导性。[②] 国家层面的专项应急预案较多，主要由国务院制定，且从近年的发展趋势来看，呈现领域不断细化、专业性不断增强、针对性不

---

① 参见《突发事件应急预案管理办法》第8条第1款。

② 参见《突发事件应急预案管理办法》第8条第2款。

断强化的特征，主要包括《国家安全生产事故灾难应急预案》《国家地震应急预案》《国家海上搜救应急预案》《国家核应急预案》等。国家部门应急预案则类型较为多样，有些本质上发挥着总体应急预案的功能，如中央网信办2017年制定的《国家网络安全事件应急预案》，在组织机构层面具体划分了其他国家行政机关的职责和任务，强调从国家治理和国家安全稳定的全局出发，应对突发网络安全事件。还有一些国家部门应急预案则是从部门的专业性和管理领域出发，在本部门内部，确定应急组织指挥机制，划分权责任务。例如，《农产品质量安全突发事件应急预案》《风暴潮、海浪、海啸和海冰灾害应急预案》《城市公共汽电车突发事件应急预案》等。

专项和部门应急预案以下是省级专项和部门应急预案以及市县级专项和部门应急预案。省级专项和部门应急预案侧重明确突发事件的组织指挥机制、信息报告要求、分级响应及响应行动、队伍物资保障及调动程序、市县级政府职责等，重点规范省级层面应对行动，同时体现指导性。市县级专项和部门应急预案侧重明确突发事件的组织指挥机制、风险评估、监测预警、信息报告、应急处置措施、队伍物资保障及调动程序等内容，重点规范市（地）级和县级层面应对行动，体现应急处置的主体职能。① 2020年新冠肺炎疫情使较多省市和部门开始高度重视公共卫生领域的应急预案。例如，河北省制定了《河北省突发重大动物疫情应急预案》，江苏省制定了《江苏省突发重大动物疫情应急预案》，海南省卫生健康委员会制定了《海南省新型冠状病毒感染预防与控制应急预案》等。

乡镇街道专项和部门应急预案侧重明确突发事件的预警信息传播、组织先期处置和自救互救、信息收集报告、人员临时安置等内容，重点规范乡镇层面应对行动，体现先期处置特点。② 这一类型的应急预案数量庞大，但存在针对性不强、实施性不足的特点。从2020年新冠肺炎疫情处置情况来看，乡镇街道专项和部门的应急预案建设工作也要引起有关部门和学界的高度重视。在突发事件发生时，基本乡镇街道及其部门的响应速度、响应机制以及专业化程度很大程度上直接关系突发事件处理成效，也直接关系公民基本权利的保障。加强乡镇街道专项和部门的应急预案的制定、修改、演练工作，精炼应急预案的冗余内容，强化应急预案的可操作性和专业性，是一项需要长期坚持，也具有一定难度的利国利民的大事。有学者详细分析了应急预案的体系以及不同的应急预案之间的相互关系，指出：目前，我国应急预案体系已形成了国家总体应急预案、专项应急预案、部门应急预案；省级总体应急预案、专项应急预案、部门应急预案；市级总体应急预案、专项应急预案、部门应急预案；县级总体应急预案、专项应急预案、部门应急预案；基层组织应

① 参见《突发事件应急预案管理办法》第8条第2款。

② 参见《突发事件应急预案管理办法》第8条第1款。

急预案、企事业单位应急预案以及重大活动应急预案的完整体系。[1]

第二节 应急预案的发布方式

《突发事件应急预案管理办法》第 19 条规定了 3 大类应急预案的发布方式。

第一类是国家总体应急预案,专项应急预案和部门应急预案的发布规则。《突发事件应急预案管理办法》第 19 条第 1 款规定:"国家总体应急预案报国务院审批,以国务院名义印发;专项应急预案报国务院审批,以国务院办公厅名义印发;部门应急预案由部门有关会议审议决定,以部门名义印发,必要时,可以由国务院办公厅转发。"例如,《国家突发公共事件总体应急预案》于国务院第 79 次常务会议通过,由国务院发布。《国家突发环境事件应急预案》是环境保护领域一部重要的专项应急预案,2014 年由国务院办公厅发布。

第二类是地方各级人民政府总体应急预案,专项应急预案和部门应急预案的发布。《突发事件应急预案管理办法》第 19 条第 2 款规定:"地方各级人民政府总体应急预案应当经本级人民政府常务会议审议,以本级人民政府名义印发;专项应急预案应当经本级人民政府审批,必要时经本级人民政府常务会议或专题会议审议,以本级人民政府办公厅(室)名义印发;部门应急预案应当经部门有关会议审议,以部门名义印发,必要时,可以由本级人民政府办公厅(室)转发。"笔者认为,地方各级人民政府总体应急预案以本级人民政府的名义印发是应当理解为以"政府令"的印发,还是以地方人民政府规范性文件的形式印发,还有进一步探讨的空间。在实践中,地方人民政府的有的地方人民政府以政府令的形式发布。例如,《珠海市突发事件总体应急预案》是以"珠海市人民政府令第 88 号"的形式发,《海南省人民政府突发公共事件总体应急预案》是以海南省人民政府令第 53 号的形式发布,这一预案的修改以海南省人民政府令第 201 号的形式进行。这种以政府令的形式颁布和修改的应急预案,从形式上更接近地方政府规章,效力更高。但绝大部分地方各级人民政府的总体应急预案是以地方人民政府的规范性文件的形式发布的。例如,《江苏省突发事件公共事件总体应急预案》是以《江苏省人民政府关于实施江苏省突发公共事件总体应急预案的决定》(苏政发〔2005〕92 号)的形式发布的,这一发布形式使总体应急预案的效力更接近地方政府规范性文件。关于应急预案的效力问题,除理论层面的定位和阐述外,在法解释学的层面进行分析也有一定的意义。地方各级人民政府专项应急预案和部门应急预案的发布规则,法律文本上的表述不存在较大的解释学空间,各地人民政府和各部门在发布专项应急预案时也基本遵照这一条款执行。

---

① 参见陶振:《突发事件应急预案:体系、编制与优化》,载《行政论坛》2013 年第 5 期。

第三类是各级单位和基层组织的应急预案的发布。《突发事件应急预案管理办法》第19条第3款规定："单位和基层组织应急预案须经本单位或基层组织主要负责人或分管负责人签发，审批方式根据实际情况确定。"各级单位和基层组织应急预案的发布较为灵活，在日常行政管理的过程中，大多遵循"谁制定，谁发布"的原则。例如，在2020年年初防控新冠肺炎疫情过程中，许多单位和基层组织都发布了相应的应急预案。有些由社区，居委会或村委会直接发布，也有一些单位，主要集中于事业单位也往往由临时成立的疫情防控指挥部发布，使应急预案发布之后执行效率更高，应急预案的措施能够尽快落地。

第三编　应急预案的基本内容

第七章　应急预案的基本构造

第一节　应急预案的基本构造概述

一、应急预案基本构造的含义

应急预案的基本构造，又称应急预案的基本结构，它是指组成应急预案的各部分内容的搭配与安排，涉及诸多要素、环节和关系。制定和运用应急预案的主要目的是解决“突发事件事前、事发、事中、事后，谁来做、怎样做、做什么、何时做、用什么资源做”的问题。[①] 既然应急预案要对上述诸多事项作出规定，就存在如何科学合理地安排这些事项的问题，这其实就是应急预案的基本构造如何设置的问题。应急预案的编制主体通过应急预案的基本构造来确定先规定什么、后规定什么、哪些事项需要规定、哪些事项不必规定等问题。如果一部应急预案对应该规定的事项没有规定，或者颠倒了采取不同应急措施的正常顺序，都会降低应急预案在突发事件应对中的实际效果。正因如此，加强对应急预案的基本构造的研究有重要的现实意义。

二、国外应急预案基本构造简介

（一）美国应急预案的基本构造

“美国高度重视应急预案的制订工作，联邦政府和州及地方政府都制订了比较完备的应急预案。”[②]在这里，笔者主要介绍一下美国《国家应急计划》（National Response Plan，NRP）。该计划于 2004 年 12 月正式发布，在美国应急预案体系中处于核心地位。计划分为 5 个部分：基本计划、附录、紧急事件支持功能附件、支持附件和事故附件。基本计划包括：计划的假设、作用和职责、运行概念、事故管理行动和计划维护说明等内容；附录提供了其他相关、更为详细的支持信息，包括术语、定义、缩写词和国家跨机构计划纲要；紧急事件支持功能附件详述了在国家重大事故期间，联邦机构为对州、部落以及其

---

① 参见闪淳昌：《构建社会主义和谐社会中的中国应急管理》，中国科协年会专题论坛暨第四届湖北科技论坛“湖北省防灾减灾与应急管理体系建设”分论坛会议论文，武汉，2007 年 9 月，第 6 ~ 12 页。

② 《美国行政应急预案制订与实施培训学习报告》，载豆丁网：http://www.docin.com/app/p?id=98129597，2020 年 2 月 22 日最后访问。

他联邦机构或者其他权限和实体提供协调资源和项目支持的目标、政策、架构和职责；支持附件为确保NRP事故管理目标有效率、有效力地执行提供了指南，描述了功能性的流程和行政性要求；支持附件涉及财政管理、国际协调、后勤管理、私营部门的协调、公共事务等9项内容；事故附件描述了公共和私营实体部门在覆盖各种类型的潜在灾害事故管理和紧急事件应急运行中的交互合作的目标、政策、职责和协调流程。事故附件包括生物事故附件、灾难事件附件、网络事故附件、食品和农业事故附件、原子核/放射性事故附件、石油和有害性物质事故附件、恐怖主义事故执法和调查附件。[①]

美国《国家应急计划》结构较为复杂，内容较为丰富。美国应急预案的构造并非都如《国家应急计划》这样复杂，但该计划也在一定程度上反映了美国应急预案构造的一些特点。(1)基本计划部分通常包括以下内容：应急机构、应急活动中的有关组织及其职责或义务；突发事件管理的基本架构；突发事件的减缓、预防、处置以及恢复和重建；预案的修订和演练。(2)附件重点规定应急保障，重视联邦和州、地方以及部落之间的相互援助，注重建立政府与公民团体和组织的合作关系。

(二)日本防灾计划的基本构造

灾害众多且灾害损失严重使日本十分重视建立防灾计划。日本《灾害对策基本法》规定：中央政府必须制订国家的防灾基本计划，各公共事业机关团体必须制订与业务相关的防灾业务计划，地方政府必须制订本行政范围内的地方防灾计划。其中，防灾基本计划明确了中央政府、公共机构、地方政府执行防灾对策的职能，计划同时描述了震灾、火山灾害、航空灾害等不同灾害类型的备灾、应急响应和灾后恢复重建等基本程序。[②] 防灾业务计划由指定公共机关(如自治省、运输省)或指定公共事业(如电力、电信等)依据相关联的业务拟订，主要内容涉及其所掌管的事务或业务范围内关于灾害应对需采取的措施，以及与所负责的事务有关的地区灾害应对计划应记载事项的制订基准等。地区灾害应对计划由都道府县及市町村的防灾会议基于灾害应对基本计划的要求所拟订。都道府县层次的灾害应对计划的主要内容包括：都道府县改良或设置新的灾害应对设施的职责，调查研究、教育训练、灾情收集、灾害预防、预警、避难、灭火、防水、救难、救助、卫生等对策，以适应都道府县灾害应对所需的劳务、设施、设备、物资及资金准备、储蓄、供应、分配、输送与通信的需求。市町村层次的灾害应对计划的主要内容包括：防灾设施的设置或改善，防灾调查、研究、教育、训练及灾害预防、灾情收集、传达与预报、避难、灭火、防水、救难、救助、卫生等紧急应对措施及灾后重建，以适应市町村灾害处置所需的各项要求。[③]

---

① 参见姚国章、郭梦等：《美国国家应急计划之一》，载《电子政务》2006年第6期。

② 参见袁艺：《日本灾害管理的行政体系与防灾计划》，载《中国减灾》2004年第12期。

③ 参见姚国章：《日本突发公共事件应急管理体系解析》，载《电子政务》2007年第7期。

日本应急预案基本构造有如下特点:(1)预案一般包括灾害预防、应急响应和灾后重建等内容;(2)重视对灾害的预测分析。日本地方灾害应对计划的"突出特点是对区域内可能发生的自然灾害都有非常具体的预测,包括人员被害情况(死亡、重伤、轻伤)、建筑物损坏情况(全毁、半毁)、火灾情况、需要避难人数等等,其各种数量都是估算到个位"。①

三、我国应急预案基本构造的现状

为了指导省(区、市)人民政府和国务院有关部门、单位做好应急预案的制定、修订工作,国务院办公厅于2004年下发《国务院有关部门和单位制定和修订突发公共事件应急预案框架指南》(国办函〔2004〕33号,以下简称《国务院有关部门和单位应急预案框架指南》)和《省(区、市)人民政府突发公共事件总体应急预案框架指南》(国办函〔2004〕39号,以下简称《省(区、市)总体应急预案框架指南》)。尽管这两部指南针对的对象不同,但二者提供的预案框架是相似的。按照这两部指南的规定,一个完整的应急预案主要包括7个部分。(1)总则:规定应急预案的编制目的、工作原则、编制依据、适用范围等。(2)应急体制:规定应急管理的组织机构与职责、组织体系框架。(3)应急机制:主要包括预测预警、应急响应和后期处置3个阶段。(4)应急保障:规定应急预案得以有效实施的基本保障措施,如通信信息保障、交通运输保障等。(5)宣传培训演习。(6)附则:包括专业术语、预案管理、监督检查与奖惩、制定与解释、实施时间等。(7)附录:主要包括相关预案、相关机构和人员通讯录和各种规范化格式文本等。由于突发事件的不确定性,不同层级政府、同一层级政府的不同部门、政府与政府之外的应急预案之间便具有了结构关联,在此意义上,总体预案、专项预案和部门预案之间也具有了结构关联。②

虽然上述两部指南为全国的应急预案编制和修订工作提供了基本方向,但二者并没有把相应的编制框架绝对化,都允许具体的编制机关结合本区域或本部门的实际情况以及突发公共事件的特点对指南提出的框架及内容作适当调整或增减。很明显,这种规定非常务实,也十分必要。在我国应急预案体系的建构过程中,国务院各部门和各地方都在相应框架指南的基础上结合本部门或本地方的特点作了一些调整。如《北京市突发事件总体应急预案》(2016年)就在《省(区、市)总体应急预案框架指南》的基础上增加了区、重点地区应急机构、社会动员、气象服务保障和法制保障等内容。

四、本书对我国应急预案基本构造的完善建议

鉴于《国务院有关部门和单位应急预案框架指南》和《省(区、市)总体应急预案框架指南》充分涵盖了应急体制、应急机制和应急保障等突发事件应急管理的核心内容,本章对应急预案基本构造的阐述将主要在这两部指南提供的框架下展开。笔者认为,可对两

---

① 袁艺:《日本灾害管理的行政体系与防灾计划》,载《中国减灾》2004年第12期。

② 参见张海波:《中国应急预案体系:结构与功能》,载《公共管理学报》2013年第2期。

部指南提供的框架作以下微调。

（一）把应急机制部分的“应急响应”区分为启动响应和应急处置

在《国务院有关部门和单位应急预案框架指南》和《省（区、市）总体应急预案框架指南》中，“应急响应”的内容包括：分级响应、信息共享和处理、指挥和协调、紧急处置、应急结束等内容。其实，这些内容可以分为两部分，即启动响应和应急处置。而这里的应急处置包括信息共享和处理、指挥和协调、紧急处置等内容。之所以强调做这样的划分，是因为一旦启动了政府应急预案，有关区域就进入了应急处置状态。在这种状态下，政府就可以根据实际需要依据《突发事件应对法》和《国家突发公共事件总体应急预案》采取一定的限制公民人身和财产权利的紧急措施，如征用、交通管制、强制隔离等。正因如此，对于应急响应的启动，我们应持较为谨慎的态度。为此，笔者认为，有必要根据突发事件应对的实际过程，将应急响应划分为启动响应和应急处置，将应急预案的启动凸显出来。当然，尤为重要的是，进一步明确启动响应的主体和条件。

（二）在“附录”部分增加危险分析、应急资源分析和协议附件等内容

附录是为整个应急预案提供技术支持的重要保证。如果说应急预案是一部车，附录就相当于车的4个轮子，应急活动各个过程中的任务实施都要依靠附件的配合和支持。①正因如此，我们应对附录给予足够的重视，通过充实附录的内容使之真正发挥对基本预案的支持作用。如前所述，《国务院有关部门和单位应急预案框架指南》和《省（区、市）总体应急预案框架指南》的附录部分主要包括相关预案、相关机构和人员通讯录和各种规范化格式文本等内容。这些内容对于一部完整的应急预案来说是必不可少的，但又是不够充分的。一部完整的政府或企事业单位预案还应包括危险分析、应急资源分析和协议附件等内容。新增的这些内容对增强应急预案的针对性、实效性有重要意义。②

第二节　基本预案要素及功能分析

鉴于附录部分有一定的独立性，可以把应急预案划分为基本预案和附录。基本预案是应急预案的主体部分，规定应急预案的编制目的和依据、适用范围、应急体制、应急机制、应急保障等内容。本节将重点分析基本预案③各要素的功能，并对部分要素的内容作简要介绍。

① 参见邢娟娟等编著：《企业重大事故应急管理与预案编制》，航空工业出版社2005年版，第254页。

② 附录各部分的主要功能及内容见本章第三节。

③ 考虑到政府应急预案在我国应急预案体系中的重要地位及本书的基本定位，本节对基本预案要素的介绍将主要围绕政府应急预案展开。如无特别说明，本节及下节中的“应急预案”均指政府应急预案。

一、总则

总则包括应急预案的编制目的、工作原则、编制依据、主要风险和事件简述、适用范围等内容。

(一)编制目的

任何应急预案的编制都是有其要实现的目的,确定恰当的目的是使应急预案保持正当性的基本要求。一般来说,编制应急预案的目的在于提高有关政府和部门处置突发事件的能力,最大限度地预防和减少突发事件及其造成的损害,保障人民生命财产安全。比如,《天津市突发公共事件总体应急预案》的编制目的是"提高保障公共安全和处置突发公共事件的能力,最大限度地预防和减少突发公共事件及其造成的损害,保障人民生命财产安全,维护社会、政治、经济秩序,促进经济社会全面、协调、可持续发展"。

(二)工作原则

应急预案具有应急规划、纲领和指南的作用。[①] 而应急预案发挥这种作用的重要途径就是明确应急工作原则,这是因为应急工作原则将对应急机构设置、应急机制等应急管理核心问题提出纲领性要求。这种要求还会在突发事件应对的全过程中得以贯彻。《国家突发公共事件总体应急预案》将应急管理的工作原则描述为:以人为本,减少危害;居安思危,预防为主;统一领导,分级负责;依法规范,加强管理;快速反应,协同应对;依靠科技,提高素质。其实,可以把这 6 项原则概括为:以人为本、预防为主、分级管理、快速反应、协同应对、依靠科技。当然,应急预案编制主体可以结合本地方、本部门的特点对上述原则作适当调整。

(三)编制依据

应急预案一般属于其他规范性法律文件。而其他规范性法律文件是行政机关及被授权组织为执行法律法规在法定权限内制定的。一般来说,其他规范性法律文件应该明确自身的制定依据。既然如此,应急预案编制主体也应在预案编制过程中明确预案编制的法律依据,以证明相应预案具有合法性基础。要求应急预案编制主体在预案中明确编制依据,还有利于促进预案与有关法律法规的协调一致。

(四)主要风险和事件简述

前文提及,日本地方防灾计划的突出特点是对区域内可能发生的自然灾害都有非常具体的预测。这一特点可以借鉴,因为对可能发生的突发事件作具体预测,可以增强应急预案的针对性。而缺乏针对性恰恰是目前多数应急预案的主要缺陷之一。为了克服这一缺陷,应急预案编制主体应重视对主要风险和事件的描述。《省(区、市)总体应急预案框架指南》对此的要求是"简要说明本行政区域各类突发公共事件的现状与趋势"。这为政府总体应急预案的主要风险和事件描述提出了基本要求。各地方政府在做风险

① 参见高小平:《中国特色应急管理体系建设的成就和发展》,载《中国行政管理》2008 年第 11 期。

分析和描述时，应结合本地的实际情况，作出相对具体的分析和预测。

（五）适用范围

任何应急预案都有较固定的适用对象和范围，因为只有如此，预案才具有针对性。如果一部应急预案没有固定适用范围，那么它会因为没有明确的针对性和指向性而丧失存在的价值。因此，明确应急预案的适用范围是很有必要的。

二、应急体制

我们知道，政府是突发事件应对的领导机关。为了担当好这一角色，政府首先需要解决以下问题：一是政府应对突发事件过程中具体的组织形式；二是各种应急管理机构权力的设定和分配；三是各种应急管理机构的地位和相互关系。应急体制就是要解决这些问题。应急体制是应急管理体制的简称，主要是指应急管理机构的组织形式，即综合性应急管理组织、各专项应急管理组织以及各地区、各部门的应急管理组织各自的法律地位、相互间的权力分配关系及其组织形式等。[①] 在已达成高度共识的基础上，中国共产党第十九届中央委员会第三次全体会议于 2018 年 2 月 28 日通过《深化党和国家机构改革方案》，明确地把"统一指挥、专常兼备、反应灵敏、上下联动、平战结合"作为中国特色应急管理体制的五项特征，对应急体制作出调整和完善。[②]

依据行政法学原理，行政机构的设置应有法律、法规依据。相应地，应急管理机构的设置也应以法律、法规为依据，也就是说，应急体制应由法律、法规来设定。我国《突发事件应对法》第 8 条第 2 款规定："县级以上地方各级人民政府设立由本级人民政府主要负责人、相关部门负责人、驻当地中国人民解放军和中国人民武装警察部队有关负责人组成的突发事件应急指挥机构，统一领导、协调本级人民政府各有关部门和下级人民政府开展突发事件应对工作；根据实际需要，设立相关类别突发事件应急指挥机构，组织、协调、指挥突发事件应对工作。"该款规定为县级以上地方政府统一及专项应急指挥机构的设立提供了依据。《突发事件应对法》第 9 条规定："国务院和县级以上地方各级人民政府是突发事件应对工作的行政领导机关，其办事机构及具体职责由国务院规定。"该条规定授权国务院制定相关行政法规规定应急管理办事机构的设置及职责问题。遗憾的是，国务院至今为止尚未出台有关的行政法规。各地应急管理办事机构基本上是依据各省、自治区、直辖市的突发事件总体应急预案设立的。而这些预案仅属于其他规范性文件，法律效力等级较低。这容易引发对这些机构行政主体资格的质疑。这种应急管理机构法制化程度较低的状况亟待改善。

---

① 薛澜、钟开斌：《国家应急管理体制建设：挑战与重构》，载《改革》2005 年第 3 期。

② 参见《〈中共中央关于深化党和国家机构改革的决定〉〈深化党和国家机构改革方案〉辅导读本》，人民出版社 2018 年版，第 50 页、第 94 页；王宏伟：《中国特色应急管理体制的构建与应急管理部的未来发展》，载《中国安全生产》2018 年第 6 期。

虽然应急体制应由法律、法规来设定，但这并不意味着应急预案就不能对应急体制作出规定，因为这里的应急体制是对法律上应急体制的具体化描述。无论是《突发事件应对法》，还是《国家突发公共事件总体应急预案》，两者对应急体制的规定都很抽象。这种抽象化的规定应该以某种方式具体化才能切合应急管理的实际需求。实现这种转化的理想路径是通过制定地方性法规和部门规章对相应应急体制作出规定。但制定相应地方性法规和部门规章都并非短时间就能完成的。实际的情况是，这种转化是由各省级政府总体应急预案、国家专项应急预案、国务院部门应急预案完成的。省级以下政府的总体应急预案中规定的应急体制，则是结合本地实际情况对上位预案确定的应急体制所作的一种具体化描述。

如前所述，应急预案的应急体制部分主要应规定应急管理的组织机构与职责、组织体系框架。前者应明确各种应急管理机构及其职责、权限。后者则以突发公共事件应急响应与处置全过程为主线，明确突发事件预测、预警、处置、结束、善后和灾后重建等环节的主管部门、协作部门、参与单位及其职责。若为政府总体预案，还应规定应急联动机制。“应急联动机制”，是指将军队、大型企事业单位及周边省、自治区、直辖市等多方力量有机地联合起来共同应对突发事件，从而提升政府的应急能力。① 尽管从字面上看，应急联动机制似乎应被置于应急机制部分进行规定，但它又和应急体制有十分密切的关系，因而在应急体制部分规定更合适。关于应急体制更具体的内容，参见本书第八章。

三、应急机制

应急机制，又称应急管理机制，它是指“突发事件预防与应急准备、监测与预警、应急处置与救援以及善后回复与重建等全过程中各种制度化、程序化的应急管理方法与措施”。② 应急机制是为积极发挥应急体制作用服务的，同时又与应急体制有着相辅相成的关系。建立统一指挥、反应灵敏、协调有序、运转高效的应急机制，既可以促进应急体制的健全和有效运转，也可以弥补其存在的不足。③ 从这个意义上说，应急机制是应急管理体系的核心和灵魂。离开了应急机制，应急体制的作用难以有效发挥，应急法制将失去其主体内容，应急预案也会变得空洞无物。

应急机制是应急管理各种要素相互作用构成的有机互动关系，具有模糊性、隐含性和难感知等特征。④ 应急法制和应急预案建设担负着使应急机制相对固定化、明确化的职能。当然，这种职能主要应由应急法制完成，因为只有把应急机制法治化才能更好地保障其在实践中良好运行。应急预案则是通过把应急机制与特定地区或部门的应急管

---

① 参见詹承豫、张坤：《大城市应急法制建设研究——北京市地方立法文本解读》，载马怀德、李程伟主编：《地方层面突发事件应对的法律规制》，中国社会出版社2009年版，第142页。

② 钟开斌：《“一案三制”：中国应急管理体系建设的基本框架》，载《南京社会科学》2009年第11期。

③ 参见高小平：《中国特色应急管理体系建设的成就和发展》，载《中国行政管理》2008年第11期。

④ 参见钟开斌：《“一案三制”：中国应急管理体系建设的基本框架》，载《南京社会科学》2009年第11期。

理特点相结合,使应急机制更明确、更具体,便于操作。仅就公共卫生应急管理机制建立健全的努力而言,党的十八大报告已经明确提出要"完善突发公共卫生事件应急和重大疾病防控机制"。[①] 党的十九届四中全会决定则在总体上提出要"健全公共安全体制机制"的要求。这些纲领性文献指出了完善应急管理机制的重要性和建构目标。

一般来说,应急机制包括信息报告机制、预测预警机制、启动响应机制、应急处置机制、恢复重建机制、信息发布机制等。关于应急机制内容的详细阐述,参见本书第九章。

四、应急保障

"任何一种社会实践活动,都要投入一定的人力、物力和财力等资源。应急管理作为人类应对突发事件或紧急状态的一种方式,是一项涉及多方面因素的系统工程,只有通过实践活动才能得以实现,因此必然需要投入一定的资源。"[②]人们常说"巧妇难为无米之炊",其实就是强调资源和条件对事情的处理是不可缺少的。如果政府在应对突发事件时缺少各种资源及保障措施,就难以有效控制事态发展,难以充分保障人民的生命财产安全。而这里所说的应对突发事件的资源及保障措施则是应急保障的核心内容。由此可见,应急保障是应急管理必不可少的重要环节。客观来说,应急保障其实属于一种应急机制,但鉴于其在应急管理中的重要地位及其相对的独立性、系统性,《国务院有关部门和单位应急预案框架指南》和《省(区、市)总体应急预案框架指南》都把它作为应急预案独立的一部分进行说明。在内容上,应急保障包括人财物力保障、基本生活保障、医疗卫生保障、交通通信保障等。有关应急预案中的各种应急保障的具体内容,参见本书第十章。

五、宣传培训与演练

(一)宣传培训

为了有效应对突发事件,除明确应急体制、应急机制和应急保障外,还应重视应急知识和技能的宣传培训。前述应急体制、应急机制等要依靠应急指挥人员、应急救援人员和公众的行动才能实际发挥作用。我们可把这些人员统称应急人员。只有应急人员了解了应急知识和技能,应急体制和机制才能真正落到实处,应急管理体系的作用才能切实有效发挥出来。应急知识和技能的获得和巩固的重要途径就是应急宣传培训。通过宣传培训,可以使应急人员了解一旦发生突发事件,他们应该做什么、能够做什么、如何去做等,能够相对从容对应对突发事件。由此可见,开展应急宣传和培训是应急管理的重要组成部分,是成功应对突发事件的重要保证。

1. 应急宣传。在开展应急宣传活动方面,各级政府承担着重要职责。各级政府和相

---

① 王雅琴:《突发事件与应急机制构建》,载《山西高等学校社会科学学报》2014年第12期。

② 陈国华、张新梅、金强编著:《区域应急管理实务——预案、演练及绩效》,化学工业出版社2008年版,第32页。

关部门要制订突发事件宣传教育计划,要充分通过广播、电视、报纸、互联网等新闻媒体,广泛开展突发事件应对法律法规和应急知识的宣传教育,以增强公民的防范意识和自救、互救能力。各级党政机关,工会、共青团、妇联以及其他社会团体,企事业单位,居民委员会和村民委员会负责对本单位、本区域的人员进行应急法律法规和预防、避险、自救、互救等应急知识的宣传教育。各级教育主管部门和学校应组织实施在校学生相关应急知识的教育。

2. 应急培训。关于应急培训,《省(区、市)总体应急预案框架指南》要求:"明确各级领导、应急管理和救援人员上岗前和常规性培训等要求。将有关突发事件应急管理的课程列为行政干部培训内容。"从这一规定中,我们可以获得以下认识:应急培训的对象是各级领导、应急管理人员和救援人员;应急培训类型包括岗前应急培训和常规性应急培训。笔者认为,这里的救援人员除了专业应急救援人员外,还应包括应急志愿者。将应急志愿者纳入培训对象,提高其应急技能,有利于使志愿者在突发应对过程中发挥更大的作用。对此,《北京市突发事件总体应急预案》规定:"团市委会同市应急办,组织协调市相关单位及其他社会组织,开展应急志愿者培训工作,使其掌握应急管理相关法律法规规定和突发事件应对基本技能,增强现场组织、自救互救及配合专业救援队伍开展工作的能力。"

(二)应急演练

应急预案能否取得效果还要看其向实践转化的能力,应急演练是形成真实能力的根本途径。① 国务院应急管理办公室印发的《突发事件应急演练指南》(以下简称《演练指南》)将应急演练界定为"各级人民政府及其部门、企事业单位、社会团体等组织相关单位及人员,依据有关应急预案,模拟应对突发事件的活动"。在实践中,应急演练一般可以发挥如下作用:检验应急预案,即通过应急演练发现应急预案的缺陷和不足;检查应急准备,即以应急演练的方式检查本地区或本单位应对突发事件所需应急队伍、物资、装备、技术等方面的准备情况;增强应急能力,应急演练可以加深应急人员对应急须的了解程度,提高其实际操作技能;普及应急知识,演练时可通过邀请公众观摩的形式,促进公众对应急预案的理解,提高公众风险防范意识和自救互救等灾害应对能力。《省(区、市)总体应急预案框架指南》要求应急预案应明确演习的队伍、内容、范围、场所、频次、组织、评估和总结等。该规定实质上是要求地方政府总体应急预案对应急演练要作比较详细的规定。关于应急演练的具体内容,参见本书第十三章第二节。

六、监督奖惩措施

为了使应急预案在突发事件应对过程中更切实地发挥作用,最大限度地预防和减少突发公共事件造成的损害,应急预案中应规定监督奖惩措施。它是指对应急管理工作的

---

① 参见姜继为、冯婕:《论城市政府对应急预案的管理》,载《城市问题》2006 年第 4 期。

检查、奖励与惩罚。其中,对应急管理工作的定期检查可以发现本地区、本领域应急管理工作中存在的问题,进而予以及时纠正、完善;相应的奖励制度则可以较好地激发应急管理机构及其工作人员的积极性,促进应急管理工作的不断改善;对应急管理的惩罚制度则可以对应急管理人员起警示作用,避免应急管理中失职、渎职行为的发生,维护应急预案的有效性。

《省(区、市)总体应急预案框架指南》对此要求:"明确监督主体和奖惩方案,对预案实施的全过程进行监督检查。"其核心要求就是各地方政府总体应急预案中应明确针对应急管理工作的检查制度和奖惩方案。如《湖南省人民政府突发公共事件总体应急预案》就明确规定了监督检查主体:"省应急委办公室负责本总体应急预案执行情况的监督检查。省监察厅依据行政监察法加强对本总体应急预案执行情况的行政监察。对公民、组织违反有关应急法律、法规、规章的行为,由有关行政执法机关实施监督检查。"值得注意的是,目前,有部分国家专项应急预案和省级总体应急预案创设了应急管理中若干违法情形的法律责任,这属于越权行为,应予禁止。

第三节 附录的功能及内容

应急预案的附录一般应包括危险分析附件、应急资源附件、通信联络附件、相关应急预案名录和协议附件等内容。

一、危险分析附件

如前所述,应急预案的基本预案部分应简述本地区或本系统主要风险和事件,以增强应急预案的针对性。不过,基本预案对风险和事件的描述一般来说是比较概括的。危险分析附件的作用就是把本地区、本领域可能面对的风险和事件更清晰地描述出来,使预案更适合本地区、本领域的特殊要求。具体来说,危险分析附件应包含以下内容:重大灾害、事故影响范围预测;重大危险源登记表与分布;重要防护目标一览表与分布;事故后果预测与评估模型;其他危险分析资料等。①

二、应急资源附件

"应急资源是指应急响应过程中所使用各种类型资源的总称。它是应急管理工作的基础,是应急管理体系运转的物质保障。"②缺乏充足的应急资源,应急处置将难以有效

① 参见刘铁民主编,国家安全生产监督管理局安全科学技术研究中心编著:《应急体系建设和应急预案编制》,企业管理出版社2004年版,第28页。

② 陈国华、张新梅、金强编著:《区域应急管理实务——预案、演练及绩效》,化学工业出版社2008年版,第32页。

开展。为此，应急预案要通过一定的安排保证应急资源的充足供应及快速调度。一般来说，基本预案应明确规定应急资源的提供主体、提供方式，而本地区应急资源的基本分布状况则由应急资源附件规定。应急资源附件一般由以下内容组成：应急物资、设备的类型、数量、性能、存放位置等；专兼职消防力量分布，包括各消防力量能力描述及联络方式；医疗救护机构分布及医疗救护能力信息，卫生疾控机构能力与分布；紧急避难场所分布；等等。

三、通信联络附件

由于突发事件的应对通常需要多部门的协同配合，而这种配合的基本前提是彼此掌握对方的联络方式，因此，需要编制应急管理机构及其他有关组织和个人的通信联络表，并将其以附件的形式列入应急预案。通信联络附件由下列内容组成：本地所有应急机构、应急组织、应急设施、关键应急人员和专家的名录及通信联络方式和备用联络方式；外部可利用应急机构的通信联络方式和备用联络方式；①新闻媒体联系方式。

四、相关应急预案名录

应急预案不是孤立的，一般会与其他应急预案存在联系。如一个地方的总体预案对该地方的专项预案和部门预案的编制都具有指导作用。为了体现应急预案间的关系，促进某预案与本地区或本系统其他有关预案的协调一致，有必要在预案的附件部分列出相关应急预案。如《国务院有关部门和单位应急预案框架指南》就要求，国务院有关部门和单位应急预案应在附录中列出“可能导致本类突发公共事件发生的次生、衍生和耦合突发公共事件预案”。

五、协议附件

地方政府在应对突发事件过程中，除依靠自身的力量外，通常还需要其他地方政府、特定企业和社会组织的帮助。地方政府获得这些帮助的主要途径是与相应主体签订协助协议。由于这些协议是对应急预案的有益补充，因此，应该在应急预案中列明。协议的种类包括与周边地区的互助协议、与应急救援物资生产企业的协议等。协议的内容应被完整记录。

六、其他附件

除上述附件外，还有应急处置工作流程图、各种规范化格式文本、疏散路线图等附件。应急预案编制主体可以根据实际情况适当增减。

---

① 参见刘铁民主编，国家安全生产监督管理局安全科学技术研究中心编著：《应急体系建设和应急预案编制》，企业管理出版社 2004 年版，第 28 页。

第八章　应急预案中的应急体制

第一节　应急预案中的应急体制——制度解析

自2003年非典疫情以来,以"一案三制"(应急预案、应急体制、应急机制和应急法制)为核心的我国应急管理体系获得了快速发展——应急预案体系初具规模,应急体制逐步确立,应急机制较为完善,应急法制渐成体系。2007年年底,我国《突发事件应对法》颁布施行,这标志着我国公共应急法制体系框架初成。2008年"5·12"汶川大地震以后,《国家突发事件总体应急预案》开始修订,2013年国务院办公厅出台了《突发事件应急预案管理办法》,标志着我国突发事件应急预案法治化、规范化建设又迈上一个新台阶。当前,我国应急预案体系开始了新一轮的建设,其目标是使应急预案体系更加完备化、体系化、法治化。

关于"一案三制"含义以及相互间的关系,学界形成了这样的认识:应急机制是人类在应对突发事件的长期过程中不断积累、沉淀下来的相对固定的策略和方法,是"一案三制"的核心;应急体制是运行这些策略和方法的组织载体;应急法制是应急机制和应急体制核心内容的法律化表现形式;应急预案则是应急机制结合特定区域、部门、行业、单位应急管理的实际情况而形成的具体的操作方案。① 结合本章要讨论的重点——应急预案中的应急体制,笔者认为,应急预案中的应急体制是整部应急预案的核心和灵魂,设定了应急预案的执行机构和运转方式,保障应急预案正常运行,发挥其在应对突发事件中的作用。

一、"一案三制"中的应急体制

关于"一案三制"中应急体制的含义,学术界普遍认同这样的观点,"应急管理体制主要是指应急管理机构的组织形式,即综合性应急管理组织、各专项应急管理组织以及各地区、各部门的应急管理组织各自的法律地位、相互间的权利分配及其组织形式等"。② 应急体制是应急机制的组织载体,解决的是由何种主体、以何种形式组织起来、

---

① 参见林鸿潮:《公共应急管理机制的法治化》,华中科技大学出版社2009年版,第3～5页。

② 薛澜、钟开斌:《国家应急管理体制建设:挑战与重构》,载《改革》2005年第3期。

通过何种分工协作方式来运用应急机制的问题。应急管理体制决定了应急管理体系的静态结构，规定了应急管理体系的潜在功能，包含以下3方面的关系：一是政府的外部关系，即应急管理中政府和社会公众之间、政府与其他公共权利主体之间的关系；二是纵向的政府关系，即应急管理中上下级政府间的关系；三是横向的政府关系，即应急管理中平级政府之间、部门与部门之间的关系。

2003年非典疫情，使我国公共应急体制的诸多弊端暴露在大众面前，非典危机以后，我国政府展开了应急体制方面的改革，通过几年的努力，目前已经初步建立了以中央政府领导、有关部门和地方各级政府各负其责、社会组织和人民群众广泛参与的应急管理体制。在2008年5月12日汶川特大地震发生后，党中央、国务院先后成立抗震救灾总指挥部和四川前方指挥部，全面负责组织指挥抗震救灾工作，各级政府和有关方面应急管理机构也迅速行动，成为抗震救灾工作的坚强领导和高效指挥中枢，充分发挥了应急体制的作用。在2020年抗击新冠肺炎疫情中，党中央、国务院成立了中央应对新型冠状病毒感染肺炎疫情工作领导小组，并向湖北省派出中央指导组，共同发挥了抗击肺炎疫情中的领导中枢作用。但是，也应当看到，我国的应急体制也一直存在某些不尽如人意之处。例如，现有的应急管理体制具有各自的惯性特征，存在政出多门、职责交叉、协调难度大、信息传递不畅等不足，越来越不适应我国快速发展的经济社会需要和突发事件日益复合化系统化的新特点。①

二、应急预案中的应急体制

应急预案中的应急体制，主要是指预案中关于各类应急管理主体的法律地位、相互间的权利分配及其组织形式等的具体规定。我国《突发事件应对法》第18条规定："应急预案应当根据本法和其他有关法律、法规的规定，针对突发事件的性质、特点和可能造成的社会危害，具体规定突发事件应急管理工作的组织指挥体系与职责和突发事件的预防与预警机制、处置程序、应急保障措施以及事后恢复与重建措施等内容。"根据这一规定，我国几乎所有的应急预案文本中都有关于应急组织体系的规定。

根据《突发事件应急预案管理办法》第6条、第7条的规定，我国的应急预案体系包括国家总体应急预案、专项应急预案、部门应急预案、地方应急预案、企事业单位应急预、重大活动应急预案。目前，我国共有国家总体应急预案、专项应急预案、部门应急预案、地方应急预案共130多万件。其中，国家总体应急预案和专项应急预案大都直接规定了相关应急指挥机构及其办事机构、应急管理日常机构、专家咨询机构、应急救援队伍的设置和职权。有少部分应急预案对既有的应急管理机构，在其职责、分工及相互关系等方

① 参见袁振龙：《我国应急管理体制改革的路径与重点》，载《社会治理》2018年第5期。

面作了进一步规定。①

我国应急预案中的应急体制的规定是在立足中国国情、认真总结实践经验、吸收借鉴国外成熟做法、广泛听取各方面意见的基础上形成的。有很多应急预案在制定过程中都参考了美国、日本、俄罗斯、德国等国以及联合国等国际组织的各种规划、预案和指南的相关内容,借鉴了国外应急预案的做法,在根据我国特有的国情进行了创新和整合,形成了一些超前的、创新的内容。

应急体制在一部应急预案中的地位是非常重要的,可以说是应急预案的核心和灵魂。在自然灾害和重大事故面前,个人的力量显得如此微弱,人们需要具有公共管理能力的机关进行调控和处理。如果应急预案没有对政府机关的应急管理职责和权限进行明确界定,一些机关往往会置之不理、相互推诿,直接导致突发事件向更糟糕的状况发展,严重危害国家和公民的利益。在应急预案中明确规定各级人民政府的应急管理职责和权限,其作用有两点:一是在突发事件发生后,各种应急力量可以自动有序开展工作,不仅能提高应对突发事件的效率,还有效保护了国家和公民的利益;二是应急预案中的应急体制能为应急指挥和救援人员在紧急情况下行使权力、实施行动的方式和重点提供导向和法定依据,避免因突发公共事件的不确定性而失去对关键时机、关键环节的把握,提高应对突发公共事件的准确度。②

三、应急预案中应急体制的内容

应急预案中关于应急体制的内容主要包含以下两方面:一是各类应急管理主体的应急权限划分和相互间的组织关系;二是各类应急管理主体的管理责任和义务,按照权责对等原则,通过对应急资源的整合和分配,形成公共应急管理的统一责任。这两方面内容将应急机制中比较抽象的方法加以明确和细化,使公共应急管理能高效运转、快速反应、规范有序。

应急预案中规定的应急组织体系是多种多样的,《国家突发公共事件总体预案》和各专项预案、部门预案对应急组织在突发公共事件的预测预警、信息报告、应急响应、应急处置、恢复重建及调查评估等阶段的工作作了详细规定,明确了有关部门在人力、财力、物力及交通运输、医疗卫生、通信等应急工作中等方面的职责。其中,《国家突发公共事件总体预案》把应急管理主体分为领导机构、工作机构、办事机构、地方机构、专家组5大类,它们共同构成科学的组织指挥体系。

(一)领导机构

领导机构为应急管理的决策指挥机构,在通常情况下设立专门的应急领导小组,一

① 参见林鸿潮:《论应急预案的性质和效力——以国家和省级预案为考察对象》,载《法学家》2009年第2期。

② 参见高小平:《中国特色应急管理体系建设的成就和发展》,载《中国行政管理》2008年第12期。

旦发生重特大突发公共事件,便可以立即转为应急指挥机构。

《国家突发公共事件总体应急预案》明确规定:"领导机构是指国务院是突发公共事件应急管理工作的最高行政领导机构。在国务院总理领导下,由国务院常务会议和国家相关突发公共事件应急指挥机构(以下简称相关应急指挥机构)负责突发公共事件的应急管理工作;必要时,派出国务院工作组指导有关工作。"

(二)工作机构

领导机构下设工作机构,负责领导机构职能的具体实现,如定期召集有关政府官员和专家就某一领域中当年度或者是更长时间内可能产生的突发事件进行预警并对相关事件进行调查评估,向领导机构定期汇报,提出相应的应急管理措施。

《国家突发公共事件总体应急预案》2.3 部分规定:"国务院有关部门依据有关法律、行政法规和各自的职责,负责相关类别突发公共事件的应急管理工作。具体负责相关类别的突发公共事件专项和部门应急预案的起草与实施,贯彻落实国务院有关决定事项。"

(三)办事机构

领导机构内设办公室,作为直接对领导机构负责的独立办事机构,负责办公室日常组织协调和战时指挥调度、应急预案的管理、更新与维护等具体工作。

《国家突发公共事件总体应急预案》2.2 部分规定:"国务院办公厅设国务院应急管理办公室,履行值守应急、信息汇总和综合协调职责,发挥运转枢纽作用。"

(四)地方机构

地方机构,是指县级以上地方各级人民政府,按照"属地管理"的原则,地方机构在应急预案中的作用是非常重要的。地方应急预案中的应急体制具体规定了本行政区域内应急组织机构、参加单位、人员及其作用以及每一具体行动的负责人本区域以外能提供援助的有关机构;政府和其他相关组织在突发事件各自应该承担的责任。

《国家突发公共事件总体应急预案》2.4 部分规定:"地方各级人民政府是本行政区域突发公共事件应急管理工作的行政领导机构,负责本行政区域各类突发公共事件的应对工作。"

(五)专家组

《国家突发公共事件总体应急预案》2.5 部分规定:"国务院和各应急管理机构建立各类专业人才库,可以根据实际需要聘请有关专家组成专家组,为应急管理提供决策建议,必要时参加突发公共事件的应急处置工作。"

四、应急预案中应急体制的设定原则

《突发事件应对法》规定了我国构建应急体制的基本原则——统一领导、综合协调、分类管理、分级负责、属地管理。这些原则同样也能成为应急预案中应急体制设定的指导原则。结合应急预案的自身特点,笔者认为应急预案中的应急体制的设定原则可以概括为以下几点。

（一）综合协调与专业处置相结合原则

综合协调指的是各应急部门之间分工合作，在应对突发公共事件时形成合力。但是对于应急预案中的应急体制，仅有这项原则是不充分的，综合协调要和专业处置结合起来。只讲综合协调而忽略专业处置，会导致应急预案中的应急体制缺乏针对性和可操作性；反过来，只重视专业处置而淡化综合协调，会导致应急预案中的应急体制缺乏灵活性。所以，在应急体制建设上要坚持综合协调和专业处置相结合的原则，平衡综合协调和专业处置的关系，力争在突发事件来临时，能够实现专业处置基础上的综合协调。有学者指出，一部好的应急预案需要满足的一项条件就是"既包括通用性条款，也包括特定灾害的应对措施"，强调了此处所说的综合协调与专业处置相结合的原则。①

（二）分级负责与外部援助相结合原则

这一原则是指在应对突发公共事件时，需要当地政府、机构、非政府组织和私营机构做出统一反应，每一层级的政府对应不同等级的突发公共事件，在该级政府的应急能力不足以应对突发事件时才可请求外部援助。这是对"分级负责"原则的进一步延伸，确立这一原则，有利于提高危机应对的效力和准确度，节省应急资源，防止权力滥用。

（三）政府领导与社会动员相结合原则

我国《突发事件应对法》确立了社会动员制度，虽然在应对突发事件过程中，政府始终处于主导地位，但是应对突发公共事件往往涉及多方面问题，政府的主要职能是组织、指挥、协调等，不可能也没必要事必躬亲。如果要政府承担所有的应急事项，反而会浪费行政资源，贻误应对突发事件的最好时机。

这时，就需要启动社会动员制度，吸收非政府力量的参与，使政府领导与社会动员相结合，明确民间组织、志愿者等社会力量在突发事件应对中的地位，建立规范、指导社会力量参与应对突发事件的制度，构建公立慈善基金与非政府志愿者团体合作制度，明确鼓励和引导社会力参与救援的保险、税收等方面的扶持措施。

（四）常备不懈，防患未然原则

有效的应急反应，必须认清危险，常备不懈。② 应急预案制定的再科学合理，不经演练和修订也不能很好地应对突发事件，所以应急机构应未雨绸缪，平时加强专业技能培训，定期开展应急演练，并通过分析演练成果及时修订应急预案。

应急预案中应急体制规定的应急管理主体主要是政府部门，这就要求在应急演练工作中，政府必须先行一步，建立全面的突发事件准备系统，注重应急管理工作的前瞻性和预见性，加强风险管理，建立应急物资储备制度，配置应急救援设施、设备，强化应急知识普及教育、培训等，真正做到防患于未然。

---

① 参见陶振：《突发事件应急预案：体系、编制与优化》，载《行政论坛》2013 年第 5 期。

② 参见孙正、赵颖：《关于突发事件的指挥与处置问题的几点思考》，载《中国行政管理》2006 年第 11 期。

第二节 应急预案中的应急体制——现存问题

我国应急体制改革的目标是，建立起一个"统一领导、综合协调、分类管理、分级负责、属地管理为主"的新型体制。应急预案中关于应急体制的规定体现了这一改革所取得具体成效。在近几年制定的各类应急预案中，特别是北京市的应急预案体系，对应急体制的规定值得称道。北京市各类预案机构设置合理、职能分配恰当、人员配备全面，在应对突发公共事件时发挥了重要作用。但全国范围内的应急预案在应急体制的规定方面存在很多问题。虽然应急预案文本都规定了应急组织体系，但是还存在权责划分不清，规定过于笼统、缺乏实际可操作性，规定过于死板、缺少灵活性，缺少社会力量的参与等弊端。这些弊端导致了在重特大突发事件面前，政府的危机应对能力跟实际需求间仍然存在较大差距。

一、应急预案中应急体制的现状分析

当前，我国的应急预案中关于应急体制的规定比较系统完备：从机构设置来看，既有中央级的非常设应急指挥机构和常设办事机构，又有地方政府的各级应急指挥机构，县级以上地方各级人民政府设立了由本级人民政府主要负责人、相关部门负责人、驻当地中国人民解放军和中国人民武装警察部队有关负责人组成的突发公共事件应急指挥机构。根据实际需要，各级政府设立了相关突发事件应急指挥机构，组织、协调、指挥突发事件应对工作。从职能分配来看，明确了应急管理机构在法律意义上的编制规划和预案建设，配置各种资源，组织开展演练，排查危机源头的职能，初步规定了在突发公共事件中采取措施、实施步骤的权限。政府在突发公共事件中职能缺乏法律依据的问题正在得到改善。人员配备也比较齐备，既有负责日常管理的从中央到地方的各级行政人员，又有高校和科研单位的专家。①

以《北京市应对流感大流行准备计划及应急预案》为例，其对于应急体制的规定全面详细、分工明确、权责清晰，具有很强的可操作性。首先，设立应急指挥机构，具体规定应急指挥机构的责任人员并给出人员名单，下设办事机构并规定了办事机构的归属。其次，规定了应急指挥部的人员组成并附有负责人名单，分工科学合理，涉及多个政府部门，如卫生局、宣传部、市政府外办、市发展改革委等。再次，成立专家委员会，由流行病学、病原微生物学、临床医学、社会学、心理学等方面的专家组成。最后，成立有自己特色的应急专业技术队伍，由各级各类医院、疾病控制中心和卫生监督所根据各自专业特点，在已有专业应急队伍的基础上加强应对流感大流行的专业技术培训，定期开展应急演

① 参见高小平：《中国特色应急管理体系建设的成就和发展》，载《中国行政管理》2008年第11期。

练,提高快速应对能力和技术水平。北京市的应急预案在全国范围内都是比较成熟完善的,但是总体来看,我国应急预案中的应急体制还存在很多问题。

二、应急预案中应急体制存在的问题

前面已经提到,应急预案中应急体制还存在诸多问题,下面从以下5方面详细论述。

(一)职权划分不明确,权责规定不对等

应急预案中的应急体制对应急管理主体的职权和责任划分尚不明确,权力过大、责任过小、权责不对等,在应急预案实际执行过程中,这种不足会造成不可估量的损失,是应急体制亟待改进的一项内容。

这种制度缺陷具体表现在两个方面。

一是权限过宽,并且,这种过宽的权限并没有在各个政府部门之间合理划分,具体的部门权限模糊不清,存在权力交叉和权力脱节现象。例如,北京市突发公共事件应急委员会办公室(以下简称北京市应急办)就将协调和指挥、调度权集于一身,削弱了其他协调机构原有的指挥、调度和处置职能,北京市应急办却忙得不可开交。由于人手少,往往应付于信息接报、上传下达,与有关部门、应急机构之间的协调联动不够,影响了综合协调能力的发挥。有时政府领导也会将政策上没人管的、部门管不了的应急工作统统交给应急办,使应急办工作往往处于超负荷状态。

二是责任不明,在应急预案中往往缺乏关于应急管理主体责任的规定,造成了权责不对等的现象。在加强建设我国公共应急管理体系的大背景下,政府及其部门应急管理的权限都有了大幅增加,设立应急指挥机构,增加人员编制,兴建"应急管理指挥大楼""应急管理信息平台"等,就是例证。但是,在加大权力的同时,政府部门的责任意识却没有同时提升,责任追究制度没有同步建立,这是很危险的。① 在《国家突发公共事件总体预案》中规定:"突发公共事件应急处置工作实行责任追究制。对突发公共事件应急管理工作中做出突出贡献的先进集体和个人要给予表彰和奖励。对迟报、谎报、瞒报和漏报突发公共事件重要情况或者应急管理工作中有其他失职、渎职行为的,依法对有关责任人给予行政处分;构成犯罪的,依法追究刑事责任。"显而易见,此条只是原则性的规定,不够具体和明确,缺乏实际可操作性,往往造成实践中权力滥用、互相推诿、置之不理的情况,严重影响应急预案的效力发挥。例如,有关食品安全问题的应急预案,会涉及很多政府部门,包括农业、交通运输、工商、卫生、流通部门等,如果应急预案中对各部门权责的划分不明确,再加上政府固有的行政体制交叉问题,会造成应急主体不明确、出了问题责任无人认领的现象。

(二)内容过于笼统简单,缺乏可操作性

我国的应急预案关于应急体制的规定过于笼统简单,总体而言属于"纲领性""宣言

① 参见高小平:《综合化:政府应急管理体制改革的方向》,载《行政论坛》2007年第2期。

性”的文件,缺乏可操作性。通过分析我国总体应急预案和专项应急预案的内容,可以很清楚地看到,应急预案中应急体制的内容一般包括以下几个部分:领导机构、办事机构、工作机构、地方机构、专家组等。内容简单、篇幅较短,更多的是原则性的语句,没有规定具体的权责分配和协调机制,缺乏可操作性。地方应急预案的问题更突出,应急体制的内容完全照抄照搬上一级应急预案,这样千篇一律、空洞无物的应急预案在突发事件发生时是不可能有实际作用的。毫不夸张地说,许多地方应急预案中关于应急体制的规定从来就没有真正执行过,不过是摆设而已,缺乏可操作性。而检验一个预案是否可行,最重要的就是看其是否具有良好的可操作性。[①] 如果一个预案难以操作或者操作过程不顺畅,那就难以起到应有的作用,也无法达到制定预案的目的。

我国《突发事件应对法》中明确规定:“地方各级人民政府和县级以上地方各级人民政府有关部门根据有关法律、法规、规章、上级人民政府及其有关部门的应急预案以及本地区的实际情况,制定相应的突发事件应急预案。应急预案制定机关应当根据实际需要和情势变化,适时修订应急预案。”然而,现实状况却是很少有地方政府能在制定应急预案时结合本地区的实际情况。当然,应急预案中有的内容是全国通用的,沿用国家总体预案中的相关规定也未尝不可,但是正如前面提到的,应急体制是一部应急预案的核心和灵魂,这是最需要根据本地实际情况变通的,地方应急预案中如果把应急体制的内容也照搬照抄,不加变更,那应急预案的制定就偏离了原来的宗旨。

(三)综合协调和专业处置混淆,缺乏针对性和灵活性

“统一领导、综合协调、分类管理、分级负责、属地管理为主”这个方针无疑是正确的,但问题在于,目前应急预案中的应急体制没有很好地执行这一原则,甚至在具体执行中,会产生综合协调和专业处置的矛盾。这是因为应急预案对综合协调和专业处置的规定过于死板。一部应急预案中,往往只规定各个部门应急处置的职责与权限,对需要部门协作的工作规定不明确、不具体。而对于不同层级的应急预案,这种情况更为严重。例如,《北京市突发公共卫生事件应急预案》在应急体制部分规定了指挥部、办事机构、成员单位、专家咨询委员会的职责、权限和人员组成等内容,这点符合专业处置原则的要求,但是,对各部门协调合作的具体规定会导致应急管理实践中,很多部门固守专业处置的原则,在事件等级没有确定前,不会和其他部门协同合作。

总之,只讲综合协调、忽略专业处置,会导致应急预案中的应急体制缺乏针对性;反过来,只重视专业处置而淡化综合协调,会导致应急预案中的应急体制缺乏灵活性。这种情况绝对不是应急预案制定的宗旨,所以在应急体制的设定上,有必要平衡综合协调和专业处置的关系,力争在突发公共事件来临时,能够实现专业处置基础上的综合协调,整合不同部门的资源,形成统一指挥、反应灵敏、功能齐全、协调有序、运转高效的应急管

① 参见张红:《我国突发事件应急预案的缺陷及其完善》,载《行政法学研究》2008 年第 3 期。

理体制,增强应急预案的针对性和灵活性。

(四)部分应急机构设置缺少科学性

在应急预案的应急体制中,部分应急机构的设置不合理,缺乏科学性,尤其是各级政府应急管理办公室(以下简称应急办)应当逐步完善和加强,以增强其综合协调能力。目前,我国应急预案在机构设置上存在3个方面的问题。

一是应急管理存在部门化倾向,各个应急管理部门的纵向管理较完备,但各个横向部门之间的职责分工关系并不十分明确,职责交叉和管理脱节现象并存。例如,对化学污染事故的危机处置,环保部门、生产运输部门、安全生产监管部门和地方政府都有各自的应急管理职能,有关应急预案中也都有所规定,但如何统一行动、统一调配、相互配合,并没有明确规定,各部门往往只知道本部门职责,不知道如何协调,甚至互不知晓别的部门的具体职责。

二是在基层应急机构中,存在部门分割、重复建设的问题,在一定程度上也是对应急资源的浪费。例如,有很多应急管理部门都有自己专门负责信息发布的部门,如果这些部门都能建立相互之间制度化、系统化的信息通报和资源共享体制,就会避免部门的重复建设,节约资源。

三是应急办作为应急体制中的常设机构,在许多地方存在力量得不到充分利用、资源闲置的情况。目前,国务院应急办和省级人民政府应急办的规格、职权,以及不完善的市、县人民政府应急管理机构都不能完全满足应对特大突发公共事件的需求,甚至导致在应急管理过程中的职责"缺位"。① 很多地方政府都建立了"应急管理办公室",与政府值班室"两块牌子,一套人马",并未很好地发挥应急办的作用,与原来的值班室没有区别,当遭遇特大灾害时显得无能为力。综观全国所有的地方应急预案,都或多或少存在应急办机构设置不统一、职责规定不同的问题,应急办的职责与日常业务脱离,这些问题会影响应急办的协调和枢纽职能。例如,浙江、四川两省的应急办没有值班职能,值班工作分别由省委办公厅和政府办公厅办公室承担。应急办的设置应该在该级政府的办公厅,依托办公厅设置应急办有利于保证协调的权威性、低成本,同时,由于贴近危机发生时作为决策中枢行使指挥权的行政首脑,有利于提高应急工作的效率。假如政府应急办与该级政府办公厅分设,那么即便给予应急办较高的级别、配备较强的干部和较多的人员,由于实际上形成了两个贴近政府首脑的枢纽,日常工作的交叉和冲突难以避免。应急办平时工作的权威性会打折扣,进而影响常态管理与应急管理的有效切换。

---

① 闪淳昌、周玲:《从SARS到大雪灾:中国应急管理体系建设的发展脉络及经验反思》,载《甘肃社会科学》2008年第5期。

（五）应急主体单一，对民间力量重视不足

应急预案中规定的应急主体比较单一，大多限制在政府部门，缺少非政府公共部门、社会组织、社区、企业、新闻媒体和社会公众等非政府力量的参与，不重视发挥民间力量的作用。同时，民间力量的社会危机意识、风险防范意识、自救互救知识和能力、主动参与程度都十分薄弱，应急体制中社会参与的动员体制亟待加强。诚然，政府部门也鼓励和提倡非政府力量的参与，《突发事件应对法》第11条第2款明确规定了"公民、法人和其他组织有义务参与突发事件应对工作"，并采取了一系列措施来发挥非政府力量的作用。例如，在2020年抗击新冠肺炎疫情过程中，志愿者在辅助基层组织履行职能，协助基层治理等各项事务上都发挥了举足轻重的作用。2020年2月23日，习近平总书记在统筹推进新冠肺炎疫情防控和经济社会发展工作部署会议上的讲话也明确指出，"广大志愿者等真诚奉献、不辞辛劳，为疫情防控作出了重大贡献"。尽管如此，现行有效的应急预案中仍然缺少关于志愿者个人的规定。其在参与突发事件应对工作中的权限、经费保障、培训演练、人身保险、荣誉奖励等方面，尚需加强法律保障。

应急体制能够决定当突发事件来临时，政府能动用多大的力量来进行应对。为了使应急预案在应对危机时发挥更积极的作用，应急体制应该由政府和非政府力量共同组成。"有效的危机治理是政府有选择的退出和非政府组织有选择的进入。"①应急组织体系应该是多元的、全面的，而不仅仅只有政府参与。

非政府组织在应对突发公共事件时具有很多的优势，有学者指出，"非政府组织在资源汇集、社会沟通、专业化程度和运作效率等方面，与政府之间具有互补性"。② 非政府组织在突发事件应对的各阶段都可以发挥不可替代的作用。在突发公共事件发生前，非政府组织可以进行信息传递和险情预报；在突发事件发生时，非政府组织可以积极配合政府部门进行社会动员和救援工作；在突发事件结束后，非政府组织还可以协助政府部门进行恢复重建与信息反馈。

应对突发公共事件往往涉及多方面的问题，因此，政府的主要职能是组织、指挥、协调等，以保证应急处置工作有序进行，难以做到事必躬亲。如果要政府承担所有的应急事项，反而会浪费行政资源，贻误应对突发事件的最好时机。而且，参与突发事件的应对工作，是每一个公民、法人和其他组织的法定义务，民间力量不应该只是消极的等待政府的应对信息，而应该积极主动参与应对工作。

---

① 陈秀峰：《公共危机治理中的非政府参与》，载《华中师范大学学报》2008年第1期。

② 陈晓春、刘青雅：《公共危机治理中政府与非政府组织的互动关系研究》，载《湘潭大学学报》2009年第4期。

第三节 我国应急预案中的应急体制——完善建议

为了实现应急预案中应急体制的科学化、完备化，提高应急资源的整合度，最大限度地减小各类突发公共事件所带来的冲击和损失，笔者在分析现行应急体制存在问题、借鉴国外先进经验的基础上，提出进一步完善应急体制的思路和建议。应急体制改革要解决的本质问题，即完成各种应急力量和应急资源的实质性整合。① 有学者指出："要真正建立起多元化的应急组织体系，彻底打破'条块分割'，以建立一体化的应急指挥体系，明确应急管理的权责重心并以此为基础理顺纵向的府际关系。"②对这一论述，笔者深以为然。完善我国应急预案中的应急体制，应该坚持资源整合、全民参与、分工明确、权责对等的原则。

一、明确划分应急机构的职责，列出负责人名单

上文中已经提及，我国应急预案中的应急体制存在应急机构的权限过宽，且责任不明的弊端。就改善途径而言，可以在应急预案中非常明确且详细地写明各类组织机构在应急活动中的地位、权限和义务，尽量保证每一个应急组织机构都能实现权利和义务相统一。

对于权限的划分，要根据应急机构在应对突发事件中的实际能力和所拥有的实际应急资源进行，并尽可能将其细化，尽量避免应急预案文本中出现原则性、组线条的规定。近年来，我国很多突发公共事件开始表现出综合性、全国性等特征，与之相适应，应急管理涉及的部门会越来越多，从交通、通信、消防、信息、医疗卫生、救援、安全、环境到军事、能源部门等无所不包。这更需要改善现行的应急体制，明确划分各应急部门之间的职责。具体做法是对突发事件中各种灾害需要的救助类型进行分组，每一组都指定具有相应救助职能的一个机构或部门负责，并明确主要负责人名单，其他部门提供援助或协调。通过对应急机构的职能细分，明确应对突发事件过程中的主管部门与协调部门，并规定各应急机构的具体责任范围和相应的处罚措施。

此外，应急预案中还应该详细地列举出应急机构主要工作人员及其联系方式。我国的应急预案在这一方面还有所欠缺，对应急预案中应急机构权责划分不明晰，权利和义务不对等，较少列出应急机构的主要工作人员名单，今后在应急预案制定中应当注意改进。

---

① 参见林鸿潮：《论我国公共应急体制的再改革及其法律问题》，载《行政法学研究》2010 年第 2 期。

② 同上。

二、均衡政府力量的分配,加强部门间的综合协调

我国应急预案中的应急体制建设存在不均衡的现象。针对这一问题,在今后的应急体制建设中,应注重均衡政府力量的分配,加强部门间的综合协调。

一是均衡国家应急预案和地方应急预案发展建设。国家总体应急预案是原则性、概括性的规定;各专项预案、部门预案的内容比较具体,具有很强的可操作性;但是,地方应急预案则是照抄照搬上一级政府的应急预案,丝毫不考虑结合本地实际情况设置合理的应急机构。这导致了我国应急预案在总体上发展不均衡,很多应急体制的规定在现实中根本就行不通。要改变这种情况,就需要在制定地方应急预案时增加条文内容,尽可能详细阐述应急机构的地位、职责与义务,结合本地区的实际情况,特别是政府部门的职能情况来设定行政体制。有学者提出,应该以全国一盘棋的思维,借助大数据的力量弥补普通科层体制应对紧急突发事件的能力不足。应当在新的应急管理体制构建过程中,由国家级的应急管理机构出面,打破部门利益,构建政府内部无缝隙(Seamless)的大数据应急管理系统,为合力开展应急管理工作提供共同的应急管理数据网络。①

二是平衡地区之间的发展。就目前应急预案的制定实施状况而言,东部沿海地区和大城市的预案编制和落实工作做得比较好,应急体制的规定相对较合理,可操作性也较强;中西部不发达地区和农村地区则相对比较欠缺。这是因为,东西部地区在经济能力、应急资源和行政机构划分方面存在差别,越是经济相对落后的地区,越存在更多的安全隐患和灾害可能,因此,特别需要加强这些地区的应急预案建设。在今后的应急预案编制工作中可以有所侧重,强化地方政府"属地管理、就地消化"的能力;②重点加强中西部地区、农村、基层组织的应急预案的编制工作,保障在应急资源分配上达到地区间平衡。

三是均衡部门之间的发展。我国目前制定和发布的各项应急预案部门色彩都很浓厚,不同部门之间缺乏交流和协作。我国的突发公共事件越来越呈现跨地域性、跨部门性的特点,应对工作往往需要很多部门分工合作才能完成,然而,现有的应急预案体系在规定应急机构方面存在很多不协调甚至相互矛盾的地方。要扭转这种局面,首先,需要对现行的各部门应急预案之间、各专项预案之间、部门应急预案和专项预案之间进行协调,加强应急管理主体之间的交流和协调。其次,可以设立应急联动机制,整合各部门的力量和资源,共同应对突发公共事件。

三、设立专家委员会和应急专业队伍,增强专业处置能力

我国《突发事件应对法》把将突发事件分为自然灾害、事故灾害、公共卫生事件和社会安全事件四大类。这样分类,可以更好地了解某一类突发事件的共同特征和应对重

---

① 参见李丹阳:《大数据背景下的中国应急管理体制改革初探》,载《江海学刊》2014 年第 2 期。

② 参见薛澜、钟开斌:《突发公共事件分类、分级与分期:应急体制的管理基础》,载《中国行政管理》2005 年第 2 期。

点，提高应对突发公共事件的针对性和专业性。不同的突发公共事件所需要的应对能力是不同的，例如，自然灾害类突发事件需要应急管理主体提高预报水平、预警能力，增加应急管理物资储备，提高救助力度；事故灾难类突发公共事件需要的是应急管理主体加强各级政府的责任制，增强救援的能力和科学化程度。通过以上分析可以发现，在应对突发事件工作中，专业处置能力是非常重要的，而政府相关部门虽然具备一定的专业知识，但在灾害气象预报、汛期警报、地震监测等方面还不能独立地完成，需要吸收相关领域的专家和社会组织，以求实现应对工作的专业性和针对性。

对于如何在应急预案中吸收专家力量，笔者认为，可以在应急机构中设立专家委员会和应急专业技术队伍。专家委员会可以根据实际需要聘请相关领域内的专家、学者组成，配合应急机构制订应急预案和工作计划，提供国外有关方面的案例和经验、评估突发事件的等级、预测事件发生的可能性，为应急管理提供决策建议和意见，必要时参加突发公共事件的应急处置工作。而专业技术队伍可以由相关的社会组织、事业单位和政府机关公共组成，在突发事件没有发生时负责定期培训和演练，提高快速应对突发事件的能力和技术水平；在突发事件发生时，配合主要应急机构参加救援工作、及时赶往事件发生现场；在突发事件结束后，配合主要应急机构参加恢复重建工作。

我国是自然灾害多发的国家，防灾、救灾一直是各级政府的一项重要工作。应对突发公共事件包括两方面内容：一要预防；二要处置。前者强调灾害发生前的预警预报，并采取防范措施；后者是对已生成的灾害进行合理、有序、有效的处置。这两方面内容都急需政府部门完善专业处置体系，整合各类专业救灾力量，提高综合处置能力。

四、科学设置应急机构，健全应急组织体系

近年来，我国突发公共事件频发，灾害种类日渐增多，灾害危险性也随之增加，对政府部门处置手段的要求越来越高，应急预案中的应急体制还存在专业处置水平低、应急部门人手不够用、综合协调部门缺失的问题，与实际灾害处置需要相差悬殊。要解决这一问题，需要科学设置应急机构，建立健全应急组织体系。

第一，建立专业处置机构。整合我国现有零散专业力量，如森林、矿山、地质、海洋、地震、人防、消防等力量，设立专业合成处置机构。原来的零散专业力量只需要在应对突发事件时承担单一的任务，这会造成人力资源的浪费。因此，应从经济社会发展的实际出发，对其进行改革、调整和充实，使单一资源转化为专业整合资源。根据当地的经济社会发展状况，考虑人力资源合理配置协调发展的原则，在国家设立专业合成处置机构，承担全国各类灾害处置任务。根据需要核定人员，进行专业化训练，配置处置各类灾害的专用装备，给予充足的物资保障。

第二，要建立以应对能力为主要依据的分级管理体制，即根据事发地政府是否有足够的应付能力，来确定应急响应行动的级别。这时，因为对于可以预测的突发公共事件，如凭借现代科技监测手段可提前预测大部分自然灾害等，可在应急预案中预先确定由哪一级政府负责;但对于不可预测的突发公共事件,如事故灾难、恐怖袭击事件等,在危机状况下难以确定其性质、发展和影响,无法立刻确定属于何等级别的突发事件以及启动哪一级政府应急预案。如果省级政府有能力应对已经发生的突发公共事件,就应当由其负责组织应急处置工作,中央部门可予以技术、资金、物资等方面的援助,强化属地管理责任;省级政府感到无力对付或危机规模跨省时,再升级到由中央政府负责组织应对;对于已经发生或预测可能发生的跨部门、跨省区的重大突发公共事件,直接由中央政府负责组织应对,形成统一的应急组织体系。①

五、动员非政府力量的广泛参与

前文已经论述了非政府组织在应对突发事件工作中的重要作用,"5·12"汶川大地震中志愿者的表现也让全社会认同了民间力量的强大作用,但是在应急预案的应急体制中,并没有关于非政府组织的规定。

应急预案应当详细、明确地规定非政府组织在应对突发公共事件中的角色、权利与职责及其参与突发事件应对的范围、途径与方式,以及在参与这种活动的过程中所能获得的保障。首先,应当规定非政府力量有一定的应急处置权限,但要受到严格限制,以防止应急权力的滥用。其次,应当明确规定非政府组织在应急管理中的权利和义务关系。最后,应当具体规定非政府组织参与应对突发事件的途径和方式以及保障措施。政府部门在应急管理中始终是处于主导地位的,非政府力量主要是协调配合政府部门的工作。在这方面,应当在政府决策议事机构和综合协调机构中安排重要非政府组织的代表参加,在应急管理部门中专门设置与非政府组织进行联系沟通的机构或官员;②还应该在应急预案中规定对非政府组织的保障措施,保护参与人的人身财产利益不受侵害。

① 参见熊灿平:《对加强应急管理工作的思考》,载《中国发展观察》2008年第10期。
② 参见沈荣华:《非政府组织在应急管理中的作用》,载《新视野》2005年第5期。

第九章　应急预案中的应急机制

第一节　应急机制的基本内涵

一、应急机制的含义

根据《现代汉语词典》的解释,“机制”指有机体的构造、功能和相互关系。考其渊源,“机制”一词最早源于希腊文,原指机器的构造和动作原理。机制意味着对事物内部各种元素的整合、协调或控制,因此,机制的本质是事物内部各个组成部分之间的联系方式。由于事物内部联系的复杂性,机制的形成和保持注定是复杂的系统工程,其不同层次、不同方面需要相互呼应、协调、迁就,才能保证事物不至于因紊乱而濒于崩溃。

当机制这个概念被引入应急管理这个领域后,就形成了“应急机制”(或称“应急管理机制”)的概念。目前,对于应急机制,法学界主要存在以下两种见解。

第一种见解是“机理性制度说”,该说认为:“应急管理机制是行政管理组织体系在遇到突发公共事件后有效运转的机理性制度。”①

第二种见解是“制度化、程序化的方法与措施说”,该说认为:“可把应急管理机制界定为:在突发事件事前、事发、事中、事后全过程中,采取的各种制度化、程序化的应急管理方法与措施。”并认为其具有固化性、规范性、累积性、综合性和发展性的特点。② 有学者从应急机制是人类历史经验沉淀的角度对此进行了补充。③

第一种见解仅从制度层面来理解应急机制,未能揭示出应急机制的本质是人类应急经验的系统化结晶。换言之,尽管应急机制表现为“机理性制度”,但这种“机理性制度”并非随心所欲,而是具有内在的规定性,这种规定性就是人类在多次应急活动中积累下来的经验,因此,第二种见解更为合理。

笔者认为,应急机制具有多个侧面,应从应急机制与应急体制、应急机制与应急机理、应急机制与应急手段这几个相似范畴的辨析中得出应急机制的真义,以下分述之。

---

① 高小平:《中国特色应急管理体系建设的成就和发展》,载《中国行政管理》2008 年第 11 期。

② 钟开斌:《应急管理“机制”辨析》,载《中国减灾》2008 年第 4 期。

③ 参见林鸿潮:《公共应急管理机制的法治化》,华中科技大学出版社 2009 年版,第 5 ~ 6 页。

第一,应急机制与应急体制。由于这两个概念都有一个“制”,因此,容易存在分歧。关于二者的关系,目前存在两类学说:一是上下位关系说,这类学说将应急机制与应急体制理解为种属关系或属种关系,或者认为体制包括机制,①或者认为机制包括体制;二是平行关系说,这类学说将它们理解为相互独立、互不统属的概念,例如,有学者认为,应急机制是应急预案、应急体制和应急法制的具体化、规范化、动态化,应急机制相当于人机系统中的“软件”,应急体制相当于“硬件”。② 笔者赞同平行关系说,因为体制和机制的侧重本来就不同,体制强调构成要素,也即“体”,机制强调要素的运动规则,也即“机”,两者不存在逻辑交集。但与前引观点不同的是,笔者不赞同应急机制是应急预案、应急体制和应急法制的具体化、规范化和动态化,因为这样实际是将应急机制与应急预案、应急体制、应急法制在本质上等量齐观了,导致在逻辑上纠缠不清。笔者认为,应急机制与应急体制存在根本区别,前者是一个动态概念,而后者是一个静态概念,两者的联系在于,应急机制是应急体制的运动模式。

第二,应急机制与应急机理。应急机理重在“理”,大致相当于应急管理的运作规律,属于应然层面,而应急机制重在“制”,指的是现有应急程序或流程,属于实然层面,两者的差异是较清晰的。

第三,应急机制与应急手段。应急手段,或称应急措施,是应急主体为因应突发形势而采取的具体的应急办法,是应急主体、应急工具的特定结合方式,如应急通信手段、应急逃生手段、应急救援手段等。其与应急机制的关系在于,应急手段是应急机制的环节,应急机制是多个应急手段的衔接,多个应急手段按照一定程序组织起来即构成应急机制,可以说,应急机制就是由两类要素组成的,一是应急手段;二是应急手段之间的衔接程序。

至此,基本可以得出应急机制的恰当定义:应急机制指应急体制的运作程序,在内容上包括应急手段以及在应急手段之间的衔接程序。笔者认为,应急机制作为一个高度抽象的概念,具有以下特征。

第一,应急机制具有正式性与强制性。应急机制是一种程序,也是一种公权力作出的正式的制度安排——政府作为应急活动的主导者,为了公共利益,对应急活动的各方当事者预先作出的一种程序上的制度安排。由于是公权的运用,要求各方当事者严格遵循之,具有正式性和强制性。需要注意的是,应急机制的正式性与强制性是通过应急法制与应急预案表现出来的,应急法制主要规定应急机制中最核心的理念和原则,而应急预案则规定实践中的应急机制,两者各有侧重。

第二,应急机制是稳定性与适应性的辩证统一。应急机制是人类在长期应急活动中

---

① 参见戚建刚:《行政应急管理体制的内涵辨析》,载《行政法学研究》2007 年第 1 期。

② 参见钟开斌:《应急管理“机制”辨析》,载《中国减灾》2008 年第 4 期。

所积累经验之结晶,反映了应急活动中那些固有的、必然的规律,因而具有稳定性。然而,尽管应急机制的稳定性是在长期应急实践中形成的客观状态,但是这种稳定并不意味着僵化和一成不变。时光荏苒,岁月变迁,新的突发事件类型层出不穷,旧有的突发事件类型也不断呈现新特点,客观上要求人们不断调整应急机制以便与之相适应,因而应急机制具有与时俱进的适应性。就应急实践的具体过程而言,应急机制的稳定性与适应性应当是并重的,稳定性不能制约适应性;同理,也不能以适应性来损害稳定性。在突发事件多发的当下,应当注意保持两者的平衡。

第三,应急机制是实体性与程序性的辩证统一。就应急机制的内容而言,包括了实体和程序两方面,但以程序内容为主。所谓实体内容,指应急机制按照突发事件演进过程,在不同阶段为不同主体设定了一些权力、权利与义务。应当说,权力、权利和义务的设置主要是应急体制的内容,但应急体制对它们的分配是着眼于整个应急过程的,是一种宏观意义上的分配,而对于不同的应急环节而言,需要对权力、权利和义务进行不断的调整——设立、变更和消灭,这只能由应急机制来完成,所以应急机制具有实体性的一面。但应急机制的主要内容毕竟是程序制度,其对实体问题的规定也是附着于程序问题的——伴随程序的展开,不断安排实体的权利义务。

第四,应急机制是经验性与先验性的辩证统一。一方面,应急机制作为机制的一种,"是经过实践检验证明有效的、较为固定的方法";①另一方面,应急机制本质是人类的一种主观认识而非客观规律,其针对的对象是以高度的不确定性为特征的突发事件,其内容包含了经验基础上的猜测、揣摩与尝试,或多或少有"赌一把""试一下"的性质,具有一定的先验性。经验性与先验性在一个应急机制中所占比重的大小,基本取决于这种应急机制所针对的突发事件是否已为人们所熟知,换言之,如果一个应急机制所针对的是历史上已经多次发生的突发事件,那么这种应急机制中经验的成分就要大一些,反之,则先验的成分要大一些。

二、应急机制的分类

按照现代应急管理的科学规律,应从全过程的视野和角度来把握应急机制的内容。只有各环节的机制统筹建设,才能形成整体合力,实现应急机制的最优化。② 应急机制与其说是一个单一的概念,毋宁说是一个概念的集合,需要从不同的角度对其作不同的分类研究才能一窥全貌。笔者认为,应急机制至少有以下四种分类方式。

(一)事前机制、事中机制、事后机制与跨阶段机制

根据适用的突发事件发展阶段的不同,可将应急机制分为事前机制、事中机制、事后

① 钟开斌:《应急管理"机制"辨析》,载《中国减灾》2008 年第 4 期。

② 参见李永清:《新常态下地方政府应急管理机制重塑的路径选择》,载《特区实践与理论》2015 年第 3 期。

机制与跨阶段机制。这种分类的视角是宏观的,其理论预设是将突发事件分为事前、事中和事后三个阶段。① 具体来说,事前机制包括准备机制、预防机制、监测机制、预警机制、预控机制等,事中机制包括分级响应机制、动员机制、救援机制、生活保障机制、物资人员的征调机制、维持社会秩序机制、事态控制机制等,事后机制包括事态终结机制、对后续状态的防范机制、评估机制、救助机制、重建机制、奖励机制、惩罚机制等。此外,我们应当注意到,有一些应急机制是跨阶段的,它们包括应急决策机制、信息公开机制、民主参与机制、监督机制等。

这种分类的意义在于,它从纵向按照突发事件不同阶段的特点来研究相应的机制,其宏观视角方便我们简洁明快地把握住应急机制的理论框架。

(二)专业应急机制与一般应急机制

根据应急机制是否普遍适用于各种突发事件类型,可将应急机制分为专业应急机制和一般应急机制。专业应急机制仅适用于特定的突发事件类型,根据不同的突发事件类型,可将其分为自然灾害应急机制、事故灾难应急机制、公共卫生事件应急机制和社会安全事件应急机制,其下还可作多个层次的细分,此处不赘。这类应急机制具有领域性、行业性乃至专业性的特征。一般应急机制适用于不特定的突发事件类型(普适性),包括应急决策机制、信息公开机制、民主参与机制、监督机制等。

这种分类的意义在于从横向上解剖了应急机制,可以深化我们对应急机制的认识——从应急法的学术体系来说,一般应急机制隶属于总论部分,而专门应急机制则属于分论部分。当然,这种划分只是一种理论上的抽离和方便;在实践中,一般应急机制与专业应急机制常常被组织在一起,共同应对某一类突发事件。

(三)基本应急机制与辅助应急机制

根据不同应急机制对应急活动重要性的不同,可将应急机制分为基本应急机制和辅助应急机制。基本应急机制可定义为应急成功必不可少的那些应急机制,辅助应急机制可定义为,并非不可或缺,但其运用能使应急取得更好效果的那些应急机制,两者的判断标准在于是否为成功的应急所必需。例如,在任何应急活动中,都必须要进行应急决策,因此,应急决策机制应当被归入基本应急机制,而由于信息公开、民主参与、监督并非应急成功的决定性因素,因此,它们的相应机制应当被归入辅助应急机制。

这种分类的意义在于以下几点。(1)辅助应急机制,尽管对应急成功具有促进作用,但本质上不是成功的应急所必需。因此,在建立应急机制的过程中,应注意轻重缓急,先建立基本应急机制,然后逐步建立辅助应急机制与之配套。(2)辅助应急机制有助于实

---

① 有学者将突发事件划分为"事前、事发、事中、事后"四个阶段,但实践中"事发"和"事中"分辨殊为不易,在逻辑上,"事中"也完全可以统摄"事发"。还有学者将突发事件划分为"预防预警、应急响应和后期处置"三个阶段,但该分类的依据是应急手段,未必与突发事件的时间节点对应。

现效益、正义、民主等社会基本价值,因此,不能仅满足于基本应急机制。

(四)高阶应急机制、中阶应急机制与低阶应急机制

根据确立应急机制的应急预案的层级,可以将应急机制分为高阶应急机制、中阶应急机制和低阶应急机制,它们分别与高阶应急预案、中阶应急预案和低阶应急预案相对应。①

这种分类的意义在于,不同层级的应急机制,其适用主体、调整对象、外在形式、内在规律都有不同。

第二节 应急预案与应急机制

一、我国应急预案中应急机制的一般内容

由于我国应急预案体系"立法滞后,预案先行"的立法建制工作方针,于是应急预案超前于应急法制、应急体制与应急机制来进行建构,也因此,为适应应急管理实际工作的需要,应急预案不得不进行某些机制创设。② 我国应急预案中的应急机制大多以突发事件的发展阶段和行政机关的应急措施为线索,一般包括以下内容。

(一)信息监测机制

信息监测旨在收集突发事件的各类信息,为第一时间作出反应做好准备。在构建信息监测机制时,应注意以下问题:(1)设置信息系统是进行监测的技术前提,根据我国《突发事件应对法》第37条的规定,应遵循"分级设置、互联互通"原则;(2)监测对象主要是事前信息,但是对于某些特殊的突发事件来说(如突发环境事件),由于其爆发后产生的危害和影响持续时间较长,事后信息的监测也非常重要;(3)监测的手段是多样的,包括收集、分析、统计等,对数据的深度挖掘比单纯的收集数据更重要;(4)除依靠专业的监测网络外,社会组织和个人的报告也是信息的重要来源,应注意将他们吸收进监测网络中,可设立专职或兼职的信息报告员。

(二)信息报告机制

信息报告,指各政府部门、专业机构、监测网点和信息报告员向应急主管机关传输突发事件信息的行为,是突发事件信息从决策系统外部向决策系统传输的过程。特别是在重大突发事件中,初步接到突发事件信息后,相应部门应进行初步的事件等级判断,并将情况和等级判断结果立即向上级指挥中心或应急管理机构报告。③ 各种立法和预案中对

① 对应急预案层级的划分参见本小节第三部分。

② 参见张海波:《中国应急预案体系:结构与功能》,载《公共管理学报》2013年第2期。

③ 参见冯锁柱等:《重大突发事件预警与应急处置机制研究》,载《北京警察学院学报》2013年第1期。

突发事件信息报告的规定最普遍。除信息报告外,还存在报送和通报两种信息传输方式,应当注意区分:(1)报送指的是应急主管机关向其上级机关传输突发事件信息的行为,是突发事件信息在应急决策系统自下而上传输的过程;(2)突发事件信息的通报,指的是应急主管机关向其他国家机关或相关单位传输突发事件信息的行为,是突发事件信息在相关应急机关之间平级传输的过程,实际上是突发事件信息共享的一种形式。广义的信息报告包括报告、报送和通报3种方式。信息报告机制包括上述3种信息传输方式,还包括信息的处理机制,即应急主管机关获得信息后对其进行分析、评估、讨论并作出最终决策的机制。

(三)应急预警机制

突发事件预警指应急主管机关收到突发事件信息报告,发现突发事件即将发生,或极有可能发生,或虽已发生但可能升级扩大时,向社会发出警报信息的行为,可被归入行政指导行为。预警机制包括以下内容。(1)预警级别。根据我国《突发事件应对法》第42条的规定,对于可以预警的自然灾害、事故灾难和公共卫生事件,从高到低分为一级、二级、三级和四级,分别用红色、橙色、黄色和蓝色标示,但社会安全事件和客观上不可能预警的自然灾害、事故灾难和公共卫生事件不必分级。决定分级的根据是可能的危害程度、态势等。突发事件的级别与预警级别密切相关,但也可能不同。(2)发布条件。根据《突发事件应对法》,自然灾害、事故灾难和公共卫生事件的预警发布条件是“即将发生或者发生的可能性增大”,社会安全事件的预警发布条件是“即将发生或者已经发生”。(3)发布主体。预警原则上由县级以上地方各级人民政府发布,但影响巨大的特定类型突发事件,可由单行法或预案规定由更高级别的地方政府或中央政府发布。(4)发布内容。一般应包括突发事件的类别、预警级别、起始时间、可能影响的范围、警示事项、应采取的措施等。(5)发布方式。可通过广播、电视、报刊、通信、信息网络、警报器、宣传车或组织人员逐户通知等方式进行,对老、幼、病、残、孕等特殊人群以及学校等特殊场所和警报盲区应当采取有针对性的公告方式。(6)调整与解除。由于预警可能有误,因此在制定预案时,要规定调整和解除预警的机制。

(四)危机预控机制

危机预控,指的是在确认突发事件即将发生或发生可能性增大并发出预警后,或者在突发事件已经发生但尚未升级、扩大前,为了阻止、限制事件的发生和发展,或者避免、减轻事件所可能造成的危害,而对突发事件进行防御、控制的措施。在规定相应机制时应注意:(1)危机预控实施于危机预警之后、危机发生之前,或者危机已经发生但尚未升级、扩大之前(或者说尚未形成真正意义上的突发事件);(2)其目的是阻止、限制突发事件的发生和发展,或者避免、减轻事件所可能造成的危害;(3)危机预控主要采取预备性、防范性、保护性措施;(4)危机预控属于常态行政的范畴。

（五）启动响应机制

启动响应，指应急主管机关在确认突发事件即将发生或已经发生的情况下启动应急预案，并立即按照应急预案作出部署，进入应急状态。设定启动响应机制时应注意：（1）启动预案可以是在突发事件发生前或发生后，但在确认突发事件发生前，也可以不启动预案而进行危机预控；（2）一般是在预警后启动预案，但也有可能因突发事件过于突然来不及预警而直接启动预案；（3）启动响应表明正式进入应急状态，是常态行政与应急行政的“分水岭”。

（六）应急处置机制

我国《突发事件应对法》对应急处置的定义是，“突发事件发生后，履行统一领导职责或者组织处置突发事件的人民政府应当针对其性质、特点和危害程度，立即组织有关部门，调动应急救援队伍和社会力量，依照本章的规定和有关法律、法规、规章的规定采取应急处置措施”。应急处置是应急过程中的关键环节，在设定相应机制时应注意：（1）行政机关是应急处置的主体，具体是国务院和县级以上地方人民政府；（2）由于应急处置具有紧急性、负担性、限制性，因此，必须具有法定依据；（3）处置主体具有紧急征用权，为了保障资源，处置主体也可向其他人民政府请求支援和要求相关企事业单位保障救援物资的供给和公共服务的提供；（4）应根据不同突发事件类型规定专业的处置措施，包括人员救助、事态控制等方面。

（七）恢复重建机制

恢复重建属于事后机制，指应急状态终结、应急处置结束后，履行统一领导职责的人民政府组织受影响地区尽快恢复或重建生产、生活、工作和社会秩序的工作机制。应急管理中的恢复机制，应注重政府、市场、社会的合作，注重灾后救助的服务性，丰富灾后救助的手段。① 在规定恢复重建机制时应注意：（1）恢复重建的前提之一是应急终结，因此，应对宣告终结的主体、条件、方式等作出规定；（2）恢复重建的前提之二是不再爆发次生、衍生灾害，因此，应当对次生灾害的防范作出规定；（3）恢复重建的具体内容包括评估损失、制订重建计划、社会公共秩序的恢复与公共设施的修复，国家优惠政策的扶持与上级政府的支持，以及善后工作的组织实施与相关人员的待遇、奖励与抚恤等重要制度与措施。

（八）信息发布机制

信息发布机制在广义上包括了事前、事中和事后三个阶段，狭义的信息发布机制则仅指事中阶段。从《突发事件应对法》第 53 条、第 54 条的规定以及我国应急实践来看，采取的是狭义概念。就狭义的信息发布机制而言，法律依据是《突发事件应对法》和《政

---

① 参见童星、陶鹏：《论我国应急管理机制的创新——基于源头治理、动态管理、应急处置相结合的理念》，载《江海学刊》2013 年第 2 期。

府信息公开条例》,属于应急行政的范畴,主要包括两方面内容:(1)应急处置主体统一、准确、及时地公布信息,需要建立信息发布的协调机制、时限制度等;(2)任何单位和个人不得编造、传播有关突发事件事态发展或者应急处置工作的虚假信息。就广义的信息发布机制而言,主要依据是《政府信息公开条例》,属于常态行政的范畴。

二、应急预案中应急机制的特点

(一)我国应急预案的体系及分类

因为应急预案本身划分为不同类别,且其间差异巨大,所以应当对不同类别中的应急机制分别讨论,否则就会有盲人摸象之虞。作为一个讨论的前提,我们先来回顾一下我国应急预案的体系。根据我国《突发事件应对法》第 17 条及相关实践,我国的应急预案在体系上由以下部分组成:(1)在中央人民政府的层面上,该体系包括国家突发事件总体应急预案、国家突发事件专项应急预案和国家突发事件部门应急预案 3 类;(2)在各级地方人民政府的层面上,该体系包括地方的突发事件总体应急预案、地方的突发事件专项应急预案和地方的突发事件部门应急预案 3 类;①(3)在社会单位的层面上,包括两类应急预案,即危险物品的生产、经营、储运、使用单位制定的具体应急预案,以及人员密集场所的经营单位或者管理单位制定的具体应急预案,其制定主体是法律特别规定的企事业单位。②

对上述这些预案,笔者从纵向和横向两个维度进行分类。

1. 在纵向上,按照制定主体在行政组织体系中层级的不同,可以将应急预案分为高阶应急预案、中阶应急预案和低阶应急预案。

高阶应急预案指制定主体相当于行政立法主体的那些应急预案,包括国家总体预案、国家专项应急预案、国家部门应急预案、省级总体应急预案和专项应急预案。其特点是具备与法律相当的效力,在内容上“创制了一系列重要的应急管理制度,或者对某些法律上没有完整设定的权利义务做出了重要补充(如对突发事件分级标准和危机预警分级标准的确定),离开了这些补充性规定,大量的法律规范将无从实施”。③ 在“一案三制”的总体格局中,它更多地应被归入应急法制而非应急预案的范畴。

中阶应急预案指制定主体不是行政立法主体,也不是应急活动第一线操作者的那些应急预案,包括(设区的)市级政府的总体应急预案和专项应急预案,省级、(设区的市)级地方部门应急预案。其特点是,一方面,需要对应急法律规范和高阶应急预案进一步细化;另一方面,仍然显得抽象、原则,难以作为具体行动方案,用于实战的可能性较低。

---

① 需要注意的是,地方的总体应急预案和专项应急预案的制定主体是各级地方人民政府,部门应急预案的制定主体是县级以上各级地方人民政府的有关部门。

② 参见莫于川、肖竹主编:《突发事件应对法:制度解析与案例指导》,中国法制出版社 2009 年版,第 78 ~ 79 页。

③ 林鸿潮:《公共应急管理机制的法治化》,华中科技大学出版社 2009 年版,第 29 页。

低阶应急预案指制定主体是应急活动第一线操作者的那些应急预案,包括县、乡两级政府总体应急预案和专项应急预案、县级政府部门应急预案、社会单位应急预案。其特点是面向第一线,是具体的行动方案,应当具备可操作性(见表9-1)。

表9-1 高阶应急预案、中阶应急预案和低阶应急预案

	范围	制定主体
高阶应急预案	国家总体应急预案、国家专项应急预案	国务院
	国家部门应急预案	国务院有关部门①
	省级总体应急预案和专项应急预案	省级人民政府
中阶应急预案	(设区的)市级政府总体应急预案和专项应急预案	(设区的)市级政府
	省级地方部门应急预案	省级政府部门
	(设区的)市级地方部门应急预案	(设区的)市级政府部门
低阶应急预案	县级政府总体应急预案和专项应急预案	县级政府
	乡级政府总体应急预案和专项应急预案	乡级政府
	县级政府部门应急预案	县级政府部门
	社会单位应急预案	法定的企事业单位

2. 在横向上,按照应急预案调整对象范围的不同,可以将应急预案划分为总体性应急预案和专门性应急预案。

总体性应急预案指调整对象是一个地区内各类突发事件的应急预案,包括国家总体应急预案和地方各级政府总体应急预案。其特点如下:(1)对象的不特定性,其预设假想敌是所有种类的突发事件;(2)资源的广泛性,可以调动本地区内各类应急资源;(3)指导性,总体性应急预案对本地区所有的应急活动都具有指导作用,但也正因如此,其内容一般比较抽象、原则、模糊;(4)以应急体制为中心。总体性应急预案以应急体制——分配权力、权利、义务和责任——为己任,较少规定应急机制内容。

专门性应急预案指调整对象是一个地区内某一类突发事件的应急预案,包括总体性应急预案之外的其他应急预案。其特点如下:(1)鲜明的针对性,以某类特定的突发事件为假想敌;(2)资源的有限性,一般来说,除各级专项应急预案外,专门性应急预案只能直接调动本部门或本单位的资源,当然,不排除在紧急情况下该部门或该单位向上级行政机关申调资源的可能性;(3)可操作性,与总体性应急预案相比,专门性应急预案更强调可操作性,其内容应当具体一些;(4)以应急机制为中心,因为应急体制已被总体性应急

① "有关部门"是《突发事件应对法》第17条第1款的用语,笔者认为,应从广义来理解其具体所指,它应当包括具有行政主体资格的国务院组成部门、直属机构等下设机构。

预案明确,因而专门性应急预案的主要任务是确立具体的应急管理流程,也即以应急机制为中心。

（二）不同层级的应急预案中应急机制的特点

前已述及,根据应急预案的层级,可以将相应的应急机制分为高阶应急机制、中阶应急机制和低阶应急机制,它们分别与高阶应急预案、中阶应急预案和低阶应急预案相对应,以下分别讨论其特点。

1. 高阶应急机制的特点

从我国实情来看,高阶应急机制具备以下特点。

第一,功能上的建构性和补充性。由于现有应急法律体系仍不完善,行政机关编制应急预案时缺乏足够法律资源,便不得不“立法滞后,预案先行”。应急预案本应是现有法律的具体实施办法,但为了解决立法滞后造成的制度空白问题,高阶应急预案异化成法律规范便成了形格势禁下的便宜之举。其在应急机制上表现为高阶应急预案创制出法律上没有的重要应急机制,或者对法定应急机制中的缺失作出补充（如对突发事件分级标准和危机预警分级标准的确定）,是为建构性和补充性。①

第二,内容上的概括性与抽象性。由于高阶应急预案承担了建构与补充的立法任务,因此,由其确立的高阶应急机制需要对各类具体应急机制进行高度凝练的概括,这使它在表述上不得不大量使用具有高度不确定性的概念,从而使它与低阶应急机制相比要抽象乃至模糊得多。例如,在它的话语体系中,“有关部门”这样的词汇就频频出现,这更多的是一种宣示意义。

第三,适用上的弹性（裁量性）。概括和抽象的好处,正如法律原则之于法律规则一样,使高阶应急机制赋予主管机关广阔的裁量空间——可以灵活地决定应急的程序——从而成为一种弹性机制。

第四,调整范围上的广泛性。高阶应急机制是对各类低阶应急机制的概括,因而其调整范围非常广泛,表现在:(1)适用地域的广泛性,高阶应急机制适用于全国或省级行政区域;(2)调整对象的广泛性,国家总体应急预案和省级政府总体应急预案适用于各类突发事件,国家专项应急预案、国家部门应急预案和省级政府部门专项应急预案虽然仅适用于某一类突发事件,但包括了该类突发事件而言的全部子类,其范围也相当广泛。

2. 中阶应急机制的特点

中阶应急机制总体来看与高阶应急机制相似,不同之处主要是以下两点。

第一,在功能上,补充性和执行性较强,建构性较弱。中阶应急预案需要受到两种上位规范的制约,一是法律;二是高阶应急预案。因此,它是戴着镣铐跳舞,发挥空间先天有限。此外,从实情来看,立法者将建章立制任务主要交给了高阶应急预案,所以中阶应

---

① 参见林鸿潮:《公共应急管理机制的法治化》,华中科技大学出版社2009年版,第22~29页。

急预案的任务主要是补充和执行。中阶应急预案的功能定位决定了其确立的中阶应急机制在功能上以补充和执行为主,以建构为辅。

第二,调整范围上的有限性。中阶应急机制是对高阶应急机制的细化,其调整范围有所缩小,表现以下两点。(1)适用地域的有限性。中阶应急预案适用于(设区的)市所辖行政区域,地域范围已大大缩小。(2)调整对象的有限性。这主要表现在(设区的市)级专项应急预案和部门应急预案上,它们不但仅适用于某一类突发事件,而且往往仅包括部分子类而非全部子类,因为它会调查评估以确认那些在当地不可能发生或极少发生的突发事件——从而排除之。

3. 低阶应急机制的特点

第一,功能上的执行性。低阶应急机制面向实战,是前线机制、火线机制和最先被适用的机制,其主要任务是执行而非建构与补充。

第二,内容上的具体性。与中高阶应急机制不同的是,低阶应急机制需要将应急的流程明确到具体的组织和个人,原则上越具体越好。

第三,适用上的刚性(羁束性)。由于低阶应急机制的内容明确具体,给主管机关留下的裁量空间就比较小。

第四,调整范围上的有限性。低阶应急机制的调整范围比中阶应急机制进一步缩小。

4. 不同调整范围的应急预案中应急机制的特点

(1)总体性应急预案中应急机制的特点

总体性应急预案中的应急机制具有如下特点。

第一,一般性而非专业性。总体性应急预案中的应急机制主要由一般应急机制构成,基本不包括专业应急机制。原因是总体性应急预案以所有种类的突发事件为假想敌,这意味着,能与之相匹配的只能是同样具有普适性的一般应急机制。

第二,裁量性而非羁束性。总体性应急预案面对的是各类突发事件,其对象具有高度不确定性,需要为高层级的行政机关留下进退自如的行事余地,因而它们一般是裁量型机制,话语风格上也倾向于抽象和不确定。

第三,主要是常态行政下的无事机制。总体性应急预案以应急体制为中心,旨在确立本地区的应急组织体系,因而更多地被用于常态行政,较少被用于非常时期,虽然也有一些程序规定,但相对次要,其内容也主要是常态下的应急预防等。

(2)专门性应急预案中应急机制的特点

专门性应急预案,包括各级专项应急预案、各级部门应急预案和企事业单位应急预案,其中的应急机制具有如下特点。

第一,在构成上,既包括一般应急机制,也包括专业应急机制,且以后者为主。

第二,主要的羁束性与必要的裁量性。专门性应急预案具有鲜明的针对性,其设立的应急机制一般是明确具体的,因而羁束性很强。然而,即使是最贴近实践的专门性应急预案,也需要为非常状态下的应急决策留下必要的制度空间,因为,预案毕竟只是一种主观假设,而实践才是检验它的最终标准。

第三,主要是非常状态下的临事机制。专门性应急预案的主要功能不是确立应急组织体系,而是保证事发后有流程可依,因而,它主要是非常状态下的临事机制。尽管其中也不乏应急体制的内容,但绝非主题。

三、应急预案与应急机制的一般关系

应急预案是应急机制——尤其是通过法律固定下来的那一部分方法——与特定地域、部门、行业、单位应急管理的特点相结合之后所形成的具体应急操作方案。① 它与应急机制是紧密结合的,离开应急机制,便不能称其为真正的应急预案,而没有应急预案作为中介,应急机制也难以确定、建立与实现。两者的互动微妙而复杂,笔者将应急预案与应急机制的关系归纳为如下方面。

(一)应急预案与应急法制共同确立应急机制

应急法制②规定了应急机制的基本框架和原则,是应急机制正式化的基本规范。尽管如此,由于应急法制的调整对象是国家范围内所有种类的突发事件,其内容必然局限于这些突发事件的共通之处,否则就有顾此失彼之忧。也就是说,应急法制只能赋予应急机制中最普遍、最核心的那部分内容以法律效力,它只是,也只能是原则的、抽象的、战略的,而非具体的、可操作的、战术的,故此,执行者如果仅仅凭借应急法制来理解、运用应急机制,是万万不够的。应急预案的存在价值在这里就得以彰显了。一方面,它以应急法制为根据,体现应急机制的一般规律;另一方面,它以克服此时此地可能发生的突发事件为宗旨,要因时而变、因地制宜,体现应急机制的多样性。故此,就某时某地的应急机制而言,实际是由应急预案与应急法制一道确立的。

(二)应急预案是应急机制的主要载体

尽管应急机制是由应急法制与应急预案共同确立的,但进一步说,我们还应承认在这两种载体中,应急预案是应急机制的主要载体,或者说,应急机制主要规定于应急预案中。何以言此?除上面所说的应急法制先天具有的原则性、抽象性、战略性外,现有正式法律渊源对应急机制的表述是模糊而粗疏的,存在大量制度空白,亟待各级各类应急预案予以填补。以突发事件应对的“基本法”——《突发事件应对法》为例,该法没有使用“应急机制”这个具有更高抽象性的应急法学概念,仅在该法第 6 条和第 18 条分别提到了更具体的法律概念“社会动员机制”和“预防与预警机制”。仅有这样的法律条文也许

---

① 参见林鸿潮:《公共应急管理机制的法治化》,华中科技大学出版社 2009 年版,第 5 页。

② 应急领域的正式法律渊源,包括法律、行政法规、地方性法规、行政规章、经济特区法规、自治条例和单行条例等规范性法律文件。

不能为应急实践提供更充分的指引作用。反观应急预案，它上承应急法制、下接应急实践，正是通过应急预案，法律上提出的理念、原则、价值和目标得以落地、对接、成型为具体的工作流程，因此，应急预案成为应急机制的最主要载体就势所必然。

（三）应急预案是应急机制得以实现的必要中介

应急机制的基本理念与原则在应急法制中得以确立，它们如果要在现实中得以实现，简单来说，不外乎通过应急预案和不通过应急预案两种方式。前者是在突发事件发生后以应急预案设计的应急机制为依据开展应急活动，后者是在突发事件发生后，在应急法制提供的大框架内，临时设计出一套应急机制来开展应急活动。应当说，临时设计出的应急机制在合理性、时效性、实效性上大都存在问题。显然，前者是居安思危，有备而来，后者是临阵磨枪、饥不择食，孰优孰劣，一目了然。这也是我国《突发事件应对法》开宗明义地提出"一案三制"的深刻原因。因此，不但应急机制的确立需要应急预案的介入，而且其实现也需要以应急预案为必要中介。

（四）应急预案的动态管理是应急机制的一种

如前所述，应急机制作为一个机制的集合，可以从纵向上分为事前机制、事中机制、事后机制和跨阶段机制。应急预案作为一种规范性文件，在抽象意义上也在进行运动，其过程可分为制定、启动、执行和评估四个阶段。其中，应急预案的制定是事前机制的重要一环，应急预案的启动和执行是事中机制的重要一环，应急预案的评估是事后机制的重要一环。因而，应急预案的动态管理——制定、启动、执行和评估无疑是应急机制的重要环节，本身就已经构成一种应急机制。

（五）应急机制是应急预案的核心内容

应急预案的内容一般分为四个部分：(1)总则，规定本预案的编制目的、编制依据、适用范围、原则等内容；(2)应急体制，规定实施应急预案的组织、机构、人员，权力、权利、义务等；(3)应急机制，规定应急预案的启动条件、应急准备与运行机制；(4)附则，包括预案的生效时间、术语解释、修订情况等内容。就这四个部分而言，总则和附则可操作性较弱，可略而不论，在应急体制与应急机制的关系中，前者是后者的执行者和责任者，后者是前者的工作流程；尽管两者密不可分，但前者的提出是为了给后者作铺垫，因而后者才是应急预案的核心内容。

（六）应急机制是否合理可以作为评估应急预案的标准

亡羊补牢，不如未雨绸缪。与其事后对一个失败的预案进行并无多大意义的检讨，不如在制定之初就进行全面评估以作取舍。对应急预案的评价可以存在多种标准，如可操作性、合法性等。但由于应急机制是应急预案的核心内容，因此，应急机制的合理性便成了决定应急预案成败的重要因素之一，理应成为评估应急预案优劣的标准之一。

第三节　应急预案中应急机制现存问题与比较研究

一、我国应急预案中应急机制的现存问题

（一）应急预案的简单化、雷同化使预案中的应急机制实用性弱

大量应急预案的内容简单、雷同，导致其中的应急机制与应急实践脱节。简单化和雷同化是当前应急预案的两大弊端，简单带来的是肤浅，雷同造成的是空洞。究其原因，我国应急预案的相关工作起步时间较晚，多数行政机关尚未真正重视这一工作，他们在制定中低阶应急预案时，并未狠下功夫去调查研究，而是满足于对高阶应急预案的简单模仿。同时，高阶应急预案的内容正好是简单、粗线条式的。这样制定出来的应急预案，其确立的应急机制往往空洞无物。

（二）存在一般化倾向，专业性不强

从应急预案中应急机制的横向构成来看，存在一般化倾向。也就是说，一般应急机制较多，专业应急机制相对较少。即使是针对性较强的专项应急预案或部门应急预案，其专业化程度与发达国家相比也较为逊色。

（三）存在片段化倾向，缺乏跨阶段机制

由于应急预案大多按突发事件的事前、事中、事后 3 阶段的结构来编写，导致应急机制在纵向构成上以片段式的事前机制、事中机制、事后机制为主，缺乏跨阶段的应急决策机制、信息公开机制、民主参与机制、监督机制等。尤其对于基层政府来说，应急机制的过程完备性等应急管理工作均存在一定的提升空间。①

（四）存在秩序主义倾向，品格有待提升

由当下注重"维稳"的政策取向所决定，应急预案中的应急机制具有强烈的秩序主义倾向，满足于应急基本目标——事态的控制、秩序的恢复，单纯强调法的价值体系中的"秩序"价值，不注重效益、正义、民主等其他社会基本价值的实现。具体表现为信息公开、民主参与、民主监督等辅助应急机制的缺乏。秩序主义的倾向有可能滑向官僚主义乃至非法行政，我们应当对此警惕，汶川地震救援结束后当地政府大量购买豪车的丑闻，表明这一担心绝非杞人忧天。

（五）低阶应急预案未能以应急机制为中心，缺乏实用价值

低阶应急预案是第一线的应急机制，本应以应急机制为中心进行设计，但由于前面

---

① 参见张再生、孙雪松：《基层应急管理：现实绩效、制度困境与优化路径》，载《南京社会科学》2019 年第 10 期。

所说的雷同化原因,低阶应急预案与高阶和中阶应急预案的内容相似度很高。而高阶应急预案和中阶应急预案在设计理念上是以应急体制为中心的,它们更强调建章立制,对权力、权利、义务和责任作出分配,对应急机制的规定比较抽象、模糊、含混。这样,低阶应急预案中应急机制的内容就没有多大的可操作性和针对性。

二、国外应急预案中的应急机制

笔者选取了美国和日本两个国家进行比较。

(一)美国应急预案中的应急机制

美国应急预案体系由联邦预案、联邦部门预案和地方预案构成,居于核心地位的是国家响应计划(National Response Plan, NRP)。

NRP由美国国家安全部与其他联邦部门协调后制定,"意在为所有国家紧急事件管理机构提供一个核心行动计划,为美国处理天灾人祸、恐怖威胁及袭击等紧急事件确立一个统一、协调的行动程序和标准。《国家响应计划》整合了很多已有的应急计划,重新构建了美国的危机管理机制,从而替代了之前的《初期国家响应计划》(Initial National Response Plan,INRP)、《联邦响应计划》(Federal Response Plan,FRP)、《美国政府打击国内恐怖主义行动计划》(The United States Government Interagency Domestic Terrorism Concept of Operations Plan, CONPLAN)和《联邦放射性事故应急计划》(Federal Radiological Emergency Response Plan,FRERP)"。NRP除了正文以外,还有15个应急支持功能附件(Emergency Support Function),"该类附件规定各种行动群体的响应能力以及事故中需要的资源,并规定了首要机构和支持机构的职责"。[①] NRP在整体上是一个总分结构,既有一般规定,也有专门规定:NRP主要规定了总体性的应急体制,应急机制相对次要;其附件则根据不同的突发事件类型规定相应的应急体制和应急机制,其中应急机制更重要一些,附件还吸收了具有全国性的其他应急预案(如联邦各部门的应急预案),内容相当丰富。当某类突发事件具有全国性影响后,NRP与相应的附件,以及附件包含的其他全国性应急预案同时被启动。此外,美国各级地方政府也制定了各类总体性或专门性的应急预案,蔚为一庞大的应急预案体系。

美国应急预案中的应急机制具有以下特点。

第一,应急预案动态管理机制的法定化。在应急管理的法律中规定了明确的应急预案的制定程序,分为调查研究、起草、合法性审查三个阶段,在调查研究阶段,高度重视危机风险评估。[②] 此外,美国重视应急预案的修订,其在理念上将应急预案视作与时俱进的针对性方案,多种因素都可能引起预案的修订。

第二,对危机预防的高度重视。美国将突发事件应对分为减缓(Mitigation)、准备

① 王曦、胡苑:《美国国家应急计划概述》,载《环境保护》2007年第2期。

② 参见张红:《英美两国应急预案制度及其借鉴意义》,载《中国应急管理》2008年第3期。

(Preparedness)、响应(Response)、恢复(Rescovery)4个阶段。① 与我国最大的区别是,美国将事前机制划分为减缓机制与准备机制,此处的减缓大致与我国的预防相似,可见其对危机预防的高度重视。

第三,应急机制的精细化、标准化、专业化、可操作性程度均较高。

第四,强调突发事件中信息的透明和共享,包括对内开放和对外开放两方面。"各级政府不对媒体封锁信息,有专门针对记者的现场信息发布点,注重各种媒体在紧急救援中的作用。应急处理中心的信息系统,相关成员单位均可以进入;紧急处理中心可以进入国家的一些信息系统,如国家地理信息系统、城市资源信息系统等,及时获得所需要信息,更好地为救援工作服务。"

第五,极其重视预警系统建设,应急响应呈现自动化趋势。美国政府把应急预警看作控制突发公共事件事态扩大的有效手段。通过信息共享机制和现代通信技术的支持,一旦某些监测指标达到预警标准,相关应急系统就会自动启动。②

(二)日本应急预案中的应急机制

日本的应急预案包括"灾害应对基本计划"、"灾害应对业务计划"、"地区灾害应对计划"以及"指定地区灾害应对计划"四种类型。灾害应对基本计划由中央防灾会议制定,是日本最高层级的应急预案,相当于我国的国家突发事件总体应急预案。灾害应对业务计划是指定公共机关(如自治省、运输省)或指定公共事业(如电力、电信等)依据相关联的业务拟订,大致相当于我国的专项应急预案、部门应急预案和社会单位应急预案。地区灾害应对计划由都道府县及市町村的防灾会议基于灾害应对基本计划的要求所拟订,是地区内各机关处理有关灾害应对事务的"总纲",相当于我国的各级地方政府的突发事件总体应急预案。指定地区灾害应对计划与地区灾害应对计划性质上相同,区别仅在于辖区上跨越两个以上行政区域。

上述应急预案中的应急机制具有如下共同特点。

第一,在过程上一般分为灾害预防、灾害应急对策、灾后复原3个环节,即事前、事中、事后3个阶段。③ 这一划分的标准实际是突发事件的3个阶段,应当说更符合突发事件发展演变的真实面目。

第二,应急教育机制和志愿者管理机制是应急预案中不可或缺的部分。在灾害预防环节,由于日本历史上是一个灾害频发的国家,特别注意应急教育和志愿者管理机制,各类应急预案均对此作出了具体规定。

第三,应急通信系统世界领先,形成了全覆盖、适时、灵活的信息发布机制。

---

① 参见张红:《我国突发事件应急计划的缺陷和完善》,载《行政法学研究》2008年第3期。

② 参见厉华:《美国应急管理做法及呈现的新特点》,载《现代职业安全》2009年第8期。

③ 参见姚国章:《日本突发公共事件应急管理体系解析》,载《电子政务》2007年第7期。

第四，将应急研究内化为应急管理的一项基本工作。日本政府“特别重视灾害防范的研究工作，每年投入约400亿日元的专项科技研究经费，大力度促进应急科学技术的研究”。①

第四节 应急预案与应急机制互动的理想模式与相关改进建议

一、应急预案与应急机制互动的理想模式

完善应急预案中的应急机制，是在应急预案中去完善，而非离开预案谈机制，前提是找到应急预案与应急机制互动的理想模式，以下是笔者对理想模式的基本观点。

(一)以应急机制为中心设计应急预案

总体而言，应急预案有两个主要内容：应急体制与应急机制。相应地，应急预案的设计也有两条线索。一条是以确立应急体制为目的，设计参与应急的组织体系，基本的权力、权利、义务、责任等，这是一种静态设计；另一条是以确立应急机制为目的，设定应急活动的流程，附带地，设计出不同主体在各个流程中的权力、权利、义务、责任，这是一种动态设计。应当说，应急体制和应急机制都涉及“做什么”，但是，除规定“做什么”外，两者存在重大区别。应急体制是宏观而抽象的，其内容主要是“谁来做”。当我们在某一个应急阶段面对一些棘手的具体问题时，从中很难找到现成答案，简言之，应急体制注定是粗略的、描述性的。反之，应急机制则更微观、更具体一些，它在应急体制的基础上进一步展开，将“做什么”、“谁来做”和“怎么做”融为一体，对应急实践的指导性更强，更具有实用价值，更符合应急预案的功能定位。因此，应急预案的核心内容是应急机制，最有使用价值的部分也是应急机制，其设计理所当然地应当以应急机制为中心进行。

以应急机制为中心设计应急预案实质是以流程为逻辑主线来编排预案，要求对应急流程进行梳理和更新。这首先涉及如何划分突发事件发展阶段的问题，笔者认为，突发事件的应急流程分为事前、事中和事后三个基本阶段，其下还可进行多层次的细分。其次，这涉及对本地突发事件的调查评估问题，需要调查、总结、梳理本地区历史经验教训和现实危险，将危险源进行排序。最后，这涉及对不同应急机制的组合问题，就不同的向度而言，至少包括：(1)事前机制、事中机制、事后机制、跨阶段机制的组合；(2)一般应急机制与专业应急机制的组合；(3)基本应急机制与辅助应急机制的组合，当然，各种组合中，核心的逻辑主线应当是突发事件的发展阶段，也就是以第一种组合为轴。

① 姚国章：《典型国家突发公共事件应急管理体系及其借鉴》，载《南京审计学院学报》2006年第5期。

（二）以应急机制的完备性与适应性为标准评估应急预案

前已述及，通过考察应急预案中的应急机制是否合理，可以得出应急预案优劣的结论。笔者认为，应急机制的合理性至少包括了完备性与适应性两个方面。完备性包括：（1）预案所设定的应急机制在纵向上覆盖了事前、事中、事后各个阶段；（2）在横向上包括了一般应急机制与具有针对性的专业应急机制；（3）在质量上至少包括了所有的基本应急机制。适应性包括：（1）应急预案所设定的应急机制与假想的突发事件的类型和强度相适应；（2）与当地的突发事件的历史状况相适应，除社会公共安全事件外，预案设定的机制一般不以历史上从未发生过的突发事件为假想敌；（3）与当地可以调动的资源状况相适应，预案设定的机制对资源的需求不应超出当地的资源供给能力，包括人力资源、技术资源、财力资源、物质资源等。

（三）以应急预案为工具确立、实现和创新应急机制

应急机制在实践中的确立依赖于法律和应急预案两种制度工具。由于立法的进度总是相形缓慢，而现实中突发事件又层出不穷，目前更迫切的是加强应急预案建设，以应急预案为工具确立各地区、各行业的应急机制，以应急机制是否合理为标准，梳理、总结、更新现有应急预案的内容。

应急机制的确立需要经由应急预案，应急机制的实现同样需要经由应急预案。以应急预案为工具实现应急机制，要求我们切实维护应急预案在应急活动中的指导地位，使应急预案真正成为应急活动的依据，不能预案与实践相互脱节。现实中，应急预案与应急实践严重脱节的现状亟待改正。

根据创新的方法，可以将应急机制的创新分为总结型的创新与假设型的创新：前者指在经验教训基础上的创新；后者指在没有先例可循的情况下，基于合理推断的创新。无论是总结型的创新，还是假设型的创新，都需要经由应急预案这个中介。因此，应急预案的适时更新，对应急机制的发展创新具有重大意义。

（四）应急预案与应急机制的法治化相互渗透、具体统一

应急预案是应急法制的具体化，自然不能逾越法律设定的边界，应急机制是应急体制的运作程序，这种程序不是任意的，同样要受到应急法律体系的约束，因此，应急预案与应急机制都必须法治化。应急预案的法治化体现在两个大的方面：（1）形式上的法治化，即应急预案的名称、种类、制定主体、数量，制定、修改与适用的程序要符合法律要求；（2）实质上的法治化，即应急预案的内容要符合法律标准，在法无明文规定时，至少要符合公共利益，受到行政法上基本原则和应急目的之拘束。应急机制的法治化表现在：（1）其对程序的设定要符合法律规定，在法无明文规定时，要符合程序正义的一般原则；（2）其在不同程序环节中，对权力、权利、义务、责任的分配要符合法律规定，在法无明文规定时，要符合公共利益，受到行政法上基本原则和应急目的的拘束。如前所述，应急预案的核心内容是应急机制，而应急预案的管理本身又是一种应急机制。因此，应急预案

与应急机制在法治化上相互渗透、具体统一。换言之,应急预案法治化中蕴含了应急机制的法治化,应急机制的法治化也有应急预案法治化的内容。

二、完善我国应急预案中应急机制的建议

(一)以行政过程论理念建立科学的应急预案动态管理机制

应急预案的动态管理机制,包括制定、修改、启动、执行、评估等,是当前诸多应急预案中普遍缺乏的部分,亟待建立。建立这种机制,既需要制定法律明确之,也需要预案自身明确之。

(二)通过应急预案的精细化、标准化提升应急机制的效率

针对当前应急预案普遍简单化、雷同化的弊端,借鉴域外成功经验,必须提倡预案的精细化、标准化。应急预案的制定者要实事求是地调查研究本地区、本部门、本单位情况,细化应急机制的相关规定。在文字表述上,应尽快统一应急管理的术语。

(三)转变应急管理理念,增加跨阶段机制和辅助应急机制

应急机制的完善重在处理好权力依赖与权力限制的关系。在应急管理理念方面,应秉持共治的治理理念,将社会力量纳入行动框架,发挥多主体协调、互动和合作的协同作用。[①] 应急管理作为行政的一部分,不应仅满足于"秩序"这一基础价值,而应在保证秩序的基础上,实现民主、正义、自由等位阶更高的价值,这需要应急预案的制定者转变应急管理的理念。而理念的转变落实到行动,就是要在预案中明确志愿者管理、信息公开、信息共享、民主参与、监督救济等跨阶段机制和辅助应急机制,填补现有漏洞。

(四)注重现代科技因素,提升应急机制的专业水平

从技术层面看,有两个趋势值得注意:一是应急机制的自动化,强调应急管理系统的自动反应;二是应急信息的实时化,强调应急信息能在第一时间传播出去。这两个趋势要求应急预案的制定者将现有应急机制与现代科技因素进一步结合,以改造应急机制。

(五)拓宽应急预防的视野,建立完善应急教育机制和应急研究机制

我国应急预案中的应急机制基本是围绕突发事件本身来设置的,其核心是应急处置,以及应急管理的综合性,以及应急处置与应急教育、应急研究之间的密切联系,仍然是非常原始、古老、传统的应急理念。现代应急管理需要更宏大的视野,应当将应急教育和应急研究纳入应急预案中,使之成为应急机制不可或缺的一部分。

---

① 参见温志强、郝雅立:《转危为机:应急管理体系的完善与发展困境——汶川地震十周年回顾》,载《理论学刊》2018 年第 4 期。

第十章　应急预案中的应急保障

第一节　应急保障的基本内涵

一、应急保障的含义

应急保障,又称应急后勤保障、应急物资保障、应急综合保障,简单来说,指对应急管理所需各种资源的保障。2020 年 3 月 1 日出版的第 5 期《求是》杂志发表习近平总书记的重要文章《全面提高依法防控依法治理能力,健全国家公共卫生应急管理体系》,文中强调要求"把应急物资保障作为国家应急管理体系建设的重要内容,尽快健全相关工作机制和应急预案"。人们对应急保障可能存在不同理解,可概括为狭义说和广义说。广义说将应急保障界定为:在整个应急管理过程中(涵盖突发事件的事前、事中和事后 3 个阶段),在政府领导下,与应急相关的各类主体准备和供给应急预防、监测预警、应急处置、事后恢复重建等各类应急管理活动所需资源的活动,包括物资保障、资金保障、人力保障、通信保障、知识技能保障等。狭义说将应急保障界定为:在突发事件过程中,政府通过各种方式保障应急处置所需资源的活动,如"政府运用专门后勤力量,在处理紧急和意外事件行动中,对特定对象所进行的保障"。① 广义说与狭义说的主要区别在于是否包括突发事件的事前和事后两个阶段。由于人们已就应急管理是对突发事件事前、事中、事后的全程管理达成共识,②而且,狭义说将应急保障限定为事中阶段的保障,容易误导人们忽视对事前的预防、监测、预警等活动的保障。因此,应急保障应当是一个全程意义上的概念,广义说更为可取。鉴于此,本章从广义上来研究这一问题。

(一)应急保障的概念结构

1. 应急保障的主体。从世界各国的通例来看,应急保障无不是以政府为主,其他社会组织和公民接受政府领导的体制。这是因为应急保障本身具有公共性,是重大公共利益所在,故理应由政府负责。从我国《突发事件应对法》来看,我国应急保障的体制是国务院和县级以上地方各级人民政府负责,其他社会组织和公民积极参与。在各级人民政

① 寻寰中、王德:《构筑我国政府应急管理后勤保障体系》,载《中国行政管理》2004 年第 1 期。

② 从《突发事件应对法》以及诸多应急预案的内容可知。

府之间,由于资源调动能力存在差异,其负责的应急保障工作各有不同。[①]

2. 应急保障的对象。应急保障的对象应当区分为行为对象和服务对象。应急保障的行为对象指应急保障行为直接作用的对象,包括物资、资金、人力等。应急保障的服务对象指应急保障为谁服务,外延非常广泛,包括事前、事中、事后各个阶段的应急管理活动。应当注意的是,保障本身是个多义词,而应急保障却具有特定含义,其服务对象不是受灾群众而是应急管理活动,政府对受灾群众的保障(如医疗卫生保障、基本生活保障等)属于应急处置的范畴——当然,这种应急处置措施以应急保障为基础,两者之间存在紧密联系,但在概念上仍应注意区分。

3. 应急保障的行为。首先,以应急保障的过程为视角,可以将应急保障行为归纳为准备和供给两类。准备行为对应未来的、抽象的、不确定的需求,而供给行为对应当下的、具体的、确定的需求。进一步说,准备行为是一种常态行为,在尚未发生突发事件时进行,与应急的联系是间接的,供给行为则既可能是常态行为,也可能是非常状态下的行为,与应急的联系更直接。其次,以保障的行为对象为视角,还可以将应急保障行为归纳为物资保障、资金保障、人力保障、通信保障、知识技能保障等。通过以上两种视角的分析,可以看出应急保障行为具有繁复的多样性,以通信保障为例,实际包括了通信准备和通信供给两种行为:通信准备指在平时建立和维护应急通信系统;通信供给指具体通信需求产生后能够保证通信畅通、不中断。

4. 应急保障的目的。应急保障不同于按阶段划分的应急预防、监测预警、应急处置、恢复重建等第一线的应急活动,虽然它们在最终目的上是统一的,但在直接目的上存在重大差异。应当说,应急保障本身并非第一线的应急活动,其直接目的是这些第一线的应急活动提供支持,这可以作为识别应急保障的一个标准。

(二)应急保障的主要特点

应急保障问题的产生源于这样一种事实:应急管理对资源的需求在常态行政的框架下不能很好地解决,需要在常规的行政保障体制之外,专门设计一套单独的保障体制。因此,研究应急保障,首要任务是研究应急管理的资源需求,研究它与常规行政保障的差异性。质言之,需求与供给之间的矛盾就是应急保障中的基本矛盾,发现并满足应急需求就是应急保障的核心命题。然而,随着问题的展开和研究的深入,笔者发现,应急管理对资源的需求是纷繁复杂的,它具有多样性、突然性和不确定性,由之决定了应急保障的综合性、紧迫性和被动性,这是应急保障的基本特点。此外,应急保障还具有手段上的强制性、功能上的辅助性、逻辑上的基础性等特点,请容分别述之。

1. 资源需求的多样性、突然性、不确定性,决定了应急保障具有综合性、紧迫性和被动性的基本特点。首先,资源需求的多样性决定了应急保障的综合性。从纵向来说,应

① 参见《突发事件应对法》第25~36条。

急保障包括应急预防、应急处置、恢复重建的需求；从横向来说，包括物资、人力、知识技能、资金、通信等需求。需求的多样性决定了应急保障必需，也必然是综合性的体系，它必须在上述所有方面都做出努力，才能形成保障的合力，实现保障的目的。其次，需求产生上的突然性决定了应急保障的紧迫性。因为危机的爆发是突然的，所以需求的产生也是突然的。这意味着应急保障常常要紧急为之，这对应急保障形成了巨大挑战，要求应急保障体系必须具有迅速从常态向非常态转换的能力。最后，资源需求的不确定性决定了应急保障的被动性。需求总是随着突发事件的演进而不断发生变化——它因时而变、动态、开放、不确定，这决定了应急保障的被动性——需要不断地根据需求做出调整。当然，被动与主动是辩证统一的，主体完全可以预测需求，提前规划，尽可能地掌握主动权，形成主动防御的态势。

2. 手段上的强制性。应急保障具有强制性，指为了实现保障的目的，政府可以采取具有强制性的措施。从行政相对人的角度看，这意味着相对人对政府采取的保障措施有服从、配合、支持的义务。当然，并非所有的应急保障措施都是强制性的，但任何应急保障措施都以国家强制力为后盾。应急保障的强制性根源于它在目的上的正当性，表现为政府的紧急征用权。

3. 功能上的辅助性。从结构功能主义的视角看，应急保障本身并非对危机的预防、处置和恢复，而是从属于预防、处置、恢复重建等一线应急活动，在应急管理中发挥辅助作用。

4. 逻辑上的基础性。俗话说，“巧妇难为无米之炊”，无论是预防、处置，还是恢复重建，都建立在一定资源的基础上。而资源问题反映到工作上其实就是保障问题，因此，在逻辑上，应急保障是其他应急管理活动的基础。

（三）应急保障的法律问题

应急保障可以被界定为制度（机制、体制、法制等），也可以被界定为行为或活动。从行为的角度看，应急保障呈现多种样态。首先，应急保障可能是法律行为，如征用、强制、处罚等，也可能是事实行为，如建造公共设施、行政指导等。其次，就法律行为而言，应急保障一般是行政行为，具有强制性，但也可能是民事行为，如向民间采购应急物资。最后，就行政行为而言，可能是内部行为，也可能是外部行为；可能是具体行为，也可能是抽象行为。所以，应急保障中可能产生多种民事法律关系和行政法律关系，当然，也可能升级成刑事法律关系，乃至宪法关系。故此，应急保障是一个复合型的法律领域，对应急保障的法律调整需要多个部门法的介入。

尽管如此，笔者认为，对应急保障的法学研究还是应当以公法视角为主。这是因为应急保障中主要涉及的还是公法问题，具体理由如下：(1)应急保障的体制是政府主导、社会参与，公权力始终引领着应急保障的发展方向，主导应急保障的制度演进；(2)从数量看，大部分应急保障行为还是依行政主体单方意志作出的行政行为，民事行为只占少数;(3)从权力、权利的关系角度看,应急保障中公权力普遍基于优越地位,即使在民事关系中也是如此;(4)从应急保障的合法性基础来看,政府在应急保障中享有的权力主要来自公法上的理由,即为了公共利益而赋予政府特别权力,并非基于平等主体的意思自治。

进而言之,既然我们将应急保障的主要性质界定为公法问题,则可以进一步将其界分为实体问题与程序问题两大类。实体问题指应急保障中权力、权利与义务的分配,要求行政机关遵守依法行政、尊重和保障人权、信赖保护、比例原则、应急性原则等实体原则。程序问题指应急保障中正当程序的建立与维护,要求行政机关遵守行政公开、行政公平、行政公正、正当程序等程序原则。

(四)应急保障与近似概念辨析

在讨论应急保障时,还有必要将其与关联的应急准备、应急处置等概念进行辨析,以求更全面的认识,下面就这些问题进行讨论。

1. 应急保障与应急准备。从我国《突发事件应对法》的条文精神来看(该法第 25 ~ 36 条规定了应急准备),"应急准备,是指针对未来可能发生,但目前尚未发生的各类突发事件,政府和国家的武装力量积极准备,或者在政府的领导、指导和监督下,各类社会组织积极准备未来的应急工作所必需的各类资源,一言以蔽之就是对应急资源的准备"。① 由此可见,应急保障和应急准备的关系如下。

(1)主要区别。首先,时间不同。应急准备发生于突发事件发生之前,而应急保障则涵盖了突发事件的事前、事中、事后 3 个阶段,是对应急管理全程的保障。质言之,应急准备是一种常态行政,而应急保障包括了常态行政与紧急行政。其次,内容不同。应急准备主要是一种资源的储备活动,对应了资源从生产地到储存地的过程,而应急保障既包括资源储备活动,还包括资源的供应、物流、配送等,涵盖了资源从生产地到储存地,以及从储存地到使用地的全过程。

(2)主要联系。首先,应急保障包含了应急准备,应急准备是应急保障的一部分。其次,应急准备是应急保障的前提,应急保障是应急准备的延续。最后,由于应急保障是应急准备的后续过程,故两者在内容上一脉相承,具有同构性,都包括人财物力、科技支持、基本生活物资、医疗卫生、交通通信等内容。

2. 应急保障与应急处置。应急保障与应急处置在概念内涵上的差异较为明显:在时间上,应急处置是事中阶段,而应急保障对应了事前、事中和事后 3 个阶段。在对象上,应急处置的对象是突发事件本身,而应急保障的对象是应急活动所需资源。在目的上,应急处置是为了克服突发事件,而应急保障则是为第一线应急活动提供支持。

应急保障与应急处置的联系主要是实践上的。首先,应急保障与应急处置具有不可分性。我们对保障与处置的区分主要是概念上的,实践中很难将两者截然分离,表现在

① 莫于川、肖竹主编:《突发事件应对法:制度解析与案例指导》,中国法制出版社 2009 年版,第 121 页。

保障行为成为处置行为的一部分或者一个环节，在时间上与处置行为紧密衔接甚至融为一体。例如，抗洪抢险时需要不断地用到大量的堵漏材料，也就是说，需要一边输送材料一边用材料堵漏，此时，处置与保障是紧密衔接的；再如，应急处置中领导机关需要不断地下达指令，这离不开通信保障，此时处置与保障无疑是融为一体的。其次，应急保障对应急处置具有制约性。一方面，保障能力制约处置方案。处置方案必须以保障能力为基础，离开保障谈处置只能是一种侈谈。另一方面，保障能力制约处置结果。从常识可知，保障不力必然导致处置失败，导致危机升级或衍生出新的危机，进而要求作出新的应急处置。

二、应急保障的分类

（一）事前保障、事中保障和事后保障

按照应急保障所处的突发事件阶段，可以将应急保障分为事前保障、事中保障和事后保障。事前保障和事后保障属于常态行政，事中保障属于紧急行政，但这只是表面之别，本质上它们都统一于应急管理这一行政目的。事前保障的对象是突发事件爆发前的各类应急管理活动，包括危机预防、信息监测、信息报告、应急预警、危机预控等。事中保障的对象是突发事件爆发后、结束前的各类应急管理活动，主要是应急处置。事后保障的对象是突发事件结束后的各类应急管理活动，主要是恢复重建。

如果再次抽象，还可以将应急保障进一步概括为常态保障与紧急保障：常态保障包括事前保障和事后保障，是在社会公共秩序正处于或已经恢复正常状态时，对危机预防或恢复重建等活动的保障；紧急保障，亦即事中保障，是在社会公共秩序已因危机的爆发遭到破坏时，对危机处置活动的保障。

因为在突发事件的不同发展阶段，应急管理对资源的需求有着重大差异，所以，这种分类有助于我们准确地理解和把握不同阶段的保障任务和保障重点。

（二）人力保障、资金保障、物资保障、通信保障和知识技能保障等

按照保障行为的对象，可以将应急保障分为人力保障、资金保障、物资保障、通信保障和知识技能保障等。在我国法律上，人力保障指准备和供给应急救援队伍，包括专业应急救援队伍和综合性应急救援队伍。资金保障指准备和供给各种应急管理活动的经费，包括财政划拨、转移支付或者设立专项资金等方式。物资保障指准备和供给应急救援物资、生活必需品和应急处置装备。通信保障指准备和供给应急通信系统，其措施包括完善公用通信网，建立有线与无线相结合、基础电信网络与机动通信系统相配套的应急通信系统等，目的在于确保突发事件应对工作的通信畅通。知识、技能保障指提高和保持应急参与人员的知识和技能，使之符合应急要求。

以上几种应急保障是我国《突发事件应对法》明确规定的种类，从各种应急预案来看，种类有所扩充，还包括基本生活保障、医疗卫生保障、交通运输保障、治安保障、人员防护保障、应急避难场所保障、气象服务保障、法制保障等。基本生活保障指“确保灾区

群众有饭吃、有水喝、有衣穿、有住处、有病能得到及时医治”，[①]但严格来说，这种保障属于恢复与重建的内容。医疗卫生保障指开展医疗救治、疾病预防控制，及时为受灾地区提供药品、器械等卫生和医疗设备等，外延较广，是兼具应急处置与应急保障两种性质的概念。交通运输保障指优先安排、优先调度、优先放行应急交通工具，确保运输安全畅通，确保抢险救灾物资和人员能够及时、安全送达。治安保障指严厉打击违法犯罪，维护和控制现场秩序。人员防护保障指配备符合要求的安全防护设备，在应急处置过程中，确保救援人员安全。应急避难场所保障指在市民生活、工作地点周围，规划、建设和维护城市应急避难场所，保障在紧急情况下为市民提供疏散避难和临时生活的安全场所。气象服务保障指提供天气预报并加强对极端天气的监测和预警，突发事件发生后，市气象局应立即提供事件发生地及附近的天气情况，并尽快对未来天气情况进行预测。法制保障指政府应当依法决策、应急决策应向同级人大常委会备案，事后向同级人大常委会作工作报告。

总之，这种分类是常见的学理分类，反映了应急保障的内容体系，有利于我们厘清应急保障的专业门类，满足应急管理对资源的多元化需求。

（三）应急准备和应急供给

按照保障行为在保障过程中所处的阶段和对应的需求不同，可以将应急保障分为应急准备和应急供给。应急准备是对应急资源的储备，使资源的获得从不可能变为可能，旨在满足未来的、抽象的、不确定的需求。应急供给是将已有的应急资源供应到应急管理中，是资源从储备地到使用地的过程，它使资源的获得从可能变为现实，旨在满足当下的、具体的、确定的需求。在两者的关系上：(1)应急准备是应急供给的前提，没有准备就没有供给，应急供给是应急准备的归宿，应急准备最终是为了应急供给；(2)应急准备只存在于事前阶段，而应急供给存在于事前、事中和事后3个阶段；(3)应急准备属于常态行政，一般不具有紧迫性，而应急供给既可能属于常态行政，也可能属于紧急行政，在后一情况下具有紧迫性。

这种分类的价值在于：首先，它有助于厘清应急保障的内部结构，深化对应急保障的认识；其次，它揭示出应急准备和应急供给之间的重大差异，要求分别设计工作机制。

三、我国应急保障的基本体制

从我国《突发事件应对法》的相关规定（该法第25～36条）来看，我国应急保障的基本体制是“政府为主、广泛发动、分类建制、软硬兼备”。必须指出的是，尽管有的法条在字面上仅是从应急准备的角度作规定，但从逻辑上看，准备正是为了保障，负有应急准备义务的主体同时也应当负有保障义务，因此，应当肯定这些条文具有应急保障的规范价值。下面笔者根据上述条文进行具体分析。

---

① 参见《国家突发公共事件总体应急预案》第四部分“基本生活保障”。

（一）政府为主

“政府为主”，指我国应急保障的领导者和组织者是县级以上各级人民政府。乡级人民政府虽然也是一级地方政府，但因为其掌控的资源有限，不适于成为应急保障的领导者和组织者，只能承担知识普及、应急演练等对资源要求较低的应急准备任务（参见《突发事件应对法》第29条）。

（二）广泛发动

“广泛发动”，指除了政府以外，其他法律主体也有法定义务参与应急保障工作，具体来说，包括：（1）国家的武装力量（包括中国人民解放军、中国人民武装警察部队和民兵组织）有法定义务参与应急保障工作（参见《突发事件应对法》第28条）；（2）基层群众性自治组织有法定义务参与应急保障工作（参见《突发事件应对法》第29条）；（3）各种社会组织（企事业单位、新闻媒体、学校）有法定义务参与应急保障工作（参见《突发事件应对法》第29条、第30条）。

（三）分类建制

“分类建制”，指我国的应急保障体制注重按照不同的保障对象安排不同的保障主体，形成了人力保障、物资保障、资金保障、知识技能保障、通信保障等多种专业保障体制的矩阵体系，而非简单的“一刀切”，较为科学、合理。具体来说：（1）人力保障以各级人民政府建立的应急救援队伍为主，以政府招募的志愿者救援队伍和社会单位的应急救援队伍为补充（参见《突发事件应对法》第26条和第27条）；（2）资金保障由国务院和县级以上地方各级人民政府负责（参见《突发事件应对法》第31条）；（3）物资保障是由各级人民政府负责，其中，县级以上人民政府负有一般性保障职责（指应当通过与有关企业签订协议的方式保障应急物资的生产和供给），设区的市级以上人民政府和突发事件易发、多发地区的县级人民政府除了负有一般性保障职责外，还负有专门性保障职责（指应当建立应急物资的储备制度），乡级人民政府只负有原则上的义务（参见《突发事件应对法》第32条）；（4）通信保障由各级人民政府负责，《突发事件应对法》对此只作了这样的原则性规定，有赖于各级人民政府通过应急预案等方式参照该法规定予以细化（参见《突发事件应对法》第33条）；（5）知识、技能保障体制由各级人民政府、国家武装力量、基层群众性自治组织、企事业单位、新闻媒体、学校等负责，一般不包括个人（参见《突发事件应对法》第25条、第28条、第29条、第30条）。

（四）软硬兼备

“软硬兼备”，是指在保障方式上，既有强制性的一般保障，又有非强制性的指导性保障，表现为政府对行政相对人参加应急保障的鼓励和必要的扶持。指导性保障明显不同于其他保障措施，是一种行政指导行为（参见《突发事件应对法》第34～36条）。所谓行政指导，是指行政机关在职责范围内实施的指导、劝告、建议、提醒、鼓励、提醒等柔性管理行为，具有非强制性、示范引导性、广泛适用性、柔软灵活性、方法多样性、选择接受性、沟通协调性等诸多特点。行政指导强调行政机关与相对人的平等互动关系,注重公众参与,有利于建设服务型政府,契合构建和谐社会的基本要求,成为现代行政管理实务中实现行政民主、提供公共服务的有效渠道。[①]“软硬兼备”使我国的应急保障体制具有很大的开放性,有利于充分调动各种社会力量参加应急保障;同时,因为应急保障对资源的需求是多样而突然的,不易被充分、及时地预见,“软硬兼备”还有利于弥补政府在资源上的不足。

以上是我国应急保障的基本体制。需要注意的是,基本体制只是一个宏观的、较粗疏的框架,它固然为各级人民政府创设本地应急保障体制设定了界限,但是这个界限却是较为宽松的,其深意在于提供一个相对自由的设计空间。因此,应急保障的基本体制可能也需要被具体化,需要与当地对应急资源的需求相匹配,这一任务理应由上承应急法制、下接应急实践的应急预案来完成。

四、应急保障的基本机制

应急保障机制是应急机制的一种,是将应急保障作为一个连续的行政过程来审视的结果。与应急保障体制相比,它是应急保障体制的运作程序,在内容上包括应急保障的手段以及这些手段之间的衔接程序。应急保障的基本机制则是从最普遍的意义上概括的各类应急保障机制的共同部分,笔者认为,应急保障的基本机制包括应急准备机制和应急供给机制。

(一)应急准备机制

应急准备,是指针对未来可能发生,但目前尚未发生的各类突发事件,政府和国家的武装力量积极准备,或者在政府的领导、指导和监督下,各类社会组织积极准备未来的应急工作所必需的各类资源。一言以蔽之,应急准备就是对应急资源的准备。[②]应急准备机制,就是准备应急资源时,相关主体的工作程序。虽然应急准备的行为对象具有多样性,包括人力资源、资金、物资、通信、知识、技能等,但是,从过程论的视角即可察觉,不同准备工作仍然具有共通之处——尽管在具体形态上是千姿百态的,但在抽象意义上却存在共同的步骤,总结如下。

1. 资源规划。资源规划可以被界定为对应急管理所需资源的种类、数量、品质进行预测、评估和计划。资源规划具有全局性、前瞻性、指导性,其意义在于确定了应急准备的范围和任务,一般应由应急预案负责规划,退一步说,应急预案至少应当明确规划的责任主体,因为应急预案本来就具有规划的性质,一个好的应急预案,其资源规划应当是详细而完备的。由于资源种类不同,故资源规划的表现形式亦有不同:在人力资源领域,它

① 参见莫于川:《行政指导:一种柔性的行政监管方式》,载《人民日报》2007年1月10日,第13版。

② 参见莫于川、肖竹主编:《突发事件应对法:制度解析与案例指导》,中国法制出版社2009年版,第121页。

表现为对应急救援队伍的种类、数量、构成的规划;在资金领域,它表现为编制应急预算;在物资准备领域,它表现为对应急救援物资、生活必需品和应急处置装备的估算;在通信领域,它表现为对应急通信需求的测算以及在此基础上对应急通信保障系统的设计;等等。需要注意的是,资源规划不应是一次性的,而应是动态的。易言之,应急预案的制定者应当经常关注、评估应急实践对应急资源的需求,不断更新资源规划,进而指导、推动其他的应急准备工作。

2. 资源生产。资源生产可以被界定为,根据资源规划,形成应急管理所需资源的过程,换言之,是应急资源从无到有的过程。资源生产不但应当是有规划的,而且应当是有组织的,组织生产的工作无疑应当由政府承担,具体应当由政府中的应急管理办公室牵头协调。资源生产的表现形式同样因资源种类的不同而不同:在人力资源领域,它表现为各类应急救援队伍的组建;在资金领域,它表现为财政划拨、转移支付或者设立专项资金等;在物资领域,它表现为应急救援物资、生活必需品和应急处置装备的生产;①在通信领域,它表现为完善公用通信网,建立有线与无线相结合、基础电信网络与机动通信系统相配套的应急通信系统等。

3. 资源维持。资源维持既可以从正面界定为对已有资源的维护和更新,②保证应急资源在种类、数量、品质的动态平衡,也可以从反面界定为对应急资源流失的监督和遏制,因此,资源维持既包括物质意义上的维持(维护、更新),也包括制度意义上的维持(监督、遏制)。具体来说,资源维持表现为:在人力资源领域,它表现为应急救援队伍的培训、演练和合作;在资金领域,它表现为专款专用制度,旨在防止应急资金被挪用或贪污;在物资领域,它表现为应急救援物资、生活必需品和应急处置装备的储备(包括本地储备、异地储备、目录储备和生产能力储备);在通信领域,它表现为对应急通信保障系统的检测、维修等。为了检验资源维持的水平,有必要开展应急演习、日常检查等工作。

资源规划、资源生产和资源维持具有时间上的先后性和内容上的一致性,构成了应急准备的基本机制。

(二)应急供给机制

应急供给,顾名思义,是指将应急资源投入应急管理实践。从应急资源的视角来看,应急供给标志资源从可用状态进入实用状态。从应急准备和应急供给的关系来说,应急准备是应急供给的前提,没有准备就没有供给,而应急供给则是应急准备的归宿,准备就是为了供给。应急供给还对应了应急需求,它对应的是具体明确的应急需求,需求导致

---

① 需要注意的是,不应将物资生产的观念仅仅停留在实物生产的原始阶段,实际上,异地储备、目录储备和生产能力储备也是物资生产和物资储备的变通方式,而且,它们应成为物资生产和物资储备的主要方式。这是因为实物储备存在易过期、自然损耗、储备空间有限等问题。

② 由于有的资源具有损耗性,需要不断替换,因此,资源维持理应包含资源的更新。

供给问题的产生,满足需求是供给的目的。因此,应急准备和应急需求是影响应急供给的两个关键要素。此外,应急供给的成败还受到应急决策能力、资源输送能力等因素的影响。与应急准备机制一样,尽管不同应急供给行为的对象各种各样,但在抽象意义上仍然存在共同步骤,对此概括如下。

1. 确定需求。确定需求是应急供给的首要问题,指对应急管理所需资源的辨认和确定,实际上是对供给目标的确定。在确定需求时,首先,应当根据形势的轻重缓急,讨论需求的必要性,要注意排除那些紧迫性、全局性不强的需求,要对需求分类排序,排序应当综合考虑基本人权、利益衡量等因素,不得已时应牺牲次要的需求。其次,应当根据应急准备的实情和客观经验,讨论供给的可能性,要排除那些客观上不可能得到满足和供给风险过大的需求,避免做无用功或者造成衍生灾害。

2. 资源调度(资源组织)。资源调度是指在需求确定后,向拥有资源的相关主体下达供给命令的过程。资源调度的实质是一种应急决策,因此,在这一问题上,决策者的权力大小基本决定了调度的成败,进而决定了供给的成败。例如,在急需出动军队救援的情况下,就需要决策者有调遣军队的权力。具体来说:在人力资源领域,它表现为调遣应急救援队伍;在资金领域,它表现为下达拨款命令;在物资领域,它表现为调拨应急救援物资、生活必需品和应急处置装备;在通信领域,它表现为开通应急通信保障系统;等等。

3. 资源输送。资源输送是指资源从储备地向使用地转移的过程。资源输送在不同领域表现为:在人力资源领域,它表现为应急救援队伍的输送;在资金领域,它表现为资金的输送,包括电子汇兑、现金运输等;在物资领域,它表现为应急救援物资、生活必需品和应急处置装备的运输;在通信领域,它表现为紧急开辟、架设临时通信系统等。在资源输送阶段,交通系统的重要性得以显现,从人类应急实践来看,需要在日常交通系统之外,组建专门的应急交通系统,特别是具有全天候、不受地形限制等优势的航空运输系统。

五、应急预案中应急保障的设计原则

应急预案中应急保障的设计原则,指编写应急预案的应急保障部分时所应遵循的原理性准则。原则的意义在于为行动树立墙垣、划定边界,应急预案是各项应急管理活动的指南,其设计事关全局,必须慎之又慎,在一定原则指导下进行。就此问题,笔者提出以下原则。

(一)以需求为中心的原则

需求与供给的矛盾是应急保障的基本矛盾,因此,以需求为中心理应成为设计应急保障的基本原则。以需求为中心,指应急预案的制定者在设计应急保障之前应当充分调研本地应急需求,夯实资源规划这一环节,切忌简单抄袭、凭空落笔。

(二)体系性原则

由于应急保障的需求具有多样性,应急保障也必须是一个综合性的体系。设计应急保障时，应注意兼顾不同领域的需求，从尽可能多的方面对需求进行统计、理解和预测，最终形成分门别类、专业对口的综合性应急保障体系，这就是体系性原则。

（三）阶段性原则

阶段性原则是对体系性原则的深化，有两方面含义：一是应当根据突发事件发展阶段的特点，设计相应的保障机制，形成事前保障、事中保障和事后保障的体系；二是根据保障过程的不同阶段设计不同的保障机制，形成应急准备和应急供给的体系。需要注意的是，这两方面相互交叉、不可偏废。例如，设计事前保障时，需要同时考虑应急准备和应急供给；而设计应急准备时，需要同时考虑对事前、事中和事后的准备（见图 10－1）。

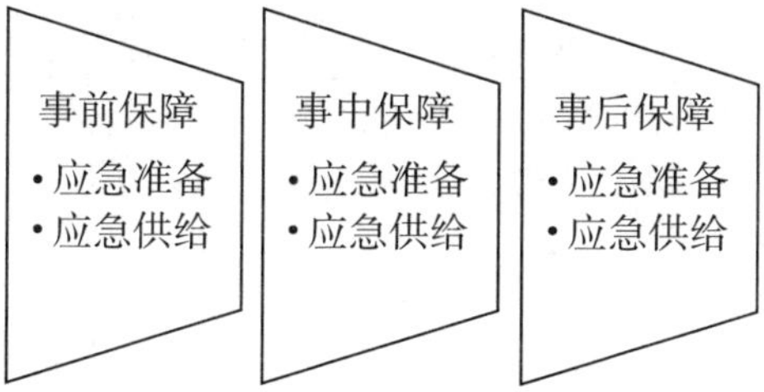

图 10－1 阶段性原则

（四）效率原则

效率是所有应急活动的核心价值。效率原则指不同的应急保障机制相互转换时，效率必须要高，要合理优化配置，尽可能地减少资源的重复储存，避免浪费。① 其有两方面的含义：一是应急保障机制能够在常态保障和紧急保障中迅速、自如地切换；二是应急准备能够迅速、自如地向应急供给转换时。效率原则是对设计效果的要求，源于应急需求的突然性和应急保障的紧迫性，要求注意常态保障与紧急保障相互转换时的张力，以及应急准备向应急供给转换时的张力（见图 10－2 和图 10－3）。

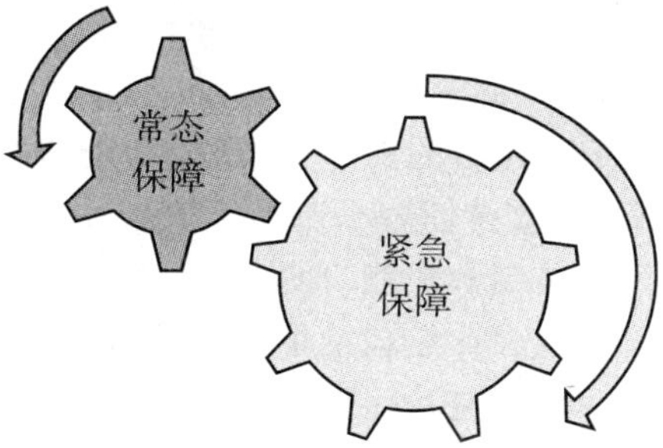

图 10－2 效率原则之一：常态保障与紧急保障相互转换

---

① 参见李楠：《如何高效使用应急保障资源》，载《成都行政学院学报》2008 年第 3 期。

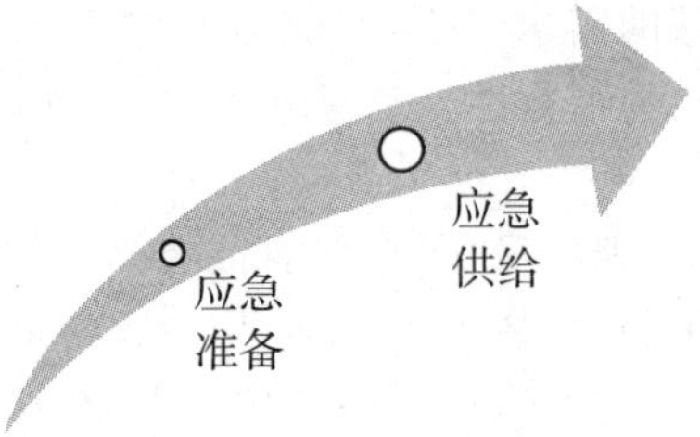

图 10－3　效率原则之二：应急准备向应急供给的转换

（五）弹性原则

弹性原则指应急保障要尽量预见不时之需，为那些有可能产生的需求预留资源，其步骤有两点：一是对不时之需的预测；二是在预测的基础上对相应资源的预留。弹性原则源于应急需求的不确定性和应急保障的被动性，旨在通过预测和预留，尽可能减小不确定性、摆脱被动、获取主动。

（六）协调性原则

协调性原则指预案的设计应当保证应急保障与其他应急管理活动顺畅衔接，要求合理设计应急保障与其他应急机制的衔接程序。协调性原则源于应急保障的辅助性和基础性，它向人们发出的警示是，如果没有顺畅的衔接程序，人们将面临远水不解近渴的尴尬局面。

六、应急预案与应急保障的一般关系

（一）应急预案对应急保障的支持性和制约性

应急预案是"各种应急法律规范在特定范围内的具体执行方案"，①兼具操作功能和规范功能。由于应急预案是一种行动方案，因此，它无疑可以成为实施应急保障的手段。但是，应急预案还具有规范性，它是仅次于应急法律规范的行政规范，所以，应急预案又是应急保障的根据。总之，应急预案在功能上的二重性决定了它对应急保障既具有作为手段的支持功能，又具有作为规范的制约功能，下面进行具体分析。

1. 支持性。应急预案对应急保障的支持性指应急预案是实施应急保障的一种主要手段。② 应急预案对应急保障的支持性表现为以下几点。（1）应急预案在应急法制的基础上进一步明确了应急保障的体制和机制，使应急保障真正成为一种有序的制度，得以超越一盘散沙式的原始状态。这一命题包括了两个子命题：第一，应急预案进一步明确了应急保障的体制；第二，应急预案进一步明确了应急保障的机制。这两个子命题何以成立呢？首先，从我国的应急法律规范来看，应急保障的体制显得粗疏，需要被具体化，

---

① 林鸿潮：《论应急预案的性质和效力》，载《法学家》2009 年第 2 期。

② 当然，应急保障的实施也可以不通过应急预案，但从常识和经验可知，不通过应急预案的实施，效果显然要差一些。

而应急预案正是专司细化法律规范的操作性方案，对此，前文已作了详尽分析。其次，与应急保障的体制相比，应急保障的机制更需要应急预案细化，因为应急法律规范并未就应急保障机制作出哪怕是较粗疏的规定。显然，应急法律规范有意无意地将这一任务转交给了应急预案，而应急预案作为一种操作方案也非常适于承担这一任务。(2)应急预案的启动对公众具有"感召、动员、宣示等作用"，①客观上有利于应急保障的实施。(3)应急预案"以确定性应对不确定性，化应急管理为常规管理"的作用逻辑，②可以大大减少应急保障的盲目性，提高应急保障的效率和效益。

2. 制约性。应急预案对应急保障的支持性易被理解，而制约性则不易察觉，包括3个方面：(1)制约性的基本含义指应急预案是应急保障所应遵循的规范，应急保障一般不得违反应急预案，这是规范意义上的制约性；(2)进言之，如果应急预案的内容不科学、不合理乃至不合法，必将严重影响应急保障的实施，这可以说是效果意义上的制约性；(3)应急预案的确定性与应急保障的被动性之间存在矛盾。如前所述，应急预案的作用逻辑是以确定性应对不确定性，化应急管理为常规管理。这意味着应急预案是一个确定性较强的行动方案，而应急保障具有被动性，时刻面临着不确定的资源需求，因此，应急预案与应急保障总是存在或多或少的矛盾，这可以说是内在逻辑上的制约性。这种矛盾关系要求应急预案必须具备一定的弹性，为那些不确定的需求预留保障能力。

(二)应急保障对应急预案的必要性和基础性

应急保障是应急预案中的必要组成部分(要素)，此为其必要性。与其他组成部分相比，应急保障起基础作用，是应急预案得以实现的逻辑前提，此为其基础性。

1. 必要性。应急保障是应急预案不可或缺的必要组成部分。这显然是一个常识问题，我们很难想象一个没有应急保障内容的应急预案有什么实用价值。从这个意义上来说，是否就应急保障作出规定、这种规定是否科学合理，可以成为我们判断应急预案优劣的标准之一。应急保障为应急预案提供了崭新的视角，从这个视角可以发现，应急保障与其他应急管理活动密不可分，其实施有利于应急预案质量的提高，有利于应急预案各个部分的协调。

2. 基础性。应急保障在应急预案中处于基础地位。所谓基础地位，指各种应急管理活动只有在符合保障能力的基础上才具有实际意义，没有保障的行动必将以失败告终。简言之，应急保障对应急管理活动的制约性决定了它在应急预案中的基础地位。应急保障在应急预案中的基础地位要求应急预案的设计者要高度重视、时刻留意应急保障，将应急保障作为一种关键变量引入对各种应急管理活动的设计中。

---

① 林鸿潮：《论应急预案的性质和效力》，载《法学家》2009年第2期。

② 参见詹承豫、顾林生：《转危为安：应急预案的作用逻辑》，载《中国行政管理》2007年第5期。

(三)应急预案与应急保障的对应方式

应急预案大多以应对某一类或各类突发公共事件为目的,此时,应急保障是其中的一个章节,这是两者之间最普遍的对应方式,绝大部分应急预案都如此,可称为一般对应方式。这种对应方式之所以成为主流,因为它符合大多数应急预案的内在逻辑:应急预案一般以应对某类突发事件为制定目的,以这类突发事件统领全案,预案的所有内容都必须服从于这个主题,包括应急预防、监测预警、应急处置、应急保障等,可以说是因"应"定案。

但是,有一般就有例外,鉴于应急保障在整个应急管理中的基础地位,以及应急保障本身所具有的规律性,在实践中,也已出现了以"保障"为全部内容的应急预案,如《国家通信保障应急预案》《北京市应急通信保障预案》等。这种预案的逻辑是因"事"定案,预案的全部内容都是应急保障,它对某一种应急保障作出集中规定,适用于不特定的各类突发公共事件,体现了应急管理主体对应急保障的高度重视,可以称为专门对应方式。应当说,专门对应方式有利于应急保障的精细化,有利于整理、发现、揭示出应急保障的特有规律,进而提高应急保障的技术含量。当然,我们也应看到的是,这种方式的应急预案与特定的突发事件结合还有不足。

总体来说,如果既存在一般对应方式的应急预案,又存在专门对应方式的应急预案相结合,就有利于应急保障制度严密、精细、有序,因此,对这两种应急预案的研究都是有意义的。

第二节　应急保障的现存问题

一、以应急预案层级为视角①

我国应急预案在体系上分为高阶、中阶和低阶 3 个层次,②而且这 3 个层次之间存在较大差异,如果笼统地谈应急预案中应急保障的现存问题,或有盲人摸象、大而无当,乃至隔靴搔痒的弊端。因此,既要注意不同层次应急预案中应急保障的共性,也要注意其特性。从这一视角来看,应急预案中的应急保障存在如下问题。

1. 从总体上看,应急预案"重实体,轻程序;重体制,轻机制",对应急保障机制的规定呈虚无和粗放状态。为了得出一个可靠的结论,笔者选取了《国家突发公共事件总体应急预案》(国家总体应急预案)、《国家自然灾害救助应急预案》(国家专项应急预案)、交

① 笔者主要采取了样本研究与座谈调研的研究方法,抽取了有代表性的应急预案作为样本,并与原北京市应急管理办公室的主管同志进行了座谈,获得了许多实务工作信息。

② 参见本书第九章第二节之二"应急预案中应急机制的主要特点"。

通部《公路交通突发公共事件应急预案》(国务院部门应急预案)、《北京市突发事件总体应急预案》(地方总体应急预案)、《北京市雪天交通保障应急预案》(地方专项应急预案)和《海淀区质监局突发食品安全事件应急预案》(地方部门应急预案)作为考察样本。从这些样本来看,应急预案对应急保障的表述可分为以下两类。(1)目标性规定,这类规定的特点是仅提出应急保障的目标,但既不规定体制(由谁负责),[①]也不规定机制(如何进行),最为原则化。如"要做好受灾群众的基本生活保障工作,确保灾区群众有饭吃、有水喝、有衣穿、有住处、有病能得到及时医治""要加强对重点地区、重点场所、重点人群、重要物资和设备的安全保护,依法严厉打击违法犯罪活动。必要时,依法采取有效管制措施,控制事态,维护社会秩序",等等。(2)体制性规定,这类规定的特点是规定了应急保障的体制,落实了应急保障的责任主体,但未规定机制问题。如"地方各级人民政府应根据有关法律、法规和应急预案的规定,做好物资储备工作""卫生部门负责组建医疗卫生应急专业技术队伍,根据需要及时赴现场开展医疗救治、疾病预防控制等卫生应急工作。及时为受灾地区提供药品、器械等卫生和医疗设备。必要时,组织动员红十字会等社会卫生力量参与医疗卫生救助工作",等等。对样本的分析结果见表 10 - 1。

表 10 - 1 应急预案对应急保障表述的分类

预案名称	目标性规定	体制性规定
《国家突发公共事件总体应急预案》	4.2、4.4、4.6、4.7、4.8、4.9、4.10、4.11	4.1、4.3、4.5
《国家自然灾害救助应急预案》	4.2、4.3、4.4.1、4.5、4.6、4.7	4.1、4.4.2
交通部《公路交通突发公共事件应急预案》	4.3、4.4、4.5	4.1、4.2
《北京市突发事件总体应急预案》(2016 年修订)	6.8	6.1~6.7,6.9~6.13
《北京市雪天交通保障应急预案》	无	7.1~7.6
《海淀区质监局突发食品安全事件应急预案》	无	三(二)

综上所述,我国应急预案主要规定了应急保障的目标和体制,而对机制(程序)则或者根本没有规定,或者少有规定。

2. 同一层级的预案之间、上下层级的应急预案之间,在应急保障问题上的协调性较

① 或者不规定责任主体,或者有规定,但非常模糊,如"有关部门",或者划定一个较大范围而无法具体确定责任主体,缺乏拘束力,如"通信运营部门",总之,都不是真正的体制性规定。

差。这体现在以下两点。(1)程序协调性不强。一般来说,应急预案的位阶越高,其程序越模糊甚至虚无,而应急预案的位阶越低,其程序则越明确具体,两者之间缺乏对应接口。由于程序不明,在应急保障中容易产生以下问题:第一,程序不明使得资源不能得到及时分配,甚至造成资源浪费;第二,相关主体可以利用程序漏洞争夺获取资源的权利或者推卸供应资源的义务。(2)文本协调性不强。在上下位应急预案中,应急保障的体系、概念、术语都不尽一致。①

二、以应急保障体制为视角

1. 虽然立法上鼓励政府广泛发动社会力量,但应急预案中却存在单一化问题,对非政府力量的吸纳不足。单一化,指应急预案或者只是笼统地提出应急保障任务的目标或原则,或者规定由政府包办。具体来说,存在如下问题。第一,立法和高阶应急预案中往往对吸纳社会力量作出了原则性规定,但应急预案的层级越低,应急预案的专业性越强,这方面的内容就呈淡化之势,而在低层级的专项应急预案中,这方面内容更是几近于无。② 第二,即便在吸纳社会力量的场合,也主要集中在人力资源(组建志愿者应急队伍)和资金(捐款、捐物等)两个方面,广泛性不足。应急管理者往往对社会力量的参与持利用与戒备的矛盾心态:一方面,他们希望无偿获得社会资源;另一方面,他们又担心社会力量的参与会增加管理负担,会暴露本地区在应急预防、应急准备和应急处置上的不足,会引发社会动荡,等等。这种矛盾心态使社会力量的参与往往被限制在捐款、捐物等有限的形式上。实际上,志愿者在历次突发事件应对中均发挥了重要作用,各级政府应对社会力量予以重视。③ 第三,重视权力,忽视权利,存在权力与权利失衡的结构性缺陷。现有应急预案往往片面强调政府拥有无偿获取社会资源的权力(紧急征收、征用等),但对这种权力行使的条件、程序,对被征用者的拒绝权、监督权、获得补偿权等问题却鲜有规制。实践中存在强制捐款、分配不透明、截留挪用等弊端,从而引发了人们广泛的质疑。

2. 资源拥有者与资源调度者在权力上存在广泛的不对称,可能造成应急保障的迟缓,乃至失败。例如,此次抗击新冠肺炎疫情初期,属地原则的落实情况就不容乐观。2020 年 1 月 22 日,辽宁省大连市确认首例输入性新冠肺炎确诊病例。该患者曾去武汉协和医院就诊但医院的处置为“给予口服药物治疗”,1 月 17 日,该男子返回大连后被确

---

① 如《北京市突发事件总体应急预案》中有“法制保障”的内容,规定“市和区县政府作出应对突发事件的决定、命令,应当报本级人民代表大会常务委员会备案;突发事件应急处置工作结束后,应当向本级人民代表大会常务委员会作出专项工作报告”,但其上位的《国家突发公共事件总体应急预案》中没有类似内容。

② 请读者参见《国家突发公共事件总体应急预案》《北京市突发事件总体应急预案》《北京市海淀区突发公共事件应急预案》《海淀质监局突发食品安全事件应急预案》关于应急保障内容的规定即可发现这一问题。

③ 参见莫于川、梁爽:《社会应急能力建设与志愿服务法制发展——应急志愿服务是社会力量参与突发事件应对工作的重大课题》,载《行政法学研究》2010 年第 4 期。

诊。我国《突发事件应对法》确立了"以块为主"的属地管辖原则,即由突发事件发生地的地方政府负责应急管理。但从某一级地方政府的立场来看,仍有大量应急所需的资源游离于其控制范围之外,资源的调度者并不拥有指挥资源拥有者的权力,从现实来看,表现为四种情况:第一,对于系统内垂直管辖的行政机关或大型企事业单位的资源(如民航等),地方政府无权直接调度,必须请求共同的上级行政机关决定;第二,对于邻近区域地方政府的资源,本区域地方政府无权直接调度,必须请求共同的上级政府决定;第三,对于党团组织的资源,地方政府无权直接调度,需通过党委的渠道;第四,对于军队的资源,地方政府无权直接调度,需由相应级别的军事机关决定或认可。[1]由于资源拥有者和资源调度者在权力上的不对称,大量的应急保障问题被迫上升到中央政府的层面来解决,近年来的汶川地震、玉树地震等大型突发事件莫不如此,客观上延缓了应急保障的进程,甚至有可能造成应急保障的失败。

三、以应急保障机制为视角

1. 从应急保障机制的基本构成来看,重视应急准备,忽视应急供给。从《突发事件应对法》来看,可以清楚地发现这一偏向:该法仅在第 25 ~ 36 条规定了应急准备,但未就突发状态下如何进行应急供给作出规定。从笔者选取的应急预案样本来看,由于行政体制内部上行下效的原因,各级应急预案基本沿袭了《突发事件应对法》的格局。在实践中亦是如此,"从 SARS 和禽流感爆发后,我国在应急物资供应方面所表现出的被动局面来看,我国的应急物流体系还存在着诸多不足"。①

2. 在应急准备机制中,重视资源生产和资源维持,忽视资源规划。我国曾是中央集权的大一统国家,集权集中倾向的行政文化和法律文化的影响很深,在行政文化上存在一种"看齐"主义的表现②——在行政体制、机制注重向上"看齐"和向平级"看齐"。这表现在应急准备上,就是上级行政机关和平级行政机关列入准备范围的资源,本机关也要与之看齐(看齐的内容包括资源的种类、数量、品质),恰恰忽视了本地区、本部门的真实需求。究其原因,正是因为缺乏资源生产前的调研、规划。

第三节 完善我国应急保障制度的建议

完善应急保障,其任务主要是"物资的紧急供应、伤员的紧急救治、交通的紧急疏通、

---

① 谢如鹤、宗岩:《论我国应急物流体系的建立》,载《广州大学学报》(社会科学版)2005 年第 4 期。

② 这与美国式的实用主义行政文化和法律文化的传统模式具有很大的差别,这也影响了应急管理和法治领域。

食品的紧急运送、工程的紧急修建、灾民的紧急安置、基础设施的紧急恢复等”。① 为此，需要从应急预案、应急体制和应急机制等方面予以完善。

一、通过改进应急预案来完善应急保障

第一，应急预案中应急保障部分应当精细化。要改变现有应急预案中应急保障部分“重实体，轻程序；重体制，轻机制”的现状，就需要对之精细化。具体措施：(1)做实应急预案中应急保障机制部分，改变机制缺位的问题；(2)尊重实践，总结应急实践的经验教训，定期更新应急保障的内容；(3)内容应可能明确具体，要避免过于抽象的原则化表述。

第二，通过不同应急预案的协调来提高应急保障效率。尽管应急预案之间的冲突表现为不同层级预案的冲突和同一层级预案之间的冲突两种形式，但由于同一层级应急预案之间的冲突最终仍然要通过更高层级的应急预案来协调，因此，它们最终都可归结为不同层级预案之间的冲突。因为我国的预案体系是自上而下推动建立的，一般而言，先有上级预案，后有下级预案，加之上级预案对下级预案具有更高效力，因此，我国不同层级预案的协调是在后的下级预案主动与在先的上级预案保持一致，这与域外经验(如美国)相反。故此，加强应急预案之间的协调性应从两端着手：其一，高阶应急预案应当完善应急保障制度的基本框架，对应急保障的设计应当力求全面；其二，中阶和低阶应急预案应当主动与高级应急预案保持一致，即不但应当符合高阶应急预案所确立的基本框架，更关键的是设计出与高阶应急预案的衔接程序。

第三，通过应急预案的标准化提高应急保障的效率。首先，我们应当认识到标准的必要性。“标准使一些观念可以操作，从而为团体生活带来秩序。人类生活中充斥着任意性，这种任意性或则引起冲突，或则降低效率。标准的建立就是为了克服团体生活中无标准下的任意性，以此减少冲突，提高效率。”②因此，管理层和学术界应当尽快统一应急保障的体系、概念、术语，使之标准化，以便减少运作过程中的误读和信息传递中的失真。其次，标准本身还应当有“标准”——标准必须明确、易于判断，难于被人们任意解释——否则就等于没有标准。由于应急预案的文本普遍存在原则化现象，因此，在界定标准时，还应当注意标准的明确化、具体化。

二、改革应急保障体制

第一，应当在体制上加强对社会力量的吸纳。习近平总书记2019年11月29日在主持中共中央政治局第十九次集体学习时强调，应急管理是国家治理体系和治理能力的重要组成部分，承担防范化解重大安全风险、及时应对处置各类灾害事故的重要职责，担负保护人民群众生命财产安全和维护社会稳定的重要使命，要发挥我国应急管理体系的特色和优势，借鉴国外应急管理有益做法，积极推进我国应急管理体系和能力现代化。习

① 寻寰中、王德：《构筑我国政府应急管理后勤保障体系》，载《中国行政管理》2004年第1期。

② 郑也夫：《代价论》，生活·读书·新知三联书店1995年版，第85页。

近平总书记还专门强调指出，要强化应急救援队伍战斗力建设，抓紧补短板、强弱项，提高各类灾害事故救援能力，包括采取多种措施加强国家综合性救援力量建设，采取与地方专业队伍、志愿者队伍相结合和建立共训共练、救援合作机制等方式，发挥好各方面力量作用。首先，低层级的应急预案应当在高阶应急预案确立的鼓励性原则下，落实社会力量进入应急保障的权利，尤其是社会力量商务开发的权利。其次，应当向社会力量开放更多的应急保障领域，不要局限于人力资源和资金这样非常狭窄的领域。最后，应当对政府的紧急征收、征用权行使的条件、程序予以明确，对被征用者的拒绝权（及其条件）、监督权（及其程序）、获得补偿权（及其条件、程序）予以明确。

第二，应当在属地管辖原则的基础上，扩张资源调度者（地方政府）的权力，改变资源调度者与资源拥有者的权力不对称局面。可以考虑按行政区划建立由地方政府、党、团、军、垂直管理系统和邻近地方政府的代表组成的应急综合管理委员会，由本地政府在其中起主导作用。

三、完备应急保障机制

第一，完备应急准备机制。一是要调整预算机制，其内容包括：(1)强化预备费功能；①(2)应急管理常设机构应当拥有独立的编制和经费预算；(3)加强预防投入。二是要“完善应急监测系统，对应急事件做实时判断、提前预报、仔细会商、分类比较、提供预案，进行应急保障的预见管理，为政府应急保障提供决策平台”。② 三是要“建立力量动员机制。包括物资动员、交通运输动员、医疗卫生动员、后勤科技动员、应急人力动员等方面”。③ 四是要重视应急保障的规划，实实在在地从本地区、本部门的真实需求出发规划应急保障的内容。

第二，完备应急供给机制。一是加强应急物流体系建设，包括应急物流指挥体系和应急物流配送体系两大部分，这在平时就要着手加强。二是加强应急通信体系建设，对应急保障的规模、区域、对象、类别等做到心中有数。三是要“建立国际合作与协调机制。充分发挥国际组织的力量，通过国际沟通与协调，共同做好紧急突发事件的后勤保障工作”。④ 四是要赋予应急决策者非常状态下较大的资源调度权，包括人力、资金、物资、通信等方面。

第三，建立应急保障的效益评估机制。其目的是通过特定的评估与鉴定手段，分析应急后勤保障行为效果，促使应急后勤保障用最小的社会经济成本获得最大的保障效益。应急保障的效益评估根据评估目的可分为总结性评估和预测性评估两类；根据评估

---

① 具体包括提高应急预备费的计提比例，对预备费实行基金式管理，扩大预备费基金的来源等。贾康、刘尚希主编：《公共财政与公共危机——“非典”引发的思考》，中国财政经济出版社 2004 年版，第 46～48 页。

② 寻寰中、王德：《构筑我国政府应急管理后勤保障体系》，载《中国行政管理》2004 年第 1 期。

③ 同上。

④ 同上。

结论可分为定性和定量两种；根据评估方法可分为动态评估分析法和静态评估分析法两类。[①] 总之，我们应以面向未来的责任感，通过复数的视角对应急保障的效益作出反思性或前瞻性的思考。

① 参见寻寰中、王德：《构筑我国政府应急管理后勤保障体系》，载《中国行政管理》2004 年第 1 期。

第四编　应急预案的动态管理

第十一章　应急预案的启动、实施和终结

应急预案的启动、实施和终结是应急预案实施过程中最基本的程序，相应地构成应急预案编制和更新的必备内容与基本组成部分。但是，一直以来，应急预案的启动、实施中的调整和变更、应急预案的实施终结等内容，并未受到足够重视，未建立起适当、完整并具有规范强制效力、对应责任机制和救济机制的规则体系。应急预案启动程序、实施程序和终结程序的现状、存在缺陷与问题，以及改进完善的路径、具体对策与相应的法治化需求和建设，构成本部分的主体内容。

第一节　应急预案启动、实施和终结制度概况与现状

我国应急管理部门在实践中逐步意识到应急预案的启动、实施和终结，构成应急管理制度的组成要素。2020 年新冠肺炎疫情防控过程中，多个省、市第一时间依据本地公共卫生事件应急预案，启动了重大突发公共卫生事件一级响应。一些中央和地方的应急预案管理方面的法规、规章和规范性文件都涉及应急预案启动、实施以及终结的规则。比如，《突发环境事件应急预案管理暂行办法》第 6 条第 4 项，①《陕西省突发事件应急预案管理办法》第 10 条第 4 项，②《广东省突发事件应急预案管理办法》第 10 条第 4 项。③但也有一些应急相关的法规文件对此并未予以明确规定，或者制度残缺不全。比如，《山西省突发事件应急预案管理办法》仅提到应急响应，并未明规范应急预案的启动和终结。《〈上海市生产安全事故应急预案管理办法〉实施细则》第 35 条规定了应急预案的启动，

---

① 《突发环境事件应急预案管理暂行办法》第 6 条规定：县级以上人民政府环境保护主管部门编制的环境应急预案应当包括以下内容：……（四）应急处置，包括应急预案启动条件、信息报告、先期处置、分级响应、指挥与协调、信息发布、应急终止等程序和措施。

② 《陕西省突发事件应急预案管理办法》第 10 条规定：应急预案内容主要包括总则、组织指挥体系与职责、预防与预警机制、处置程序与措施、应急保障措施、恢复与重建措施、监督管理、附则、附件等。……（四）处置程序与措施：包括信息报告与发布、应急预案启动、分级响应、先期处置、响应终止的程序与措施等。

③ 《广东省突发事件应急预案管理办法》第 10 条规定：应急预案应包括以下基本内容：……（四）应急处置，包括应急预案启动条件、信息报告、先期处置、分级响应、指挥与协调、信息发布、应急终止等。

但并未涉及应急预案的实施和终结。根据该办法,应急预案的实施有可能发生“有始无终”的问题。换言之,这些文件并未将应急预案的启动、实施和终结机制均作为应急预案内容的必备要素。一些应急预案本身也规定了该预案本身及其下级预案的启动、实施和终结机制。《北京市突发动物疫情应急预案》(2018 年修订)在“突发重大动物疫情应急处置”部分明确规定了应急预案的启动主体、启动程序及其效力,并规定了“响应结束”的主体和程序。

按照应急预案从启动、实施的时间逻辑,下面依次就启动机制、选择调整机制和实施终结机制等环节展开论述。

一、应急预案的启动机制

应急预案启动机制应包括:应急预案的启动条件;启动请求与建议;启动主体;启动决定的作出或批准;应急预案启动的法律效力等。以上这些规则共同组成完整的应急预案启动机制。但从我国已有制度现状看,从中央到地方,“一案三制”确立的应急预案启动机制,往往不够完整、健全,存在不同程度的规则缺失。在理想状态下,应急预案法律效用的最大化,主要体现在临灾期前后,当地政府将应急预案中设计的应对制度、措施细化、具体化和实际化,转化成政府、灾民和灾区的减灾能力这样一种活的能力。[①] 但事实上,这在应急预案实施中的调整与变更机制、实施终结机制中,更严重和突出地表现出来。

应急预案的启动属于应急响应制度的一部分。《突发事件应对法》将应急预案的启动纳入法律制度内。相关应急法规也对应急预案的启动作出了规定。

根据我国《突发事件应对法》第 44 条、第 45 条的规定,当发布一级到四级警报,宣布进入预警期后,县级以上地方各级人民政府应当根据即将发生的突发事件的特点和可能造成的危害,启动应急预案并采取相关措施。因此,根据《突发事件应对法》发布警报、进入预警期的,启动应急预案的有权主体是县级以上地方各级人民政府。

《重大动物疫情应急条例》关于应急预案的启动则规定,由县级以上地方人民政府负责启动;在程序上由兽医主管部门提出启动建议,同级政府作决定。

《突发公共卫生事件应急条例》关于应急预案的启动也有所规定,要求全国范围内或跨省、自治区、直辖市范围内启动,由国务院卫生行政主管部门报国务院批准后实施;省、自治区、直辖市启动的,由该省级政府决定,并向国务院报告。

《铁路交通事故应急救援和调查处理条例》规定,根据事故等级,分别由国务院铁路主管部门、铁路管理机构、事故发生地县级以上地方人民政府或者铁路运输企业启动;未依法立即启动的,需依法承担法律责任。值得一提的是,该条例未规定应急预案的实施

① 参见王建平、李军辰:《灾害应急预案供给与启动的法律效用提升——以“余姚水灾”中三个应急预案效用总叠加为视角》,载《南京大学学报》(社会科学版)2015 年第 4 期。

终结程序。

《地质灾害防治条例》第 30 条规定，发生地质灾害之后，由县级以上地方政府启动并实施相应的突发性地质灾害应急预案。该条例将启动应急预案的权力交给了县级以上地方各级人民政府。

《破坏性地震应急条例》未采取应急预案启动和实施的表述，而是采取由有关省、自治区、直辖市人民政府宣布特定区域进入临震应急期（需明确起止时间，一般为 10 日）；在破坏性地震发生后，由相同主体宣布进入震后应急期（同样需明确起止时间，期限一般为 10 日）。

《自然灾害救助条例》（2019 年修正）第 14 条规定，自然灾害发生并达到自然灾害救助应急预案启动条件的，县级以上人民政府或者人民政府的自然灾害救助应急综合协调机构应当及时启动自然灾害救助应急响应。也就是说，该条例将启动此类应急预案的条件交由自然灾害救助应急预案自身来设置；启动主体则是县级以上人民政府或政府的自然灾害救助应急综合协调机构。换言之，该条例并未将启动主体完全确定唯一，而是限定在县级以上的一级政府或其自然灾害救助应急综合协调机构。该条例关于应急预案的启动主体方面的重要特色是，强调应急综合协调机构在应急预案启动、响应中的重要角色。

《国家突发公共事件总体应急预案》规定，突发公共事件发生后，事件发生的省级人民政府或者国务院有关部门在报告特别重大、重大突发公共事件信息的同时，要根据职责和规定的权限启动相关应急预案。对于先期处置未能有效控制事态的特别重大突发公共事件，要及时启动相关预案。从该预案来看，应急预案的启动应“根据职责和规定的权限”来确定启动主体。预案的启动主体规则，处于相对不明确的含混状态。

《国家突发环境事件应急预案》（2014 年修订）规定，根据突发环境事件的严重程度和发展态势，将应急响应设定为Ⅰ级、Ⅱ级、Ⅲ级和Ⅳ级 4 个等级。初判发生特别重大、重大突发环境事件，分别启动Ⅰ级、Ⅱ级应急响应，由事发地省级人民政府负责应对工作；初判发生较大突发环境事件，启动Ⅲ级应急响应，由事发地设区的市级人民政府负责应对工作；初判发生一般突发环境事件，启动Ⅳ级应急响应，由事发地县级人民政府负责应对工作。突发环境事件发生在易造成重大影响的地区或重要时段时，可适当提高响应级别。应急响应启动后，可视事件损失情况及其发展趋势调整响应级别，避免响应不足或响应过度。

《国家处置铁路行车事故应急预案》则规定，达到预案应急响应条件时，铁道部、国务院有关部门和地方人民政府分别按权限启动。

《国家自然灾害救助应急预案》（2016 年修订）专门规定了该预案的启动条件，规定在 5 种情况的任何一种情况发生时，启动该预案。同时，该预案要求，应按照“条块结合、以块为主”的原则，以地方政府为主体进行灾害救助工作。相应地，在灾害发生后，“乡级、县级、地级、省级人民政府和相关部门要根据灾情,按照分级管理、各司其职的原则,启动相关层级和相关部门应急预案”。根据该预案,自然灾害救助应急预案的启动做类型化管理,区分情形确定不同的启动机关。如果自然灾害达到《国家自然灾害救助应急预案》规定的标准,则启动该预案;如果未达到,则应依照“分级管理、各司其职”的原则,并不启动本预案,而启动相应层级和部门的应急预案。

《国家突发地质灾害应急预案》在此基础上对应急预案的启动主体规则进行细化,启动主体与地质灾害险情大致基本处于按比例对应的关系。(见表11-1)

表11-1 地质灾害登记及启动主体

地质灾害等级	应急预案的启动主体
特大型-Ⅰ级	灾害所在地的县(市)、市(地、州)、省(区、市)人民政府
大型-Ⅱ级	县(市)、市(地、州)、省(区、市)人民政府
中型-Ⅲ级	县(市)、市(地、州)人民政府
小型-Ⅳ级	县(市)人民政府

这种启动主体的类型化和模式化,已推广开来。《国家安全生产事故灾难应急预案》也规定根据不同响应级别,确定不同的预案启动机关。

一些地方的地方性法规也设置了关于应急预案启动的规则。不过,各地预案管理办法和应急预案本身大多复制了国家预案的模式,对于应急预案的启动主体、条件、方式未予足够明确、细致的规定。在这种背景下,各地、各种领域中应急预案关于启动主体、启动方式的规定和实践参差不齐、制度不统一、可操作性相对不够的现状也就不足为奇了。从应急预案相关法规文件和应急预案本身看,应急预案关于启动主体、方式和程序方面的规定的典型类型包括以下方面。

《天津市突发事件应急预案管理办法》(津政办发〔2014〕54号)将应急预案的启动条件、应急终止作为应急处置的组成部分,进而构成应急预案的基本内容。

《上海市突发公共事件总体应急预案》规定发生突发公共事件后,事发地所在区县政府要“根据职责和规定的权限”启动相关应急预案。在预案的启动主体上,上海市照搬了《突发事件应对法》和国家总体预案的规定。《山东省突发事件总体应急预案》则更语焉不详。山东省的要求是“突发事件发生后,事发地人民政府和有关单位要立即启动相关应急预案”。该要求仅仅重复了属地管辖的一般原则。接下来的问题是由何种级别的政府和部门来启动应急预案,但该总体预案则未予明确而处于不确定状态。

《浙江省突发公共事件总体应急预案》则简单规定,“根据突发公共事件的不同等级,启动相应应急预案”。同时,浙江省确立起同一突发事件同时启动多项应急预案的规则。具体要求:发生Ⅰ级(特别重大)、Ⅱ级(重大)突发公共事件一般应启动省专项应急预案或省总体应急预案,省级有关部门预案和有关市县预案必须启动;发生Ⅲ级(较大)

突发公共事件一般应启动市级预案，有关县级预案必须启动，省级有关部门预案视情启动；发生Ⅳ级（一般）突发公共事件，一般应启动县级预案，有关市级预案视情启动。凡省级预案启动，事发地市、县（市、区）和相关部门预案同时启动。其特点是，上级政府预案启动本身即要求下级政府和相关部门预案同时启动。也就是说，在这种情形下下级政府预案启动的条件仅仅是上级政府的预案启动。

通过对以上地方应急预案的归纳分析，可以发现的共同特点是，将本应由总体预案设置明确的启动机制的各种要素，包括启动条件、启动主体、启动的宣布等，预案本身并未充分予以明确规定，而是交由其他相关的下级预案、专项预案或其他规范性文件等来确定。这导致应急预案启动机制的规定非常散乱，部分规定于应急法制中，部分规定于应急预案管理的规章和规范性文件中，部分规定于应急预案本身或相关预案中。应急预案的启动主体、程序规则需要找出多种相关法律、法规、规章和规范性文件以及各种上下级及相关应急预案，经过多次的引用、转引、再转引等方式，才能彻底、完整确定。这使应急预案的可操作性和便捷性都大大下降，而不利于在突发事件应对、管理中有效运用。

另外，从实践上看，类似影响的突发事件，其应急预案的启动主体并不尽一致，启动程序也各有不同，一个突发事件启动多个应急预案的现象并非罕见。比如，据不完全统计，仅在地震领域，从1989年到2005年，我国就启动地震应急预案64次。其中，三级应急预案41次，二级应急预案20次，一级应急预案3次。[①] 地震领域应急预案启动的常见做法是，政府的相关部门，甚至部门办公室、小组启动应急预案。1993年8月四川沐川发生5.0级地震。四川省地震局实施三级应急方案。而到1994年12月30日沐川再次发生5.7级地震，则是乐山市地震办公室实施地震应急预案。之后，1995年4月沐川又发生地震，还是由该办公室实施地震预案。2005年1月四川马尔康4.7级地震，四川省地震局启动地震应急预案，阿坝州政府也启动地震应急预案。与此相类似的有：2005年1月的云南思茅发生5.0级地震、省地震局启动破坏性地震应急预案、翠云区政府启动抗震救灾应急预案。从总体上看，发生地震灾害的，往往省地震局启动地震应急预案（应急预案的名称在各地有所不同）；同时，相关市县政府也启动抗震救灾预案。另一种常见的做法是，一级政府启动应急预案。比如，2003年8月的内蒙古阿鲁科尔沁旗发生5.9级地震。民政部启动地震救灾应急预案。8月17日凌晨，赤峰市政府启动《赤峰市破坏性地震应急预案》。对此，笔者的认识是，应急预案的启动实施，主体仍是行政机关，必要时，需要权力机关即各级人大及其常委会的授权或事后追认。

有些地方则根据突发事件的等级不同来确定不同的启动机关和批准程序。应当说，这种做法是比较科学、合理的。典型如《北京市突发公共事件总体应急预案》规定，对于特别重大突发公共事件（Ⅰ级），由市应急办报请市主要领导批准后启动应急预案；重大

① 参见高建国、贾燕：《1989～2005年中国启动地震应急预案的研究》，载《灾害学》2006年第1期。

突发公共事件(Ⅱ级),由市应急办或各专项指挥部负责启动应急预案;较大突发公共事件(Ⅲ级),由各专项指挥部、相关部委办局或区县负责启动应急预案;一般突发公共事件(Ⅳ级),由相关部委办局或区县负责启动应急预案。(见表 11－2)

表 11－2 公共事件等级及启动机关

公共事件等级	启动机关	说 明
Ⅰ级	市应急办	需经市主要领导批准
Ⅱ级	市应急办或各专项指挥部启动	经指挥部总指挥批准
Ⅲ级	各专项指挥部、相关部委办局或区县政府	启动机关全权指挥
Ⅳ级	相关部委办局或区县政府	启动机关全权处置

《北京市轨道交通运营突发事件应急预案》(简本 2007 年修订)采取类似做法,根据分级响应级别的不同确定启动机关。Ⅳ级响应,在市交通安全应急指挥部办公室接到一般事件报告后,立即启动本预案。初判发生一般运营突发事件时启动Ⅲ级响应,由市交通安全应急指挥部副总指挥组织协调。Ⅱ级响应,则在市交通安全应急指挥部办公室接到重大事件报告后,报市应急办,经指挥部总指挥批准,由市应急办或授权市交通应急指挥部办公室宣布启动本预案。Ⅰ级响应,是在市交通安全应急指挥部办公室接到特别重大事件报告后,报市应急办,经市应急委主要领导批准,由市应急办或授权市交通应急指挥部办公室宣布启动本预案。

在启动应急预案上,还大量存在发生一个突发事件需要启动多个应急预案的情形。根据已有实践,从外观上看主要表现为两种情形。一种是突发事件发生后,上下级政府或其部门均启动应急预案;另一种是突发事件发生后,负责主管的一级政府或其部门启动应急预案后,与应急突发事件相关的部门、机构、单位启动应急预案。常见的是在应对自然灾害时,金融系统启动应急预案。比如,2010 年 8 月 7 日甘肃省舟曲县发生特大山洪泥石流后,银监会(现银保监会)迅速指导甘肃银监局在第一时间启动应急预案,调动全局力量,组织指导辖内银行业金融机构全力投入抗灾救灾工作。汶川地震发生后,包括中央各部门、中央企业在内的机关、单位、组织启动多项应急预案。国资委下发《关于中央企业做好抗震救灾工作紧急通知》,要求各中央企业"高度重视,迅速启动应急预案",驻灾区中央企业和在灾区有所属企业的中央企业,要"立即启动Ⅰ级响应,切实按照预案要求",全力做好受伤人员救治,尽可能减少人员伤亡和财产损失。银监会也在汶川地震发生后立即启动应急预案,并向四川、甘肃、陕西等 17 个省(市)银监局下发紧急通知,要求各局立即启动应急预案。中国保监会(现银保监会)在灾情发生后也立即启动保险业重大突发事件应急预案Ⅰ级响应程序。2020 年在抗击新冠肺炎疫情过程中,各地宣布进入一级公共卫生事件应急响应后,各银行金融机构也响应启动应急预案,稳妥做好金融服务保障,开辟金融服务绿色通道,强化疫情防控金融支持。

我国应急管理“一案三制”中关于应急预案启动条件方面的规定，相对于启动主体的已有规定，则更含混不清。我国大量应急预案对启动条件缺乏任何规定，或者虽有规定但过于含混不清。其结果是，在何种条件下应启动应急预案，完全处于不确定状态。河北省2009年发布的《恶劣天气下高速公路保障安全畅通的应急预案》规定，“当恶劣天气对高速公路通行能力造成严重影响，可能导致长时间交通中断等情况”（3.2），应当启动该应急预案。但何谓“造成严重影响”、是否“可能导致长时间交通中断等情况”并无明确标准，甚至直至事后才可能知道。《国家安全生产事故灾难应急预案》则要求“地方各级人民政府根据事故灾难或险情的严重程度”启动相应的应急预案。这种极含糊或者需要参考其他预案、技术规范才能确定启动条件，使相关主管机关如何判断应急预案的启动条件已经满足，成为相当棘手的事。这种制度规范的现状，显然违背了应急预案的本意。

如果，换角度考虑此问题，则会发现清晰、精确设置具有高度可操作性的启动条件和实施终结的条件确实面临各种理论和实践层面的种种困难，使预案编制机关往往不得不采取回避态度。应急预案作为一种应对突发事件的技术方式，本身即是以有限性应对无限性，体现了将非常规事件予以部分的常规化管理的努力，这本身即存在内在性的紧张。以地震应急预案的启动为例，从1989年至今，启动应急预案的最小地震震级，整体上有不断减小的趋势。1989年发生6.6级地震才需要启动地震应急预案，1990年则降低为6.2级，到1995年则进一步降低到5.2级，到2004年则降低到3.8级。2005年3.2级地震就需要启动地震应急预案。① 这表明应急预案的观念已经逐步深入人心，运用应急预案来应对地震灾害已成为各级政府及其部门的共识。但是，应急预案仍不同程度上存在计划赶不上变化的问题。在2009年甲型H1N1的应对上就有所体现。当时没有专门的应对预案，世界卫生组织并未发布响应等级，先期套用了处置非典的应急预案。事后来看，处置似属过于严重。对此，笔者的基本认识是，应急预案的启动条件在设置上应综合规定各项要素，有权主体在启动时也应综合考虑到各种方面的情形并予以充分权衡。如果突发事件的影响严重，显然有必要启动应急预案时仍犹豫不决，则会导致无法有效应对；如果突发事件本身影响不大，这时如果也启动应急预案，反倒会导致大量人力物力的浪费。凡有风吹草动就启动应急预案，显然并不合适。因此，应当通过相关科学研究和经验总结，提炼出若干指标，达到一定标准后再启动应急预案；反之，则无须启动应急预案。这种指标体系应明确规定在应急预案或其附件中。

那么，在明确有权启动主体的前提下，启动主体应当在何种时机、满足哪些条件、达到何种情形下启动应急预案呢？笔者认为，启动应急预案具有强烈的紧急决策色彩，启动主体必须在情形高度不确定、信息严重缺失以及严格时空条件限制下作出。因此，仅

① 参见高建国、贾燕：《1989～2005年中国启动地震应急预案的研究》，载《灾害学》2006年第1期。

仅依靠应急法制、机制和应急预案上的文本,并不足以供启动机关及其工作人员在面对突发事件时决定是否应当启动应急预案,而包含大量不确定的各种因素在起着影响。启动机关应当在“一案三制”的基础上,充分听取专家等群体的意见,裁量决定启动应急预案。

二、应急预案的选择、调整和变更机制

根据《突发事件应急预案管理办法》第6条、第7条的规定,我国应急预案划分纵横体系,存在多种层级、类别的应急预案。如北京市的应急预案体系分市、区、街道(乡镇)三级管理,由总体应急预案、专项应急预案、应急保障预案、部门应急预案及单位应急预案、大型群众性活动应急预案等组成。《突发环境事件应急预案管理暂行办法》则将企业事业单位的环境应急预案这种应急预案分为综合环境应急预案、专项环境应急预案和现场处置预案三种类型。这样固然有其科学性和道理在内,但由此也必然导致一些问题。当突发事件发生时,可能对应多种级别机关、不同部门的多个不同层次、不同类型的应急预案。实践中一种常见的现象是,一个突发事件发生后,往往可能多个政府或者部门、机构会启动多种应急预案,也可能发生特定预案启动后实施中的调整、变更。应急管理机关有时也会发现,对于同一突发事件,有多种应急预案可供选择。或者是,在启动应急预案后,认为情势严重或自身能力有限,或判断属性存在偏差,则需要进行变更、调整:包括响应级别的调整、预案本身的更换,以及将低层级机关负责启动实施的应急预案调整为高层级机关负责启动实施的应急预案。比如,《内蒙古自治区突发公共事件总体应急预案》对应急预案的启动,规定“重大突发公共事件发生时,事发旗县(市、区)应急预案率先启动,盟市和自治区级应急预案是否启动视事发当地政府应急救援能力而定。特大突发公共事件发生时,事发旗县(市、区)和所属盟市应急预案同时启动,自治区级应急预案是否启动视事发旗县(市、区)和盟市应急救援能力而定”。这体现了应急预案启动由低到高的调整策略。也就是说,一旦发生突发事件,一般先由较低级别的县级政府启动应急预案;发生较严重的突发事件或较低级别的县级政府缺乏足够的能力、资源进行应对时,再由较高级别的政府启动其应急预案。

三、应急预案的实施终结机制

应急预案的实施终结,也被称为宣告终结或宣告应急终止。一般地说,应急预案的实施终结包括两种情形。第一种是自然终结,突发事件到最终总能结束,应急预案相应必然实施终结;第二种是主动终结,由相关政府机关、社会组织或单位宣告应急预案的实施结束。例如,在2020年新冠肺炎疫情防控过程中,许多县级以上人民政府宣布在辖区范围内实施“封城”的措施,但以何种方式和程序“解封”以及如何降低应急管制强度,都是在未来一段时间内都有待学界和实务界进一步反思和探讨的问题。本章所研讨的应急预案实施终结,限于人民政府、社会组织或单位主动宣告应急预案实施终结的情形。在我国应急管理的制度机制建设和实践中,应急预案的实施终结与应急预案的启动,存在类似的制度规定模糊和实施混乱，甚至导致了一些纠纷案件。通过对现有规定、做法的归纳、总结和比较，设置相对规范的应急预案的实施终结机制并将之法治化，其理论意义和现实功用不容小觑。

应急预案的实施终结机制，由应急预案实施终结的条件、实施终结的程序、宣布主体和公布对象等方面规则组成完成的规则体系；主要表现为应急预案实施终结的主体、条件和程序，即满足哪些指标、要求和标准后，可以由特定主体（或经过批准程序）宣告应急预案实施的终结。

《国家突发地质灾害应急预案》规定，"经专家组鉴定地质灾害险情或灾情已消除，或者得到有效控制后，当地县级人民政府撤销划定的地质灾害危险区，应急响应结束"。该预案的特点：一是强调在确定应急预案实施终结的专家组的参与机制，专家组参与构成必经程序。这体现出该应急预案实施中"依靠科学"、充分发挥专家作用。二是无论该应急预案由何种主体启动——事实上，启动主体包括地方各级政府、地方各级政府的上一级应急救援指挥机构以及国务院有关部门——应急预案的结束表现为县级政府撤销地质灾害危险区。也就是说，应急预案的启动主体和程序，与应急预案的实施终结的宣布主体和实施程序，并不存在对应关系。

《国家安全生产事故灾难应急预案》规定结束的条件是"当遇险人员全部得救，事故现场得以控制，环境符合有关标准，导致次生、衍生事故隐患消除"，满足这些条件，由"事故发生地省级人民政府宣布应急结束"。《国家安全生产事故灾难应急预案》规定宣告结束的程序是，符合特定标准、要求后，经现场救援指挥部确认和批准，现场应急处置工作结束，由事故发生地省级人民政府宣告应急结束。也就是说，其宣告终结的程序分为两步：一是现场救援指挥部环节；二是省级人民政府环节。

《北京市突发事件总体应急预案》（2016 年修订）规定了当突发事件处置工作已基本完成，次生、衍生和事件危害被基本消除，应急处置工作即告结束。该预案在第四部分中还规定了宣布应急结束的主体、程序，以及特定情形下向社会发布应急结束的信息。应当说，其规定相对而言，已经比较完整、详细，具有一定可操作性。

《湖北省自然灾害救助应急预案》（鄂政办函〔2016〕65 号）规定，灾情稳定后，应当及时向社会发布终止救灾应急响应情况，评估、核定并按有关规定发布自然灾害损失情况。《内蒙古自治区突发公共事件总体应急预案》关于实施终止规定也很简略，在第三部分中规定"突发公共事件的风险解除后，由事发当地人民政府宣布应急预案终止"。结合该地方应急预案的启动规则可发现，内蒙古自治区的特点是，应急预案启动的主体可能是从县级政府到自治区级政府或数级政府同时启动、先后启动，而宣布终结的主体则是事发当地政府。同时，与其他地方相类似的是，应急预案实施终结的条件也缺乏足够的可操作性，宣告终结的程序则未予涉及。从文字解释上看，似乎容易导致过晚宣告应急预案的终结。

《济南市突发环境事件应急预案》(济政办字〔2017〕67号)将实施应急预案终止的程序分为3个步骤:一是现场指挥部确认终止时机;二是现场指挥部向所属各专业应急处置机构下达应急终止命令;三是后续措施,应急终止后,应急指挥机构相关组成部门应根据本级政府有关要求和实际情况,确定是否继续进行环境监测和评价工作。事实上,严格意义的宣告终结程序仅有两步:一是确认终止时机;二是下达应急终止命令。济南市该预案的不足在于,应急预案的终止程序,缺乏向社会公众的终止宣告程序。因此,不利于社会公众、企业和其他组织及时恢复到正常的生产、生活和工作状态。但规定突发环境事件应急响应终止后,要及时组织开展污染损害评估,并将评估结果向社会公布。评估结论作为事件调查处理、损害赔偿、环境修复费和生态恢复重建的依据。

《北京市雪天交通保障应急预案》(2010年修订)则规定"应急结束",对应急结束的宣告实行分类管理。一般或较大雪天交通突发事件的应急结束,由市雪天交通保障临时应急指挥部办公室确定。重大或特别重大雪天交通突发事件的应急结束,由市雪天交通保障临时应急指挥部办公室提出建议,市交通安全应急指挥部办公室审核后报市应急办,经市交通安全应急指挥部总指挥或市应急委主要领导批准后,宣布应急响应结束;必要时,应及时通过新闻单位向社会发布应急响应结束的消息。

《北京市突发事件总体应急预案》(2016年修订)专条规定"应急结束"。应急结束的条件是"突发事件处置工作已基本完成,次生、衍生和事件危害被基本消除"。应急结束的程序如下。(1)宣布程序:区分一般、较大突发事件和重大、特别重大突发事件。前者由启动相应应急响应的市相关专项指挥部、相关部门、有关单位或相关区县应急委、重点地区管委会宣布应急结束;后者由市相关专项指挥部办公室、相关部门、有关单位或市应急办提出建议,并报分管市领导或市应急委主要领导批准后,由启动相应应急响应的市相关专项指挥部、相关部门、有关单位或市应急委宣布应急结束。(2)通知与向社会公布程序。应急结束后,应将情况及时通知参与事件处置的各相关单位,必要时,还应通过广播电台、电视台等新闻媒体同时向社会发布应急结束信息。

《北京市突发环境事件应急预案》(2015年修订)第四部分规定,一般和较大突发环境事件由启动预案的区政府或市环境应急工作协调小组宣布应急终止;重大突发环境事件经临时应急指挥部总指挥批准后,由临时应急指挥部宣布应急终止;特别重大突发环境事件经市应急委主任批准后,由临时应急指挥部宣布应急终止。必要时,应及时通过新闻单位向社会发布应急终止消息。应急终止后,必要时,应继续进行一定频次的环境监测。根据以上资料初步总结可以发现,北京市宣告应急预案实施终结的主体和程序,与启动应急预案的主体和程序,并无二致而构成基本完整的对应关系:谁负责启动应急预案,谁负责终结应急预案的实施;在启动应急预案时的相关批准机关,在终结应急预案的实施时,也负责批准终结。这种做法具有一定程度的普遍性。比如,《国家地震应急预案》第四部分也规定"有关紧急应急措施的解除,由原决定机关宣布"。《国家处置铁路行车事故应急预案》4.12“应急结束”部分则要求按“谁启动、谁结束”的原则，宣布应急结束，在文书中明确了启动主体和宣布结束主体相统一的规则。

《山东省突发事件总体应急预案》也采取了基本相同的规定。该预案第三部分关于“应急结束”的规定为：现场应急指挥机构或事发地人民政府在现场应急处置工作结束并确认危害因素消除后，向批准预案启动的政府或政府有关部门提出结束现场应急状态的报告。接到报告的政府或政府有关部门综合各方面情况和建议，作出终止执行相关应急预案的决定，宣布应急状态解除。因此，作出终止执行应急预案的机关，也就是批准应急预案启动的机关。但其差异或者可以说不足在于，该预案并未明确规定终止执行预案的通知和宣布对象。比如，是否应当通知其他参与处置的机关、部门，是否要向社会公布应急预案实施的终结等。这使从内部程序上应急预案的终止执行或实施终结已经基本建立起来。但是，就外部而言，社会公众未必能够及时、准确知晓应急预案是否终结。这使外部的社会公众、企业、法人和其他组织仍处于应急处置的不安定、不确定状态。

《上海市突发公共事件总体应急预案》第三部分规定了“应急结束”，即当“突发公共事件应急处置工作结束，或者相关危险因素消除”，就满足结束的条件；宣告主体是“负责决定、发布或执行机构”，然后即转入常态管理。上海市这种规定的特征是，实施终结条件与我国其他地方大同小异，但宣告实施终结的主体则比较多样，涵盖了决定启动应急预案的主体、发布应急预案启动决定的主体，以及应急预案的执行机构3种情形。

《山西省突发地质灾害应急预案》第四部分中规定了“应急响应结束”：在专家组鉴定地质灾害险情或者灾情已消除，或者得到有效控制后，经应急指挥部商定后，由突发地质灾害应急指挥部总指挥宣布响应结束。也就是说，宣告应急预案终止的权力由应急指挥部的总指挥个人行使。

总体上看，关于应急预案实施终结的主体、条件、要素的已有规定，与应急预案启动机制相对，则更不容乐观。或者根本未予提及，或者即便在应急预案或相关法规文件中有所规定，也往往比较含混不清，存在类似却更严重的问题。比如，一些应急预案管理办法仅提到应急预案应规定应急预案的实施终结。显然，应急预案实施终结的条件，处于非常模糊不确定的状态。应急预案本身对于应急预案的实施终结往往也乏善可陈。比如，《北京市突发事件总体应急预案》（2016年修订）专条规定了应急结束，其条件是“突发事件处置工作已基本完成，次生、衍生和事件危害被基本消除”。《北京市地下管线抢修预案》也采取了大致相同的表述。这对于宣告实施终结的主体来说，其可操作性并不充分，甚至可以说是非常缺乏而使相关主体往往处于左右为难的境地。有些领域或地方的预案并未明确规定宣告终结的程序。其结果是，实践中可能出现应急预案有“启动”而无“终结”，导致“有头无尾”，应急预案的实施仅仅在事实上终结。对于实施终结机制规范的含混不清和漠视，可以推测的是与突发事件立法和制度建设的关注重心有关，预防和处置显然是任何危机应对的重点关键内容，预案实施终结则并不能受到同等的强烈关注。因此,其制度建设相对滞后并不意外。

第二节 我国应急预案启动与实施机制的问题

我国应急预案的启动、实施和终结机制,并未受到立法者的足够重视,在应急管理中也属于比较边缘的领域。从各国制度比较的视角来看,我国这方面的法制建设与域外应急法制发达国家相比,我国应急预案的启动、实施及其终结,存在较大的差距。其结果是,既不利于从应急管理的客观规律和需求出发,适时启动、实施并及时终结应急预案;也不利于政府及其部门、机构在应急管理的功能发挥和配合,还导致社会公众处于不确定、不安定的状态,影响正常的生产、科研和生活秩序。

具体来说,我国应急预案的启动、实施和终结机制,存在的主要问题包括以下方面。

一、应急预案启动、实施和终结机制不够健全完整

我国一些与突发事件应对有关的立法和应急预案或对应急预案的启动、实施及其终结未作任何规范,或者虽有提及并不完整、系统。在2020年防控新冠肺炎疫情过程中,武汉市和湖北省政府在已经出现突发重大传染性疾病的情形下,不见启动任何应急预案,就属于一种应急预案的启动要件不健全的情形。就此问题,以下从3个方面分述之。

一是在法律法规的层面。2010年7月出台的《自然灾害救助条例》虽提到自然灾害救助应急预案的启动(第14条),但对于此类预案的宣告终结并无一辞。第8条第2款关于自然灾害救助应急预案的内容项目中也未明确启动、实施和终结机制。更早的如1997年通过的《防洪法》根本未提到应急预案(仅提到"防御洪水方案"),对于应急预案的启动和实施终结机制,并无任何涉及。1997年通过的《防震减灾法》虽然对应急预案作了大量规定,但并未将应急预案的启动和终结进行明确规范。《动物防疫法》虽然在第四章专章规范"动物疫病的控制和扑灭",规范诸多控制和扑灭措施的采取,但该法中并未提到应急预案,也就根本未涉及应急预案的启动和终止机制。《消防法》要求消防安全重点单位制定灭火和应急疏散预案并定期组织消防演练,举行大型集会、焰火晚会、灯会等群众性活动,具有火灾危险的,主办单位也应制定相应的预案。在该法在第四章"灭火救援"规定,县级以上地方人民政府应当组织有关部门针对本行政区域内的火灾特点制定应急预案,建立应急反应和处置机制,为火灾扑救和应急救援工作提供人员、装备等保障,但是并未规定预案的实施、启动、实施和终止。

二是在专门管理应急预案的政策文件层面。《民政部关于加强自然灾害救助应急预案体系建设的指导意见》要求应急预案应当"确保要素齐全","科学设定启动指标,设定的指标要具体、量化、完整,要设定特殊情况下启动预案的条件",但对于应急预案实施中的调整与变更、应急预案的实施终结机制,并未作明确要求。

《突发环境事件应急预案管理暂行办法》(2010年9月28日环发〔2010〕113号)应急预案启动条件、应急终止的程序和措施属于应急预案的内容之四“应急处置”。《天津市突发事件应急预案管理暂行规定》也将应急预案启动条件、应急终止属于应急预案的基本内容之“应急处置”部分。这种规定具有一定典型性。事实上,《广东省突发事件应急预案管理办法》《陕西省突发事件应急预案暂行管理办法》①等规定关于应急预案启动、终止的规定要求与之完全相同。《山东省突发事件应急预案管理办法》则专章规定“应急预案启动”,并简略规定应急预案的实施终止,要求“根据突发事件处置和善后工作情况,适时终止实施相关的应急响应和应急预案”(第32条最后一句)。由此,根本无法确定宣告终止实施的主体、程序和条件。《山西省突发事件应急预案管理办法》则根本未提到应急预案的启动和终结机制。

三是在应急预案本身。大量应急预案对应急预案的启动和实施终结,但制度要素往往并不完整,或者规定简略缺乏可操作性。典型如《广东省突发公共事件总体应急预案》提及了应急预案的启动,也未涉及应急预案在实施中的调整和实施终结。《广东省防汛抗旱防风应急预案》大量提到并规范了应急预案的启动,但对应急预案的实施终结的规定则规定了“应急结束”,其内容和要求相对简略。

二、应急预案的启动、实施和终结机制可操作性不强

可操作性不强,是我国大量应急预案存在的具有一定普遍性的问题。在启动、实施和终结机制上,也表现得非常严重。特别表现为以下几点。

一是应急预案启动、实施及其终结的操作主体不明确。特定的行政主体或法人、组织是应急预案的操作平台。应急法制、应急预案管理文件和应急预案本身对于相应操作主体缺乏明确规定。比如,《湖北省防汛抗旱应急预案》要求“出现水旱灾害后,事发地的防汛抗旱指挥机构应立即启动应急预案”。而由事发地的何种级别的防汛抗旱指挥机构来操作?从该预案中无法明确。

二是应急预案启动、实施及其终结的条件不够清晰和明确。仍以《湖北省防汛抗旱应急预案》为例,要求“出现水旱灾害后,事发地的防汛抗旱指挥机构应立即启动应急预案”,而对于“水旱灾害”本身情形缺乏明确规则,是否一旦出现任何水旱灾害都需要启动应急预案?还是应满足特定指标的要求?

三是应急预案启动、实施及其终结的宣告程序不确定,向哪些主体宣告、是否应向社会普遍公开等都处于不明确状态。在2020年防控新冠肺炎疫情过程中,有些应急预案强调内部启动,内部响应,使无法调动足够的社会力量和提高人民群众的警惕性,也就使启动应急预案的功能大打折扣。

四是应急预案启动、实施的协调机制不完善。应急预案的启动及其实施,往往涉及

① 现已变更为《陕西省突发事件应急预案管理办法》(陕政办发〔2014〕24号)。

除启动主体之外的大量部门、机关和社会组织，存在大量不可预知的因素，相应地必然对于协调工作具有强烈需求。我国的应急法制和应急预案本身的建设，也大多较重视协调机制的设置和规范。《突发事件应对法》在总则部分第 4 条将“综合协调”作为应急管理体制建设的基本目标之一；第 8 条第 2 款规定，县级以上地方人民政府设立突发事件应急指挥机构，统一领导、协调本级政府各有关部门和下级政府开展突发事件应对工作；第 63 条还规定了不服从上级政府协调的法律责任，以强化协调机制的规范效力和强制性。2005 年 2 月 25 日，时任国务委员兼国务院秘书长华建敏在第十届全国人民代表大会常务委员会第十四次会议上《关于突发公共事件应急预案编制工作和安全生产情况的报告》也将“协调有序”作为应急管理机制建设的目标之一。《广东省突发事件应急预案管理办法》则更明确规定了应急预案的协调。该办法第 26 条要求“应急预案制定单位应当消除应急预案之间相互抵触、不衔接的情况”，并进一步规定下级专项应急预案与上一级专项应急预案、同级专项应急预案与部门应急预案、同级部门应急预案之间发生相互抵触、不衔接的协调主体和程序。但是，制度文本虽然已有重视和规定，但体制建设和实施现状并不容乐观。以水污染应急为例，这方面我国的行政管理不统一，流域管理体制与区域管理体制存在严重的不协调，以及管理上的分散化乃至碎片化。包括水利部门主管、建设部门主管、地方主管、流域管理部门主管等多种类型，同时，水源工程设施管理与水源地的水质管理分离、水量调度与水质管理分离、原水管理与城市供水系统管理分析。这种管理分割、分离的现状，导致一旦发生突发事件则往往牵涉众多部门，存在大量的综合协调工作。① 现在的突出问题包括：各级党委掌握大量应急资源，而政府无权直接调度，降低了应急处置的效率；缺乏军队联动长效机制，应对突发事件时难免出现沟通不畅、协调不力等问题，只能通过非制度化的协调机制来调度军队。②

在这种背景下，协调机制构成预案法制建设和预案编制更新所必须考虑的重要方面。比如，在设计信息流程和通信保障的技术路线和指挥操作平台时，应当考虑到上下级与相关部门、机关的关系，在法律框架内尽可能做到兼容、共享。应急预案的启动实施相关的职权规则应明确上下级、同级各部门的有机联系。特别是发生跨区域、跨行业的突发事件，这种协调机制更是不可或缺。协调机制特别表现在负责部门（或牵头部门）、综合管理部门（或者协调部门）、承担特定部分、特定环节、特定层面任务的工作部门的角色分担上。应急预案应当对涉及的各种机关、部门、单位、群体，甚至具体到职位的角色予以明确划分规定。仍以水污染应急的协调主管为例，法国在这方面的经验值得借鉴。法国在 1962 年颁布《水法》并在之后不断修订、补充、完善，建立以流域为基础的管理体制。遵循自然流域（大水文单元）规律，设置流域水管理局，负责制定流域内的水污染控

① 参见王滢芝：《我国水污染事件应急预案的现状及建议》，载《水工业市场》2010 年第 9 期。

② 参见马怀德：《修改〈突发事件应对法〉的几点建议》，载《理论视野》2009 年第 4 期。

制政策，从经济和技术上协助实行防治水污染和开发水资源的合理规划，利用经济和行政手段推动和保证防治水污染的各项工作。① 我国一些地方已将协调作为应急预案编制和管理工作的重点内容。比如，《广东省突发公共事件总体应急预案》规定“需要多个省有关部门共同参与处置的突发公共事件，由该类突发公共事件的业务主管部门牵头，其他部门予以协助”，同时规定在省府办公厅内设的省政府应急管理办公室，履行综合协调职责并发挥运转枢纽作用。该预案通过省应急办加“牵头—协助”的模式，共同发挥协调机制的功能。

三、应急预案启动、实施和终结机制违反自身规律

对于复合型的突发事件，缺乏富有针对性的应急预案启动、实施和终结的完备规则。我国既往应急预案的建设侧重将突发事件进行分类，各有关部门分别编制单项的应急预案。这就导致，应急预案的启动、实施、宣告终结等运行机制主要考虑本单位职责的追责风险，而横向考虑不足，缺乏系统性、整体性考虑，以至于应急管理主体之间的协作、协同、协力、协调不足，这在既往的突发公共事件应对实践中，包括这次新冠肺炎疫情防控工作中，都有不少的教训。这在应对单项型的突发事件中，也许不会严重到难以收拾局面的负面程度；但是，面对复合型的突发事件，则可以由多个主管部门启动多种预案，这些预案间的叠床架屋、不协调等问题，就更易严重地暴露出来。②

四、应急预案的启动、实施和终结机制法治约束不足

法制建设是应急管理制度改进完善的重要面向。就应急预案的启动、实施和终结而言，法制化程度仍然较低，不利于保护公众合法权益和稳定预期。有学者指出，在灾害法学上，对于应急预案的启动，需要考量其法律效用高低，既需要分析这些应急预案有无，也需要分析这些应急预案数量多少，还要重点考察这些应急预案制定时，各政府职能部门职责角色设计与定位，以及启动应急预案时，相应的措施与保障条件配置是否到位。③实践中的案例表现出数部应急预案启动之后“打架”现象极为明显。因此，应急预案的启动要进行充分的审视。我国应急预案的启动要件的问题主要表现在以下方面。

1. 各地应急预案启动、实施及其终结机制的规则不统一。一方面，应急预案的启动机制显然受到更多关注，但启动机制并非健全完整；另一方面，应急预案实施中的调整、变更，应急预案的实施终结机制则受到近乎普遍性的忽略，调整与变更机制、实施终结机制严重残缺。其结果是，突发事件对应急预案的适用常常表现出“有始无终”，或者其结束、终结处于不及时、不公开、不确定的状态，严重影响社会公众正常的生产、工作和生活

---

①　参见王滢芝：《我国水污染事件应急预案的现状及建议》，载《水工业市场》2010 年第 9 期。

②　参见栾盈菊：《应急预案的编制与实施——以 2008 年南方低温雨雪冰冻灾害为例》，载《江西蓝天学院学报》2008 年第 10 期。

③　参见王建平、李军辰：《灾害应急预案供给与启动的法律效用提升——以“余姚水灾”中三个应急预案效用总叠加为视角》，载《南京大学学报》（社会科学版）2015 年第 4 期。

并涉及其合法权益。

2. 应急预案启动、实施及其终结机制的法律效力不明确。一些应急预案管理的文件和上位阶应急预案规定了应急预案的批准、备案程序,但对于应急预案本身启动、实施和终结的法律效力却缺乏必要的规定。这使应急预案本身的效力也处于不稳定状态,存在一些合法性问题。

应急预案启动后,相关行政机关、组织、机构和个人应当根据应急法律、法规和应急预案本身的要求,负有相应的职责和义务。应急预案在实施中的调整,则会对相关主体的权利义务产生影响;应急预案的实施终结,也会对各方主体产生权利义务的变化。

《国家处置铁路行车事故应急预案》第六部分规定,"启动应急预案期间,事发地人民政府和铁路运输企业按管理权限调动管辖范围内的交通工具,任何单位和个人不得拒绝"。也就是说,在该应急预案启动后,相关机关享有一定的征用权力,征用对象负有必须配合、接受的义务。不仅如此,铁路运输企业也享有一定的征收权力。

与此相类似,《四川省突发事件应对办法(送审稿草案)》第 47 条规定"县级以上人民政府为应对突发事件,必要时可依法征用单位和个人的财产",①并规定了征用程序和补偿机制。该草案引起轩然大波。对此,马怀德教授认为,地方立法不宜涉及行政征用。如果仅重复《突发事件应对法》的规定,则没有什么意义;如果突破上位法规定,则可能面临尴尬,不利于法制统一。② 从这种认识出发,在应急预案管理办法和应急预案本身中规定征收条款和相应的程序、补偿机制,也一样存在法律障碍。

笔者认为,如果缺乏相关法律规定,仅仅由预案规定征收征用权力,的确存在合法性问题。根据我国《立法法》第 8 条、第 9 条的规定,对非国有财产的征收、限制人身自由的强制措施和处罚等与突发事件应对处置密切相关的措施,属于法律保留的事项,应当制定法律,或者由全国人大及其常委会授权国务院对其中部分事项制定行政法规,但限制人身自由的强制措施和处罚,则只能制定法律。如果不存在上位法依据,地方性法规或者各种规章、应急预案的管理办法或应急预案本身擅自规定的征收、征用,或者限制人身自由的措施,则可能构成违法。

对此,笔者认为,对于突发事件应对中的征收问题,其权限、程序和补偿,应当构成应急法制的组成部分。并且,应当是由最高层面全国人大及其常委会出台的法律来加以规定。如果法律规定存在不足,可以采用两种方法加以改善:一是由全国人大及其常委会通过制定新的法律或者《突发事件应对法》的修改完善来解决。马怀德教授建议制定

---

① 《四川省突发事件应对办法》第 41 条"有关人民政府及其部门为应对突发事件,必要时可依法征用单位和个人的财产"有与送审稿草案类似的规定。

② 参见马怀德:《地方立法不宜涉及行政征用》,载搜狐财经网:http://finance. ifeng. com/roll/20101013/2702761. shtml,2020 年 5 月 10 日最后访问。

《行政补偿法》。[①] 二是在法律中规定授权条款,授权国务院或地方人大及其常委会通过制定行政法规、地方性法规来进行制度的细化。限制人身自由问题也与之相类似,应适用同样的原理和规则。

第三节 应急预案启动、实施和终结机制的完善

对于应急预案的启动和实施、终结机制的完善,需要明确这些机制构成应急预案的必备要素和基本内容,进而在制度上建立健全,并增强其可操作性。最终,通过法律规范的制定完善明确其法律效力和责任机制。诚如有学者指出:"我国灾害应急预案应尽快实现从'量变'到'质变'、从'有'到'优'的转化,这需要实现预案功能从宏观指导的原则导向到微观操作的实用导向的转变;预案编制从传统的'自上而下'模版导向到'自下而上'风险导向的转变;预案管理从封闭孤立的内部规范导向到公开透明的外部评估导向的转变;预案演练从体现成效的展示性导向到发现问题的检验性导向的转变。"[②]

一、应明确启动、实施和终结是应急预案的必备要素

我国的应急预案从总体上看,普遍存在内容简单、项目不全的问题。就应急预案的启动、实施和宣告终结机制而言,表现出强烈的内容简略、要素缺失等不足。这使应急预案在适用时启动、调整与终结的时机、条件、主体、程序都处于不确定、不统一,甚至无规则可依的状态,对应急管理的顺利运行产生巨大障碍。因此,应当明确的是,在应急预案的编制和修订中,应急预案的启动机制,包括启动条件、启动主体、启动程序等构成应急预案的必备要素。应急预案的实施中的变更与调整以及实施终结机制,均同样构成应急预案的必备要素。有必要在各种应急预案编制的各种指导指南和法规文件中,应当明确应急预案的启动、实施和终结机制,属于必备内容而不可或缺。有学者指出:"要实现应急预案之间的无缝接轨,要求牵头部门启动应急预案后,相关部门的应急预案也应该快速启动,相应的救援队伍和救援设备必须在指定的时间内到达现场。这些都需要部门预案在制订时注重其他相关部门的参与。"[③]

一些应急预案尚未规定启动机制和实施终结机制的,应当增加相关条文规范。这些条文规范应当足够清晰、明确、具体、可操作。进一步地,在各种应急预案编制管理指引、办法、框架中,应当明确启动机制和实施终结机制的要素和具体要求。相应地,在上级对

---

① 参见马怀德:《地方立法不宜涉及行政征用》,载搜狐财经网:http://finance.ifeng.com/roll/20101013/2702761.shtml,2020年5月10日最后访问。

② 钟开斌:《中国应急预案体系建设的四个基本问题》,载《政治学研究》2012年第6期。

③ 肖文涛、许强龙:《基层政府应急预案管理:困境与出路》,载《理论探讨》2016年第1期。

下级编制的应急预案进行批准、备案时，应当将应急预案的启动、实施和终结机制作为基本考虑要素之一。

二、通过更新应急预案明确启动、实施和终结的要求

应急预案的启动、实施和终结的操作主体、条件和程序均应当在预案中明确规定。这种规定，也是克服应急预案建设走过场、流于形式、可操作性不强的重要措施。

应急预案的可操作性是关系应急预案成败的基本指标。应急预案的可操作性首先体现在一旦发生突发事件的危机情形时，能够及时启动应急预案。由此可见，提升应急预案的可操作性，首先要明确应急预案的启动主体、启动条件和启动程序。只有如此，才谈得上应急预案的可操作性。

在已有零散规则的基础上，改进应急预案启动、实施和终结方面的规则，包括以下方面。

一是应急预案的启动和实施主体规则的完善，包括以下方面。

第一，在分类分级、属地管辖原则指导的基础上，进一步明确应急预案的启动主体。按照分级管理的原则，由基层政府及其部门作为一般性的启动主体。事件升级或需要上级启动时，再提升上级政府及其部门启动更高级别的应急预案。

第二，除一级政府、政府部门、机构外，各种企业、社会团体和基层单位等均应成为特定情形下应急预案启动和实施终结的法定主体，或者是享有请求权的主体。启动和终结的法定主体是指由这些法人、组织负责应急预案的启动和终结。比如，在生产领域，安全生产应急管理是企业安全生产工作的重要组成部分，这就必然涉及应急预案的启动和实施问题。《电力企业应急预案管理办法》已明确部分此类应急预案由电力企业启动。事实上，各类企业、组织都可能成为应急预案的启动主体。大量基层应急预案需要村委会、居委会、社区、学校和各种企事业单位、各种公共活动场所管理单位来启动。大型活动应急预案应由主办单位负责启动。同时，这些法人、组织还应当享有启动应急预案的请求权。这意指，当发生或即将发生、已经发生突发事件时，法人、组织和各种基层单位可以根据根本自身的信息掌握情况和对情势的判断，请求有权机关启动相应应急预案；当危机基本消除可以恢复到正常生产、生活状态时，这些政府机关之外的法人、组织享有请求有权机关终止实施应急预案的请求权。

第三，建立完善应急预案启动、实施与宣告终结中的协调沟通机制。2008 年南方低温雨雪冰冻灾害在多个机关启动应急预案应对处置中，铁道路新闻发言人于 1 月 30 日晚宣布：“京广铁路线运输秩序基本恢复，京广铁路线运输能力已大幅提高，铁路机构正全力运送旅客返回家园阖家团圆。”广东省劳动保障厅则向公众发布《致外来务工人员的一封公开信》，宣告“粤湘桂等地寒冷冰冻天气仍将持续，省劳动保障厅提醒广大外来务工人员：天气恶劣，道路冰封，请留在当地过年”。显然，铁道部和广东省相关应急预案实施中对情势的判断存在严重矛盾，这给相关群体带来极大认识上的混乱，给应急预案的良好实施带来巨大难度,甚至降低了政府作为整体的公信力。由此可见,协调沟通机制构成应急预案启动、实施的必要组成部分,应在制度构建改进时予以专门考虑。针对复合型的突发事件,编制专门应急预案,设置其启动主体、条件和程序,以解决协调性方面的问题。针对具有双重甚至多种属性的突发事件,容易引发两个以上的突发事件,以及容易引起次生、衍生灾害的突发事件,结合相关多部门的资源,编制专门的应急预案。

二是应急预案实施终结的主体和程序方面的改进。应急预案的实施终结的主体、程序方面规则在基本层面具有与启动规则的对应性,对此不予赘述。应急预案实施终结的条件,应当根据特定类型突发事件的自身规律与特点,在预案中予以妥善规定。

三是应急预案实施中的调整和变动机制。应急预案的启动和实施,除上述的启动机制、宣布终结机制等基本机制外,还包括在实施中的调整和变动。突发事件即将发生或刚刚发生时,大量信息处于不可知状态或者存在大量的不确定因素。是否应当启动应急预案、应当启动何种级别、何种类型的应急预案均未必明确。这需要相关机关和领导、工作人员的裁量确定,同时并及时机动调整。比如,启动应急预案后发现事态并不像启动主体所预期的那样严重,应当依法停止应急预案的实施;如果发现所选择应急预案并不适合于应对事件的性质,或者由于情势变更选择其他应急预案更合适,则应当及时进行调整。需注意的是,调整、更换应急预案时,除涉及应急预案的启动条件、程序外,还可能涉及启动主体的变更。这需要由有权的主体先停止已启动的应急预案,再由新的有权主体启动其他的应急预案。新、旧应急预案在启动、实施的衔接问题应予注意。这需要通过在应急预案的实施、演练中总结经验教训的基础上不断完善。

四是应急预案启动、实施和终结机制的及时更新改进。编制主体应随着科技、社会的进步,及时修正应急预案启动、实施和终结的条件、程序。对于新型突发事件,及时编制应急预案建构其启动、事实和终止机制。

三、通过修法明确应急预案启动、实施和终结的效力

通过应急法制建设特别授权机制赋予应急预案以法律效力与合法性。我国应急预案同兼有可操作性不足和合法性不足的双重问题。应急预案中规定的大量权利义务规范缺乏法律依据。对此,一方面,应当明确“一案三制”的分工,应急预案主体上是应对突发事件的操作手册,大量的权利义务等法律属性较强的规范应当规定在应急法制中而不应规定在预案中;另一方面,应当通过法制的修订完善,在法律中增设对应急预案的特别授权,赋予应急预案一定的合法性。比如,在特定应急预案的启动后,涉及需要社会公众配合,限制甚至剥夺公民财产权利甚至人身权利的,应当在应急法制中作出授权性的规定,再在应急预案中设置具体措施。

四、明确应急预案启动、实施和终结的评估问责机制

突发事件应对和危机管理是对领导干部驾驭复杂局面、处理紧急情况能力,甚至包括个性的挑战。何时应启动应急预案、如何进行调整、在最恰当时机宣告终结,不仅是一

个客观的科学问题,也涉及领导和管理的艺术。无论如何进行完善应急管理法律制度和应急预案,其中都会存在相当大的裁量空间。

在应急管理实践中,存在应急预案的启动、实施和终结的问题,有时候尚未达到启动条件就启动应急预案;在应急预案实施中,有时候危险情形已基本消除应当宣告实施终结,却迟迟不宣告终结,等等。类似问题,不一而足。这些做法,既违反了应急预案本身的要求,也违反了应急管理的规律。这些问题出现,其根源是多方面的。从客观上,与启动、实施和终结机制的法律规范缺失存在一定关系。

因此,在突发事件处理的事后评估阶段,应当对应急预案启动、实施终结予以评估;并根据评估结果决定奖惩措施。对于构成失职、渎职、玩忽职守等违法违纪的行为,依法追究行政责任;必要时,应启动问责机制。这种事后评估和责任机制在建构时应当注意以下方面。

一是评估机制和责任机制的适度分离。责任追究机制建立在应急预案启动、实施和终结的运行构成违法的前提下。只有违法,才可以追究责任。而评估机制则是对应急预案启动、事实和终结运行的客观评估,主要目的在于根据评估结果对应急预案进行更新、完善,对应急管理的体制、机制进行改进。因此,二者应当适度分离。一些地方过于强调评估结果的责任追究的效能,显然会使两种机制的适当定位和有效运行均受到不利影响。

二是责任机制应"宽严适度",建构"责任豁免"机制。启动、实施和终结机制的一般性"责任豁免"机制。在应急预案设置所允许的范围内,一般性的启动、实施和终结不及时,或者条件是否满足存在争议的,应当免于承担法律责任。只有显著违反"一案三制"的规定,或者主观上存在故意或重大过失,才应当依法承担责任。

第十二章　应急预案的评估和更新

应急预案存在的最大价值，就在于将提前制定的应急策略和方法转化为可供操作的具体方案。但应急预案属于事前预设，制定实施后，还需要进行系列评估和修订，以确保其实操性。通过评估，不但可以保障应急预案的可行性，验证预案的科学性、灵活性，发现其存在的主要问题和不足，以进一步修订和完善；还可以检验依预案所设置的应急指挥部的指挥能力、应急组织体系中有关部门的协调配合能力和应急处置能力。同时，除在预案评估、应急演练和应急处置实践工作中发现的问题会促成应急预案的修订和完善外，随着相关法律法规的制定、修改和完善，机构调整或应急资源的变化，以及社会新情况的出现，也会推动应急预案制定主体对预案进行修订和更新。

第一节　应急预案的评估方法

制定应急预案就是为了能为突发事件的现场应对提供指导，使应急组织尽量用高效、科学的行动将事件引起的损失降至最低。因此，应急预案制定前后对其进行评估都很关键，这直接关系预案的实施效果。1987 年美国环保署和联邦应急管理署发布了《应急计划技术指南》。联邦政府设立联邦紧急事务管理局，指导州和地方政府提出、审查、评估及检查预案和实施预案的能力。① 德国对应急预案实行动态管理，每次应急演练后，都请专家对预案进行评估和修改完善。② 我国目前对应急预案的评估缺乏实质性规定、没有统一标准，学界的认识也不一致，导致预案的评估工作无序，有的地方和部门甚至根本没有进行预案评估。

一、应急预案评估的必要性

国内突发事件应急预案体系虽然日趋完备，但各类各级应急预案普遍存在很多突出的问题。这主要表现在以下几点。第一，应急预案的实操性较差。我国多数应急预案的规定过于原则，对岗位职责、工作流程、应急处置方法等规定不够明确具体。由于大部分应急预案是在没有实践经验的基础上“设想”出来的，并没有经过有效的检验和评估，所

---

① 参见张海龙、李雄飞、董立岩：《应急预案评估方法研究》，载《中国安全科学学报》2009 年第 7 期。

② 参见钟开斌、张佳：《论应急预案的编制与管理》，载《甘肃社会科学》2006 年第 3 期。

以在处置突发事件时与实战的要求往往有较大差距,有的即使启动了也完全没有实操性,“有预案相当于无预案”。第二,应急预案的针对性较差。综观我国现有的应急预案体系,内容雷同现象十分严重。我国《突发事件应对法》第17条尽管提出了“国家建立健全突发事件应急预案体系”的基本目标,却并没有对应急预案的具体编制和修改程序作出明确的规定。这就使很多下级政府与职能部门在编写应急预案时在编制方式、结构框架等方面都沿用上级预案,没有根据本地区、本部门的实际情况和社会发展需求对应急预案进行细化、完善。这种对高阶预案的过度模仿导致相应的低阶预案缺乏针对性,丧失了本来应有的功能和意义。第三,应急预案的相互协调性较差。突发事件的应对工作往往需要多个部门,甚至多个地区的相互配合,因此,应急预案制定主体应注意预案内容与其他有关部门制定的预案内容之间的协调和衔接。但在实践中,管理职能上的部门分割必然导致责任模糊,一旦发生超出单个部门职权范围内的突发事件,部门间的协调配合便无法落到实处。加上利益部门化的严重影响,各部门往往在危机应对过程中各自为政,各行其是。综观我国各级各类应急预案,可以发现多数应急预案各说各话,缺乏与相关预案的协调、衔接。

以上种种不足都影响了应急预案作用的发挥。要想切实改变这种状况,在应急预案制定前后以及制定过程中对其进行全面评估是非常有必要的。对应急预案进行客观准确的评估,是保证预案能够取得理想处置效果的关键。

(一)评估有利于全面梳理情况,建构起比较完善的预案体系

对应急预案进行评估,有利于全面梳理客观情况,从而建构起比较完善的预案体系。首先,制定预案之前通过评估本地区、本部门潜在的各类风险,可以确定应急预案的覆盖面和优先级。其次,在制定预案的过程中进行科学合理的评估,有利于在预案中设计出相应合理的应急处置流程,建构起应急组织体系,合理整合和调配应急资源,建立起社会动员机制等。这样,才有可能建构起本地区、本部门比较完善的预案体系,才能确保所制定的应急预案的实操性。

(二)评估能够反馈各种信息,为应急预案的修订和更新提出建议

评估有利于全面考量应急预案的编制质量和实施效果,及时反馈各种信息,为应急预案的修订和更新提出建议,确保应急预案运作过程的良性循环,切实提高预案的科学性和实操性。

(三)评估有助于淘汰实操性差的预案,确保应急工作顺利进行

通过演练后的评估以及实施后的评估可以尽量避免实操性较差的预案在应急处突中重复使用,造成重复性的损失,确保突发事件发生后应急预案的及时启动和顺利运行,符合事物发展的客观规律,真正降低突发事件带来的副作用。

二、我国应急预案评估的现状

目前,我国的应急预案在内容上一般都规定了制定后的演练和评估,导致实践中的

普遍做法就是，在应急预案编制以后，及时组织演练，随即对应急预案进行相应评估和修订。虽然通过演练对应急预案进行检验和评估是一种有效的方法，有助于预案优化，但并不是所有的应急预案都能通过演练的方式来进行检验，且演练的成本较高，在一些地方和个别机构，实际上无法真正做到每个预案制定后都进行演练。同时，演练是按照事先设定的程序进行的，与突发事件的本质特征有很大区别。仅靠演练来对应急预案进行评估，很有可能会因人的认识的局限性而导致情况设想不周全，不利于应急预案的完善。此外，作为应急预案评估重要依据的应急演练往往重点不突出、求大求全、流于形式、轻视整改，缺乏对演练实施的全面评价。①

要想切实改变这种状况，就必须对应急预案进行动态综合评估。所谓动态综合评估，是指在应急预案编制前、编制过程、演练后以及实施后都要对应急预案进行全面、科学的评估。这 4 个闭环、完整的步骤，实现了对应急预案从制定到实施，再返回到制定的一个动态综合评估过程，有利于确保评估的合理性，也可以真正确保应急预案的实操性。

三、应急预案的动态综合评估

针对国内目前的实际情况，笔者经过研究，提出动态综合评估的基本原则、具体步骤、评估主体和重要指标，以期抛砖引玉，为今后同类研究和实践提供一种新的思路和方向。

（一）动态综合评估的基本原则

前文已经提到，应急预案的生命在于实操性。如果突发事件一旦发生，事先制定的应急预案根本无法及时启动和顺利运行，那么预案就等同于一张废纸。因此，所谓完整性、有效性、处置的快速性、灵活性等，归根结底，都是为了确保应急预案的实操性。简言之，对应急预案进行动态综合评估的目的就是验证其是否具备切实的针对性和可操作性，在实战中能否发挥应有的预期作用。要想切实保障应急预案的实操性，就必须坚持以事件为主导、强调专业评估和强调综合协调，这也正是动态综合评估的三大原则。

1. 以事件为主导原则。需要明确的是，应急预案的制定和实际操作是有差距的，这就要求在动态综合评估应急预案的时候，始终回归突发事件本身。应该坚持以突发事件为主线，把突发事件应对中的整个工作流程确定下来，然后在这个主线里面来考虑应急措施的细化。评估应急预案的实操性当然也跳不出突发事件本身。在评估时要看应急预案是否对突发事件进行了有效梳理；是否以“事件树”为主导，按照事件本身的规律来划分了处置流程，包括主流程和分支流程；是否按事件发展的可能性规定了应急响应的基本步骤和程序，确定了各个有关部门应该做什么和怎么做，相互如何有机协调。只有以事件为主导去对预案进行评估，才能让评估不流于形式。

① 参见赵伟、储江红：《浅析我国应急预案管理面临的困境及未来取向》，载《改革与开放》2018 年第 24 期。

2. 专业评估原则。应急处置本身就是强调在专业处置上的综合协调。目前，世界各国公共危机管理队伍都逐步走向专业化。瑞士国家应急管理中心（National Emergency Operations Center，NEOC）是瑞士联邦应对各种类型的突发性事件的专门技术中心，并直接向总书记负责。瑞士国家应急管理中心现有 26 名员工，他们都具有某一方面的技术或专长。除常见的物理、化学、地理、测量、气象、能源和通信专业技术人才外，国家应急管理中心还拥有技术性很强的管理人才。在每年出现的大约 400 起事故中，国家应急管理中心的人员一般要对所出现的意外情况进行评估，或是派遣技术专业人员参与其中的工作。俄罗斯的特别情况部是一个专门化和专业化的典型代表，是俄罗斯 5 大部之一。特别情况部将俄罗斯划分 9 个地区，专门负责 89 个州的救灾活动。而美国新成立的国土安全部更是代表了危机管理专门化和专业化的发展趋势。[①] 在动态综合评估中，要重点强调专业处置，要邀请各个领域中既懂理论又具有实战经验的专家来参与风险评估、事件梳理、资源评估等。要避免以行政长官代替专家的现象，以确保应急预案的专业性和针对性。

3. 综合协调原则。应急处置是一个庞大的系统工程，显然要依靠政府的统一协调和各部门的通力合作。在对应急预案进行动态综合评估的时候，一定要评估预案是否已经建立起可行的应急组织体系，是否明确了各级政府及其职能部门和相应机构在应急响应中的职责、分工和相互关系。在紧急处理中，美国的地方紧急处理单位会确认负责之官员并与之合作，以克服资源短缺的问题；协助建立互援或合作的协定，以提供紧急事件发生时所需要的服务、装备或其他资源；提供县政府或州政府的紧急事件发生时所需要的服务、装备或其他资源。[②] 这些做法很值得借鉴。必须坚持综合协调的原则来对应急预案进行综合评估，才能促进预案的完善，有效改变目前个别地区应急处置中无组织、难协调的局面，确保依照应急预案构建起组织机构完备、指挥协调高效、纵向垂直协调管理、横向相互沟通交流、覆盖全地区范围的应急组织体系。

（二）动态综合评估的具体步骤

动态综合评估分为应急预案编制前的评估、应急预案编制过程中的评估、应急预案演练后的评估和应急预案实施后的评估 4 个步骤。这样的综合评估过程，实现了对应急预案从制定到实施，再返回到制定的一个动态评估过程，有利于应急预案的完善，也能为今后制定同类应急预案提供有价值的参考。

1. 应急预案编制前的评估。我国目前缺乏科学的风险评估制度，也没有将风险评估与预案的制定紧密结合起来。实际上，在应急预案编制前，首先应该组织专家对本地区的地理、气象等自然条件，以及工业和运输、商贸、公共设施等的具体情况进行评估，对可

① 参见韩大元、莫于川：《应急法制论》，法律出版社 2005 年版，第 229～230 页。

② 同上书，第 114 页。

能出现的会对社会造成重大损失的自然灾害、事故灾难、公共卫生事件和社会安全事件等各类突发事件进行一次详细梳理和分类。根据历史上已经出现过的重大事故,评估本地区潜在的各类风险,从而确定应急预案的覆盖面和优先级。国外非常重视危机风险评估程序,有的国家将危机风险评估程序作为制定应急预案的首要步骤,有的国家虽视风险评估为独立的程序,但也是将其作为应急预案制定程序的前提来看待。例如,英国《国内紧急状态法》要求各级政府负责对灾害和威胁进行评估。依据事件发生的可能性和影响程度,将风险评估结果分为低风险、中度风险、高风险和极高风险 4 个级别。处置者将根据风险评估的结果决定是否制定预案。① 美国的地方紧急处理单位的职责之一,就是找出辖区内可能存在的威胁,并发展缓和此种威胁的计划及方法,以除去或减少可能的危险;标示出辖区内可能受灾的地区,如地质学上的危险区、洪水平原区、水坝溃决的泛滥区等;发展符合所有可能的灾难情境所需的计划。②

国外经验说明,风险分析可以提供下列信息:发生事故和环境异常的可能性,或同时发生多种紧急事故的可能性;对人造成的伤害类型(急性、延时或慢性的)和相关的高危人群;对财产造成的破坏类型(暂时、可修复或永久的);以及对环境造成的破坏类型(可恢复或永久的)。③ 只有做好预案编制前的风险评估,才能明确本地区有哪些潜在风险,以及目前的脆弱点在哪里。也只有经过风险评估,才能明确哪一些风险是可以控制和降低的。对于那些目前无法控制和降低的风险,一定要优先制定应急预案。需要特别强调的是,每个地区和相应部门要建立长效的风险监控机制,确保及时掌握危险源、危险区域的变化,才能及时对已有的应急预案进行更新和完善,确保预案的实操性。还有一点需要说明的是,这里所说的应急预案的编制是个广义的概念,包括新预案的编制和已有预案的修订更新。也就是说,无论是在应急预案的制定前,还是在应急预案更新完善前,都需要进行相应的风险评估。

2. 应急预案编制过程中的评估。在应急预案的编制过程中,也需要进行相应的评估。在制定预案时实施这些评估措施,一边评估一边修订,可以确保制定出来的预案完整有效,并大大增强应急预案尤其是低阶预案的可操作性。

第一,应急处置流程总评估。针对不同产业和部门面临的形态各异的突发事件,应该制订不同的应急计划。而要想编制出一个真正具有实操性的预案,就得事先梳理出一个相对完整的"事故树",并邀请有关专家对其是否符合客观规律进行评估。接下来,应该按照"事故树",区分主要事件、次生事件和衍生事件,并以事件为主导依次制定出相应的应急方案。这些方案对应到"事故树"上就会形成一幅相对完整的突发事件应对模式

① 参见张红:《我国突发事件应急预案的缺陷及其完善》,载《行政法学研究》2008 年第 3 期。

② 参见韩大元、莫于川:《应急法制论》,法律出版社 2005 年版,第 114 ~ 115 页。

③ 参见张红:《我国突发事件应急预案的缺陷及其完善》,载《行政法学研究》2008 年第 3 期。

图。通过对这些网状分布的应对措施的评估,可以更清楚地判断发现各项措施和步骤是否齐全,相互之间的逻辑顺序是否合理并针对不足及时调整。这一阶段要重点评估处置流程中(包括主流程和分支流程)各个操作步骤之间的逻辑影响关系,借助专家的专业判断,将操作步骤之间存在的影响关系罗列出来,根据预案的设计目的来对处置流程进行最终的优化和选择;并要评估对突发事件预设的分级是否合理,这样,有利于在事件发生发展过程中预警准确并能及时采取适用相应级别的适当措施,有效防止事态的进一步恶化。还需要强调的是,在突发事件应急处置中最需要做好也最不容易做好的就是救援工作,包括人员救援和财产抢险,但同时这也是评估应急处置成功与否的重要因素。各地区情况不同,地理条件、人员结构、单位分布都有很大差异。因此,在应急预案制定过程中,必须依据本地区实际情况,分析和评估哪些群众、哪些单位需要特别保护,不同地点应该如何同时疏散和救援才更有效,从而评估预设的救援方案是否科学合理。

第二,应急组织体系总评估。根据已经绘制的"事故树"和应对模式图,评估预案所要建立的在应急处置中的应急组织体系是否有效、专业,包括领导机构、指挥机构、专家咨询机构和执行机构是否有利于预案目的的实现。由于现行体制的制约,导致有的领域出现部门权力交叉或是权力划分不明确,在应急预案制定过程中要合理地确定各应对环节的负责机构,防止部门之间推诿或出现无人负责的"真空地带"。通过评估来确定预案体系,不同的机构之间也要确定相应的工作协议,以便在突发事件应对中按协议自动履行,实现协调互助,避免混乱现象的发生。其次,要根据突发事件的客观发展规律,评估谁更适合作为突发事件发生后的第一反应人,在实际应对中承担预警责任。这一阶段应重点评估是否已经把应对方案中的每一个责任包括保障都分解到了一个具体的机构,应急方案中所考虑到的参与处置的职能部门是否全面,是否已经预设好各机构应该做什么、何时做和怎么做。尤其要评估预案建构起来的组织体系、责任体系和预警指标等是否与上位和同级相关应急预案能实现有效衔接,在次生、衍生事件方面是否做好与相关应急预案之间的工作衔接。通过评估,在必要时,可建议政府与企业之间、企业与企业之间通过协议进行衔接。

第三,应急资源总评估。应对突发事件不但需要大量人力资源、财力资源,还需要各种各样的物质资源。一般认为,事件的规模越大、越严重,则级别越高,对资源的需求量也越大。在突发事件应对过程中,资源能否得到保障十分关键。这就需要在预案制定时,依据突发事件可能发生发展的情况,全面评估所需的应急资源保障以及这些资源的合理存放地点、数量。在预防和应急的领域里应该树立舍得花钱的理念,要有合理的专项的预算经费,加大预防和应急准备。这一阶段,要重点根据事先梳理出的脆弱点对本地区各类可用于应急的资源进行普查、合理评估和整合,分析资源需求和不足,对所缺资源尽量及时添置,对布局不合理的资源先行调配重新分布,而非等到最后出了问题才来弥补;还要根据资源的部署位置以及存放数量来确定资源合理的调度路线,避免因判断失误而导致资源无法及时到达现场。对此,不能忽略的是对信息畅通的资源保障的评估。

第四,宣传方案总评估。无数鲜活的案例说明,突发事件发生后,如果群众具备相应的知识,不但可以有效配合政府的应急处置,还能展开积极自救,大大降低人员伤亡和财产损失。所以,应急预案的宣传培训是非常重要的。在预案制定过程中,必须评估考量怎样的宣传方案更符合实际情况,更有利于普及常识,而不是在文本上一语带过、不落到实处。除媒体宣传外,还可以在应急预案中配上大量清晰的附图、表和动画,包括疏散秩序、疏散路径等的图示,增强预案的可操作性。也可以将这些通俗易懂的图示资料绘制成宣传手册,在日常宣传活动设置预案演练的过程中发放给广大群众和单位,普及相关应急知识和技能。

第五,社会动员机制总评估。处置突发事件,仅靠政府的力量是远远不够的,还需要调动一切可以利用的社会力量,共同抵御灾害。政府与社会共同合作,共同应对突发事件已经成为大势所趋。因此,在编制应急预案时,就应该评估试图通过预案构建的动员机制的有效性和可行性。尤其要评估怎样妥善、合理调配经动员后可能参与的各种社会力量,以期更好地处置突发事件。

第六,奖惩制度总评估。编制应急预案时,需要设计相应的奖惩制度,促使各部门履行自己的职责,保障应急处置的质量。奖惩是否得力、是否具备可行性,也需要进行相应的评估,以明确责任,确保规定的严肃性。如果奖惩制度不严肃不科学,最终会破坏应急预案的权威性,导致预案的规定得不到真正的落实和服从。经过评估而设立的奖惩制度不会流于形式,有利于维持严整的组织和有序的活动。

第七,后期处置总评估。政府应急管理的目的,就是要通过提高对突发事件的预见能力、救治能力以及学习能力,及时有效地化解危急状态,尽快恢复正常的生活秩序。因此,预案编制时,不能遗漏突发事件结束后的恢复重建和调查评估阶段。这一阶段应该重点评估预案是否规定了善后恢复、社会救助、事件调查报告与总结改进等措施,这些拟定的措施是否有利于尽快恢复正常生产、生活秩序。

3. 应急预案演练后的评估。应急预案编制后,有条件的地区或部门一般会进行演练,演练的目的就是发现预案编制中存在的问题。因此,在演练过程中,要客观真实地全程记录所发现的问题,标注还应加以改善的环节,演练结束后要及时组织专家和有关机构对预案再次进行评估,并随即对应急预案进行相应修订,以完善预案,保证其实操性。

第一,应急响应时间总评估。在突发事件的应对中,时间就是生命、时间就是金钱。应急响应时间越短,救助时间越短,说明预案的实施效果越好。通过演练可以很好地评估第一反应人的反应是否及时、预警是否合理,以及有关部门接警和出警是否及时,控制事态发展、疏散群众、救助伤员是否迅速,等等。这一阶段的重点是将演练中各个步骤所需要的时间标注在当初所绘制的应对模式图上,并评估出可以提升速度的环节,找出存在的问题加以改进。

第二,预案完整性总评估。预案编制是一种假设事件和假设应对的过程,与实际情况必然会有一定的差距。通过演练的全程回放,分析考量在演练过程中有没有出现在预案制定时没有假设到的某些突发情况和特殊场景,以评估应急预案的完整性。评估预案是否将事件的方方面面都考虑周全、是否遗漏可能出现的情况,以及不同的气象和地理条件对事件发生发展的影响。重点是要考察有没有出现预案制定时没设想到的衍生事件,一旦发现这样的情况,必须对应急预案再次进行补充。

第三,应急组织体系再评估。在演练中,通过观察各部门的综合表现,可以评估预案所建立起来的领导系统是否完善有力,能否促进应急救援工作的统一领导和步调一致;评估在演练中各部门依据预案是否分工明确、协调配合,是否很好地打破了原来的机构界限,突破各自为政的传统模式,进行了组织和功能的转换与整合。这一阶段的重点是,评估应急组织体系是否超前、兼容、全局、系统,是否能够解决部门之间关系松散、责任冲突等问题。

第四,应急处置流程再评估。通过演练,可以更直观地评估预案对处置流程的设置是否符合逻辑,操作过程是否专业。要通过对演练过程的回放,来详细评估应对过程中的各个环节,以验证当初制定预案时的应对计划是否具备现实可操作性。包括应对处置是否迅速,能否满足救灾的各种功能;应对环节设计是否合理,如搜寻和营救受伤、受困、失踪人员,灾民的医疗急救与卫生服务,现场泄漏毒物的清理,城市基础设施的抢救和加固等是否属于专业处置以及是否达到预设的目标。重点评估制定预案时根据“事故树”所预设的救援方案的可行性,找出存在的主要问题,如疏散途径、安置地点是否合理,交通管制和协调是否到位,等等。

第五,应急资源再评估。全面评估预案中整合的资源是否充分,是否能很好地应对演练中出现的各种情况;资源布局是否合理;预设的调度路线是否有利于调配的及时、得当;信息收集是否及时准确,信息传递是否畅通。

第六,预案灵活性总评估。客观事件的发展变化往往是不以人的主观意志为转移的。预案设置灵活,才能变通处置一些在当初预设时所不曾想到的状况,才更有利于应对事件的发展和变化。通过演练,可以真实、客观地评估应急预案的灵活性,可以及时发现其中一些过于死板、不利于操作的规定并加以改良。

4. 应急预案实施后的评估。突发事件发生后,应急预案得以真正实施,这和演练中的实施有实质性的差别。演练毕竟是人为设想出来的场景和状况,而现实的突发事件更具有不可预知性,甚至可能和我们当初设想的情况背道而驰。因此,要在第一时间对应急处置工作进行总结,在对应急处置的过程进行回放的基础上,紧密结合突发事件应急处置实践,收集一手信息与资料,发现并分析相关预案在实施过程中暴露的问题,对应急预案进行再次评估,为持续改进应急预案体系提供有力支撑。[①] 系统归纳经验教训,分析操作过程的合理性以及预案是否达到预期效果。进一步评估预案存在的问题,以及出现问题的原因,为修订和完善预案做好相应的准备工作。

总体来讲,预案实施后评估的内容、方法和演练后评估的内容、方法基本一致,也包括应急响应时间再评估、预案完整性的再评估、应急组织体系再评估、应急处置流程再评估、应急资源再评估、预案灵活性再评估等几个环节。此外,下面几个环节是值得特别关注的。

第一,宣传方案再评估。由于预案演练是制定主体主导的,参与的部门和单位自然事先就有了一套解决问题的对策,所以通过演练情况来评估宣传方案是不科学的。只有在真实事件的应对中,才能客观地了解群众和单位对突发事件的认知,考量之前的宣传方案是否具备实效。很多案例都会不同程度地反映宣传培训不到位,导致民众因缺乏自我救助常识而出现不必要的伤亡。在突发事件处置结束后,应该再次反思之前的宣传方案是否仍需改进和优化,真正做好面向全社会的以预防、避险、自助、互救、减灾为主要内容的宣传、教育和培训工作,增强公众的危机意识和危机管理技能。

第二,社会动员机制再评估。之所以把社会动员机制的再评估放在应急预案实施后,是因为演练中参与的社会力量都是预先邀请的,与实施中自发参与的社会力量必然有很大差别。在突发事件处置结束后,对应急预案所建立的社会动员机制进行再次评估,不但可以完善动员机制,还有利于全面掌握本地区,甚至相邻地区各种社会力量实际参与救援的情况,以及他们所拥有的各种资源和能力,以便在应急预案更新时完善这一重要部分的内容,为今后处置突发事件提供经验和指导。

第三,奖惩制度再评估。在突发事件应对中,肯定会涌现出一大批积极履行职责的单位和个人,但极个别的失职现象也在所难免。事件处理完毕后,应该严格依据应急预案规定的奖惩制度进行相应的表彰奖励和处罚惩戒。此时,需要理性分析奖惩所引起的社会反响和现实起到的反思、促进效果,客观地对奖惩制度进行再评估,加以改进和完善。

第四,后期处置再评估。突发事件本身会对社会造成极大的破坏,而应急预案的实施目标就是要尽可能地减少突发事件造成的社会、经济和人民生命财产损失。受伤或死亡人数越少、经济损失越小,突发事件对社会安定、政治稳定、公众心理造成的影响越小,或者这种影响扩散的范围越小,说明应急预案的实施效果越好;反之,实施效果就越差。处置结束后,要全面评估是否通过及时启动应急预案,有效遏制了突发事件的继续发展从而减少了经济损失和人员伤亡;应急预案的实施是否真正有利于后期处置,能否积极展开重建工作,能否适时安抚民心、消除群众恐慌情绪,减少社会负面影响;是否建立了完善的捐募及发放系统,能否有效汇集救灾资源并作出最有效的统筹分配,将赈灾物质

---

① 参见姜传胜、曾明荣:《我国应急预案体系的主要问题与对策》,载《中国应急管理报》2020 年 1 月 27 日,第 3 版。

及时送达灾民手中。

(三)动态综合评估的主体

目前,国内应急预案的评估工作一般都由预案的制定主体来承担。这种做法是值得商榷的。制定主体虽然最了解应急预案的体系、内容和制定目的,但自己评估自己制定的预案有时候难免不够客观。要想让动态综合评估更专业、科学,在不同的阶段应由不同的主体参与评估。

1. 应急预案编制前的评估

在应急预案编制前,主要是进行风险评估。这个阶段应由有关专家和编制主体共同承担评估工作。编制主体应该从应急预案所涉及的相应领域中挑选既懂理论又具有实战经验的专家,并在风险评估中尊重采纳专家意见,以确保对各类风险、突发事件、脆弱点的梳理全面、客观。

2. 应急预案编制过程中的评估

在应急预案编制过程中,应由有关专家、编制主体和政府、相关部门共同评估,一边评估一边完善制定工作。

3. 应急预案演练后的评估

在应急预案演练时,除编制主体、专家、政府和相关部门外,还应该邀请上级政府、主管部门参与评估工作。同时,还应该邀请与应急预案相衔接的预案的编制主体参与评估,才能确保应急预案之间的协调性。

4. 应急预案实施后的评估

应急预案实施后,评估主体也应该是预案编制主体、专家、政府和相关部门,以及上级政府、主管部门和相衔接预案的制定主体,以保障全面评估的科学合理。

(四)动态综合评估的主要指标

对应急预案进行评估要依据相应指标,用以衡量和确保评估的质量。但是相应的指标很多,针对不同领域和不同事项的专项预案的评估指标显然也各不相同。这里所探讨的只是在上述4个阶段的动态综合评估工作中,3个具有普适性的需要重点把握的指标。

1. 科学性。应急预案的科学性是保证其实操性的重要前提。动态评估应急预案的科学性需要综合考量:对突发事件的科学认识、正确的减灾认识、科学的分类分级;各领域专家的实际参与;对突发事件的系统梳理、风险评估与脆弱点分析、应急预案体系的科学编制计划、预案的合理衔接;合理的应急组织体系、妥善的分工合作、指挥决策科学;处置程序严密且逻辑合理、处置迅速有序;资源布局合理、调度科学、费用合理;信息及时准确、传递畅通;奖惩制度严肃、科学;等等。

2. 完整性。预案是针对突发性问题而设计的,对于问题的考虑是整个应急预案的出发点和落脚点,问题设想得全面准确,预案才能科学有效,突发事件处置中才会临阵不乱。动态评估应急预案的完整性需要综合考量:完整应急预案体系完备;应对主体完备;

应对措施周全;等等。

3. 灵活性。灵活性可以提高对突发事件的处置效率,是应急预案实操性的重要保障。动态评估应急预案的灵活性需要综合考量:根据突发事件级别的变化随即作出合理的调整和应对;根据自然条件的变化灵活处置;根据资源的消耗灵活处置;根据事件发展过程中产生的新情况灵活处置;对意料之外的情况有效处置;等等。

第二节 应急预案的更新机制

一般情况下,应急预案只适用于特定的突发事件和情境,不能随意普适化。当各种情况变化时,要想增强预案的实操性,就要有针对性地对其进行修订。同时,经过对应急预案的深入持续的动态综合评估,会发现各种问题,制定主体应该及时对预案进行修订和更新。这样,才能使预案在实践不断完善。

一、应急预案更新的必要

俗话说,"计划赶不上变化快"。突发事件千变万化,应急管理随之变化,应急预案也应该及时更新,加强已编制预案的修订升级工作,规定最低修订频率,建立预案修订与风险评估、应急演练、应急管理评估、机构改革、资源存量变化的联动机制,规定应急预案修订的启动时间和修订周期。面对充满不确定性的突发事件,应急预案的更新与优化只有进行时,没有完成时。[①] 发达国家经常根据政府应急管理的实际情况,让预案编制和运作一直处于动态管理,伴随突发事件和外部环境的变化而充实、改进和完善,使预案因时、因地、因环境而及时修订,以保证预案的准确性、科学性、指导性和可操作性。例如,美国政府定期颁布《国家安全战略报告》,对美国可能遭受的各种威胁和危机进行全面评估,作为一段时期内国家安全工作的指导,并在日常的应急管理中,选择实际案例,建立各类突发事件的案例库,及时更新应急预案,并从理论总结到实践操作全方位寻求符合美国国情的解决方案。[②] 若应急预案制定后就将其束之高阁,不再更新,最终必定会导致其效力受到严重破坏,直至完全失效。

二、应急预案更新的原则

应急预案更新的原则和应急预案动态综合评估的基本原则大体一致。与评估应急预案一样,更新应急预案的目的也是完善它。因此,在应急预案更新时,须要坚持相应的原则。具体来说,就是要坚持三序列的原则。首先,在整个更新过程中,要始终坚持以事

---

① 参见张海波、童星:《中国应急预案体系的优化——基于公共政策的视角》,载《上海行政学院学报》2012 年第 6 期。

② 参见钟开斌、张佳:《论应急预案的编制与管理》,载《甘肃社会科学》2006 年第 3 期。

件为主导、专业评估和综合协调的实体性原则,以此对应急预案作系统和相应的修订。其次,要坚持及时更新的程序法治原则,针对客观情况的实际变化和评估后所发现的问题,程序性地对预案内容及时进行修订和完善,才能确保更新后的应急预案具备实操性,为突发事件的现场应对提供指导,减缓灾害所造成的各种损失。最后,要坚持更新落实于指标的科学性原则。应急预案的更新属于应急预案的动态管理,旨在保证预案的科学性、完整性和灵活性,故在修订工作中,要坚持以科学性指标、完整性指标、灵活性指标这三类普遍适用的重要指标来进行修订,并据此考量更新后的应急预案是否达到修订目的,是否真正能够有效抵御风险,实现应急处突的功能。

三、应急预案更新的种类

根据是否需要对应急预案的内容全部进行修订,可以将应急预案的更新分为部分条款更新和全面更新。

(一)部分条款更新

出现上述需要更新的情形时,通过对应急预案的检查和评估,发现应急预案本身的体系、结构和内容没有大的问题,只需要对部分条款进行相应修订就可以保障预案的实操性。这就是部分条款更新,原有的应急预案依然有效,只是部分条款变更。

(二)全面更新

如果客观条件发生重大变化,必须立即对已经制定好的应急预案进行全面检查和评估。一旦发现应急预案已经和现实发生了重大背离,不能满足工作的要求,就要对预案进行全面修订和更新,以确保应急预案制定目的的实现。这种更新的实质是以新的应急预案取代原有的应急预案,旧的应急预案彻底无效。

四、应急预案更新的条件

一般而言,下列任何情形出现时,应急预案都需要及时进行修订更新。

(一)制定应急预案的依据和标准发生变化

应急预案必须依法制定,这里的"法"主要指的是相应的法律、法规和规章。如果这些上位法发生了变化,那么应急预案就需要相应地进行更新,以保证其合法性。同时,应急预案的制定有一定的标准,如地区标准、行业标准等,当这些标准发生了变化时,应急预案也需要进行相应更新,以保证其科学性、合理性。

(二)国家总体应急预案及相关专项、保障、部门应急预案作了修订

应急预案体系的统一是非常重要的。如果国家修订了总体应急预案,或是与应急预案有关的专项预案、保障预案、部门应急预案进行了修订,那么应急预案也要相应地作出调整更新,这也是前述及时更新的程序法治原则的要求,许多地方和部门循此原则进行上下对标、协调一致、具体落实、利于操作的修订以及再修订,取得很好的实操效果。

(三)相关组织机构及其职责已经调整

应急预案所建立的应急组织体系必须科学合理,组织体系中的各部门应该分工明

确、协调配合,才能确保应急救援工作的统一领导和步调一致。如果相关组织机构及其职责已经发生变化,显然要更新应急预案作出更合理的安排和部署。要把能够承担相应处置工作的机构放在最合适的位置,以确保预案的全面实现,确保应急处置的效果。

(四)危险、隐患发生变化,经风险评估需要强化控制措施

前文已经提到,制定应急预案之前必须对可能出现的会对社会造成重大损失的自然灾害、事故灾难、公共卫生事件和社会安全事件等各类突发事件进行一次详细梳理和分类,对本地区进行科学客观的风险评估。这样才能准确地界定应急预案制定的覆盖面和优先级。当应急预案制定出台后,如果通过有效监控,发现危险源、危险区域发生了重大变化,也要及时地进行风险评估。如果经过风险评估和隐患排查后认为存在一定风险及隐患,就需要及时修订应急预案,强化相应的控制措施。

(五)应急预案经过演练或实施,经评估需要修订

应急预案制定后,原则上都应进行演练,以验证其科学性、完整性、灵活性,确保其实操性。如果对演练的情况进行综合评估后,发现预案存在问题,就需要对其进行更新。此外,如果本地区、本部门发生了突发事件,在依据预案处置完毕后,也要立即对应急预案的实施情况进行全面评估,如果认为应急预案的内容应做修订,就应该根据评估的结果对应急预案进行相应更新。

(六)应急预案规定的修订

英国、美国和加拿大的应急预案中,均有关于应急预案的修订条款。这些国家均把应急预案看作活的文件,其认为由于机构重组、新的风险评估资料、新法的通过、演练的经验以及灾难的发生均可能导致应急预案的修订。法律一般要求应急预案的制定者定期或者不定期地对预案进行检查。例如,英国的有关规定要求每 3 个月就应当对预案中的联系方式等信息进行纠正,并应当阶段性地对预案进行重新审查;如果预案有修订,应当及时公布。[①] 我们也应该学习这些经验,无论是否出现上述需要更新的情形,每年都定期对应急预案进行更新,至少修订一次。

(七)出现其他必要的修订条件

社会生活千变万化,一旦出现新情况、面临新问题,现行应急预案有可能无法满足实际的工作要求。例如,随着全球人口、贫困和环境问题的日益突出,仅依靠传统的政府和市场两级无法解决人类的可持续发展问题。作为一种回应,勃兴于 20 世纪 80 年代的 NGO[②](non-government organization)迅速成长并构成社会新的一级。一个发达的现代社

---

① 参见张红:《我国突发事件应急预案的缺陷及其完善》,载《行政法学研究》2008 年第 3 期。

② NGO,也即非政府组织,是指在特定法律系统下,不被视为政府部门的协会、社团、基金会、慈善信托、非营利公司或其他法人,不以营利为目的的非政府组织。国际知名 NGO 有绿色和平组织、无国界卫生组织、国际爱护动物基金会、美国福特基金会、英国救助儿童会和日本笹川和平财团等组织。

会需要发达的非政府组织。因为面对突发事件,NGO 可以协助政府共渡难关。2008 年汶川大地震和 2010 年青海玉树地震的救援现场,我们都能看到广大志愿者和非政府组织的身影。NGO 在我国尚属一项新制度,很多地区还没能建立起适合自己地方特点的 NGO 制度,很多的应急预案中也没有对此作出相关的规定。这就导致突发事件发生时,NGO 无法有效协助政府,发挥自己应有的作用。如何更新应急预案,对 NGO 进行积极有效的管理和调配,使其更好地发挥作用,辅助政府做好应急处置,也是目前国内急需研究的课题。在更新应急预案时,对积极参与救援的大量企业,事后是否要给予名誉上的相应奖励,在资金上要给予怎样适当的补偿,这都是预案制定主体应该思考的问题。只有及时发现社会生活中的各种变化,并对应急预案进行相应修订更新,才能真正保障其实操性。

五、应急预案更新的程序

应急预案的更新需要遵循相应的程序。

(一)成立修订小组

毫无疑问,应急预案的修订应当由当初预案的制定主体来负责。因为,制定主体对应急预案的目的、结构、内容以及制定过程、评估过程是最了解和熟悉的。更新预案时,由原来的制定主体组成修订小组,这样,不但有利于降低成本,还可以保障更新的效率。

(二)评估

多方参与的综合评估,可以为突发事件的实际处置提供必要的信息和资料,有助于确定应急工作的重点和难点。无论启动应急预案更新的条件是什么,都有必要在修订前进行评估,分析现实中已经出现的各种变化和应急预案已经暴露的各种不足,以便强化或改变相应的措施。

(三)具体修订

经过评估,修订小组对应急预案中需要完善和修改的条款、内容逐一进行相应的修订。如果是全面更新,则需要制定新的应急预案来替代原有的应急预案。具体修订时,仍需注意保持应急预案体系的统一,注意与相关应急预案的衔接。

(四)评审

应急预案的更新必须经过评审,包括内部评审和专家评审,必要时还可以报请上级应急机构进行评审。这也是体现和保持应急预案科学性的重要措施。

(五)批准和发布

完成更新的应急预案经评审通过后,应当及时报有关部门批准,批准后进行正式发布和备案。这也是增强应急预案合法性、正当性和规范性的要求。

第十三章　应急预案工作的监督管理

对应急预案工作的监督管理是落实应急预案相关法律规范,改进应急预案的编制、审批、备案、发布、评估、修订、培训、演练等工作,增强应急预案实效性与可操作性的重要保障。对此,有必要从应急预案工作的专门管理,应急预案演练,应急预案的教育培训,应急预案的检查、考核与奖惩等方面着手,切实加强应急预案工作的监督与管理,从而进一步完善应急管理工作,提升政府与社会的应急处理能力。

第一节　应急预案工作的专门管理

由于应急预案是政府及企事业单位应对突发事件的行动指南,应急预案编制的科学与否以及能否适时修订等问题直接决定着其作用发挥的程度,因此,我们要采取一定措施保证应急预案的科学性和实用性。为此,应对应急预案进行专门管理。专门管理可以增强各类应急预案的针对性和可操作性,提高政府及企事业单位处置突发事件的能力,更好地保护人民的生命财产安全。一般来说,应急预案工作的专门管理包括应急预案编制、审批、备案、发布、评估、修订、培训、演练等工作。

一、应急预案工作的管理主体和职责

(一)县级以上各级政府

国务院和县级以上地方各级人民政府是突发事件应急管理工作的行政领导机关,而应急预案工作是应急管理工作的一部分,各级政府自然属于应急预案工作的管理主体。其中,国务院统一领导全国的应急预案工作。各级地方政府负责本地方应急预案管理工作。

(二)各级应急管理部门

在应急预案管理方面,国务院应急管理部负责统筹规划全国应急预案体系建设,并对各省级政府及国务院组成部门的应急预案工作进行指导和监督;地方各级应急管理部门的职责是制订本地区应急预案体系建设规划,编制应急预案的管理规范、指南,指导、检查应急预案编制、实施工作等。

(三)县级以上政府工作部门

县级以上政府工作部门也是突发事件应急管理主体。就应急预案管理而言,国务院有关部门要具体负责相关类别的突发事件专项应急预案、部门应急预案的起草与实施及对本系统应急预案工作的指导和监督;县级以上地方政府部门要督促、指导辖区内本系统应急预案的编制和管理工作,确保形成相应的应急预案体系。

(四)其他应急预案管理主体

其他应急预案管理主体包括乡镇、街道等基层政权组织,矿山、建筑施工单位,易燃易爆物品、危险化学品等危险物品的生产、经营、储运、使用单位,公共交通工具、公共场所和其他人员密集场所的经营单位或管理单位,重大活动的主办单位等。这些主体应对自身制定的应急预案进行管理,如对预案的演练、修订等。

二、应急预案专门管理的保障措施

应急预案管理主体开展应急预案管理工作一般需要以下保障措施。

(一)应急预案专门管理的队伍保障

鉴于应急预案在突发事件应对过程中的重要作用以及应急预案编制和管理较强的专业性要求,各级政府和部门以及其他应急预案管理主体应指定专门的机构和人员负责应急预案管理工作。如《北京市突发事件应急预案管理办法》(2017 年修订)第 44 条就规定:“各单位由分管领导作为本单位应急预案管理的责任人,指定专门机构并配备专人负责应急预案管理相关具体工作。应急预案的编制修订人员应熟悉本地区、本系统、本部门应急管理体制、机制、法制建设情况,了解相关突发事件特点和应对工作的基本要求,熟悉应急预案编制的技术、程序和方法。”

(二)应急预案专门管理的信息保障

应急预案管理主体往往要管理本地区或本系统的大量预案。如果这些预案全部是以纸质文件或电子文档的形式存储,那么将给应急预案的查询和应急指挥带来很大不便,大大降低预案管理效率。为此,应急预案管理主体应积极提高应急预案信息化管理水平。应急预案信息化管理除要求建立应急预案数据库外,还要求逐步建立完善与之相关的各类风险与隐患监控数据库、应急资源数据库、应急专家数据库等。应急预案管理主体应及时更新维护上述数据库,确保数据的质量,以便更好地发挥其对突发事件应急指挥的辅助作用。

(三)应急预案专门管理的经费保障

无论是应急预案的编制、修订,还是培训、演练,都需要一定经费。缺乏充足的经费保障,应急预案的专门管理无法开展。北京市、湖南省、重庆市等地的突发事件应急预案管理办法都对此作出了规定。如《湖南省突发事件应急预案管理办法》(2014 年修订)第 35 条规定:“各级人民政府及其有关部门、各有关单位要指定专门机构和人员负责应急预案编制和管理工作,将应急预案规划、编制、审批、发布、修订、宣传、培训、演练等工作所需经费纳入预算统筹安排。”

第二节　应急预案的演练制度

一、应急预案演练制度的概述

（一）应急预案演练分类①

1. 按组织形式划分，应急预案演练（以下简称应急演练）可分为桌面演练和实战演练。桌面演练，也称沙盘推演，是指参演人员利用地图、沙盘、流程图、计算机模拟、视频会议等辅助手段，针对事先假定的演练情景，讨论和推演应急决策及现场处置的过程，从而促进相关人员掌握应急预案中所规定的职责和程序，提高指挥决策和协同配合能力。桌面推演在实际演练中被广泛融合在各种演练中，发挥着事态研判、紧急会商、促进烦琐突发事件演练方案形成等重要功能。但这种方式由于实施操作烦琐、花费较高，因此，很多地方不采取这种方式的演练。② 桌面演练通常在室内完成。实战演练是指参演人员利用应急处置涉及的设备和物资，针对事先设置的突发事件情景及其后续的发展情景，通过实际决策、行动和操作，完成真实应急响应的过程，从而检验和提高相关人员的临场组织指挥、队伍调动、应急处置技能和后勤保障等应急能力。实战演练通常要在特定场所完成。

2. 按内容划分，应急演练可分为单项演练和综合演练。单项演练，是指涉及应急预案中特定应急响应功能或现场处置方案中一系列应急响应功能的演练活动。单项演练注重针对一个或少数几个参与单位（岗位）的特定环节和功能进行检验。综合演练，是指涉及应急预案中多项或全部应急响应功能的演练活动。综合演练注重对多个环节和功能进行检验，特别是对不同单位之间应急机制和联合应对能力的检验。

3. 按目的与作用划分，应急演练可分为检验性演练、示范性演练和研究性演练。检验性演练是指为检验应急预案的可行性、应急准备的充分性、应急机制的协调性及相关人员的应急处置能力而组织的演练。示范性演练，是指为向观摩人员展示应急能力或提供示范教学，严格按照应急预案规定开展的表演性演练。研究性演练，是指为研究和解决突发事件应急处置的难点问题，试验新方案、新技术、新装备而组织的演练。

（二）应急演练的规划

应急演练的规划是应急演练的前提，对突发事件责任主体的应急管理工作与应急演练管理均具有重要的导向作用。为了保证应急演练的持续性开展，演练组织单位应制订

---

① 参见国务院应急管理办公室编制的《突发事件应急演练指南》。

② 参见闫旭：《突发事件应急演练组织实施与常见问题研究》，载《管理观察》2019 年第 15 期。

演练规划。演练组织单位要根据实际情况，并依据相关法律法规和应急预案的规定，制订年度应急演练规划，按照“先单项后综合、先桌面后实战、循序渐进、时空有序”等原则，合理规划应急演练的频次、规模、形式、时间、地点等。应急演练规划是一个动态改进演练安排的过程。通过开展应急演练发现演练规划存在的不足，从而优化区域应急演练的内容、形式、规模与频次等。①

（三）应急演练的准备

1. 成立演练组织机构。② 应急演练应在相关预案确定的应急领导机构或指挥机构领导下组织开展。演练组织单位要成立由相关单位领导组成的演练领导小组，通常下设策划组、评估组、技术组和保障部。对于不同类型和规模的应急演练活动，其组织机构和职能可以适当调整。

（1）领导小组。在举办实战演练或综合应急演练时成立该小组。该组负责领导应急演练的筹备工作和实施；负责审批演练方案和经费使用；负责审批应急演练评估总结报告；决定应急演练的其他重要事项等。

（2）策划组。该组具体负责应急演练的组织、协调和实施工作。负责制定演练计划、设计演练方案；负责协调指导参演单位进行应急演练准备等工作；在演练中，承担演练实施的协调控制职责。

（3）评估组。负责根据演练方案，拟定应急演练考核要点和提纲，跟踪和记录应急演练进展情况，发现应急演练中存在的问题，对应急演练进行点评。根据需要，负责针对应急演练实施中可能面临的风险进行评估，负责应急演练安全保障方案的审核与论证。

（4）技术组。负责保障应急演练所涉及的有线通信、无线调度、异地会商、移动指挥、社会面监控、应急信息管理系统等技术支撑系统的正常运转；可根据应急演练工作方案拟定应急演练技术支持脚本，并参与应急演练的技术系统调度工作。

（5）保障组。主要负责应急演练过程中的会务、物资、装备和后勤保障等工作。

2. 制订演练计划。演练计划，是指对拟举行演练的基本构想和准备活动的初步安排，一般包括演练的目的、方式、时间、地点、日程安排、经费预算和保障措施等。“演练计划是否合理是演练成败的关键”，③因此，演练组织单位应高度重视演练计划的编写。演练计划由策划组负责编制。策划组编制好演练计划后应报领导小组批准。

3. 设计演练方案。设计演练方案是应急演练准备工作的基础环节。演练方案的内容一般包括演练目标、演练情景、演练实施步骤、评估标准与方法、后勤保障、安全注意事

---

① 参见张小兵、张然、解玉宾：《我国应急演练管理研究新进展》，载《中国安全生产科学技术》2016 年第 10 期。

② 本部分内容主要参考了《北京市突发事件应急演练暂行办法》和《突发事件应急演练指南》。

③ 李亦纲、尹光辉、黄建发等：《应急演练中的几个问题》，载《中国应急救援》2007 年第 3 期。

项等。根据演练类别和规模的不同,演练方案可以编为一个或多个文件。编为多个文件时,演练方案可包括演练人员手册、演练控制指南、演练评估指南、演练宣传方案、演练脚本等,分别发给相关人员。对涉密应急预案的演练或不宜公开的演练内容,要制定保密措施。策划组编写演练方案,报演练领导小组审批,必要时,还需报有关主管单位同意并报相应级别应急管理部门备案。

4. 演练动员与培训。① 在演练开始前要进行演练动员和培训,确保所有演练参与人员掌握演练规则,演练情景和各自在演练中的任务。所有演练参与人员都要经过应急基本知识、演练基本概念、演练现场规则等方面的培训。对控制人员要进行岗位职责、演练过程控制和管理等方面的培训;对评估人员要进行岗位职责、演练评估方法、工具使用等方面的培训;对参演人员要进行应急预案、应急技能及个体防护装备使用等方面的培训。

5. 应急演练保障。除做上述准备外,演练组织单位还要做好演练人员、经费、场地、物资和器材、通信、安全等方面的保障工作。需要特别注意的是,对可能影响公众生活、易于引起公众误解和恐慌的应急演练,演练主办单位应提前向社会发布公告,告知演练内容、时间、地点和组织单位,并做好应对方案,避免造成负面影响。

(四)应急演练的实施

1. 演练启动。在演练正式启动前,一般要举行简短仪式,由演练总指挥宣布演练开始并启动演练活动。

2. 演练执行。"演练启动后,应保持演练人员具有较大的自主性,根据突发事件背景和注入的信息或插入事件,自主的根据预案做出及时的反映。"②策划组一般不直接干预参演人员的响应行动,但当响应行动与应急演练目的或内容出现较大偏差,甚至可能发生某种危险时,则应直接干预或中止演练,以保证演练安全、有序进行。

3. 演练结束。演练完毕,由总策划发出结束信号,演练总指挥宣布演练结束。所有人员停止演练活动,按预定方案集合进行现场总结讲评或者组织疏散。保障部负责组织人员对演练场地进行清理和恢复。

(五)演练评估与总结

1. 演练评估。演练评估是在全面分析演练记录及相关资料的基础上,对比参演人员表现与演练目标要求,对演练活动及其组织过程作出客观评价,并编写演练评估报告的过程。演练评估的目的是确定演练是否达到演练目标要求,检验各应急指挥人员及应急响应人员完成任务的能力。③ 所有应急演练活动都应进行演练评估。演练评估的重要环

---

① 参见《突发事件应急演练指南》。

② 李亦纲、尹光辉、黄建发等:《应急演练中的几个问题》,载《中国应急救援》2007 年第 3 期。

③ 参见刘铁民主编,国家安全生产监督管理局安全科学技术研究中心编著:《应急体系建设和应急预案编制》,企业管理出版社 2004 年版,第 45 页。

节是编写演练评估报告。演练评估报告的主要内容，一般包括演练执行情况、预案的合理性与可操作性、应急指挥人员的指挥协调能力、参演人员的处置能力、演练所用设备装备的适用性、演练目标的实现情况、演练的成本效益分析、对完善预案的建议等。

2. 演练总结。演练总结可分为现场总结和事后总结。

(1)现场总结。在演练的一个或所有阶段结束后，由演练总指挥、总策划、专家评估组长等在演练现场有针对性地进行讲评和总结。总结内容主要包括本阶段的演练目标、参演队伍及人员的表现、演练中暴露的问题、解决问题的办法等。

(2)事后总结。在演练结束后，由策划组根据演练记录、演练评估报告等材料，对演练进行系统和全面的总结，并形成演练总结报告。总结报告内容包括：应急演练的基本情况和特点；应急演练的主要收获和经验；应急演练中存在的问题及原因；对应急预案和有关执行程序的改进建议；对应急设施、设备维护与更新方面的建议；对应急组织、应急响应人员能力与培训方面的建议等。

二、我国应急演练存在的问题

(一)应急演练的开展随机性较大

我国的《突发事件应对法》《防震减灾法》等有关法律、法规及各级各类应急预案，都规定各级政府、各类社会团体、企事业单位要积极开展应急演练。近年来，各级政府、各类社会团体、企事业单位也确实开展了许多不同层次的应急演练。然而，由于对应急演练的重要性认识不足及缺乏明确具体的硬性要求等原因，应急演练的开展随机性较大。应急演练是否开展更多依赖于演练组织单位领导的个人意愿。然而，如果不经常进行应急预案演练，应急预案的科学性和可操作性就难以得到检验，应急预案的不足之处也难以得到及时弥补。

(二)应急演练方案科学性不足

应急演练主要围绕演练方案展开。演练方案编制的科学与否直接影响演练的效果。然而，实际的情况是，很多应急演练的开展缺乏科学的演练方案。比如，部分演练方案存在事故发生、发展过程在技术上不合理，情景设计与演习目的不相符，各环节衔接不好等问题。[①] 科学性不足的演练方案将会降低应急演练效果，难以达到演练目的。

(三)应急演练实效性不强

尽管各级政府、各类社会团体、企事业单位已经开展了很多应急演练，但部分演练在一定程度上存在实效性不强的问题。其主要原因有：准备不充分、动员不到位就开展示范性演练，并且，是为演练而演练，未能充分发挥演练在检验预案、锻炼队伍、磨合机制等方面的作用；演练的开展缺乏针对性，未从演练组织单位的实际需要出发组织演练；未进行系统全面的演练评估，难以使应急预案得到及时完善等。

---

① 参见张健：《确保核事故应急演习的检验性》，载《核安全》2009 年第 2 期。

三、加强应急预案演练的建议

（一）推进应急演练管理规范化

为了抑制应急演练开展的随机性，促进应急演练的常态化，我国应积极推进应急演练管理规范化建设，为应急演练管理提供制度保障。由于应急演练管理从属于应急预案管理，因此，应急演练管理的规范化主要应通过应急预案管理规范化来实现。就应急演练管理而言，中央与地方的应急预案管理办法应对演练规划、演练频次、演练评估、对演练开展情况的检查、奖惩制度等作出规定。2013 年发布的《突发事件应急预案管理办法》第 22 条第 1 款规定："应急预案编制单位应当建立应急演练制度，根据实际情况采取实战演练、桌面推演等方式，组织开展人员广泛参与、处置联动性强、形式多样、节约高效的应急演练。"上述规定对推进应急演练管理的规范化，具有积极意义。

（二）提高演练方案设计的科学性

针对部分演练方案科学性不足的问题，可以从以下几个方面加以改进。其一，由技术人员和组织管理人员共同编写方案。技术人员要使演练方案符合一般性技术要求，组织管理人员则要重点关注参演各方的职责及协调互动关系等事项。其二，做好方案编制的准备工作。在正式编制演练方案前，策划组应通过资料阅读、实地调查等方式把握本地区、本领域或本单位可能发生的主要风险和事件以及以往就相应风险和事故开展应急演练的情况，进而有针对性地进行方案设计。其三，明确演练目的，使演练方案与之相符。不同类型演练的检验目标不同，演练方案必须与演练目标相符。单项演练注重针对一个或少数几个参与单位（岗位）的特定环节和功能进行检验，因此，演练方案的情景设计中"要合理设定外部条件（事故序列、指挥部指令、协作要求等），要重点考查响应过程及效果"。① 综合演练注重对突发事件应对的多个环节和功能进行检验，特别是对不同单位之间应急机制和联合应对能力的检验。演练方案对此应有充分反映。

（三）倡导开展检验性演练

应急演练的首要目的是检验预案，即通过开展应急演练，发现应急预案的缺陷和不足。既然如此，除开展一定数量的示范性演练和研究性演练外，演练组织单位应更多开展检验性演练，以便更充分地实现检验预案的目的。在进行检验性演练中，要特别重视对演练的评估。演练结束后，评估组要从演练执行情况、预案的合理性与可操作性、应急指挥人员的指挥协调能力、参演人员的处置能力、演练所用设备装备的适用性等方面进行评审，分析、查找应急预案、应急组织体系、应急准备中存在的问题。演练组织单位则应结合评估报告和演练总结积极进行整改，以促进应急预案的完善和本单位应急能力的提升。

---

① 张健：《确保核事故应急演习的检验性》，载《核安全》2009 年第 2 期。

第三节 应急预案的教育培训

一、应急预案教育培训制度的构成要素

（一）应急预案教育培训主体

应急预案的制定主体及各级应急管理部门是应急预案教育培训主体。其中，应急预案的制定主体包括：各级政府、县级以上政府部门，工会、共青团、妇联以及其他社会团体、企事业单位、居民委员会和村民委员会，重大活动的主办单位等。

（二）应急预案教育培训内容

应急预案教育培训内容一般以应急预案为主，以应急知识和应急技能为辅。对于一般公众的应急预案教育，要把预案中涉及公众生命安全保障的部分应作为重点，同时，要普及事故预防、避险、自救和互救等知识；对于有关管理人员和专业救援人员的教育培训，则以预案中的应急职责、应急程序以及应急处置方案等内容为主。

（三）应急预案教育培训对象与方式

应急预案教育培训的对象有关应急管理人员、一般公务员、专业救援人员、企事业单位职员、应急志愿者和普通公众等。由于这些教育培训对象在突发事件处置中的职责不同，因此，教育培训主体可就这些人员的具体情况采取不同的教育培训方式。对应急管理人员、专业救援人员和应急志愿者，可采用教师授课、播放专题电视录像等方式；[①]对一般公务员或企事业单位职员，可采用课堂学习或者自学等方式；对普通公众可采用发放应急预案宣传普及材料、通过电视、广播等新闻媒体进行宣传等方式。

二、我国应急预案教育培训的现存问题

（一）在培训主体上，应急教育培训机构较少

如前所述，我国目前的教育培训主体限于应急预案的制定主体及各级应急管理部门。而这些教育培训主体更多是自主开展教育培训，较少通过专门的应急教育培训机构进行培训。应急教育培训机构开展的培训通常更具专业性和系统性，培训效果较好。正因如此，英国、德国、瑞典等国家都十分重视应急教育培训机构的建设，“都把建立完善应急管理教育培训体系作为完善整个国家应急管理体系的重要内容，从法律制度到经费保障，到具体的基础设施建设和人员选派，都提供了强有力的保障”。[②]

---

① 必要时，可通过演练的方式进行培训，这种做法也被称作“以练带训”。

② 国家行政学院课题组：《英国、德国、瑞典应急管理教育培训的主要做法及启示》，载《中国浦东干部学院学报》2009 年第 3 期。

（二）在培训内容上，应急能力培训被弱化

尽管应急预案教育培训应以预案作为主要教育培训内容，但在这个过程中，教育培训主体也要注重对应急人员应急能力的培训。将应急救援知识加以实际运用的经验积累方能转化为应急救援能力，这种能力的培养对应急预案的各项任务目标的完整实现具有特殊意义。然而，实际的情况是，技能型、实务型的培训次数偏少，①培训在更多情况下是围绕应急预案及应急知识的宣传教育展开的，应急能力培训被忽视、弱化了。

（三）在培训对象上，对中下层公务员的培训不足

据一项调查显示，行政层级越低的人，从未参加应急培训的比例就越高。这说明目前培训的资源主要集中在上层，相当比例的一般公务人员未能获得参加培训的机会。②而事实上，一般公务员处在突发事件应对的第一线，最需要掌握自身的应急职责、相应的应急程序和一定的应急技能，也就更需要参加应急教育培训。

三、完善我国应急预案教育培训的建议

（一）完善应急管理教育培训体系

鉴于我国应急教育培训机构较少，应急管理教育培训体系尚不完善的实际状况，我国应以国家行政学院国家应急管理人员培训基地的建设为契机，③带动其他应急管理培训基地建设，促进我国应急管理教育培训体系的完善。而通过重点建设好国家级应急管理教育培训基地，辐射带动其他应急管理培训基地建设，乃至整个国家应急管理教育培训体系建设，恰恰是英国、德国和瑞典等国的共同理念和做法。④

（二）增加应急能力培训比重

对于应急管理人员和专业救援人员来说，除通过培训了解预案中的应急职责、应急程序以及应急处置方案等内容外，更重要的是提升应急能力。从这个意义上来说，应急预案教育培训应适当增加应急能力培训的比重。相应地，在培训方式上，教育培训主体除采用教师授课、观看专题电视录像等方式外，还要通过现场教学、演练等更利于提高应急能力的方式进行培训。

（三）注重教育培训对象的普遍化

应急预案的教育培训可以使应急人员了解应急知识、提高应急能力。为了使这种作用得以最大限度发挥，教育培训主体应注重教育培训对象的普遍化，而不应把教育培训的机会仅提供给应急人员中的部分群体。同时，重点强化对指挥者、参与处突人员、可能

---

① 参见林鸿潮：《政府应急能力建设及其自我认知调查》，载《行政法学研究》2009 年第 1 期。

② 同上。

③ 国家已批准国家行政学院成立国家应急管理人员培训基地。

④ 参见国家行政学院课题组：《英国、德国、瑞典应急管理教育培训的主要做法及启示》，载《中国浦东干部学院学报》2009 年第 3 期。

受到突发事件影响的普通群众、预案关联责任方4类对象的宣传,使指挥者、参与处突人员、普通群众、关联责任方均获得必要的应急知识与能力。①

第四节　应急预案工作的检查、考核与奖惩

为了促使应急预案管理主体做好应急预案的管理工作,各级应急管理部门应加强对应急预案工作的检查、考核与奖惩。

一、应急预案工作的检查

为了及时发现应急预案工作中存在的问题,促进预案工作的不断改进,各级应急管理部门及县级以上政府部门应加强对本地区、本领域的应急预案工作的检查。检查内容主要应包括:应急预案体系建设情况;应急预案合法合规及编制覆盖率情况;与各级相关应急预案的衔接情况;突发事件应对中的应急预案使用情况及应对后的总结改进情况;应急预案宣教、培训、演练工作情况;应急预案修订及时性;应急预案备案、公布工作情况;应急预案管理工作的领导及专职人员到位情况;应急预案资金保障情况;应急预案信息化管理工作情况。②

二、应急预案工作的考核

应急预案工作的考核既是促进应急预案管理质量提高的重要手段,也是对应急预案工作进行奖惩的直接依据。陕西、北京、重庆等省市的应急预案管理办法都对应急预案工作的考核作出了规定。应急预案考核工作主要由各级应急管理部门具体负责。各级应急管理部门应将应急预案管理工作考核纳入应急管理工作考核内容。有的省市还将应急预案管理工作纳入了行政机关主要或分管负责人职责绩效考核范围。

三、应急预案工作的奖惩

应急预案工作的奖惩制度通过将正向激励和负向激励结合,可以对应急预案管理主体形成较好的激励作用,促进预案管理工作的不断改进和完善。

(一)应急预案工作的奖励

应急预案工作奖励的基本特征包括:奖励主体通常为县级以上政府;奖励对象为应急预案管理工作中成绩突出的单位和个人;奖励形式是表彰奖励。

(二)应急预案工作的惩罚

应急预案工作的惩罚措施包括责令改正、行政处分和刑罚。对负有应急预案管理职

---

① 参见赵伟、储江红:《浅析我国应急预案管理面临的困境及未来取向》,载《改革与开放》2018年第24期。

② 参见《北京市突发事件应急预案管理办法》(2017年修订)第42条。

责的行政机关不履行或者未按照规定履行法定职责的，由其上级行政机关或者监察机关责令改正。对未按规定制定、修订应急预案，或未按应急预案规定履行相关职责，导致突发事件危害扩大的，依据有关法律法规，对直接负责的主管人员和其他直接责任人员予以行政处分；涉嫌犯罪的，移交司法机关依法追究刑事责任。

第十四章　应急预案实施环境的改善

应急预案正式发布后，应急预案的实施便成为应急管理工作的重要环节。为确保应急预案可靠、有效实施，关注并改进其实施环境是必不可少的环节。

我国《突发事件应对法》(2007 年)第 6 条要求"国家建立有效的社会动员机制，增强全民的公共安全和防范风险的意识，提高全社会的避险救助能力"，其目标是构建政府、社会、市场协同治理公共危机的局面。① 显然，公众的观念、意识及其行为取向是应急预案实施外部环境的核心要素。充分发挥公众的作用和功能，既体现了突发事件应对的社会化原则；又有利于减轻政府负担，进而实现"政府—社会"在突发事件应对管理和预案实施中的合理分工。相应地，社会动员机制与公众参与的引导、规范和保障构成应急预案实施环境的重要组成部分。其基本考虑是，将公众纳入应急预案法治化的框架内，既通过宣传、培训、动员和规范管理等措施充分发挥公众的功能；同时，将公众视为一方独立的主体，充分尊重其主观意愿，保护其合法权益。

第一节　我国应急预案实施环境的现状

在和平稳定时期，社会公众往往比较缺乏危机意识。因此，需要通过预案的编制、演练，模拟危机情势，不断改进危机的监控预警系统，增强政府和公众的危机意识和应对能力。这构成应急预案实施环境改进的重要组成部分。

2008 年年初，胡锦涛同志就"提高各级领导干部处置公共突发事件的能力"作出批示，提出要"从提高党的执政能力要求提高各级领导干部的处置公共事件的能力"。为此，中共中央组织部发出《关于贯彻落实胡锦涛同志重要批示精神，加强各级领导干部处置突发事件能力培训的通知》(组通字〔2008〕9 号)。之后，国务院将"加强应急管理培训和科普宣教工作"列入《国务院 2008 年工作要点》。

一、强调公众参与和社会动员传统

在应急管理领域，我国政府一直重视公众参与和社会动员，将提高基层的应急管理

① 参见马怀德：《修改〈突发事件应对法〉的几点建议》，载《理论视野》2009 年第 4 期。

意识和能力作为应急管理的重要内容。与此同时,重视社会力量,积极发展各种兼职人员和队伍参与应急处置中去,取得了良好效果。2020 年新冠肺炎疫情发生后,广大志愿者和志愿服务组织积极响应党和政府号召,主动投身物资与人员运送、农村社区人员摸排、公共场所人员体温监测等防疫工作,参与突发事件应急管理,发挥群防群治力量,为打赢疫情防控阻击战、总体战做出了重要贡献。

有关法律或国务院规范性文件对应急管理中的公众参与和社会动员作了原则性规定。我国《突发事件应对法》(2007 年)第 11 条第 2 款明确规定,"公民、法人和其他组织有义务参与突发事件应对工作"。第 10 条规定:"有关人民政府及其部门作出的应对突发事件的决定、命令,应当及时公布。"2006 年《国务院关于全面加强应急管理工作的意见》(国发〔2006〕24 号)之六要求"加强领导和协调配合,努力形成全民参与的合力",该部分之(二十一)要求"构建全社会共同参与的应急管理工作格局",提出要"紧紧依靠群众,军地结合,动员社会各方面力量积极参与",最终"形成全社会共同参与、齐心协力做好应急管理工作的局面"。2007 年《国务院办公厅关于加强基层应急管理工作的意见》(国办发〔2007〕52 号)就要求加强基层应急管理工作,达到"相关法规政策进一步健全,基层应急保障能力全面加强,广大群众公共安全意识和自救互救能力普遍提升,基层应对各类突发公共事件的能力显著提高"的宗旨。《国务院关于进一步加强防震减灾工作的意见》(国发〔2010〕18 号)则要求,"积极推进地震应急救援志愿者队伍和社会动员机制建设,规范有序地发挥志愿者和民间救援力量的作用"。

一些地方也将公众参与作为应对突发事件的基本原则。比如,北京市将公众参与作为突发事件应对的基本原则。《北京市突发事件总体应急预案》(2016 年修订)在基本原则部分明确"坚持社会广泛参与的原则",要求"充分依靠广大市民,发挥人民团体和社会组织的积极作用,调动社会各方面的积极性,把社会、公众的参与同政府管理有效结合,形成政府、企事业单位和志愿者队伍相结合的突发事件应对体制机制,实现突发事件应对的社会化"。一些地方的突发事件应急预案管理办法也规定了类似的原则或指导思想。比如,《重庆市突发事件应急预案管理办法》(2008 年)第 4 条规定,编制应急预案应遵循的原则包括"全民参与";第 9 条第 4 项进一步规定,在编制应急预案时涉及与公众权益密切的,编制部门(单位)应当以适当方式广泛征求意见。《山西省突发事件应急预案管理办法》(2015 年)则在第 17 条、第 19 条更是明确、细致地规定了专家在预案编制中的作用,对专家评审应急预案的方式、程序进行了更详细的规定。《北京市突发环境事件应急预案》(2013 年修订)也规定"充分利用在京专家资源",在预警响应时,政府机关应组织包括专家在内的有关政府机关、部门、单位进行会商。值得一提的是,该预案明确要求"建立突发环境事件应急专家信息库,提供人才保障",作为应急预案实施保障措施之"科技准备"的组成部分。

在有关法律、规范性文件及预案对公众参与和社会动员作出原则性规定的同时,我国《突发事件应对法》(2007 年)及应急预案还对与公众密切相关的多维信息沟通机制以及应急管理培训和社会动员机制等作出了详细规定。

与公众的多维信息沟通机制初步建立,且实施成效比较明显。在机制建设上,表现为宣传与公开机制。我国《突发事件应对法》(2007 年)在第 29 条、第 44 条、第 55 条多处提到宣传问题,包括应急知识的宣传,突发事件预防与应急的公益宣传,突发事件处置的宣传动员等。就公开而言,已有机制建设和实践包括应急预案及相关的信息发布,包括向特定相关企业、组织、群体的信息发布和向不特定社会公众的信息公开,公布应急预案的启动决定和相关要求。应急预案的出台、演练和启动都将影响特定企业、组织和个人的工作、生产和日常生活。因此,需要向这些群体进行信息发布工作。公布与社会公众有关的突发事件预测信息、分析评估结果,以及危险源、危险区域等。我国《突发事件应对法》(2007 年)第 44 条第 4 项已明确规定了政府定期向社会发布相关信息的职责。比如《国家地震应急预案》(2012 年修订)规定,"宣传、教育、文化、广播电视、新闻出版、地震等主管部门密切配合,开展防震减灾科学、法律知识普及和宣传教育,动员社会公众积极参与防震减灾活动,提高全社会防震避险和自救互救能力"。

多维信息沟通机制的成效明显。一方面,增强了社会公众的应急意识,包括上报事件、信息的意识。《浙江省突发公共卫生事件应急预案》(2006 年)规定,"任何单位和个人都有权向各级政府及其卫生行政部门报告突发公共卫生事件及其隐患"。这种意识的最终落实,需要通过相关渠道建设和宣传告知来实现。为此,我国《突发事件应对法》(2007 年)第 44 条第 2 项规定,发布警告、宣布进入预警期之后,县级以上地方各级人民政府应当"向社会公布反映突发事件信息的渠道"。通过这种信息上报和整理,还有利于建立健全突发事件的舆情收集和分析机制;同时,还有利于建立突发事件谣言应对机制,及时澄清不实报道、小道消息和各种传闻。另一方面,增强了自救互救的意识和能力。通过应急预案等的宣传教育,增强社会公众的自救互救意识,提高整个社会应对突发事件的意识和能力。警告可能受到的突发事件危害,宣传预防、应对、避免以及减轻危害的常识,可以协助公众树立相对科学的突发事件观念、意识和心态,提高全社会对突发事件的防范意识。在这方面,我国突发事件的"一案三制"已经有所重视。比如,地质灾害应对强调"六个自我"原则,其内容是"自我识别、自我监测、自我预报、自我防范、自我应急和自我救治",只有突出当地人的作用,才能实现及时防灾,避免贻误减灾时机。①

通过应急管理培训和社会动员机制建设增强了应急预案的社会力量和资源。广义的社会动员包括征收征用、采购、物资储备、社会募捐机制,以及组织公众参与应急救援和处置工作,有特定专长的人员提供服务等。面向政府主管部门之外企业、组织、个人的

① 参见刘传正:《单体地质灾害应急预案编制与实施问题》,载《中国地质灾害与防治学报》2010 年第 21 期。

应急培训工作具有基础性意义，包括对基层应急队伍、应急救援队伍、应急保障队伍的建设、培训，特别是由成年志愿者组成的应急救援队伍、非专业应急救援队伍以及兼职应急救援队伍的培训，使其熟悉应急职责和权利义务、应急程序和相关工作要求，这对于应急预案实施的资源增强、能力增强具有支柱性意义。在此，应注意加强专业应急救援队伍与非专业应急救援队伍、专职应急救援队伍与兼职应急救援队伍的合作能力，通过对应急预案的联合培训、联合演练，提高合成应急、协同应急的能力。

二、强调发挥专业技术人员的作用

《国务院关于全面加强应急管理工作的意见》（国发〔2006〕24 号）要求“建立应急救援专家队伍，充分发挥专家学者的专业特长和技术优势”。关于科学技术方面，该意见则规定了应急管理工作的“公共安全科技支撑体系”，要求“高度重视利用科技手段提高应对突发公共事件的能力，通过国家科技计划和科学基金等，对突发公共事件应急管理的基础理论、应用和关键技术研究给予支持，并在大专院校、科研院所加强公共安全与应急管理学科、专业建设，大力培养公共安全科技人才。坚持自主创新和引进消化吸收相结合，形成公共安全科技创新机制和应急管理技术支撑体系。扶持一批在公共安全领域拥有自主知识产权和核心技术的重点企业，实现成套核心技术与重大装备的突破，增强安全技术保障能力”。

各种相关法规、政策文件也规定了专家的重要角色，以及专业技术的研发和作用发挥。比如，《国务院办公厅转发安全监管总局等部门关于加强企业应急管理工作意见的通知》（国办发〔2007〕13 号）要求“充分发挥专家对企业预案编制、应急演练、应急处置等工作的指导作用，提高企业应急管理水平”，“加快新技术、新工艺和新设备的应用”。

地方性的应急预案管理的规章和规范性文件，也大多强调了科学技术和专业的要素与专家的作用。如《重庆市突发事件应急预案管理办法》（2008 年）第 9 条第 4 项规定在编制应急预案时编制部门（单位）应当征求专家的意见。第 20 条第 2 款倡导，“鼓励应急预案编制部门（单位）委托专业技术服务机构、科研院所、大专院校参与应急预案编制和评估工作”。又如《北京市突发重大动物疫情应急预案》（2008 年修订）7.1.2 要求建立应急决策专家库，辅助决策知识库等。专家顾问组由各种领域的专家组成，其职责也在预案中予以明确规定，包括针对技术措施、应急准备等议题提出建议，参与制定、修订应急预案和防控、处置技术方案，负责技术指导和培训等。

第二节　我国应急预案实施环境存在的主要问题

一、应急管理职权界限不够明晰

由于行政组织法建设尚未完全到位，我国特定行政机关、机构、部门的职责由包括组织及行为法律、行政法规、地方性法规，以及更低层级的部门规章和地方政府规章，包括政府与上级部门的规范性文件如“三定”方案，乃至领导批示确定。这就使各种层级、类型行政组织的职权处于不够明晰、确定的状态，实践中机关、部门之间各种职权争议频频发生。其表现形态包括对特定事项管理职权你争我抢的积极争议，也有相互推诿的消极争议。在应急管理领域，这种职权或权限争议依然存在。不言而喻，其消极影响广泛而深远。

二、应急预案对公众参与的调整尚未到位

应急预案中对公众的功能预期还不够充分，对公众参与的引导、保障和管理尚未到位。公众在应急预案中的地位、作用表现出强烈的被动性色彩。比如，《山西省突发事件应急预案管理办法》(2015 年修订)第 19 条第 1 款规定：“政府及其部门应急预案编制过程中应当广泛听取有关部门、单位和专家的意见。涉及其他单位职责的，应当书面征求相关单位意见，相关单位应当在 15 个工作日内以书面形式反馈意见建议，无修改意见时也应当书面反馈。必要时，可以向社会公开征求意见。”仅在“必要时”才向公众征求意见的规定显然不利于公众参与的强化。

现有应急管理的法律和各种预案大多强调了公众的配合、服从义务，但对公众权益则往往语焉不详，事实上公众的主体性地位未得到充分认可，公众权益被漠视。这种只强调公众义务而忽视公众权益的单维度模式，效果并不容乐观。缺乏权益保障的义务规则会受到规避，甚至违反，公众的潜能和积极性难以得到发挥。

三、企事业单位和社会组织在应急预案管理方面的不足

公众的突发事件及应对、应急预案等方面的观念、意识相对薄弱、落后。我国许多社区、乡村、企业应对突发事件的能力不强，缺乏必要的应急预案及其演练，导致一旦遇到突发事件，往往第一时间的处置不及时、不到位，造成重大人员伤亡和经济损失。待到较高层级的政府及其部门出面处置，则常常为时已晚。

更严峻的问题是，基层应急队伍参与预案实施缺乏制度保障，应急队伍自身权益缺乏法律保障。虽然国务院办公厅也发布了《国务院办公厅关于加强基层应急队伍建设的意见》(国办发〔2009〕59 号)。湖北省、江西省、山东省、南京市等省市人民政府先后发布关于加强基层应急队伍建设的行政规范性文件，包括国务院办公厅、各地政府及其部门发布的这些基层应急队伍建设的规范性文件，对于全社会的应急队伍建设和应急能力提高，起到巨大作用。但目前来看，严峻的问题在于，鼓励、规范、保障基层应急队伍的文件仍层次较低，法律效力缺乏，导致基层应急队伍承担相关职能、职责无法律依据，在演练、培训和参与管理时人身权、财产权缺乏法律保障；各种税费优惠、支持性的政策措施难以有效落实等问题。志愿者的权益也存在类似问题。志愿者的医疗、工伤和抚恤，都缺乏明确的法律规范。我国《工伤保险条例》(2010 年修订)的规定相对合理，第 15 条第 2 项将“在抢险救灾等维护国家利益、公共利益活动中受到伤害的”，视同工伤，按照《工伤保

险条例》的规定享受工伤保险待遇。但志愿者在应急预案的演练、培训等活动中受到伤害,是否可以视为工伤并不确定。同时,不属于特定单位的志愿者,如自由职业者、各种灵活就业人员等群体,则无法通过视同工伤加以保障。值得深思的是,"视同工伤"机制本身也存在一定不合理之处。根据社会保险相关法律法规,工伤保险根据不同行业的工伤风险程度确定行业的行业差别费率,显然不可能将应急预案演练、实施中的风险考虑在内。视同工伤而由工伤保险基金支付,虽然暂时可部分保障志愿者权益,但在制度建设上存在一定合理性问题。综上可见,志愿者可能受到的风险显然是多方面的,缺乏必要的法制保障。志愿者流血又流泪的现象时有耳闻。相关奖励措施则时或停留在纸面上,落实与否处于悬空状态。

四、应急管理技术、产品的研发、推广及扶持力度不够

我国在抗击"非典"中形成了"依靠法制、依靠科学、依靠群众"的经验。其中,依靠科学,既要重视专业在突发事件预防、处置和恢复重建中的作用,也要重视应急相关技术、产品的研发和推广。在我国推进产业结构调整中,应注意将公共安全相关,具有预防、应对各种突发事件功能,技术含量较高的工艺、技术和产品纳入支持、鼓励的发展项目中,通过税收优惠、财政金融支持等多种手段予以扶持。

第三节 我国应急预案实施环境的完善路径

一、加强公众参与的引导、规范和保障

公众参与作为危机管理与应急预案编制、演练和实施的工作原则、理念,在我国的各类文本上已经确定下来。但无论是宏观层面的社会动员机制,还是微观层面的公众个别参与规则及其实践,仍有诸多不足。

完善社会动员机制,建构完善发布社会动员令的机制。其包括发布主体、发布程序(含其中的建议、申请和批准程序)、发布效力,均需要在总结现有零散政策文件和实践的基础上,通过立法加以明确和确定下来。

1. 确保公众和政府之间的信息流动及时畅通。这种信息畅通需要从以下方面进行制度构建。

一是完善应急预案的各种公开机制并相应规范其公开程序,并匹配以各种制度、机制,方便公众的知晓、理解和实施中的配合。通过应急预案的宣传活动来普及一般性的应急常识和应急"一案三制"等。如果仅政府机关及其工作人员才熟悉应急预案,而社会公众、企业对当地、本行业的应急预案都不甚了解的话,那么,在启动应急预案时,社会公众的配合将非常薄弱,应急预案的实施效果也将大打折扣。我国《突发事件应对法》(2007 年)通过第 29 条、第 30 条已将应急知识的宣传普及和教育纳入法律制度内。我国

《生产安全事故应急预案管理办法》(2019 年修正)第 30 条规定:"各级人民政府应急管理部门、各类生产经营单位应当采取多种形式开展应急预案的宣传教育,普及生产安全事故避险、自救和互救知识,提高从业人员和社会公众的安全意识与应急处置技能。"

一般而言,应急预案应当通过各种方式向社会公布。同时,应急预案的公布也是对公众进行宣传、培训的基础。作为一般情况,并未涉及国家秘密、商业秘密等不得公开内容的应急预案,应当参照法律公布的程序,向社会公开。《突发事件应急预案管理办法》(2013 年)第 29 条规定,"对需要公众广泛参与的非涉密的应急预案,编制单位应当充分利用互联网、广播、电视、报刊等多种媒体广泛宣传,制作通俗易懂、好记管用的宣传普及材料,向公众免费发放"。

在特殊情形下,应急预案涉及部分保密内容,甚至整体应当保密的,则依有关法律法规和国家有关规定执行。应急预案有可能涉及各种国家秘密或商业秘密。相应地,各地应急预案的管理办法大多规定了涉及应急预案的特殊公开机制。比如,《重庆突发事件应急预案管理办法》(2008 年)第 16 条规定,凡涉密的应急预案要删除涉密内容,编制应急预案简本及时公布。《山东省突发事件应急预案管理办法》(2009 年)第 20 条、第 21 条也有类似规定。与此同时,应尽快建立完善应急预案中的涉密部分内容以及涉密应急预案的清理核查机制,进行定期和不定期的核查、清理。预案的涉密部分事实上可以公开且不与国家法律法规冲突的,应当通过清理、论证,将之依法予以公开;或者至少对可以公开的部分内容、要点和要求,应当予以公开;以及应当对特定群体公开的,应当向这些群体予以公开;制定预案时构成国家秘密或商业秘密应当保密,但现在无须保密的,应当及时解密予以公开。

在应急预案基础上,针对各种群体对象编制预案操作手册(Handbook)、流程图、常见问题回答(Q&A)、指南,向特定群体予以公开。比如,英国内政部面向全国每户居民寄送"紧急事故指南",促进公众的应急准备意识和应急反应能力。新加坡通过紧急公共信息中心(Emergency Public Information Centre,EPIC)向公众及时提供官方信息。2001 年 2 月向 95 万户家庭派发各种语种的《民防使用紧急手册》;2005 年更是印发 110 万册《流感疫情指南手册》,介绍禽流感和一般流感的预防措施等。北京市突发公共事件应急委员会办公室编制《应急管理科普宣教指南目录》,针对各类灾害危机,在"首都公共安全信息网"设计动画版的《首都市民防灾应急手册》,并可以免费下载电子版《应急手册》,提供对应急手册的专业化咨询。纸质版的《首都市民应急手册》也由各区县入户向广大市民免费发放。[①] 通过这些更为具体、直面、明晰的方式,提升公众的操作能力,最终达到让公众和相关群体充分知晓应急预案的内容、要求,提高自救互救意识和能力,积极有效

① 参见北京市突发公共事件应急委员会办公室:《首都市民防灾应急手册》,载首都公共安全信息网:http://www.beijing.gov.cn/sdzctx/index/yjsc/yjscf/t342317.htm,2020 年 5 月 7 日最后访问。

配合政府应急活动的效果。

二是公众向政府反映突发事件信息的渠道,应当公开和畅通。公众参与的重要表现形态之一是发现突发事件的相关信息、苗头等情形时,及时向政府、有关单位和救援机构反映。《国务院办公厅关于加强基层管理工作的意见》指出"基层单位是突发公共事件信息报告的责任主体",要求在突发公共事件发生后,"基层单位要及时向有关单位和救援机构报告;县级人民政府及其有关部门要按照要求向上级人民政府和主管部门报告,紧急情况可同时越级上报"。信息报告机制可以起到弥补政府有关部门、专业机构、监测网点等收集、报告有关信息不足,充分利用社会、群众的力量,克服突发事件应对的信息障碍。信息报告机制的改进包括:首先,畅通信息报送渠道,接受报送的机关应当实行24小时值班制度;其次,建立完善基层信息报告网络,重点部位和关键节点的区域、行业、群体应当由兼职甚至专职人员负责信息报告任务;最后,还应明确相关责任制,对迟报、漏报甚至瞒报、谎报等行为,依法追究其法律责任。

2. 通过法律制度建设和应急预案更新、演练等举措提高基层单位的应急意识和能力。1989年,世界卫生组织即提出"安全社区"的概念,并制定安全社区的认证标准。随后,"安全社区"建设在全世界推广,并通过教育、沟通、培训等方式,提高社区的自救互救能力。1999年联合国"国际防灾战略"(International Strategy for Disaster Reduction, ISDR)提出"在21世纪建设更安全的世界"的三大战略之一,就是倡导重心下移,从强调"政府的作用"到重视"建设应对灾害能力强的社区"。2005年联合国减灾大会进一步强调防灾社区建设的问题。①

社会力量一直在我国受到重视,"三支队伍形成合力"是党和政府应对突发公共事件的成功经验。所谓三支队伍,一是指公安、武警、预备役民兵,必要时,解放军也参加的骨干队伍;二是应急处置专业队伍;三是企事业单位、社区组织等广泛参与的社会力量。

就我国基层单位的应急意识培育和应急能力建设而言,包括以下步骤的制度机制建设。

第一步,总结已有零散的法规文件,制定专门法律或行政法规。在《国务院办公厅关于加强基层应急管理工作的意见》(国办发〔2007〕52号)、《国务院办公厅关于加强基层应急队伍建设的意见》(国办发〔2009〕59号)等相关政策性文件的基础上,进行法律的制定和修改工作,将基层单位在应急中的地位、职责和作用予以固化并赋予强制性效力。

第二步,应急预案的编制和更新。政府应急预案中应明确基层单位的地位、作用和基本行为规范。这方面上海市的经验可资借鉴。《上海市突发公共事件总体应急预案》(2006年)3.2.2"先期处置"第5款明确规范单位和社区的先期处置,要求"突发公共事件发生单位和所在社区负有进行先期处置的第一责任,要组织群众展开自救互救。相关

① 参见顾林生:《国外基层灾害应急管的机制评析》,载《中国减灾》2007年第6期。

单位必须在第一时间进行即时应急处置”。接着,在立法和政府应急预案的基础上,各种基层单位应当对该地方、该法人、组织可能遇到或涉及的突发事件,按照该基层单位的性质、所处环境编制出可操作性极强、适合该基层单位的应急预案。基层应急预案在编制时,务必从实际需求出发而切忌照抄照搬。事实上,一些地方关于应急预案管理的规章、规范性文件已有一些对基层应急预案的特别要求。比如,《重庆市突发事件应急预案管理办法》(2008 年)第 11 条在规定各级各类应急预案应具备的基础内容后,要求“基层应急预案(包括乡镇、街道、企事业单位)应当重点明确先期应急处置职责、信息报告、人员撤离路线以及应急保障等内容”,而“村(社区)应急预案应当紧密结合实际,突出信息报告、先期处置、人员撤离等有关内容”;第 12 条进一步要求“村(社区)以及现场应急预案格式根据实际情况确定”。在格式上,这些思路对于编制、更新基层应急预案不无裨益。对此,有学者提出应当延伸预案触角,把着眼点放在“四进”上。此即,在完成总体、专项和部门预案基础上,市县政府应把预案的落脚点放在进社区、进乡村、进企业、进学校上,实现每个基层单位有实用的、可操作性强的应急预案。[①]

第三步,在法律法规中明确基层单位定期演练应急预案的职责。我国《突发事件应对法》(2007 年)虽然在第 26 条第 3 款、第 29 条第 1 款和该条第 2 款均提及应急预案的演练,但其规定仍过于笼统,且缺乏强制性,应当通过法律制定和修改工作,对应急预案演练的组织部门、周期、方式和事后评估并更新应急预案作出兼具强制效力和可操作性的详细安排。[②] 比如,至少每年应演练一次。通过演练总结应急预案启动、实施方面的经验教训,进行规则的修正完善,提升应急预案启动、实施规则的科学性和可操作性。

第四步,在基层应急预案和演练基础上,进行风险评估,编制面对村居、社区、家庭和其他各种基层单位的危险图和应急疏散避难图。根据基层应急预案和政府提供科学的基础资料,进行风险评估,制定不同比例的危险图和应急疏散避难图。具体而言,这些图包括社区危险图、洪水泛滥危险图、海啸危险图、地震火山危险图等按照灾害类型形成的危险图,以及建筑易损性分布图等,并向社区、居民家庭予以公开和发送。这些危险图和避难图应当及时更新。比如,对隐患已经消除的原定地质灾害点,经过专业技术人员鉴定确定无疑后,应当及时更新危险图。

3. 在法律平台上推动志愿者队伍建设。应急预案实施的公众参与内容广泛,其中,重要的维度是明确民间组织、志愿者等社会力量在突发事件应对中的地位,建立规范、指导社会力量参与突发事件应对的机制,构建政府及其部门、机构与非政府志愿者团体、兼职人员的合作制度。志愿者队伍尤其扎根社区的基层志愿者队伍是专业救援力量的重要补充,建设具有一定专业素质的志愿者队伍,根据应急预案进行自救、互救的训练,有

① 参见刘文奎:《对加强基层应急管理基础建设的思考》,载《办公室业务》2007 年第 3 期。

② 参见马怀德:《修改〈突发事件应对法〉的几点建议》,载《理论视野》2009 年第 4 期。

助于提高社会群众的自救互救意识和能力,也有助于在预案启动实施时更好地应对突发事件。兼职人员也值得关注。我国《突发事件应对法》(2007年)对兼职人员已较重视,初步建立起兼职应急救援队伍,兼职信息报告员制度,以及兼职人员对可能发生突发事件的监测制度等制度、机制。《自然灾害救助条例》(2019年修正)第5条第2款规定"国家鼓励和引导单位和个人参与自然灾害救助捐赠、志愿服务等活动"。第12条要求在村委会、居委会和企事业单位设立专职或兼职的自然灾害信息员。

虽然社会力量参与应急管理和应急预案的实施受到包括各种法律法规、规范性文件和预案本身的高度强调,但在实践中兼职人员、志愿者及其团队的参与却存在各方面的障碍和困难。志愿服务参与应急管理仍面临权益保障不力、组织化能力薄弱、制度化参与渠道缺乏、专业化水平较低等困境,不利于志愿服务在应急管理中的有序参与以及与政府的合作治理。①

发达国家都高度重视社会力量在应急预防、处置和重建中的作用发挥。美国纽约市开展了大量动员市民的项目。最重要的有"市民团"(Citizen Corps)。市民团是美国国土安全部发起的项目,旨在充分发挥公民的志愿者精神。同时,成立市民团理事会(Citizen Corps Councils),负责处理州和地方志愿者的活动,帮助营造更安全的社区,加强社区应对恐怖主义袭击、犯罪活动、公共卫生事件和其他突发事件、灾害的能力。在市民团下设置社区危机反应团队项目(Community Emergency Response Teams,CERT),其目的是为市民提供基本的应急技能训练,使他们能够在自己所在社区内对潜在的危机做好准备。发展至今,美国纽约市每个区都拥有自己的社区反应团队。新加坡也构建了完整的社区民防系统,实施民防志愿者计划(Civil Defense Volunteer Scheme)。② 通过该计划对民防志愿者进行技能培训,使他们学习急救、救难、撤离和救火知识,应对社区有关的灾害和各种突发事件。日本国会在修订《灾害对策基本法》时明确规定了志愿者活动在灾害应对事务中不可或缺的地位,将每年1月17日定为法定的"防灾与志愿日",每年1月15日至21日定为"防灾与志愿周"。早在2001年,日本消防厅就建立"灾害志愿者数据库",为志愿者团体提供检索服务,促进地方政府与志愿者团体的信息沟通和交流。

我国也进行了一些志愿者队伍建设,并已承担起一些应急和其他方面的公共职能。我国一些实务界人士认为,地震方面的社区志愿者队伍可以承担的工作任务包括:第一时间的人员救助,灾情速报,紧急疏导,医疗救护,治安保卫,小型次生、衍生灾害源的排查与控制,救灾物资的发放等后勤工作,宣传工作,专业救援队伍的向导、翻译、协助等工作。③ 这种观点显然具有合理性。

---

① 参见张勤、张书菡:《志愿服务参与应急管理的能力提升探析》,载《中国行政管理》2016年第5期。

② 参见顾林生:《国外基层灾害应急管的机制评析》,载《中国减灾》2007年第6期。

③ 参见张永春:《地震应急预案管理和社会动员机制的建立》,载《福建地震》2004年第2期。

社会动员与公众参与要在应急预案实施中有效发挥作用,完善立法具有不可替代的必要性和重要性。在具体对策上,可以在修改《突发事件应对法》等法律法规中增加有关志愿者保护的规范。“快速响应,协同应对”是我国应对突发公共事件的工作原则之一,该原则要求“加强以属地管理为主的应急处置队伍建设,建立联动协调制度,充分动员和发挥社区、企事业单位、社会团体和志愿者队伍的作用,依靠公众力量,形成统一指挥、反应灵敏、功能齐全、协调有序、运转高效的应急管理机制”。① 我国《突发事件应对法》(2007 年)第 26 条对志愿者和兼职应急救援队伍有所提及,并进行了框架性、宗旨性的规范。但这种规定非常不足,应当在以下方面加以完善。

一是通过对相关法律法规进行清理,扫清兼职人员、志愿者及其团队参与突发事件预防、处置和恢复重建的法律制度障碍。其具体包括:通过应急及相关法律法规的制定和修改,为志愿者队伍承担应急等方面的公共职能扫清法律层面的障碍,明确志愿者和志愿救援队伍的职责,并为志愿者队伍的建设、人身和财产权利从法律层面提供必要保障。比如,在训练和处置、救援等活动中遭受伤害的医疗保障、养老保障等,以及将志愿者队伍培训法定化。为了改善应急预案的实施环境,将志愿者队伍的效能发挥到实处,应当有针对性地展开培训,包括专业知识的学习,救援技能的训练,体能训练和提升,综合性的培训、演练等方面;并在此基础上提供保障,包括医疗保障、工伤认定、抚恤基金等保障制度,在进行培训、演练和执行相关任务时免交过路费等税费减免;以及必要的奖励制度法制化等。总之,应当通过法律制度的修改完善,以明确鼓励和引导社会力量参与救援以及其他应急预案实施活动的保险、税收等方面的优惠扶持措施。②

二是制定专门的社区应急预案和志愿者队伍工作预案,便于志愿者队伍有序、有效进行培训并参与到应急处置和恢复重建中来。对此,《国务院办公厅关于加强基层应急队伍建设的意见》已明确要求县乡级人民政府“切实加强基层综合队伍、专业队伍和志愿者队伍之间的协调配合,建立健全相关应急预案,完善工作制度,实现信息共享和应急联动”。加强志愿者队伍工作预案与政府应急预案的协调衔接。根据合作治理理念,政府与志愿服务组织应当增进彼此间的相互信任机制,优势互补、共享信息,协同、高效、有序应对危机。③

4. 完善公众参与的规范和引导制度。应急预案中应包括民众参与及其管理的内容。具体而言,应改进应急预案中对公众的行政指导机制、行政合同机制等机制规则。我国

① 《关于突发公共事件应急预案编制工作和安全生产情况的报告——2005 年 2 月 25 日在第十届全国人民代表大会常务委员会第十四次会议上》,载中国人大网:http://www.npc.gov.cn/wxzl/gongbao/2005-04/27/content_5337631.htm,2020 年 1 月 7 日最后访问。

② 参见马怀德:《修改〈突发事件应对法〉的几点建议》,载《理论视野》2009 年第 4 期。

③ 参见张勤、范如意、林菁菁:《组织化建设:志愿服务应急救援不可或缺的要素》,载《理论探讨》2016 年第 5 期。

《突发事件应对法》(2007年)第45条已规定进入预警期后,县级以上地方各级人民政府应"及时向社会发布有关采取特定措施避免或者减轻危害的建议、劝告"。这种劝告和建议,即为行政法上"行政指导"之一种。日本为应对水污染,不仅颁布了《水污染防治法》《特定水系水道路障碍防止及水源水质保护特别措施法》等法律文件,而且还进行了一些机制创新。其中,特别值得一提的是对"污染防治协议"这种行政合同形态的应用。通过政府和企业之间签订污染防治协议,实际上已构成企业首要的环境约束。污染防治协议使地方政府在应急管理中获得更大自治权力,也使地方政府、企业、市民都参与到污染治理中,通过日本政府在产业政策、投资政策等方面的干预控制能力以及市民社会的文化压力和社会基础,能够起到确保企业履行协议的效果,对污染治理领域应急预案的实施和应急管理的改善起到巨大效果。

我国在应急法制和应急预案的基础上,通过政府和企业、组织以及各种基层单位签订应急预防、处置方面的行政合同,提升应急预案的执行力和可操作性。

5. 建立并完善巨灾保险机制。巨灾保险制度的建立发展,对于应急预案实施环境的改善将起到重大作用。对此,应当系统设计国家财政支持的巨灾风险保险制度,设立国家巨灾保险基金,并设置再保险制度;鼓励企业开发巨灾保险,制定促进公众投保的措施。① "在应急管理中引入商业保险资源,鼓励各类可能受灾对象购买灾害保险,建立巨灾的风险转移机制。"②

二、改进专家咨询参与的科学化机制

应急预案的实施效果,与其专业水平密切关联。应急预案的启动、调整和宣告终结,也需要考虑相关技术指标。这就要求应急预案在编制、更新的管理,以及应急预案的实施中,必须高度重视科学性和专业性。这需要通过专家个人或群体、专业技术机构对应急预案编制、更新、演练的参与咨询论证来实现。专家参与在应急预案编制、更新以及相关的标准制定、修订中,均应当发挥巨大作用。同时,应邀请专家参与危机风险预评估和事后评估。德国对应急预案实行动态管理,每次应急演练后,都会聘请专家对应急预案进行评估,并进行修正改进。在法律制度建设上,应当明确对具有高度专业性、技术性的应急预案相关事项,专家参与应作为法定程序;一般性的事项,专家参与则作为选择性程序。

三、完善新闻媒体的引导和调控机制

政府机关在应对突发事件时,往往将媒体视为不友好、添乱的角色,而持消极、抵触态度。这对于突发事件的处理并无益处,也不利于应急预案的实施。新闻媒体应当在信

---

① 参见马怀德:《修改〈突发事件应对法〉的几点建议》,载《理论视野》2009年第4期。

② 李尧远、曹蓉、许振宇:《国家应急管理现代化:意涵、标准与路径》,载《中国地质大学学报》(社会科学版)2017年第3期。

息沟通、传递中起重大作用,对应急预案的宣传、教育起桥梁中介作用。

要建立完善媒体传播管理与谣言应对机制。通过“疏导”而非“堵塞”,来起到及时澄清不实报道、小道消息和各种传闻的效果。仅仅在法律法规中禁止传播谣言和谣言禁绝的实践未必能够在实际中起到禁绝谣言的效果。比如,《破坏性地震应急条例》(2011年修正)第15条规定除法定主体外“其他任何组织或者个人不得发布地震预报”,“任何组织或者个人都不得传播有关地震的谣言”。但在各国实践的突发事件管理中,面对可能发生或正在发生、刚刚发生的各类突发事件,不同的群体、个人和参与者有着不同的心理和利益诉求,基于各自不同的考虑会作出不同的理解、反应和传播。信息真空往往会很快被各种颠倒黑白的留言所占据。“无可奉告”式的政府应答更会产生此类问题。过时或明显不确切的消息可能引发甚至加剧公众的猜疑,导致更多社会不信任,认为政府对某些事件、信息进行了掩盖、扭曲。

传统社会信息的生产与传递极为缓慢,信息技术的发达和普及彻底改变这一切。现代社会大众传播媒体,特别是新型媒体的普及和发达,使信息传播空前快捷。这使应对突发事件时遮蔽信息的举措往往会失灵。正如一位经济学家所形象表述的:“中国古代最快的信息传输是皇帝可以用的600里加急,现在全世界几秒钟内信息就可以传到。”①根据中国互联网络信息中心的权威统计,截至2019年6月底,中国网民规模已达8.54亿,手机网民规模达到8.47亿。② 这种网络使用群体规模的激增,加上新型传媒如手机短信、即时通信工具、微信、微博等快速发展和普及,使普通民众、社会组织可以简单、便捷地通过这些现代化传媒工具传播信息、表达意见观点,每个人都可能成为信息来源、信息渠道,成为意见表达的主体。其结果是,本来处于隐蔽状态的突发事件或关于突发事件的或真或假的信息在几天,甚至数小时内传播至千里之外而成为喧嚣一时的公共事件。“互联网成为公众传递信息、表达意见、评论时政、释放情绪的一个主要渠道,网络舆论对公共议程设置的影响越来越显著。”③因此,这种互联网的发展普及、社会公众不断拓宽的信息通道已彻底瓦解以信息集中控制为基础的关门应急管理模式。

以地震为例,在人口稠密地区发生不具有破坏性但有明显震感的地震,或者发生地震谣传事件,都可能导致大规模的不安或惶恐,导致停工、停业,甚至是群体性出逃等。因此,面对媒体和社会公众,政府或主管部门应当尽可能迅速妥善作出反应,及时、全面、准确公开告知事态状况的真相。这既有利于各方群体、组织和个人面对突发事件做好心理准备、身体准备和必要的物资储备等,起到稳定人心的效果而不至于发生慌乱;同时,

---

① 张维迎:《信息、信任与法律》,生活·读书·新知三联书店2003年版,第261页。

② 参见中国互联网络信息中心(CNNIC):《中国互联网络发展状况统计报告》(2019年8月第44次),载中国互联网络信息中心:http://www.cnnic.net.cn/hlwfzyj/,2020年2月27日最后访问。

③ 王绍光:《安邦之道:国家转型的目标与途径》,生活·读书·新知三联书店2007年版,第163页。

也有助于防止流言四起。钟南山院士也认为,就突发传染病疫情应对而言,信息公开是应急工作的重要组成部分。“政府对疫情发展实情的信息发布越是透明,公众就越是稳定,诚实永远是上策。”①因此,与突发事件各方群体和公众进行富有诚意的沟通、协调,积极引导媒体和舆论,有利于消除谣言和误会,争取民意的支持,为突发事件的应对处理营造良好的社会环境。《北京市突发事件总体应急预案》(2016 年修订)4. 8. 1 要求“事件发生的第一时间要向社会发布简要信息,随后发布初步核实情况、政府应对措施和公众防范措施等”。第一时间向社会发布信息的规定具有普遍推广的价值。

媒体传播管理是突发事件控制和处理的基础性环节,相应构成应急预案内容的重要组成部分。一些地方制定了专门的预案,取得良好效果,这些经验值得提炼后进行广泛推广。

四、及时更新预案形成动态管理机制

根据应急预案实施环境的变化,及时更新应急预案。在相关科学技术发生重大进步、变革时,周围环境发生结构性变化,应急预案所依据或相关的法律、法规、规章新出台、被修订或废止,相关机关、机构和单位发生变动或职责调整等情况下,均应当及时更新应急预案。事实上,早在 2007 年,针对企业的应急预案已有政策文件要求建立评估管理、动态管理,及时更新改进应急预案。《国务院办公厅转发安全监管总局等部门关于加强企业应急管理工作意见的通知》(国办发〔2007〕13 号)要求“建立企业预案的评估管理、动态管理和备案管理制度。各企业要根据有关法律、法规、标准的变动情况,应急预案演练情况,以及企业作业条件、设备状况、产品品种、人员、技术、外部环境等不断变化的实际情况,及时评估和补充修订完善预案”。但是,这种文件本身仅构成所谓的“通知”“意见”,缺乏持续、长久、稳定、强制性的法律效力。因此,需要通过法制化的努力,将其纳入法制框架体系之内。

以下方面应急预案更新构成法治化建设的关键。一是更新应急预案的请求权机制。《广东省突发事件应急预案管理办法》(2008 年)第 25 条规定,有关单位对生效期间的应急预案,认为有必要根据实际情况进行修改的,应及时以书面形式告知制定单位,制定单位负有予以研究并及时反馈的职责。通过赋予社会公众、企业和各种组织应急预案更新的请求权,建构起“请求—更新”机制,对发挥社会外部力量促进应急预案的动态管理具有重要意义。二是更新应急预案的责任机制。通过修改法律法规,设定应急预案更新的法律责任规则:未按相关规定及时修订、更新应急预案的,导致突发事件发生或危害扩大的,应当承担相关行政责任和法律责任。

---

① 方可成、陈铁梅、冯飞:《钟南山“敢说真话不孤独”让有关部门很尴尬》,载南方周末:http://discover.news.163.com/11/0101/10/6PAADS1O000125LI.html,2020 年 4 月 5 日最后访问。

结　语　有预则安:中国特色应急预案法治建设愿景

一、应急法治是和谐社会的保健因素和治理能力的评价尺度之一

和平与发展是人们渴望的时代主题。任何公民(国家、地区、家庭)都知道"平安是福"的道理,不会期盼自然灾害、事故灾难、公共卫生事件、社会安全事件等突发事件的发生。然而,"树欲静而风不止","天有不测风云,人有旦夕祸福",各类突发事件往往不期而至,随时影响人们的正常生活,并实际上成为社会生活的一个组成部分,尽管是人们不情愿的一种事实。

我国地域辽阔、人口众多、地质气象条件复杂,各地、各类自然灾害不断大量发生,加之我国处于经济快速增长期和社会转型敏感期,利益冲突、制度摩擦、矛盾交织带来的风险很多、很大,各种突发事件和连带问题难免不时发生。诸如2003年的非典疫情,2004年的禽流感疫情,2005年的松花江水污染危机,2006年的"桑美"台风灾害,2007年的太湖蓝藻暴发引发的水危机,2008年的汶川大地震,2020年的新型冠状病毒肺炎疫情……这些突发事件给正常的经济与社会生活带来巨大冲击,给人民群众的生命财产安全和国家安全、集体利益带来巨大损害,甚至导致公共危机,影响社会稳定。如何提高保障公共安全和处置突发事件的能力,切实加强应急管理,妥善应对公共危机,最大限度地预防和减少突发事件及其造成的损害,有效保障人民群众生命财产安全,这既是全面履行政府职能、构建和谐社会的内在要求,也考验并锻炼着执政党和人民政府的危机管理能力和依法执政、依法行政、依法办事的能力。

公共管理理论中有一种"管理两要素说",其大意是,对于一个系统的管理效果起着重要作用的有两大类因素:一类是激励因素,另一类是保健因素。前已提及,突发事件及其导致的公共危机,人们是回避不了的,它是社会生活这个复杂巨系统的一个组成部分,一旦发生就必须正视并积极应对;予以有效应对之后,社会有机体就能继续健康运行了,这好似保健因素起了作用。应对突发事件带来的公共管理危机,除做好物资、方案、技术、机构、法律规范、思想观念等方面的必要准备外,实施科学有效的危机管理,还必须正确认识和调整政府机关在突发事件应对过程中的管理行为,将突发事件应对机制纳入法治轨道,实现危机防范应对管理的法治化。这是因为,在行使紧急权力、实施危机管理的过程中,易出现权力滥用行为、发生严重侵权后果,必须依法有效地约束公共权力、保护

公民权利。这就需要通过加强应急法治予以规范和保障。应急法治乃是和谐社会中一个特别重要的保健因素。

应急法治主要,是指一个国家和地区针对突发事件及其引起的紧急情况而制定的或者认可的,处理国家权力之间、国家权力与公民权利之间、公民权利之间的社会关系的法律原则和规范的总和,及其运行机理和制度保障。它是常态法制的自然延伸。以我国《宪法》有关条款和《突发事件应对法》为龙头的应急法律规范体系是整个法律规范体系的重要组成部分,应急法治乃是危机应对能力的重要组成部分。这种理念上的应急法治体系建设,是需要不断加强的一项宏大的社会工程。

其实,突发事件自古就有,应对突发事件的经验也是古已有之,但突发事件应对工作有关法律制度却远不完善。关于应对危机,我国古代有"高筑墙、广积粮、缓称王"的说法。后来,毛泽东同志将其改造为"深挖洞、广积粮、不称霸"。这样的战略举措,解决的是如何预防和应对危机,但并没有专门考虑如何依法来进行调整和规范。过去我国对突发事件应对机制及其法律保障体系建设不够重视,虽然曾制定一些分散、单项的法律法规,但是分散立法模式带来一些问题和矛盾:一是宪法层面对此没有明确规定,宪法的纲领作用和指导力度不足;二是没有《突发事件应对法》这样的龙头性法律作为基础;三是立法层次偏低,而且地方立法与中央部门立法常有冲突;四是立法内容较为原则,缺乏程序性规定、可操作性不强,也容易发生偏差;五是重视赋予权力而忽视控制权力,重视纵向协调而忽视横向协调;六是应急预案的性质定位、应用范围、适用条件、公开程度、效力范围、责任机制、救济制度等研究认知不足、缺乏立法规范;七是应急法治践行的社会环境尚不理想,人们的认知程度、理解程度、重视程度不足。这些问题和矛盾须研究解决。

应急法治的要旨,在于实现非常时期的"法治"。虽然此时全社会首先考虑的是如何采取有效措施控制和消除公共危机因素,恢复正常的社会秩序,甚至允许政府对公民某些宪法或法律规定的基本权利进行限制或克减,但是,应急法治的完整价值追求不应成为应对突发事件的"牺牲品"。维护正当的法律价值追求与有效消除危机状态是一对客观存在的矛盾,处理不当就可能产生顾此失彼的恶果,通常表现为突发事件导致公共危机时政府行为对法治价值的偏离、对法律秩序的破坏。解决这一矛盾的最佳途径就是以宪法精神为指导,制定并严格贯彻实施危机管理法律制度,从而明确和规范危机管理期间的行政紧急权力,保护公民的合法权益不因出现突发事件、导致公共危机、进入紧急状态、采行应急措施或非常措施而招致非法侵害,即便受到侵害后也能依法获得救济。

应急法治是一个国家或地区实行法治的重要基础因素之一,只有在此框架下,才能从根本上解决政府应急行为的正当性、合法性与合理性问题。如何构建正当、完备的应急法律规范体系和运行机制体系,进而实现突发事件、危机管理和紧急状态应对机制的法治化,是我国长期内必须认真思考、严肃对待的重大课题,它也是"依法治国、建设社会主义法治国家"这一基本治国方略不可缺少的重要组成部分。提出要实现应急法律规范体系法治化、应急预案体系法治化，其根本目标是要使其具备如下基本功能：依法维护公民权利，有效约束公共权力，最终实现利益平衡。

全心全意地依靠人民、为人民服务，这是中国共产党的服务宗旨和群众路线的具体体现；必须敬畏生命，始终把人民生命安全和身体健康放在第一位，这是中国共产党治国理政和领导抗击疫情进程中必须始终坚持的重要原则；页因此，是否记取生命代价教训，是否在尊重生命、尊重人民的原则此基础上树立危机意识并有效地应对危机，最大限度地保护人民生命财产安全，这是执政党的执政能力和政府的行政能力是否符合现代法治社会要求的重要衡量标尺。进入改革开放的新时期，总结历史经验教训并针对现实国情，执政党和中央人民政府陆续提出了依靠法制、依法治国、夯实法制、国家安全等一系列危机管理和应急法治的重要思想和基本方略，这些都为应急法治体系建设创造了思想和政策条件，推动我国应急法治体系建设较快发展，使执政党和人民政府应对突发事件的能力在危机考验中不断提高，大大增强了党的执政能力和政府的行政能力，危机应对能力及其法制保障力度，也成为执政党和人民政府的执政、行政能力的一个重要评价尺度。

二、应急预案是应急法治体系非常基础但也常被搁置的要素

应急预案犹如古人在危急关头得到拯救的锦囊妙计，当然，它是用现代科学技术、物质基础、法治标准打造的“锦囊妙计”。应急预案针对突发事件的性质、特点和可能造成的危害，具体规定了组织指挥体系与职责、预防和预警机制、应急处置措施与程序、应急保障措施、恢复与重建措施等重要内容，它是政府或者政府相关部门根据有关法律、法规和国家规定制定的，明确政府和政府相关部门处置突发事件职责和程序的工作制度，是政府和政府相关部门履行应对突发事件职责的依据。实际上，它就是行政规程类的行政法规范，是我国应急法制建设的重要组成部分。建立健全和有效实施应急预案体系，正是应急法律制度向前迈出的重大步伐，也是应对各类公共危机的成功经验和集体智慧的结晶，是建设服务型政府、有效政府、法治政府的必然要求。

在此，简要回顾一下提出建立健全我国应急预案体系的历史情形。2003 年非典疫情之后，鉴于我国突发事件应对机制不够健全，一些地方和部门的危机管理能力不强，中央明确要求建立健全应急管理的机制、体制和法制，首先尽快建立健全应急预案。按照统一部署，我国的突发公共事件应急预案编制工作从 2003 年年底开始启动，经过 1 年多的紧张工作，基本完成了编制工作，初步形成了 1 个国家总体应急预案，4 大类（自然灾害、事故灾难、公共卫生事件、社会安全事件）25 个国家专项应急预案，80 个左右的国务院部门应急预案，以及各省（自治区、直辖市）的总体应急预案，在此层次以上有 100 多个应急预案，形成了宝塔型的应急预案体系（省和省以下还有各级、各类的其他应急预案），并经过法定程序成为应急法律制度的重要组成部分。这有利于形成统一指挥、功能齐全、反应灵敏、运转高效的应急机制，提高处置突发事件、保障公共安全的能力。

应急预案是“一案三制”的起点，也是近年来我国应急管理体制改革的重点。它起着应急行政规划、纲领和指南的作用，是应急行动的宣传书、动员令、冲锋号，是应急管理部门实施应急教育、预防、引导、操作等多方面工作的“抓手”。2013年10月25日，国务院办公厅发布《突发事件应急预案管理办法》，专门对突发事件中的应急预案作出规定，进一步规范预案管理工作，对应急预案的分类内容、评估修订、组织保障等作出强调。既然应急预案如此重要，又当如何运行？

党的十八届四中全会提出，全面推进依法治国，总目标是建设中国特色社会主义法治体系，建设社会主义法治国家。党的十九大报告进一步提出，坚持依法治国、依法执政、依法行政共同推进，坚持法治国家、法治政府、法治社会一体建设。党的十九届四中全会强调，要完善社会治安防控体系，健全公共安全体制机制，构建统一指挥、专常兼备、反应灵敏、上下联动的应急管理体制，优化国家应急管理能力体系建设，提高防灾减灾救灾能力，还要健全社会心理服务体系和危机干预机制，从多要素、多环节、全过程来完善国家安全体系。

笔者认为，依法应对是最基本、最简明、最稳当的科学应对，把应急预案体系纳入法治化轨道是当下推进依法治国战略方针的“投入产出较高”且“政治风险可控”的关键举措。作为应急管理体制重要内容的应急预案，也须按照现代法治要求，加强应急预案体制机制建设，完善应急预案法律规范体系，推进应急法治建设。为此，首先要以应急法治原则为观念基础的现代法治理念做指导，实现突发事件的依法应对、科学应对和高效应对。

必须指出，作为现代行政法的一项基本原则，应急法治原则不仅需在非常态下适用，更需纳入常态化的应急防范制度建设中，以及时有效应对社会突发事件，使应急工作由常态向非常态转化顺畅衔接。常态和非常态下的应急准备过程，实则包含了应急预案的设置、编制和实施工作，如编制依据、编制方针、编制主体、编制程序、编成文本和发布方式；应急预案的基本构造、应急体制、应急机制和应急保障；应急预案的启动实施、评估更新、监督管理和实施环境改善等。这些要素构筑应急预案的编制制度、基本内容和动态管理部分，成为应急预案体系建设必须把握厘清的关键问题，也成为突发事件应急预案法治理论与制度建构的重要组成内容。

作为应急法治重要范畴的应急预案，如国家总体预案、部门应急预案、专项应急预案，是伴随工业化、城市化、经济全球化等发展潮流，在应急领域法律规范的作用下将法律上的应急策略和方法转化成的具有可操作性的具体方案。而由于应急法律规范难以直接作用于应急管理实践，且突发事件固有的不确定性与法律的确定性之间应急预案存在天然矛盾，故而，就需要借助应急预案这个媒介将法律机制具体化或微观化。在这个意义上，应急预案的一般形态或许不是法律规范文本，而是法律文本的具体化执行方案。应急预案具有确定性应对和灵活性应对两大基本功能。近年来，越来越多的应急预案在实践中发挥积极有效的作用,对应急管理活动产生重要影响,并成为社会所熟知的一种政府应急管理手段。而由于我国"法律滞后、预案先行"的突出特点以及应急预案实施环境的不完善,部分应急预案存在性质异化、功能异化、合法性不足等问题,某些预案中还存在越权、不公开、内容与形式严重不符等现象。因此,在我国现有应急法律规范体系不可能一蹴而就而预案的编制实施又迫在眉睫的情况下,把应急预案纳入法治轨道是规范应急预案设置、增强应急预案功能和提升应急预案效用的必由之路和理性选择。

三、应急预案法治化是中国特色社会主义法治建设必然要求

应急预案体系是中国特色应急管理体制的重要内容。它遵循标准化、实操性、协调性、动态闭环管理的基本原则,通过对突发事件的现场处置提供指导,帮助应急组织尽可能地运用高效、科学的行动将事件造成的损失降至最低。目前,我国的应急预案体系可分为六个层次:突发公共事件总体应急预案;突发公共事件专项应急预案;突发公共事件部门应急预案;突发公共事件地方应急预案;企事业单位根据有关法律法规制定的应急预案;重大活动的主办单位的制定应急预案。总体应急预案是全国应急预案体系的总纲,它是国务院应对特别重大突发公共事件的规范性文件。专项应急预案主要是国务院及其有关部门为应对某一类型或某几种类型突发公共事件而制定的应急预案。部门应急预案是国务院有关部门根据总体应急预案、专项应急预案和部门职责为应对突发公共事件制定的预案。地方应急预案具体包括省级人民政府的突发公共事件总体应急预案、专项应急预案和部门应急预案;各市(地)、县(市)人民政府及其基层政权组织的突发公共事件应急预案。企事业单位制定的应急预案涵盖危险物品的生产、经营、储运、公共交通工具、公共场所和其他人员密集场所等多个领域。重大活动主办单位的应急预案一般包括举办大型会展和文化体育等重大事项。应当看到,我国的应急预案框架体系是在立足中国国情、认真总结实践经验、吸收借鉴国外成熟做法、广泛听取各方面意见的基础上形成的,具有鲜明的中国特色。

当下我国社会正处于新冠肺炎疫情防控的攻坚期,疫情蔓延,形势严峻,不少地方在"重大突发公共卫生事件一级响应"的背景下纷纷制定应急预案,以防止疫情扩散,保护人民群众生命安全和身体健康。但是,应急预案作为应急体制的"起点"、"基点"和"着地点",由于既往缺少将其纳入法治视野下加以深入分析的研究成果,理论界和实务界尚存许多不同的认识,使对其定位及建设发展观点殊异。习近平总书记在中央全面深化改革委员会第十二次会议指出,按照集中管理、统一调拨、平时服务、灾时应急、采储结合、节约高效的原则,尽快健全相关工作机制和应急预案。可见,尽快健全应急预案体系,推进应急预案法治建设,更有效发挥应急预案在应急体制中的治理效用,是当前面临的重大现实课题。

从当下的实际情况看,相较应急体制、应急机制和应急法制而言,应急预案的相关争议及认识分歧较大。因此,推进构建应急管理体制建设,需要系统深入地研究突发事件应急预案的理论与制度建构,以凝聚社会共识、增强治理合力。特别在法治政府建设和法治社会建设的关键时期,尽快形成行得通、能管用、管得好的中国特色应急预案法治体系,实现公共安全事件发生后能够依法、科学和高效应对,这不仅是推进国家治理体系和治理能力现代化的必然要求,也是坚持、完善和发展中国特色社会主义国家制度与法律制度的应有之义。

古谚有云:“凡事预则立,不预则废。”建构未雨绸缪、有预则安的应急预案体系,不仅是提升应急预案的针对性和可操作性、提高突发事件应急处置能力的根本要求,也是更好维护社会安全稳定、保障人民的生命财产的关键路径。在当下社会转型期的中国,风险与挑战共生,机遇与发展并存。如何以确定性应对不确定性、化应急管理为常规管理的方式,应对突发事件带来的社会风险挑战,寻找符合国情的中国特色应急预案建设路径与制度建设显得尤为迫切。各国政府应急管理经验亦表明,建立一套多层次、多领域的应急预案体系,要坚持预防与应急相结合,常态和非常态相结合。为此,应通过系统化、科学化、规范化的建设路径,健全应急预案体制机制,落实应急队伍日常建设等常态化应急准备要求,把应急预案纳入法治化轨道。只有推动应急预案各项制度、机制的法治化、常态化,才能真正实现突发事件科学、有效和合法的应对,助推中国特色应急预案法治建设,从而提升应急法治,乃至总体国家安全水平。

附　　录

附录一　突发事件应急预案管理办法

国务院办公厅关于印发突发事件应急预案管理办法的通知

（国办发〔2013〕101号）

各省、自治区、直辖市人民政府，国务院各部委、各直属机构：

《突发事件应急预案管理办法》已经国务院同意，现印发给你们，请认真贯彻执行。

国务院办公厅

2013年10月25日

（此件公开发布）

突发事件应急预案管理办法

第一章　总　　则

第一条　为规范突发事件应急预案（以下简称应急预案）管理，增强应急预案的针对性、实用性和可操作性，依据《中华人民共和国突发事件应对法》等法律、行政法规，制订本办法。

第二条　本办法所称应急预案，是指各级人民政府及其部门、基层组织、企事业单位、社会团体等为依法、迅速、科学、有序应对突发事件，最大程度减少突发事件及其造成的损害而预先制定的工作方案。

第三条　应急预案的规划、编制、审批、发布、备案、演练、修订、培训、宣传教育等工作，适用本办法。

第四条　应急预案管理遵循统一规划、分类指导、分级负责、动态管理的原则。

第五条　应急预案编制要依据有关法律、行政法规和制度，紧密结合实际，合理确定内容，切实提高针对性、实用性和可操作性。

第二章　分类和内容

第六条　应急预案按照制定主体划分，分为政府及其部门应急预案、单位和基层组织应急预案两大类。

第七条　政府及其部门应急预案由各级人民政府及其部门制定，包括总体应急预案、专项应急预案、部门应急预案等。

总体应急预案是应急预案体系的总纲，是政府组织应对突发事件的总体制度安排，由县级以上各级人民政府制定。

专项应急预案是政府为应对某一类型或某几种类型突发事件，或者针对重要目标物保护、重大活动保障、应急资源保障等重要专项工作而预先制定的涉及多个部门职责的工作方案，由有关部门牵头制订，报本级人民政府批准后印发实施。

部门应急预案是政府有关部门根据总体应急预案、专项应急预案和部门职责，为应对本部门（行业、领域）突发事件，或者针对重要目标物保护、重大活动保障、应急资源保障等涉及部门工作而预先制定的工作方案，由各级政府有关部门制定。

鼓励相邻、相近的地方人民政府及其有关部门联合制定应对区域性、流域性突发事件的联合应急预案。

第八条　总体应急预案主要规定突发事件应对的基本原则、组织体系、运行机制，以及应急保障的总体安排等，明确相关各方的职责和任务。

针对突发事件应对的专项和部门应急预案，不同层级的预案内容各有所侧重。国家层面专项和部门应急预案侧重明确突发事件的应对原则、组织指挥机制、预警分级和事件分级标准、信息报告要求、分级响应及响应行动、应急保障措施等，重点规范国家层面应对行动，同时体现政策性和指导性；省级专项和部门应急预案侧重明确突发事件的组织指挥机制、信息报告要求、分级响应及响应行动、队伍物资保障及调动程序、市县级政府职责等，重点规范省级层面应对行动，同时体现指导性；市县级专项和部门应急预案侧重明确突发事件的组织指挥机制、风险评估、监测预警、信息报告、应急处置措施、队伍物资保障及调动程序等内容，重点规范市（地）级和县级层面应对行动，体现应急处置的主体职能；乡镇街道专项和部门应急预案侧重明确突发事件的预警信息传播、组织先期处置和自救互救、信息收集报告、人员临时安置等内容，重点规范乡镇层面应对行动，体现先期处置特点。

针对重要基础设施、生命线工程等重要目标物保护的专项和部门应急预案，侧重明确风险隐患及防范措施、监测预警、信息报告、应急处置和紧急恢复等内容。

针对重大活动保障制定的专项和部门应急预案，侧重明确活动安全风险隐患及防范措施、监测预警、信息报告、应急处置、人员疏散撤离组织和路线等内容。

针对为突发事件应对工作提供队伍、物资、装备、资金等资源保障的专项和部门应急预案，侧重明确组织指挥机制、资源布局、不同种类和级别突发事件发生后的资源调用程序等内容。

联合应急预案侧重明确相邻、相近地方人民政府及其部门间信息通报、处置措施衔接、应急资源共享等应急联动机制。

第九条 单位和基层组织应急预案由机关、企业、事业单位、社会团体和居委会、村委会等法人和基层组织制定，侧重明确应急响应责任人、风险隐患监测、信息报告、预警响应、应急处置、人员疏散撤离组织和路线、可调用或可请求援助的应急资源情况及如何实施等，体现自救互救、信息报告和先期处置特点。

大型企业集团可根据相关标准规范和实际工作需要，参照国际惯例，建立本集团应急预案体系。

第十条 政府及其部门、有关单位和基层组织可根据应急预案，并针对突发事件现场处置工作灵活制定现场工作方案，侧重明确现场组织指挥机制、应急队伍分工、不同情况下的应对措施、应急装备保障和自我保障等内容。

第十一条 政府及其部门、有关单位和基层组织可结合本地区、本部门和本单位具体情况，编制应急预案操作手册，内容一般包括风险隐患分析、处置工作程序、响应措施、应急队伍和装备物资情况，以及相关单位联络人员和电话等。

第十二条 对预案应急响应是否分级、如何分级、如何界定分级响应措施等，由预案制定单位根据本地区、本部门和本单位的实际情况确定。

第三章 预案编制

第十三条 各级人民政府应当针对本行政区域多发易发突发事件、主要风险等，制定本级政府及其部门应急预案编制规划，并根据实际情况变化适时修订完善。

单位和基层组织可根据应对突发事件需要，制定本单位、本基层组织应急预案编制计划。

第十四条 应急预案编制部门和单位应组成预案编制工作小组，吸收预案涉及主要部门和单位业务相关人员、有关专家及有现场处置经验的人员参加。编制工作小组组长由应急预案编制部门或单位有关负责人担任。

第十五条 编制应急预案应当在开展风险评估和应急资源调查的基础上进行。

（一）风险评估。针对突发事件特点，识别事件的危害因素，分析事件可能产生的直接后果以及次生、衍生后果，评估各种后果的危害程度，提出控制风险、治理隐患的措施。

（二）应急资源调查。全面调查本地区、本单位第一时间可调用的应急队伍、装备、物资、场所等应急资源状况和合作区域内可请求援助的应急资源状况，必要时对本地居民应急资源情况进行调查，为制定应急响应措施提供依据。

第十六条 政府及其部门应急预案编制过程中应当广泛听取有关部门、单位和专家的意见，与相关的预案作好衔接。涉及其他单位职责的，应当书面征求相关单位意见。必要时，向社会公开征求意见。

单位和基层组织应急预案编制过程中，应根据法律、行政法规要求或实际需要，征求相关公民、法人或其他组织的意见。

第四章 审批、备案和公布

第十七条 预案编制工作小组或牵头单位应当将预案送审稿及各有关单位复函和意见采纳情况说明、编制工作说明等有关材料报送应急预案审批单位。因保密等原因需要发布应急预案简本的，应当将应急预案简本一起报送审批。

第十八条 应急预案审核内容主要包括预案是否符合有关法律、行政法规，是否与有关应急预案进行了衔接，各方面意见是否一致，主体内容是否完备，责任分工是否合理明确，应急响应级别设计是否合理，应对措施是否具体简明、管用可行等。必要时，应急预案审批单位可组织有关专家对应急预案进行评审。

第十九条 国家总体应急预案报国务院审批，以国务院名义印发；专项应急预案报国务院审批，以国务院办公厅名义印发；部门应急预案由部门有关会议审议决定，以部门名义印发，必要时，可以由国务院办公厅转发。

地方各级人民政府总体应急预案应当经本级人民政府常务会议审议，以本级人民政府名义印发；专项应急预案应当经本级人民政府审批，必要时经本级人民政府常务会议或专题会议审议，以本级人民政府办公厅(室)名义印发；部门应急预案应当经部门有关会议审议，以部门名义印发，必要时，可以由本级人民政府办公厅(室)转发。

单位和基层组织应急预案须经本单位或基层组织主要负责人或分管负责人签发，审批方式根据实际情况确定。

第二十条 应急预案审批单位应当在应急预案印发后的20个工作日内依照下列规定向有关单位备案：

(一)地方人民政府总体应急预案报送上一级人民政府备案。

(二)地方人民政府专项应急预案抄送上一级人民政府有关主管部门备案。

(三)部门应急预案报送本级人民政府备案。

(四)涉及需要与所在地政府联合应急处置的中央单位应急预案，应当向所在地县级人民政府备案。

法律、行政法规另有规定的从其规定。

第二十一条 自然灾害、事故灾难、公共卫生类政府及其部门应急预案，应向社会公布。对确需保密的应急预案，按有关规定执行。

第五章 应急演练

第二十二条 应急预案编制单位应当建立应急演练制度,根据实际情况采取实战演练、桌面推演等方式,组织开展人员广泛参与、处置联动性强、形式多样、节约高效的应急演练。

专项应急预案、部门应急预案至少每3年进行一次应急演练。

地震、台风、洪涝、滑坡、山洪泥石流等自然灾害易发区域所在地政府,重要基础设施和城市供水、供电、供气、供热等生命线工程经营管理单位,矿山、建筑施工单位和易燃易爆物品、危险化学品、放射性物品等危险物品生产、经营、储运、使用单位,公共交通工具、公共场所和医院、学校等人员密集场所的经营单位或者管理单位等,应当有针对性地经常组织开展应急演练。

第二十三条 应急演练组织单位应当组织演练评估。评估的主要内容包括:演练的执行情况,预案的合理性与可操作性,指挥协调和应急联动情况,应急人员的处置情况,演练所用设备装备的适用性,对完善预案、应急准备、应急机制、应急措施等方面的意见和建议等。

鼓励委托第三方进行演练评估。

第六章 评估和修订

第二十四条 应急预案编制单位应当建立定期评估制度,分析评价预案内容的针对性、实用性和可操作性,实现应急预案的动态优化和科学规范管理。

第二十五条 有下列情形之一的,应当及时修订应急预案:

(一)有关法律、行政法规、规章、标准、上位预案中的有关规定发生变化的;

(二)应急指挥机构及其职责发生重大调整的;

(三)面临的风险发生重大变化的;

(四)重要应急资源发生重大变化的;

(五)预案中的其他重要信息发生变化的;

(六)在突发事件实际应对和应急演练中发现问题需要作出重大调整的;

(七)应急预案制定单位认为应当修订的其他情况。

第二十六条 应急预案修订涉及组织指挥体系与职责、应急处置程序、主要处置措施、突发事件分级标准等重要内容的,修订工作应参照本办法规定的预案编制、审批、备案、公布程序组织进行。仅涉及其他内容的,修订程序可根据情况适当简化。

第二十七条 各级政府及其部门、企事业单位、社会团体、公民等,可以向有关预案编制单位提出修订建议。

第七章　培训和宣传教育

第二十八条　应急预案编制单位应当通过编发培训材料、举办培训班、开展工作研讨等方式，对与应急预案实施密切相关的管理人员和专业救援人员等组织开展应急预案培训。

各级政府及其有关部门应将应急预案培训作为应急管理培训的重要内容，纳入领导干部培训、公务员培训、应急管理干部日常培训内容。

第二十九条　对需要公众广泛参与的非涉密的应急预案，编制单位应当充分利用互联网、广播、电视、报刊等多种媒体广泛宣传，制作通俗易懂、好记管用的宣传普及材料，向公众免费发放。

第八章　组织保障

第三十条　各级政府及其有关部门应对本行政区域、本行业(领域)应急预案管理工作加强指导和监督。国务院有关部门可根据需要编写应急预案编制指南，指导本行业(领域)应急预案编制工作。

第三十一条　各级政府及其有关部门、各有关单位要指定专门机构和人员负责相关具体工作，将应急预案规划、编制、审批、发布、演练、修订、培训、宣传教育等工作所需经费纳入预算统筹安排。

第九章　附　　则

第三十二条　国务院有关部门、地方各级人民政府及其有关部门、大型企业集团等可根据实际情况，制定相关实施办法。

第三十三条　本办法由国务院办公厅负责解释。

第三十四条　本办法自印发之日起施行。

附录二　典型的应急预案实施案例

2003年非典事件

2003年非典疫情是我国应急预案体系化建设的起点。在非典疫情最早爆发时，广州市和广东省政府没有及时发布相关讯息，但相关消息通过互联网扩散，舆论错综混乱；疫情抗击初期，有关白醋、板蓝根可以预防怪病的谣言肆虐，市场疯狂抢购，秩序出现混乱；非典仍在感染但广州市政府、中国疾控中心隐瞒爆发趋势，没有对疫情进行合理控制，春运大量人口流动导致疫情扩散，广州旅游数量不减，著名歌手演唱会按计划进行，潜在感染可能持续增加；由于未向世界卫生组织每日通报疫情，国际人口来往没有得到有效控制，非典疫情从东南亚向世界多国扩散；非典流行中还出现了为显示已控制疫情而由广州市主要领导带领两万名群众进行的广州市春季健身万人长跑活动。抗击非典疫情中的诸多问题、失误，甚至错误等给我国疫情控制带来了极大阻力，严重影响我国人民健康、社会发展。

2003年突发的非典疫情，对我国政府提出了科学应对突发事件、高效组织抗灾减灾的挑战，我国的应急管理正式开始体制化建设。2003年7月，在全国防治非典工作会议上，党中央、国务院系统总结应对处置非典事件的经验教训，第一次明确提出要重视政府非常态管理。2003年11月，国务院抓紧组建“突发公共事件应急预案工作小组”，由时任国务委员兼国务院秘书长华建敏同志担任组长，以应急预案编制工作为抓手，不断推动我国应急预案体系建设。①

多件突发公共安全事件对我国应急预案提出要求。2003年年底，重庆市开县高桥镇罗家寨发生特大井喷事故，造成243人不幸遇难，应急预案缺失造成营救不利、损失扩大；2005年年底中石油吉林石化分公司双苯厂一车间发生爆炸，爆炸后约100吨苯类物质流入松花江，造成松花江污染。后续没有针对性的应急抗污措施，环保部门没有相应应急预案，松花江污染没有及时处理，我国与俄罗斯受到重大损失。众多突发事件要求

① 参见董泽宇、宋劲松：《我国应急预案体系建设与完善的思考》，载《中国应急管理》2014年第11期。

我国加速应急预案制定与管理。

2008年汶川地震

2008年汶川地震爆发暴露出我国应急预案体系存在不少问题。2005年,我国颁布《国家突发公共事件总体应急预案》后,各级政府编制大量应急预案,基层组织、企事业单位等亦要求建立相应的应急预案。2006年,我国正式提出"一案三制"的总体要求建设应急管理体系。2007年,全国人大常委会通过《突发公共事件应对法》。2008年,汶川发生8.0级地震,对我国应急预案体系化建设形成了严峻考验。在此次抗震救灾中,救援物资大量涌入、志愿者疾奔忙碌、救援人员彻夜奋战,一方有难八方来援的景象打动人心。在汶川地震展现了中国众志成城、团结救灾一面的同时,也填满了此次地震发给中国的应急试卷。在这张试卷里,既有鲜红的对号,也有错误的叉号。地震发生后,高层领导动作迅速;国务院抗震救灾指挥部开始运转;解放军原总参谋部启动应急预案;原总后勤部、原总装备部也做好支援抗震救灾的一切应急准备;卫生部组织10余支卫生应急队启程赶赴灾区;交通运输部启动应急预案;国务院新闻办每日举行新闻发布会,四川省政府也举行多场新闻发布会,中央及地方的广播电台、电视台都全天候直播抗震救灾的最新进展,其他平面媒体、网络媒体等也都高度关注并及时报道有关的灾害和救灾信息。① 但同时,这场抗震救灾中亦暴露出我国应急预案体系中存在的问题:地震造成路面断裂、道路受阻、交通瘫痪,无法连接受灾地区,物资运输和救援人员难以进入;通信断裂,无法交流,外界难以探知灾区信息,灾区内基层抗灾毫无生力;各地调送大量物资堆积在灾区外围,但灾区调动不畅、使用无序、车辆拥堵、指挥失调;诸多志愿者从全国各地涌入,造成人员混乱;救援知识陈旧,难以应对灾区救援情况,救援装备、手段落后,难以进行高效援救,救援实际效率低;应急预案纸上谈兵不切实际,无法真正"应急";平日应急演练缺乏,面对灾害无法快速反应;等等。

此后,我国成立多个应急救援管理研究及培训机构,建立多支省级搜救队伍、医疗救援队伍、志愿者队伍;四川省等地震多发地建立科学合理高效的地震应急预案,物资运输、人员调动等切实可行;平日应急演练大大加强;应急救灾技术不断提升。汶川地震后,我国地震应急管理体系不断完善。2010年玉树地震、2013年雅安地震、2014年鲁甸地震、2017年九寨沟地震等在检验我国应急预案实施状况的同时,极大促进我国地震应

① 参见佚名:《汶川大地震案例分析》,载艾特贸易网:http://www.aitmy.com/news/201404/09/news_63077.html,2020年2月22日最后访问。

急救援发展。[①] 同时,其他领域应急预案发展迅速。北京市在2008年奥运会筹备期间,将风险管理与应急预案的修编和演练工作相结合,在全市范围内开展风险治理和隐患排查整改工作,评估出奥运会期间可能出现32类250项和94个重点地区的风险,编制9800余件可操作性强的应急预案;2011年深圳市利用德国风险管理和应急预案优化方法指导大运会应急预案编制工作,确保了大运会顺利举行。不少基层单位推出简化版的应急预案,向群众发放明白卡,提高应急预案的实用性与突发事件处置效率。[②]

2008年后突发事件应急预案实施的失误

2014年"3·1"昆明火车站暴力恐怖案造成平民31人死亡、141人受伤。此次暴恐事件反映出云南省在应急管理方面存在不足。公安系统未能在第一时间准确判断事件性质与危害程度,没有及时作出预警、处置、引导疏散工作,应急装备不足,缺乏反恐现场处置经验,在平时没有进行足够的针对性训练;各政府部门之间协调不畅,信息分割,无法迅速作出联动响应,在一定程度上延误了恐袭事件的处置。[③]

2014年12月31日,上海市外滩发生踩踏事故,造成36死49伤。由于传统的外滩灯光秀被取消,安保降级,当晚人流密度没有确切预估,警方投入700名警力完全不足管理救援;相应水准的突发应急预案也付之阙如,当天外滩附近甚至没有准备应急用的救护车。显然,这一次上海没能做到"从不出事的角度来做方案,从出大事的角度来做预案"。[④]

2015年"8·12"天津市滨海新区爆炸事故,造成165人遇难、8人失踪、798人受伤,直接经济损失68.66亿元。国务院发布的《天津港"8·12"瑞海公司危险品仓库特别重大火灾爆炸事故调查报告》指出,瑞海公司未按规定制定应急预案并组织演练是此次事故反映的主要问题之一。瑞海公司未按《机关、团体、企业、事业单位消防安全管理规定》第40条的规定针对理化性质各异、处置方法不同的危险货物制定针对性的应急处置预案,组织员工进行应急演练;事故发生后,没有立即通知周边企业采取安全撤离等应对措施,使周边企业的员工不能第一时间疏散,导致人员伤亡情况加重。

---

① 参见张尼:《汶川地震十年:聚焦中国应急管理之变》,载中国青年网:https://baijiahao.baidu.com/s?id=1600221802194233995&wfr=spider&for=pc,2020年2月22日最后访问。

② 参见董泽宇、宋劲松:《我国应急预案体系建设与完善的思考》,载《中国应急管理》2014年第11期。

③ 参见卢文刚、方冰:《基于危机生命周期视角的城市公共场所暴恐事件应急治理研究——以昆明火车站"3·01"事件为例》,载《信访与社会矛盾问题研究》2017年第3期。

④ 刘星、王烨捷、何灿:《外滩踩踏之痛:警力不足突发应急预案缺失》,载搜狐新闻网:http://news.sohu.com/20150106/n407563730.shtml,2020年2月22日最后访问。

2017年5月,佛山市环保局对各区企业突发环境事件应急预案备案工作进行了年度稽查。在稽查工作中,佛山市环保局抽查了已在各区环保部门备案的企业突发环境事件应急预案238份。其中,佛山市禅城区强宝化工有限公司等14家单位的企业突发环境事件应急预案存在严重质量问题。① 2017年11月24日开始,京津冀及周边地区均17市空气质量均达到严重污染程度。山东省重污染天气应急工作小组办公室提前向17市政府发出相应预警建议函,要求各市按要求发出预警并启动相应级别的应急响应措施。山东省生态环境厅派出7组机动队赴枣庄、东营等市进行现场检查。11月24~30日,机动队共检查企业(工地)70家,其中22家存在问题。②

2019年江苏省响水县"3·21"特别重大爆炸事故造成78人死亡、76人重伤,640人住院治疗,直接经济损失198,635.07万元。《江苏响水天嘉宜化工有限公司"3·21"特别重大爆炸事故调查报告》称,此次事故中,涉事企业天嘉宜公司安全生产严重违法违规,并缺乏处理突发事件的应急预案。而当地应急管理、生态环境等部门亦未认真履行监督管理职责,在重大安全风险辨识管控、构建安全风险隐患预防机制等方面工作不力,安全发展理念不牢,防范化解重大风险不深入、不具体。

2008年后突发事件应急预案实施的经验

2017年"6·24"茂县山体滑坡造成河道堵塞2公里,100余人被掩埋。事故发生后,四川省地质灾害应急指挥部第一时间启动"特大型地质灾害险情和灾情Ⅰ级应急响应",四川省委省政府24日晚成立"6·24"茂县叠溪山体突发高位垮塌灾害抢险救灾指挥部,下设现场救援组、医疗救护组、交通保畅组、转移排除组、群众工作组、信息宣传组、失联人员排查组、保障重建组8个工作组。四川省、阿坝州、茂县三级国土资源部门迅速联动,现场抢险救援工作有序进行。③

2019年第9号超强台风"利奇马"于浙江着陆,2019年8月9日,浙江省提升防台风应急响应至Ⅰ级。浙江省政府落实责任、科学预报、排查隐患、系统预防、快速响应,突出重点区域落实应急措施,确保抢修设备、救灾物资和卫生防疫及时到位,保畅通、保供电、保通信。全力以赴做好防御工作,坚决做到协调有力、人员到岗、纪律严明,在深化机构

① 参见佛山环保:《通报!佛山这14家单位突发环境事件应急预案存在问题》,载佛山环保公众号:http://static.nfapp.southcn.com/content/201707/31/c581853.html,2020年2月22日最后访问。

② 参见《山东省生态环境厅开展重污染天气督导检查22家企业存在问题》,载新浪网:https://k.sina.cn/article_6166805925_16f91fda502000i8mc.html? wm=13500_0055&vt=4,2020年2月22日最后访问。

③ 参见寇敏芳:《四川省启动特大地灾Ⅰ级应急响应》,载环球网:https://china.huanqiu.com/article/9CaKrnK3I33,2020年2月22日最后访问。

改革的基础上,磨合防汛防台体制机制,全面落实大应急管理体系,全力夺取防汛防台工作的胜利。①

2020 年 1 月 11 日,应急管理部会同国务院安委会办公室、国家减灾委办公室对 2019 年各类突发灾害事故案例进行梳理,公布了应急救援十大典型案例,并总结了成功救援的经验。② 福建省福州市“2·16”建筑坍塌事故救援、山西省乡宁县“3·15”山体滑坡抢险救援、江苏省响水县天嘉宜化工有限公司“3·21”特别重大爆炸事故救援、山西省沁源县“3·29”森林火灾扑救、上海市长宁区“5·16”建筑坍塌事故救援、广西壮族自治区百色市“5·20”建筑坍塌事故救援、江西省宜春市“7·21”山洪遇险“驴友”救援、四川省龙潭水电站险情处置、辽宁省沈阳市“12·2”高层建筑火灾扑救、川煤集团杉木树煤矿“12·14”透水事故救援十大典型案例全面体现出应急预案对应对突发事故的重大作用,以及我国应急预案的长足进步。

2020 年新冠肺炎疫情防控工作的经验教训

2019 年于 2020 年交接之际,新冠肺炎疫情为我国应急预案的发展又提出了一次严格的考核。针对此次疫情,2020 年 1 月 25 日(农历正月初一),中共中央政治局常务委员会召开会议,专门听取新冠肺炎疫情防控工作汇报,对疫情防控特别是患者治疗工作进行再研究、再部署、再动员。1 月 25 日晚,应急管理部召开部党组会议,进一步部署应急管理系统新冠肺炎疫情防控工作。随着新冠肺炎疫情的发展,全国 30 个省宣布启动重大突发公共卫生事件一级响应。各地应急管理部门立即行动起来,部署防范,全力防控疫情。湖北省“每天抽查值班情况”“强化安全生产和自然灾害防治”、山西省“第一时间视频连线”、江西省“主要负责人到岗到位”、河南省“应急值守一级响应”、重庆市“航空救援总队已做好应急准备”、湖南省“成立疫情防控工作小组”、四川省“建立乡村疫情广播发布机制”、黑龙江省“探索创新疫情防控期监管执法方式”、贵州省“牵头三大运营商做好大数据排查”、山东省“健全应急联动机制”,各省针对疫情启动应急措施,积极对新冠肺炎疫情进行防控。③

在全国紧急应对新冠肺炎时,战疫中出现的种种问题展现了目前我国应急体系存在

---

① 参见《车俊袁家军赴省防指检查指导防汛防台工作:全力以赴打赢防御“利奇马”这场硬战》,载浙江省应急管理厅网:http://yjt.zj.gov.cn/art/2019/8/9/art_1228978413_41332442.html,2020 年 2 月 18 日最后访问。

② 参见《应急管理部公布 2019 年全国应急救援和生产安全事故十大典型案例》,载中华人民共和国应急管理部网:https://mp.weixin.qq.com/s/H7UBbhosCKaFDiy5HnSMUA,2020 年 2 月 22 日最后访问。

③ 参见《各地应急管理部门全力防控疫情》,载中国应急管理公众号:https://mp.weixin.qq.com/s/0TGokOkGke4hyx71J0nCGQ,2020 年 2 月 22 日最后访问。

的缺陷。地方各级政府、各部门皆备有应急预案,但新冠肺炎疫情暴发应急依然混乱。此次疫情在最初阶段未被作为一起响应级别高、覆盖面广泛的突发事件,当地公共管理部门一直将事件作为单一的卫生事件处置,对事件的发展态势、影响广度和深度缺少全局性研判;①疫情最初期缺少跨地区、跨部门联防联控,没有高效的应急事务统筹协调组织;1 月 23 日浙江省、广东省等地启动一级响应,24 日身为病毒爆发地的湖北省才将二级响应升级为一级响应;大量物资调送至湖北省但一线救援医院仍防护物资短缺;湖北红十字会面对大量救援物资与拨款无法科学高效分配;各地隔离管控出现手段过激、侵犯公民权利情况……此中差别显现出应急预案的不足:应急预案内容并不“应急”,同质化问题突出、缺乏风险评估环节、可操作性差、重处理轻预防。② 2 月,全国各地多个企业工厂“复工”,“复工”后因管理不到位感染新冠肺炎事例不在少数:2 月 10 日,重庆市巴南区的攀钢钒钛重庆钛业公司,由于复工后未严格按照市疫情管控要求进行管理,发生一起聚集性疫情严重事件。该公司有 2 例确诊新冠肺炎,此次事件造成 131 名密切接触者被隔离。③

疫情防控向我国各级政府、各企事业单位提出更高效的应急预案要求,疫情发生后,要求各单位尽快制定相应的应急预案,《中英人寿启动关于新冠病毒肺炎的应急预案》《灌南华侨双语学校新冠肺炎疫情应急预案》《新华保险河南分公司新型冠状病毒肺炎应急预案》《云落镇大池幼儿园预防新冠病毒肺炎应急预案》《禹城市教育系统防控新冠肺炎疫情应急预案》《疑似或确诊新型冠状病毒肺炎患者急诊手术应急预案》,多个单位已针对新冠肺炎疫情制定了应急预案,预防工作期间新冠肺炎疫情感染;应急预案不应仅仅写在纸面上,更要落在实处,提前演练。2020 年 2 月 10 日,高淳区砖墙中心卫生院举办新冠肺炎应急预案演练,办公室接到发热诊室医生报告有患者 A 疑似新冠肺炎,立即汇报应急小组组长,组长傅玉华启动应急预案,指示做好密切接触者调查、标本采集、隔离转运工作;2 月 17 日上午,临沂临港坪上镇中心卫生院组织开展了新冠病毒感染的肺炎就诊应急演练,全程演练发热病人到医院就诊的预检分诊、发热门诊接诊、初步体检诊断、转运交接、终末消毒、医疗废物处置等环节步骤;2 月 19 日 15 时,万里禹州汽车站在客运东站举行了“防控新冠肺炎应急演练”。禹州市第一汽车站、二站、客运东站相关负责人和主要岗位工作人员近 40 人参加此次演练;2 月 20 日 15 时,河南省平顶山市郏县二院在医院门诊楼前,成功组织了一次新型冠状病毒感染应急处置演练;同日下午,晋江市医院开展了新冠肺炎疫情应急处置桌面演练。

---

① 参见《“抗疫”暴露出应急管理的哪些短板和不足?》,载第一反应应急管理公众号:https://mp.weixin.qq.com/s/-74xV7Ok4HDwCOJnJIb6zA,2020 年 2 月 22 日最后访问。

② 参见董泽宇、宋劲松:《我国应急预案体系建设与完善的思考》,载《中国应急管理》2014 年第 11 期。

③ 参见《突发!攀钢钒钛重庆孙公司复工发生聚集性疫情事件,已封楼隔离!》,载澎湃网:https://www.thepaper.cn/newsDetail_forward_5994762,2020 年 2 月 22 日最后访问。

突发安全事件是对应急预案可靠性的真实检验,每次检验发现的问题都是我国应急预案向前发展的踏板,每次检验积累的经验都是推动我国应急预案更完善的宝贵财富。2003 年非典疫情是我国应急预案发展的正式起点,2020 年新冠肺炎更应是我国应急预案发展再进步的重要节点。

附录三　国外的应急预案若干文本介评

一、美国政府机构之间的国内恐怖主义作战方针计划

预案文本

美国政府机构之间的国内恐怖主义作战方针计划①

2001 年 1 月

目　　录

① 李蕊佚、吕夏溪、唐静翻译初稿。需要说明的是，该计划已被 2004 年 12 月发布的美国《国家应急计划》(National Response Plan，NRP)吸收替代，但其作为应对恐怖主义的专项预案仍具有特殊的借鉴参考意义。

2. 联邦紧急事务管理局
3. 国防部
4. 能源部
5. 环保署
6. 卫生与公众服务部

二、政策

（一）权力依据

（二）其他计划和指令

（三）联邦有权机构

（四）联邦应对恐怖主义事件

1. 危机管理
2. 善后

（五）联邦牵头机构的选派

（六）请求联邦援助

（七）资金

（八）优先权力的部署和使用

（九）计划假定和注意事项

（十）培训和演练

三、情形

（一）引言

（二）大规模杀伤性武器事件与其他事件的差别

（三）威胁级别

1. 级别四：最小威胁
2. 级别三：潜在威胁
3. 级别二：确定存在的威胁
4. 级别一：大规模杀伤性武器事件

（四）联邦牵头机构的责任

四、行动的方针

（一）任务

（二）指挥与管理

1. 善后
2. 危机处理

（三）联邦、州和地方三级统一应对

1. 概述

2. 国家层面协调
3. 恐怖主义事件发生地协调
4. 事故现场协调
五、联邦应对的阶段划分
(一)通告
1. 联邦调查局的职责
2. 联邦紧急事务管理局的职责
(二)启动和部署
1. 联邦调查局的职责
2. 联邦紧急事务管理局的职责
(三)应对操作
(四)应对终止
(五)重建
附录一:名词缩略
附录二:定义

前　言

美国政府机构之间的国内恐怖主义作战方针计划(以下简称作战方针计划)呈现了联邦各部门和政府机构为达成一个共同目标所作出的努力。作战方针计划是6个主要政府行政部门依据第39号总统决议指令(以下简称第39号令)共同制定的。该计划保持了与相关的总统决议指令、联邦法律、司法部部长作出的危机事故应对计划、第39号令的国内指导方针,和联邦应对计划及其恐怖主义事件附录等的一致性。联邦调查局与这6个部门一起工作,并向这6个部门提供一个参与计划和实施行动的平台,以发展、维护和提高联邦的应对能力。

确保以一种协调的方式实施第39号令和第62号总统决议指令中的政策,作战方针计划被设计为向联邦、各州及地方政府提供一个全面的指导方针,即联邦政府将在多大程度上回应发生在美国的潜在的或实际的恐怖主义威胁或事故,尤其是在涉及大规模杀伤性武器时。作战方针计划概括了联邦政府部门及时地、协调地应对一次恐怖主义威胁或行为的有组织的、统一的能力。该计划建立了评估和监视一次酝酿中的威胁的概念性纲要,并向联邦、州和地方的相关行政部门公布了威胁的性质,以及部署了必要的咨询和技术资源,以协助牵头机关促进各部门间处理危机事件和善后事宜上的合作。

所有行动将继续精炼和识别任务、能力和其他辅助性行政部门的资源;以及每个行政部门在每一个回应阶段必须执行的行动,包括危机处理和善后行为所必需的化学的、生物的、核能的(或放射性的)和常用材料或设备的所有行动。

与作战方针计划相关的质询应该由适当的牵头机构根据该计划来进行：

1. 负责处理危机事件的联邦调查局、反恐司、国内恐怖主义(反恐)计划科；

2. 负责善后的联邦紧急事务管理局、应急和重建指挥部、运作和计划部。

协定书

美国政府部门间国内恐怖主义作战方针计划(以下简称作战方针计划)被设计成为联邦、州和地方行政部门提供一个全面的指导方针,涉及联邦政府将怎样应对发生在美国的潜在的或实际的,尤其是涉及大规模杀伤性武器的恐怖主义威胁或事故。

纲要签署机构

为了执行第 39 号总统决议令和第 62 号总统决议令委派的任务,以下行政机关同意支持整个作战方针计划的运作。这些行政机关也同意落实国内和地区的计划成果并付诸行动,以维护整个联邦的应对能力。具体如下。

司法部部长有责任确保发展和实施预防国内恐怖主义袭击的政策,并将承担对违反美国法律的恐怖主义行为的刑事诉讼。司法部负责指控联邦调查局的牵头机构履行回应恐怖事故的联邦管理职责的执行。作为危机处理的领头机构,联邦调查局将负责应对联邦的危机处理。作为联邦牵头机构,联邦调查局将指派一个联邦的现场指挥员以确保整个美国政府的回应与联邦的、州的和地方的有权机关之间的配合适当,直到司法部部长把联邦牵头机构的角色转移给联邦紧急事务管理局。

作为善后的牵头机构,联邦紧急事务管理局将实施联邦应对计划管理和协调联邦的善后管理,以支持州的和地方的有权机关。

国防部将应适当的有权机关的要求,并获得国防部长批准后,就一次恐怖主义事故的各个方面,为联邦牵头机构和(或)作战方针计划的主要机构提供军事帮助。

能源部将提供有关一次核能或放射性大规模杀伤性恐怖主义事故各方面的科学技术人员和设备,支持联邦牵头机构。

环保署将为联邦牵头机构提供有关一次大规模杀伤性恐怖主义事故的各个方面的技术人员和支持设备。

卫生与公众服务部是为国家应对由使用大规模杀伤性武器的恐怖主义导致的医疗紧急事故计划和准备的主要机构。卫生与公众服务部就一次恐怖主义事故的各个方面为联邦牵头机构提供技术人员和支持设备。

一、介绍和背景

(一)介绍

面对直指美国国民的恐怖主义袭击,无论这些袭击是发生在国内、公海、国际领空,还是外国领土上的,美国政府进行预防、阻止、击败和果断应的能力,正是我们国家当今面临挑战最多的工作重点之一。美国将所有这样的恐怖主义都视为对国家安全的潜在威胁和暴力犯罪行为,并将适用所有恰当的方式与这些危险作斗争。为了这么做,美国政府不惜一切、全力以赴地预防和阻止这些犯罪，并直接逮捕和起诉，或协助其他政府起诉那些计划或施行这些恐怖主义袭击的人员。

1995年，克林顿总统签署了第39号总统决议指令——美国反恐政策。该总统指令建立在先前的多个指令上，包括与恐怖主义作斗争，进一步详尽阐述由联邦政府执行的采取所有形式打击国内的和国际的恐怖主义的战略和机构间的合作机制和管理结构等指令。权力包括施行措施降低我们的弱点，通过一个清楚的公共立场制止恐怖主义，快速、有效应对威胁或实际的恐怖行为，以及赋予最高的优先权发展足够的能力打击和处理涉及大规模杀伤性武器的恐怖主义事件引发的后果。

为了确保以一种协作的方式实施这一政策，作战方针计划被设计为有关联邦政府如何应对发生在美国的潜在的或实际的恐怖主义威胁或事故，尤其是涉及大规模杀伤性武器时，向联邦、州和地方机构提供一个全面的指导纲要。作战方针计划概括出联邦行政部门及时地、协作地应对一次恐怖主义威胁或行为的一个有组织的、统一的能力。它建立了评估和监控一次酝酿中的威胁的概念性纲要，并向联邦、州和地方的相关行政部门公布了威胁的性质，以及部署了必要的咨询和技术资源，以协助牵头机关促进各部门间处理危机事件和善后事宜上的合作。最后，它定义了结构之间的关系，在这些结构下联邦政府将排列处理危机及其后果的资源，以应对声称的或实际的恐怖主义事件。

（二）目的

该计划的目的是促进联邦有效地应对发生在美国的所有的恐怖主义威胁或行为；这些威胁或行为被认定为达到确保施行该计划和由第39号令和第62号令建立的协助政策的足够级别。为了完成这些，这一作战方针计划：

1. 建立了一个系统的、合作的、有效的国内应对发生在美国的恐怖主义的威胁和行为的结构；

2. 规定了使用联邦的资源增大和支持州和地方政府的程序；

3. 明确了危机事件及其后果的处理责任，以及清楚说明了这些任务之间的合作关系。

（三）范围

作战方针计划是一个战略性文件：

适用于发生在美国的所有恐怖主义威胁或行为；

为联邦处理危机事件和善后以应对发生在美国的一次声称的或实际的恐怖主义事件提供了计划纲要和概括出作战的概念；

作为进一步发展国内的、地区的、州的和地方的详细作战计划和程序的基础；

包括告知、合作和领导应对行为、支援作业和各级政府之间的紧急公共信息合作的纲要；

确认每次事件的独特性质、地方司法权的权限，和阻止或缓解一次特定的威胁或事

件的必要行为;以及

阐明联邦、州和地方行政机关能最有效地统一和同步他们的应对行为的方式。

(四)主要的联邦机构

应对发生在美国的一次恐怖主义威胁或事件将要求联邦的、州的和地方的多个行政机构高度合作。为了支持这个任务,以下的主要联邦机构将提供核心的联邦应对措施:

司法部/联邦调查局 *

联邦紧急事件管理局 * *

国防部

能源部

环保署

卫生与公众服务部

*危机事件牵头机构

* *善后处理牵头机构

尽管作战方针计划没有被正式地设计,其他联邦行政部门可能有支持响应操作的权力、资源、能力或专门技术。各行政部门可能被要求参与联邦计划和作战,也可能被请求指派其工作人员作为联络官发挥作用和为联邦牵头机构提供其他的帮助。

(五)主要机构的责任

1. 司法部/联邦调查局

司法部部长负责确保发展和实施旨在防止国内恐怖主义袭击的政策,以及承担对违反美国法律的恐怖主义行为提起刑事诉讼。司法部负责指控联邦调查局的牵头机构为了应对发生在美国领土或不涉及悬挂外国国旗船只的公海的恐怖主义威胁或事件,所担负的联邦管理职责的执行。为作危机事件处理的领导机构,联邦调查局将施行联邦对危机事件的处理措施。作为联邦牵头机构,联邦调查局将指派一个联邦的现场指挥官,以确保整个美国政府与联邦的、州的和地方的有权机关的适当合作,直到司法部部长将联邦牵头机构的整个功能转移给联邦紧急事务管理局。联邦调查局,获得适当的批准或,将与其他行政机构协作和形成一次国内紧急支援队的部署,在适当时,还可以寻求基于事件性质的联邦支持。

2. 联邦紧急事务管理局

作为善后的领导机构,联邦紧急事务管理局将管理和协调联邦的任何善后措施,以支持州和地方政府的法定权力。此外,联邦紧急事务管理局将指派适当的联络人员和咨询人员到联邦调查局的战略信息与行动指挥中心,部署国内紧急支援队,联合行动指挥中心和联合信息中心。

3. 国防部

国防部作为联邦调查局发挥危机事件管理功能的支援机构,包括技术操作,同时作为联邦紧急事务管理局处理善后的支援机构。根据国防部第3025.15号和第2000.12号指令以及第0300－97号参谋长主席联席会议作战方针计划，获得国防部长批准后，国防部将向联邦牵头机构和(或)作战方针计划的主要机构提供有关一次恐怖主义事件的各个方面的适当协助，包括：威胁评估；国内紧急支援队的参与和运输；技术设备；作战支持；技术支持；内乱的平息；保管、运输和处理大规模杀伤性武器设备；和其他的能力，包括缓解由放射导致的后果。

国防部在处理大规模杀伤性武器和与打击恐怖主义上拥有很多独特的能力。例如，研究传染性疾病的美国军事医学研究所、技术护送部队和美国海军陆战生化事件应对力量。如果联邦牵头机构要求并得到国防部长批转，这些资源和国防部的其他资产可以被用于应对一次恐怖主义事件。

4. 能源部

能源部作为联邦调查局技术作战的支援机构，以及联邦紧急事务管理局善后处理的支援机构。能源部就一次核能或放射性大规模杀伤性武器恐怖主义事件的各个方面提供科学技术人员和装备，以支持联邦牵头机构。能源部的协助包括提供诸如威胁评估、国内紧急支援队的部署、联邦牵头机构的咨询要求、技术建议、模型预测和包括直接提供作战技术的作战支持，以支持处理危机事件及善后。能源部可展开的科学技术协助和支持，包括诸如作战研究、作战路径、诊断和设计评估、放射评估和监控、材料的识别、联邦保护行动建议的发展、放射性反应信息的规定、安全操作、灾害评估、有关特殊核材料证据的防漏、重新安置和存贮、事件后的清扫、现场管理和对公众、白宫、议员和外国政府的放射性评估。能源部对联邦危机应对的所有支持将通过能源部高级官员加以协调。

5. 环保署

环保署作为联邦调查局技术作战的支援机构和联邦紧急事务管理局处理善后的支援机构。环保署向联邦牵头机关提供有关大规模杀伤性武器恐怖主义事件各个方面的技术人员和支持设备。环保署的协助可以包括威胁评估、国内紧急支援队和区域紧急事件响应队的部署、联邦牵头机构的咨询要求、技术建议和对化学、生物和放射性释放的作战支援。环保署的援助和建议包括威胁评估、咨询、鉴别介质、危害的检测和降低、环境监测；收集或分析样本和用于法庭的证据；污染物识别；可行性评估和清理；以及现场安全、保护、防止、净化和修复活动。环保署和美国海岸警卫队根据《国家石油和有害物质污染应急计划》，共同负责应对在可航行领域石油泄漏和有害物质、污染物释放和污染环境。当发生石油泄漏、有害物质和大规模杀伤性武器事故发生时，环保署向内陆地区提供事先指派的联邦现场协调员，沿海地区由美国海岸警卫队提供配合防范、移除和处理的人力和资源。

6. 卫生与公众服务部

卫生与公众服务部作为联邦调查局技术操作方面的支援机构，同时作为联邦紧急事务管理局处理善后的支援机构。卫生与公众服务部向联邦牵头机构提供有关一次恐怖主义事件的各个方面的技术人员和支持设备。在牵涉由食品和药物管理局管制的物品的事故中,卫生与公众服务部还提供管理上的后续行动。卫生与公众服务部的援助包括提供威胁评估、国内紧急支援队的部署、流行病学的调查、回应联邦牵头机构的咨询要求和技术建议。提供给联邦调查局的技术协助可以包括鉴别介质、收集和分析样本、现场安全和保护行动,以及医疗管理计划。向联邦紧急事务管理局提供的操作支持可以包括民众免疫、民众预防、民众死亡率管理、药物支持(国家药物存藏)、意外医疗记录、追踪病患,以及疏散病患和通过国家灾难医疗体系向病患提供医疗护理。

二、政策

(一)权力依据

以下的法律依据是发展作战方针政策的基础:

第39号总统决议指令,包括国内指导大纲;

第62号总统决议指令;

罗伯特·T.斯塔福德赈灾和紧急援助法。

(二)其他计划和指令

联邦应对计划,包括:

恐怖主义事件附件;

联邦放射性紧急事故应对方案;

国家石油和危险物质污染应急计划;

联邦应对生化恐怖主义的卫生和医疗服务支持计划;

参谋长联席会议主席第0300/0400作战方针计划;

美国国防部第3025.15号对民间有权机关的军事援助;

其他的国防部指令。

(三)联邦有权机构

作战方针方案并不代替用以发展各行政部门依据法定职权应对事故的现有的计划或权力依据。相反,它是一个旨在协调处理危机和善后的计划,以便联邦有效地应对恐怖主义。作战方针计划是一个以第39号总统决议指令命名的联邦6个主要行政部门的签约计划。在有必要时,经这些行政部门达成一致意见,该计划可以修改和更新。

(四)联邦应对恐怖主义事件

联邦应对恐怖主义威胁或事件提供了一个量身定做的、分期间的专业的联邦资产部属。该应对是基于两个宽泛的职责加以履行。

1.危机管理

危机管理主要是实施法律的功能,包括一系列措施用以识别、要求和计划预见、防止、和(或)消除一次恐怖主义威胁或行为所需要使用的资源。在一次恐怖主义事件中,危机处理应对可以包括施行传统法律的任务，如情报工作、监视、战术操作、谈判、辩论和侦查，以及技术援助任务。例如，鉴别介质，搜查，实施安全程序，转移、处理和有限的污染排除。除这些传统的法律执行任务外，危机处理还包括公众健康和安全保证。

美国的法律将防止和应对恐怖主义或潜在的恐怖主义行为的首要权力分派给联邦政府。基于这种情况，联邦危机管理应对可以获得技术操作和应同时进行的善后行动的支持。

2. 善后

善后主要发挥紧急处理的功能，包括保护公众健康和安全，恢复基本的政府服务，向政府、商业和受恐怖主义后果影响的个人提供紧急救援。在一次实际的或潜在的恐怖主义事件中，由联邦紧急事务管理局运用联邦应对计划的结构和资源应对善后管理。这些努力将包括其他联邦作战计划所形容的支持任务，如建立预测模型、保护行为的建议和大面积排除污染。

美国法律将应对恐怖主义导致的后果的首要任务分派给了州和地方政府；联邦政府按照要求提供援助。

（五）联邦牵头机构的选派

正如前面提到的强制执行的权力，应对恐怖主义威胁的作战将运用通过由一个联邦牵头机构的概念组织的各个机构之间相互配合的程序。第 39 号总统决议指令重申和详细说明了美国政府有关反恐，以及扩大打击恐怖主义的角色、责任和管理机构的政策。对于发生在美国或不涉及悬挂他国国旗的船只的国际水域上的恐怖主义威胁或行为，联邦牵头机构的责任指派给了司法部，并委托给联邦调查局。基于这种角色，联邦调查局的联邦现场指挥官将发挥为美国政府现场管理人员的作用。所有的联邦行政机关将按照需要派出现场指挥官。发生在美国境外或美国的托管领土上的或牵涉悬挂他国国旗船只的公海上的恐怖主义威胁或行为，不在作战方针计划的范围之内。

此外，上述权力依据重申了联邦紧急事务管理局是美国领土范围内的善后处理的牵头机构。联邦紧急事务管理局保留了贯穿始终地作为善后处理的牵头机构的权力和责任。联邦紧急管理事务局将使用联邦应对计划结构协调联邦向州和地方政府提供的所有善后援助。为了确保有一个全部联邦的牵头机构，第 39 号总统决议指令指示联邦紧急事务管理局支持司法部（像委托给联邦调查局），直到司法部部长将联邦牵头机构的角色移交给联邦紧急事务管理局。在这一时间，代表美国政府发挥现场管理人员功能的责任从联邦调查局的联邦现场指挥官转移给联邦协调官。

（六）请求联邦援助

州和地方政府，以及那些关键基础设施的拥有者和运营者请求联邦援助，由基于美国法律承担这一功能的责任的联邦牵头机构（危机处理或善后）加以协调。为了应对恐怖主义威胁或事故，将依据由联合作战中心指挥组建立的优先权力和目标管理多重的或相冲突的要求。

州和地方政府将通过联邦调查局请求联邦危机管理的援助。州和地方政府将通过联邦应对计划建立的标准渠道请求联邦的善后管理援助。被分派到国内紧急支援队或联合作战中心的联邦紧急事务管理局联络人协调联邦牵头机构和这些请求，以确保善后管理计划和行动与整个优先权力一致。其他通过普通渠道以外向国内紧急支援队或联合作战中心提出所有的善后管理援助请求，将转交给地区作战中心的主管或负责行动的联邦协调官员。

（七）资金

如第 39 号总统决议指令所命令的，直接参与反恐或恐怖主义事故解决的联邦行政机关承担他们自己参与的费用，除了总统直接指挥的。这一责任受无偿提供支持的具体的法定授权约束。在没有此类具体授权的情况下，适用经济法，且不放弃补偿。

（八）优先权力的部署和使用

由联邦现场指挥官管理的复合联合作战中心指挥小组确保解决冲突、建立事故的全体目标，以及选择使用关键资源的策略。这些策略将基于以下优先权力。

1. 保护生命和将健康危险最小化。这构成了作战的第一优先权。

2. 阻止威胁行为的实行或已发生的恐怖主义行为扩大或加重。

3. 定位、接近、致使安全，控制、封闭、恢复和处理还没有发挥作用的大规模杀伤性武器。

4. 营救、净化、转移和治疗受害者。防止由污染或并发性危险导致的二次伤亡。

5. 发布突发事件公共信息，以确保公众与所有涉及的应对机构足够、准确的交流。

6. 重建基本服务和减轻苦难。

7. 逮捕并顺利起诉犯罪者。

8. 实施事故现场的恢复。

（九）计划假定和注意事项

1. 作战方针计划假定没有单独的私人或地方、州或联邦层面上的政府机构控制权力和专家，单方面地处理由应对恐怖主义威胁或行为引发的困难，尤其是牵涉核能的、放射性的、生物的或化学物质的。

2. 作战方针计划基于一个前提，即恐怖主义事件可能在一天的任何时间有些许或完全没有任何警告便发生了，可能涉及一个单一的或多重的地域，并导致大规模伤亡。

3. 作战方针计划还假定恐怖主义行为，尤其是涉及核能、放射性、生物的或化学物质的直接针对美国境内人口众多的中心的行为，将产生重大后果，这些后果使很多州和地方政府无力应对且可能严重地挑战联邦现有的应对能力。

4. 联邦参与机构可能需要忽然向州何地方政府提供有效、及时的援助。

5. 联邦行政部门将被期望提供一个初始响应，当获得他们的权力和资金的保证下。

6. 在生物的大规模杀伤性武器袭击的情况下，影响可能是当时的、地理上的分散，没有一定的或定义的“事故现场”。应对作战可能由一个多个司法权、多个州的区域执行。

7. 对一次采用了感染性介质的、生物的大规模杀伤性武器袭击州和地方的卫生官员可以要求封锁以控制疾病暴发。

8. 地方的、州的和联邦的应对人员将明确工作的重叠周界。应对人员可以使用周界控制进入受到感染的区域，在应对机构之中指派作战部门，评估对人口和环境产生的潜在影响。控制周界和应对行动可以由不同的有权机关来管理，但如果未建立充分的配合将阻碍整体的应对措施的有效性。

9. 如果没有适当的个人防护装备和能力，并且，这个区域受到大规模杀伤性武器材料的污染，进入污染区域的应对行为有可能延迟，直到污染物已经消散到应急响应人员可以安全操作的程度。

（十）培训和演练

联邦机构连同州和地方政府将定期地演练作战方针计划给他们指定的角色和职责。联邦行政机关应该配合机构间反恐工作小组的演练和其他的应对机构进行演练，以避免重复，更重要的是在各应对机构之间提供一个演练的配合机制。

联邦机构将帮助州和地方政府设计和提高他们应对恐怖主义威胁或事件的能力。每个机构都应该配合其他的应对机构实施训练项目，以避免重复和使其他机构也可用该训练。

三、情形

（一）引言

恐怖主义威胁或恐怖主义事件的复杂性、范围以及潜在后果决定要有快速果断能力来解决这样的处境。打击恐怖主义的一次行动需要各级政府出色的危机结果处理协作能力和高超的专业技术。恐怖袭击危害整个国家，联邦政府、州政府或地方政府没有足够的能力和权力独自应对或减轻。恐怖主义事件会影响一个地方或几个地方，每个地方都可能单独或同时是灾难现场、危险现场和犯罪现场。

（二）大规模杀伤性武器事件与其他事件的差别

像所有的事件一样，大规模杀伤性武器事件会造成重大伤亡，严重损毁建筑物或其他财产。然而，大规模杀伤性武器事件具备几个因素，使其区别于其他事件，同时，在制订应对计划时也应当将这些因素考虑进去。首批应对着需要有能力甄别事件的特征，如受害人的症状以及准确描述，这两种能力是当地重要资源使用的最大化和开启联邦政府应对的关键。

1. 可能重大伤亡发生后才能意识到是大规模杀伤性武器事件。识别爆炸和火器的方法并不能识别大部分的化学和生物药品。大部分的化学和生物药瓶可放在容器中携带，看上去和普通物品没有差别。

2. 大规模杀伤性武器事件会包括一系列事件，例如，一个事件的发生是试图影响另外一个事件的结果。

3. 应对者很可能成为伤亡人员，因为生化物品并不能被迅速识别，识别前应对着可能已解除。另外，首批应对者将成为次要打击或爆炸的目标。

4. 事件发生地点将会伪造成犯罪现场，因此保护和收集证据至关重要。所以，确保应对组织间现场行动一致很重要，这可以减少法律实施主体间的矛盾，一些人把事件现场看作犯罪现场，而一些应对者将其看作危险物质或灾难现场。

5. 大规模杀伤性武器将造成重要设施和大块地方污染。受害者可能毫不知情，携带此药品去乘坐公共交通设施、谈生意、居住、去看病，买药或进急救室，因为他们并不知道自己已受害。首批应对者可能携带此药品去救火、到管辖区、医院或者呼叫地点。

6. 大规模杀伤性武器事件的范围将几何状地扩展，会影响相互援助权力。通过空气传播的物质会随着气流飘动，通过通风系统散播，把此类物质带离源头。

7. 公众会对大规模杀伤性武器的反应要比对其他形式事件的反应要激烈。暴露于生化武器或辐射中，这样的念头会引发大规模恐慌。由无知引起的恐惧同样使公众的反应更强烈。

8. 应对此类事件的时间很紧迫，大规模杀伤性武器事件能够迅速蔓延，此外，一些生化武器的影响会随着时间推移扩大。

9. 支援设备，如公用工程站、"911"报警中心和重要的基础设施，与打击目标一样危险。

10. 州级和地方应对能力要加强，这样会收到很好效果。

（三）威胁级别

作战计划设立了不同的威胁级别，这是由联邦调查局决定的。每个威胁级别的行为范围在逐步上升，这些行为同时包括危机和善后。联邦政府将采取具体行动，与每个威胁级别同步，为确保所有的联邦机构能合力持续地执行计划。如有必要，联邦政府将通知、协调州级和当地政府。威胁级别分为以下几种。

1. 级别四：最小威胁

已遭受的威胁并不能证明正常联络通知之外还有行动，也不能证明财产和物资应当高度戒备。（机构正常情况下每天运作）

2. 级别三：潜在威胁

获得的情报或一次组织缜密的恐怖主义威胁说明有潜在的恐怖主义事件，然而，这样的威胁目前还没有被证实是确实存在的。

3. 级别二：确定存在的威胁

对恐怖主义威胁的评定得出确实存在潜在的威胁，且证实随后的恐怖主义事件中会使用大规模杀伤性武器。每次威胁所获得的情报千差万别，将会影响联邦应对的级别。

这个级别的威胁要求采取适当的应对行动,使用必需的联邦资源去应对、阻止或解决危机。联邦危机处理的回击将集中在法律的实施行为中,把公众与财产安全放在首位,主要的目的是阻止和化解威胁。联邦善后应对措施将集中在按要求持续计划和提前放置合适的资源。恐怖主义威胁升级,是由于在有受伤或损失发生前,确定或根据情报和环境推断存在爆炸装置或大规模杀伤性武器,对其的使用能够引发重大毁灭性事件。在这种情况中,威胁已发展成使用大规模杀伤性武器的恐怖主义事件,需要迅速认清、获得和计划联邦资源的使用,以增强州级和地方权力机构的能力,减少或阻止恐怖主义者使用或携带大规模杀伤性武器所引发的潜在后果。

4. 级别一:大规模杀伤性武器事件

目前已发生过恐怖主义大规模杀伤武器事件,这要求能尽快认清、获得和计划联邦资源的使用,从而增强州和地方权力机关的回应力,减少恐怖主义袭击者使用大规模杀伤性武器的后果。类似事件已造成重大伤亡,联邦政府的应对通常要保护公众财产和生命安全。

(四)联邦牵头机构的责任

联邦牵头机构,与相应的联邦、各州和地方机构协商一致,负责制定联邦应对策略与方案。为完成这个目标,联邦牵头机构必须酌情在事故发生现场、地区和国家级别建立多机构的协调体系。多机构协调体系将监督多机构在运行中的责任,拥有对单独事故或多个事故任何方面的直接处罚权力。监督责任包括以下几点。

1. 协调。协调对运行对象、策略及已分配的重要物资使用优先级的决定,与单独的机构交流就某个事件作出的多机构决定。

2. 情况估计。评价正在受到的威胁、对事故设定优先级别、计划未来需求。

3. 公共信息发布。作为联邦恐怖主义事件应对的发言人,联邦牵头机构负责协调信息通报给白宫、国会和其他联邦、州级和地方政府机关。就负责任而言,联邦牵头机构需确保对公众发布的信息是经危机与善后应对部门协调过的。联合信息中心由联邦牵头机构设立,联邦牵头机构公共信息部官员管理此中心的运行。此中心集中协调和向公众和媒体发布联邦应急情况。联合信息中心可能设在联合作战中心处,也可能与州级和地方机构整合后设在事故发生现场。联合信息中心包括以下人员:(1)联邦调查局公共信息处官员;(2)联邦紧急事务管理局公共信息处官员;(3)必要时,包括其他联邦机构公共信息处官员;(4)州级和地方公共信息处官员。

四、行动的方针

(一)任务

联邦牵头机构将协同负责危机善后响应的部门、恰当的州级和地方政府一道通报、响应、部署、使用本国资源,以回应恐怖主义威胁或行为。行动的管理将与法定权力、可实施的计划和程序一致,它们根据第39号和第62号总统决议令中的政策修改。联邦牵头机构将继续行动到危机解决。随后,根据作战计划概念展开的行动将终止,而根据联邦其他计划展开的行动将继续帮助各州及当地政府进行重建。

（二）指挥与管理

如何对一次恐怖主义威胁或事件进行指挥与管理是很重要的,这要求统一的框架去准备、执行计划和命令。各级政府中的突发事件响应机构在命令和管理上都会不同,因为这取决于本机构的历史、危机的复杂性,以及本机构的能力和资源。因此,中央、州级和地方的响应机制管理必须反映固有的灵活性,从而有效地确定全美能力和资源的范围。由此产生的一个挑战是,把被各级政府利用的不同类型的管理体系和手段整合成为广泛而统一的响应,以适应每一次事件中不同的需求与要求。

1. 善后

通常,各州及地方善后组织处理事件,采用模块化的、以功能为导向的事故指挥系统。这个系统会自动调整以适应突发事件的类型、大小和管理需要。事故指挥系统由一个功能组织组织、统一现场多管辖权引起的多种规则。各州及地方的突发事件行动计划通常都为本机关如何应对灾难局面制定了方向与管理步骤。机构人员的组织架构采取纵向方式,责任跟权力归于事故指挥员,由他决定当地资源的配置。很多州的法律或当地制定的规则都规定被赋予组织位置的人是事故指挥员。在大多数案例中,事故指挥员来自州级或地方负责处理突发事件的组织。

当一场危机的幅度超出当地事故指挥员的能力,或者多种权力介入危机局面中,事故指挥系统中的命令功能可以很快发展成一个“统一指挥”（见图1）。在“统一指挥”下,一个多机构指挥中心就建立了,这个中心的人员来自对事件有管辖责任的机构。多个机构的资源与人力将被整合到事故现场指挥系统中,成为事故现场单独的一个总响应管理机构。

多机构间的协调为支持复杂或多个事件中的现场行动提供了资源,这也是突发事件管理应有的。在突发事件管理系统中,最低层级的政府可能都有对资源的渴求。超出能力范围的要求在被满足前会逐步推进,从地方应急处理中心到州级应急行动中心,再到地区或国家级别的中央行动中心。

跟在任何一场自然或人为灾难中一样,州政府可能给当地政府提供援助,以应对恐怖主义威胁或帮助当地在恐怖主义事件后恢复重建。根据州的法律,州长是首要执行官,拥有很大的权力处置手下,并能够在一起突发事件中调动与州级突发事件行动管理有关的所有力量。州级机关有义务确保,当地方政府和绝对故指挥官要求时,提供重要的服务与资源。尽管州政府提供了帮助,但当地政府仍总体负责突发事件行动的命令与管理,除非州级或联邦法律规定某些案件的管理权由特定州级或联邦机构掌握。州和地方政府对善后负有主要责任,联邦紧急事务管理局,运用联邦应急计划,指挥协调所有国内事件中的善后,这些事件由总统宣布或拟认定为紧急事件。

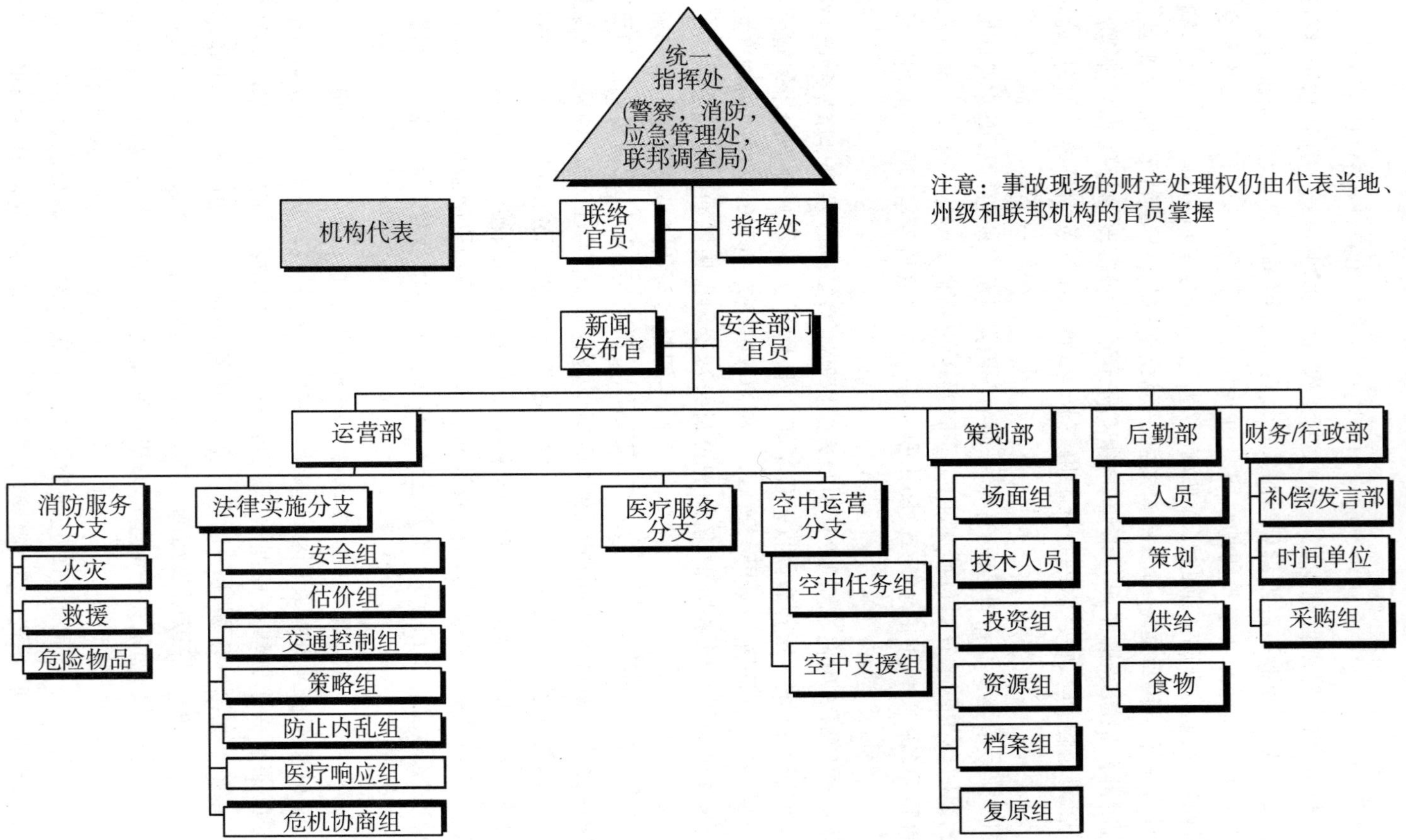

图1　事故指挥系统/统一命令

2. 危机处理

作为危机处理的牵头机构,联邦调查局管理危机局面的机构是联邦调查局指挥所或联合操作中心,这两个机构拥有有利条件回应或解决恐怖主义威胁和事件。这些行为主要协调州级和当地机构法律执行行为,回应事件的目标。

处在危机局面中,联邦调查局地方外勤业务司特别代理将设立指挥所,基于等级的灵活回应,管理恐怖主义威胁。指挥所通常包括 3 个功能组,分别是命令,行动和支持。这样的结构是为了适当机构的参加(见图 2)。当恐怖主义威胁或事件超出当地联邦调查局地方外勤业务司的能力和资源,联邦调查局的特别代理将会请求设在弗吉尼亚州匡提科的重要事件应对小组提供额外资助,以增强现有危机处理能力。恐怖主义威胁或袭击会有大规模杀伤性武器。传统的联邦调查局指挥所会整编成第四功能主体,被称为善后小组。

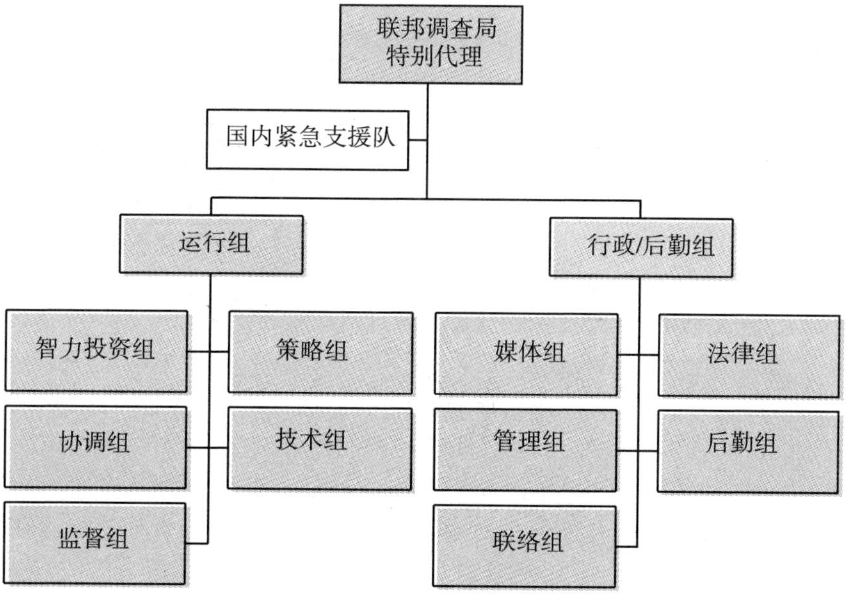

图 2 联邦调查局指挥所

在恐怖袭击事件中,司法部部长通过国防部执行秘书,向国防部长请求国防部对危机处理的帮助。国防部长批准后,命令将直接传达到部队或通过参谋长联席会议主席传达。

(三)联邦、州和地方三级统一应对

1. 概述

通过管理恐怖主义袭击事件,危机处理和善后两个方面共同起作用(见图 3)。联邦对恐怖主义威胁或事件进行应对,这个行为概念为联邦牵头机关认可,目的是协调多机构,分时段合适地配置联邦财产。所有参与的联邦、州和地方政府要毫无障碍地交流互动,这是至关重要的。

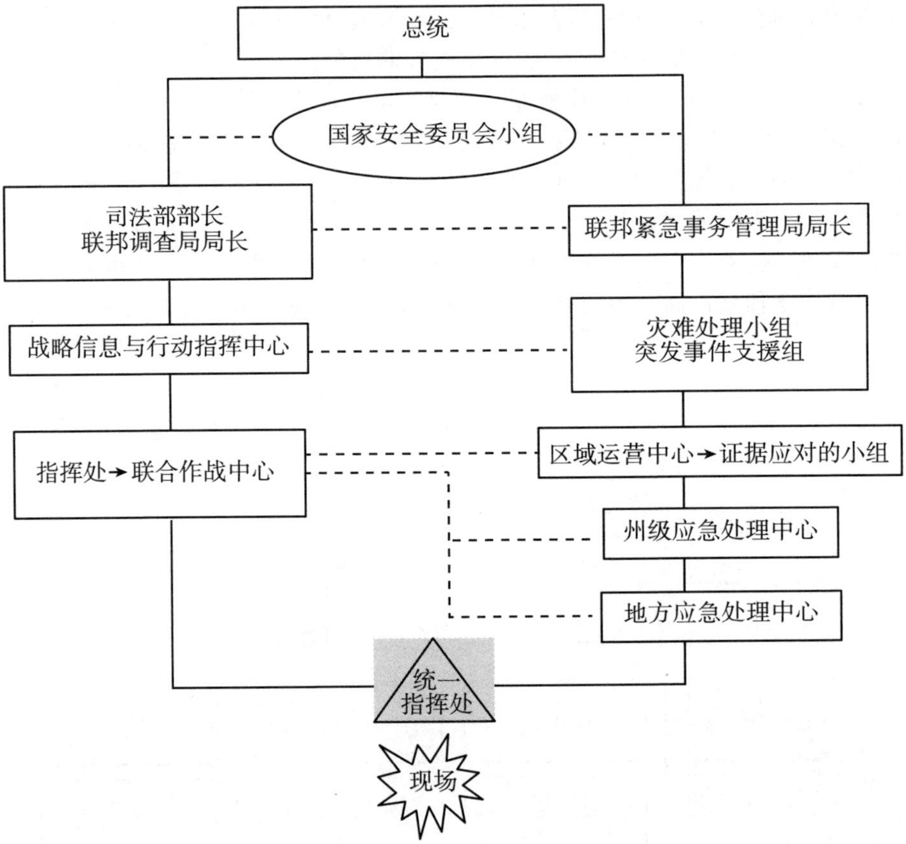

图 3 联邦、州和地方多级统一应对协调关系

2. 国家层面协调

恐怖主义事件具有复杂性,可能有潜在的灾难性后果,这就要求在联邦层面要有一个总的机关进行多机构间的协调。很多在事件发生现场作出的重要决定需要跟上级权力机关汇报。另外,总部与事件现场之间的信息交换对危机事件的顺利解决很重要。

根据已确定的恐怖主义威胁,联邦调查局总部将启动战略信息与行动指挥中心,协调管理国家对恐怖主义事件的支持。在这个层面上,战略信息与行动指挥中心通常根据联合作战中心的结构指挥现场。战略信息与行动指挥中心的人员是来自其他联邦机构的联络官,这些机构被要求遵守第 39 条总统决议令,给联邦调查局提供直接的支持。战略信息与行动指挥中心的关键任务是协调联邦对恐怖主义事件的应对措施,加强联邦机构总部间的联系。如有必要,相关的政府机构将接管总部级别的突发事件处理中心。

基于联邦调查局通知已确定的恐怖主义威胁，联邦紧急事务管理局将启动灾难事件应对小组；此外，如有要求，联邦紧急事务管理局将启动区域运营中心和突发事件支援组。

3. 恐怖主义事件发生地协调

在恐怖袭击中，在事件现场负责的是联合作战中心，这个组织结构是联邦政府在事件现场的处理机构。联合操作中心由联邦调查局成立，由联邦国家安全委员会控制运作，这个中心负责战略管理与现场活动方向控制、辨别州和当地的要求与优先级以及协调联邦应对中的冲突。联邦调查局地方办事处将组建一个危机处理小组，以建立联合作战中心，这个中心将被设在受到影响的地区，同时可能布置已存在的应急作战设施。此外，联合作战中心将依靠其他机关增大规模，包括来自国内紧急支援队（如果有的话）的代表，他们会提供机构间的专业技术知识，以及联邦调查局指挥所过渡到联合作战中心过程中机构间的连续性。

与事故指挥系统中的地区司令部类似，联合作战中心的建立是为了保证恐怖主义事件中的顺利协调，也是为了在一个总的指挥协调结构中能组织多个机构和司法管辖区反恐。联合作战中心包括以下几个部门：指挥部、运营部、行政或后勤部以及善后部（见图4）。联合作战中心的成员来自地方、各州和联邦的机构，在危机与善后中有各自的角色。

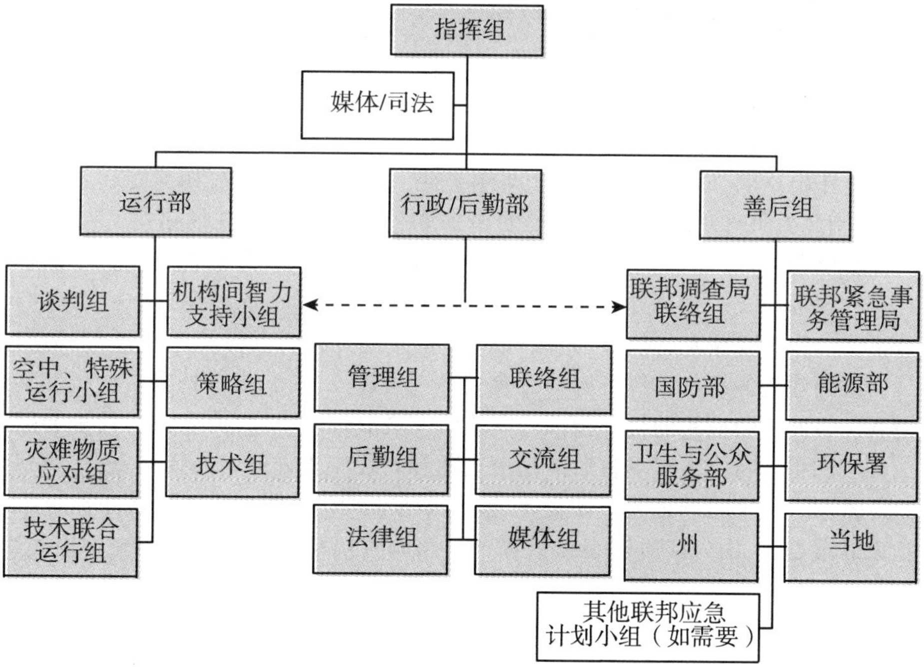

图4　联合作战中心

联合作战中心的指挥小组负责推给联邦现场指挥官提供建议，让他们考虑解决危机局面的战略性决定的发展与应用,以及帮助他们批准资源的配置与使用。在上述范围中,指挥小组的成员在确保与善后小组协调联邦危机中扮演了很重要的角色。指挥小组由联邦调查局联邦指挥官和高级官员构成,基于恐怖主义威胁或事件的环境因素,在恰当时根据联邦、各州和地方授权,作出决定。战略、战术、优先等级等一块由此小组决定。联邦调查局仍有权在任何时候决定联邦危机处理,但作战决定将尽可能与指挥小组一道作出。联邦调查局联邦现场指挥官和联合作战中心中来自联邦紧急事务管理局的高级官员一起,提供或者从更高权力机关处获得快速解决争端的办法,以优先在应对危机和善后中分配联邦重要的资源。

必要时,联邦紧急事务管理局的代表协调联合作战中心善后小组的行动,加速启动联邦善后应对措施。联邦调查局和联邦紧急事务管理局的代表将为善后小组提供恐怖主义威胁或事件的情报。联合作战中心善后小组会监督危机处理的回应,以对善后有牵连的决定提供意见,并且,在联邦善后有必要应对时提供持续帮助。

若恐怖主义袭击威胁迫近,联合作战中心的后果应对小组将向区域运营中心的主管提出建议,建议中心主管根据斯塔夫法案启动有限制的财产预先配置程序。联邦协调官指定前,作决定的权力由联邦应急计划实施中心和区域运营中心主管共同实施。联合作战中心中来自联邦紧急事务管理局的高级官员需协调联邦应急计划实施中心和联合作战中心指挥小组。

4. 事故现场协调

一旦大规模杀伤武器事件发生,无论危机是否提前存在,当地政府应急处理机构将对事件现场作出反应,通知当地、州级和联邦政府。当地应急机关,如消防或者司法高级官员,将控制此类事件现场。事件现场的指挥和控制权将给予现场指挥官或统一指挥处。事件发生现场财产的使用控制权仍由代表地方、州级或联邦机构的官员掌握。这些官员在事故现场与统一指挥处协调,管理战略性运作,就像在现场作战中心由他们机构的同行指挥。作为互帮互助伙伴,州级和联邦应急人员会到事件发生现场,帮助当地应急人员。最初建立的事件指挥机构将过渡到统一指挥处,统一指挥处将使危机和善后活动更便利。事件现场应用的统一指挥处模式将发展成现场志愿部门,机构代表会抵达现场支援危机和善后行为。现场善后活动由当地和州级应急处理中心提供支持,这些中心靠区域运营中心或灾难现场办公室发展壮大,如果恰当,也依靠应急支援小组。联邦物资运抵事故现场后,由先前协调小组负责。联邦调查局高级代表将加入统一指挥小组,而联邦紧急事务管理局高级代表跟统一指挥处联络协调联邦善后行为。事故现场的联邦危机处理物资将单独由联邦调查局运营部的危机处理分支管理,联邦调查局代表担任运营部主任的代理人。联邦善后人员将按照要求,适当援助事故指挥系统部门(见图5)。

在整个事件发生过程中,统一指挥处和联合作战中心指挥小组将在现场持续、协商一致地开展活动。

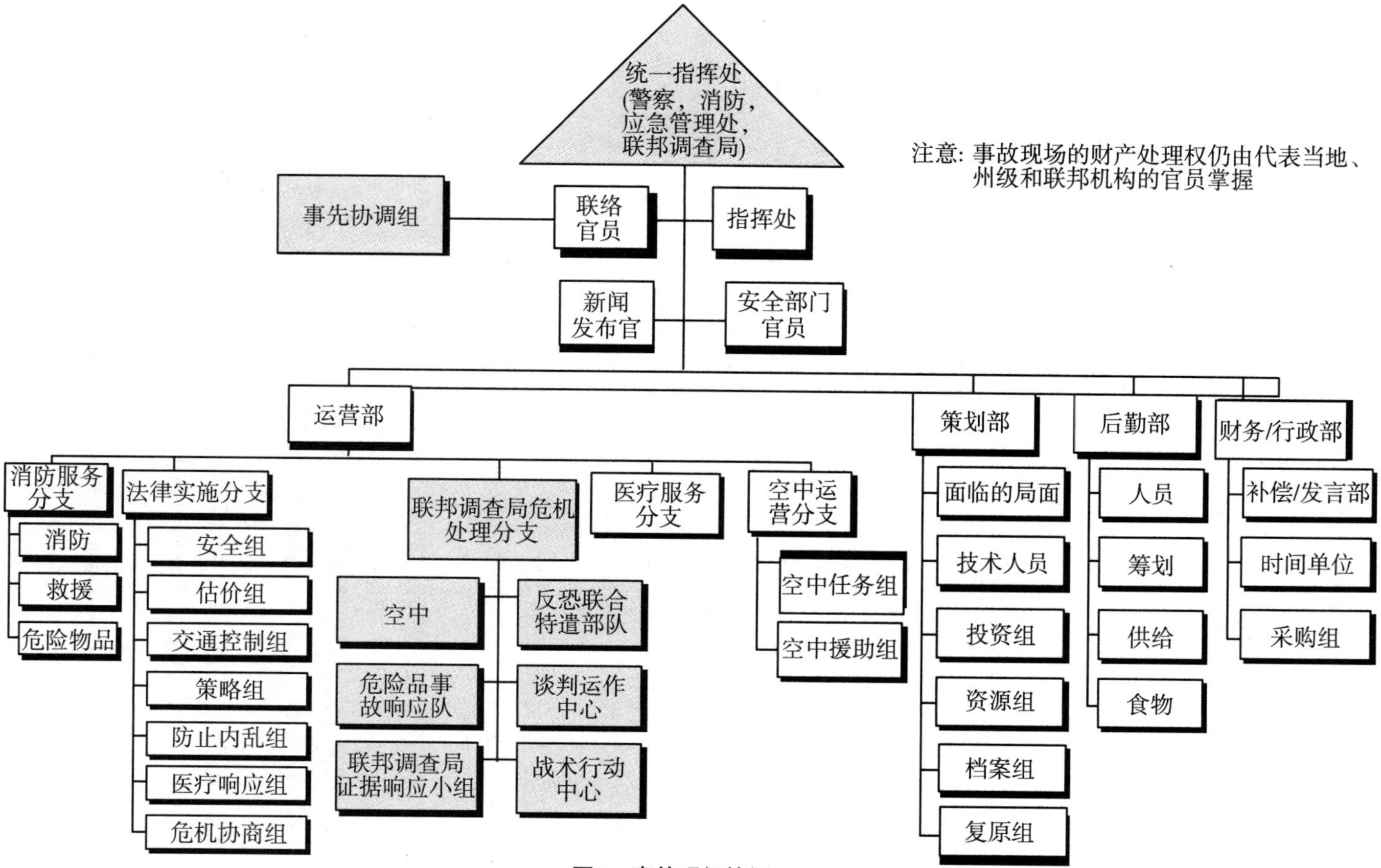

统一指挥处
(警察，消防，
应急管理处，
联邦调查局)
注意：事故现场的财产处理权仍由代表当地、州级和联邦机构的官员掌握
事先协调组
联络官员
指挥处
新闻发布官
安全部门官员
运营部
策划部
后勤部
财务/行政部
消防服务分支
消防
救援
危险物品
法律实施分支
安全组
估价组
交通控制组
策略组
防止内乱组
医疗响应组
危机协商组
联邦调查局危机处理分支
空中
危险品事故响应队
联邦调查局证据响应小组
反恐联合特遣部队
谈判运作中心
战术行动中心
医疗服务分支
空中运营分支
空中任务组
空中援助组
面临的局面
技术人员
投资组
资源组
档案组
复原组
人员
筹划
供给
食物
补偿/发言部
时间单位
采购组

图5　事故现场协调

五、联邦应对的阶段划分

联邦应对恐怖主义威胁或者行动的反应可以划分为：通告、启动和部署、应对操作、应对终止以及重建。这些阶段在获得批准时可以省略或者越过。

（一）通告

恐怖威胁或者恐怖事件信息的接收可能通过任何消息来源或者媒介，也许是情报来源处明确表达的，或者是不断发现得知的。在受到这样的威胁时所有地方、州和联邦机构和部门都有责任通知联邦调查局。

在接收到国内恐怖主义威胁的情报后，联邦调查局会在跨部门精选的专家的协作下对该消息进行一个正式的威胁可信度评估。对于大规模杀伤性武器的威胁，其评估包括3个方面。

技术可行性：针对产生威胁的个人或组织获取或者制造该事件所需材料的能力的评估；

操作实用性：针对恐怖事件所需材料的运输或者采集的可行性的评估；

行为解决：针对涉及对象执行其恐怖活动可能性的心理评估，包括对该对象任何书面的或者口头的陈述的审查。

联邦调查局通过恐怖威胁警告系统来确保涉及恐怖主义的重要信息都能够到达美国负责反恐怖威胁的反恐怖主义和执法部门。这一信息通过安全的电传打字机传递。在这一系统下传递的每一条信息都是一个警报、一个公告或者一份评估。如果恐怖威胁是可信而且具体的，就发布警报；如果威胁时可信但是在时间和目标上很笼统，就发布公告；或者发布一份告知事实和/或针对恐怖主义进行的威胁分析的评估报告。

1. 联邦调查局的职责：

（1）核实通告的准确性；

（2）初步了解对威胁进行评估的过程；

（3）通知国内紧急支援团队机构；并且

（4）酌情通知其他联邦、州和地方机构。

2. 联邦紧急事务管理局的职责：

（1）为联邦调查局管理部门考虑的结果提出建议；

（2）核实各州和地方政府都已经被通知到；并且

（3）酌情通知其他联邦应急计划下的联邦部门。

（二）启动和部署

在确定恐怖威胁是可信的或者恐怖主义行动已经发生的情况下，联邦调查局总部将开始适当联系其他联邦部门以启动他们的运营中心并为战略信息与行动指挥中心提供联络官。另外，联邦调查局总部将开始与特别探员负责的分支机构沟通，通知他/她这次行动可能的做法并讨论关于国内紧急支援队的部署。联邦调查局指派负责的特别探员将在恐怖威胁或事件具体情况的基础上建立起最初的操作优先权。这一信息将被转送到联邦调查局总部以协调进行适当的资源鉴定和部署。

基于一份可靠的恐怖威胁评估和负责的特别探员的请求,联邦调查局局长,会同司法部部长,可能要求国家安全委员会各组的授权,以对国内紧急支援队进行部署,配合负责的特别探员缓解危机局势。国内紧急支援队是一个可迅速部署的、机构内部协调的团队,负责在涉及美国政府化解恐怖主义威胁或事件的能力方面,向联邦调查局提供专家意见和支持。这包括危机和结果管理援助、技术或科学意见和涉及化学的、生物的或者核/放射性武器方面的意外事件计划指导。

至于到达联邦调查局指挥所或者前方位置,国内紧急支援队可能作为一个负责此事的特别探员的独立咨询小组进行活动,向其提供行动咨询。在国内紧急支援队能够像联合作战中心的前提要素一样运作时,国内紧急支援队的部署不是必须先于联合作战中心启动的。在联合作战中心启动后,负责的特别探员就成为联邦现场指挥官。联邦现场指挥官作为现场指挥者为美国政府服务,并为联合作战中心命令组的行动进行协调。国内紧急支援队的后果管理部分在联邦紧急事务管理局高级官员的领导下合并到联合作战中心的结构中。

1. 联邦调查局的职责:

(1)指派一名联邦现场指挥官;

(2)如果得到保证和批准,就对国内紧急支援队进行部署,酌情同州和地方当局进行联系;

(3)在事件发生现场、地区以及全国酌情建立多部门协调机构,以实现:

①为了能够使用已经分配给当地局势的关键资源,在行动目标、行动策略和优先性的确定上进行协调。就多部门联合作出的决策进行沟通,使其成为各部门的决策和事件。

②就突发事件的评估、事件的优先化和未来需要的保护进行协调。

③建立联合信息中心,就信息的宣传进行协调。

2. 联邦紧急事务管理局的职责:

(1)在必要时启动适当的联邦应急计划元素;

(2)向联合作战中心委任并部署一个人作为联邦紧急事务管理局高级官员。其主要职责包括:

①管理后果管理小组。

②在命令组担当高级后果管理官员。

③委任一个人与联邦调查局联络、合作,对与后果管理有关的含义进行情报审查。

对合适的部门进行甄别,为联合作战中心的后果管理小组配备人员,并为联邦调查局提供建议。获得联邦调查局的一致意见后,通知后果管理机构并要求他们向联合作战中心部署代表人员。

(三)应对操作

应对操作阶段包括在应对恐怖威胁或恐怖事件发生所立刻带来的短期影响联邦政府所作出的一切必要的行动。这些行动支持的应急反应同时注重执法目的和目标的实现情况,以及为了应对恐怖事件所造成影响的后果管理行动的规划和执行情况。在使用或者运行大规模杀伤性武器前,通常会优先考虑危机管理行动。当一个恐怖事件导致了大规模杀伤性武器的使用时,则通常是优先考虑后果管理行动。在应急反应中,政府所采取的行动可能会重叠,并且/或者同时进行,这要依所受到的威胁和/或应对恐怖事件所采取的策略而定。一些事件可能会妨碍特定活动的发生,特别是那种事先没有任何警告的袭击事件。

(四)应对终止

在作战方针计划下,每一个联邦机构都会在得知联邦调查局不再需要他们的协助和支援时,或者他们法定的职责已经完成时,终止其应急行动。当应急行动适用的执法目标和目的都已经实现,迫在眉睫的恐怖威胁不复存在,且联邦危机管理行动也不再需要时,司法部部长在与联邦调查局局长和联邦紧急事务管理局局长进行商讨后,将会把主要的联邦政府机构的职责转移给联邦紧急事务管理局。联邦现场指挥官会退出工作,并在作战方针计划下,终止其应急行动。在此之前,联邦现场指挥官会将其退出工作的意向通知联合作战中心命令组中各代表机构的高级官员,旨在就此决定达成一致意见。后果管理活动对受到恐怖事件影响的州和地方政府提供的支援可能会持续很长一段时间,其终止时间要按照就此事件制订的联邦应急计划的程序作出的规定。

(五)重建

州和地方政府将对受影响地区的重建计划承担主要责任。在联邦牵头机构证实了恐怖事件已经得到稳定且不会再对公众健康和安全造成任何威胁后,州或当地政府会根据同这些机构所签订的双边协议作出决定,而重建工作将会就此展开。联邦政府会协助州和地方政府制订减缓和重建规划,而联邦紧急事务管理局会总体上协调在此阶段中涉及的联邦机构的活动。

附录一:名词缩略

CONPLAN	Concept of Operations Plan 行动计划
DEST	Domestic Emergency Support Team 国内紧急支援服务队
DOD	Department of Defense 国防部
DOE	Department of Energy 能源部
DOJ	Department of Justice 司法部
EM	Emergency Management 应急管理
EMS	Emergency Medical Services 紧急医疗服务

EOC	Emergency Operations Center 应急处理中心
EPA	Environmental Protection Agency 环保署
ERT	Evidence Response Team (FBI)证据应对小组(联邦调查局)
FBI	Federal Bureau of Investigation 联邦调查局
FCO	Federal Coordinating Officer 联邦协调官
FEMA	Federal Emergency Management Agency 联邦紧急事务管理局
FRP	Federal Response Plan 联邦应急计划
HAZMAT	Hazardous Materials 危险物品
HHS	Department of Health and Human Services 卫生与公共服务部
HMRU	Hazardous Materials Response Unit 危险物品应对小组
JIC	Joint Information Center 联合信息中心
JIISE	Joint Interagency Intelligence Support Element 联合跨机构情报支持要素
JOC	Joint Operations Center 联合行动中心
JTT	FJoint Terrorism Task Force 反恐联合特遣部队
ICS	Incident Command System 事件指挥系统
LFA	Lead Federal Agency 联邦主导机构
NCP	National Oil and Hazardous Substances Pollution Contingency Plan 国家石油和危险物质污染意外事件计划
NOC	Negotiations Operations Center 谈判运营中心
OSC	On-Scene Commander (FBI)(联邦调查局)现场指挥官 On-Scene Coordinator (EPA)(环保署)现场协调员
PIO	Public Information Officer 公共信息官
PDD-39	Presidential Decision Directive 39 第 39 号总统决议令
ROC	Regional Operations Center 区域行动中心
SAC	Special Agent-in-Charge 负责的特别探员
SFO	Senior FEMA Official 联邦紧急事务管理局高级官员
SIOC	Strategic Information and Operations Center 战略情报和行动中心
STOC	Sniper Tactical Operations Center 狙击手战术行动中心
TOC	Tactical Operations Center 战术行动中心
UC	Unified Command 统一指挥所
USCG	United States Coast Guard 美国海岸巡防队
WMD	Weapon of Mass Destruction 大规模杀伤性武器

附录二：定义

评估——对测量方式和其他信息进行评价和阐明，为作出决策提供基础。

与恐怖主义的斗争——联邦一系列对抗恐怖主义的对策和行动，包括国内的和国外的，无论其源自哪里，也无论其是何动机。

善后——善后主要是发挥应急措施的功能，包括用各种方式来保护公共健康和安全，恢复基本的政府服务，并为受到恐怖主义影响的各级政府、商业活动和个人提供紧急救济金。在一个实际的或潜在的恐怖事件中，善后将由联邦紧急事务管理局利用联邦应急计划的结构和资源来处理。这些努力将包括已经在其他联邦作战计划中描述过的自助团，例如，预测模型、保护行动的建议和群众消毒（针对放射性污染的消毒）。

协调——在那些有需要或者可能有需要知道特定信息以在应急行动中发挥其作用的负责人中进行有系统的信息交流。

反恐——一系列针对恐怖主义的行动，包括预防措施、威慑物、应急行动和危机管理工作。

危机管理——危机管理主要是实现执法功能，主要包括利用多种方式识别、获取和规划各种资源的使用，这些资源主要是指用来预期、预防和/或化解恐怖主义威胁或行动的资源。在恐怖主义事件中，危机管理的应对可能包括传统的执法任务，比如，情报收集、监督、战术操作、谈判、辩论和调查，还有技术支持任务，如鉴别介质、搜索、提供安全程序、转移和清除，以及消除放射性污染。在传统的执法任务外，危机管理还包括确保公共健康和安全的任务。

灾害现场办公室——在指定区域或其附近建立的办公室，以支援联邦和州的响应和恢复工作。灾害现场办公室包括联邦协调官、应急小组，如果可能的话，还有州协调官，并为其提供人事支援。

紧急情况——任何自然的或人为的或者可能对人员造成实质性损害和伤害、对财产造成实质损害和损失的情况。

紧急行动中心——在这里，公民政府官员（市级的、县级的、州级和联邦一级的）对紧急事件进行指挥和控制。

紧急公共资讯——是指在预料到紧急事件时或者紧急事件实际发生时所主要传播的信息，除提供信息外，通常还有指挥行动、发布通知和播送直接命令的功能。

应急小组——（1）该小组由联邦的计划和支援人员组成，这些人员是由联邦紧急事务管理局动员并部署到受灾害或紧急事件影响地区的。在应急活动中，联邦指挥官的职责由《斯坦福法案》、声明、现行法律法规和联邦紧急事务管理局与州之间的协议进行规定，该小组会协助联邦指挥官履行其职责。（2）应急小组是一个跨部门的团队，由每个对紧急情况支援承担主要责任的联邦部门或机构所指派的主要代表和联邦协调指挥官的人员组成，该小组的成立旨在协助联邦协调指挥官履行职责。小组会为协调整个联邦后果管理制度提出的应急要求组织讨论会。

应急支持功能——是一个应急行动功能区，其设立是为了便于协调联邦援助实现其在应急阶段的拯救伤患、保护财产和群众健康以及维护公共安全的责任。这些功能代表了,当一个州遭到灾难性事件对其当地和州的资源造成的压倒性影响时,其可能最需要联邦提供的援助类型。

疏散——是指将平民从危险区域或有潜在危险的区域有组织、有阶段、有指导地进行疏散,将他们转移到安全地区给以照料。

联邦协调指挥官——(1)在总统宣布重大灾害或紧急事件发生后,由联邦紧急事务管理局局长任命,当局长缺席时,为了应急和恢复工作的展开,可由副局长或者副局长助理任命,其工作是协调联邦的援助工作。联邦协调指挥官即刻采取的第一个行动就是确保联邦提供的援助符合总统的声明、现行法律法规和联邦紧急事务管理局同各州签订的协议。(2)联邦协调指挥官是根据《公法》修改后的第 93 ~ 288 条(《斯塔福德法案》)的规定,为协调整个后果管理应急和恢复工作和任命的联邦高级官员。《斯塔福德法案》第 303 条规定,在指定的区域内,为了协调联邦救灾工作的管理,联邦协调指挥官代表总统。另外,联邦协调指挥官被授权执行在第 12148 号行政命令中列明的联邦紧急事务管理局应履行的责任,还有《联邦法规》第 44 篇中第 205 条授权联邦紧急事务管理局地区局长应履行的责任。

联邦现场指挥官——是指联合行动中心启动后指派的联邦调查局官员,以确保从整体上对美国政府和联邦的、州的以及当地政府在应急活动中的各项工作进行适当的调节,其工作一直持续到总检察长把 LFA(联邦主导机构)的职责转移给 FEMA(联邦紧急事务管理局)时为止。

联邦应急计划——(1)为了应对任何灾害或紧急情况的后果而设计的方案,这里所指灾害或紧急情况是根据《罗伯特·T. 斯塔福德救灾和紧急援助法案》第 42 条(参见南加州大学第五册第 121 页),在其发生后需要联邦援助的情况。(2)联邦应急计划是联邦政府为帮助受重大灾害或者紧急事件影响的州和当地司法管辖区提供援助而制定的方案。

先遣急救员——是指最先赶到事件发生现场展开拯救伤员、保护财产、满足人们的基本需要的当地警察、消防、急救医务人员。

联合信息中心——这是一个为协调联邦现场公开的新闻活动而设立的中心,也是所有在事件现场的新闻媒体联系的中心点。所有参与应急行动活动的联邦机构的公共新闻官应该在联合信息中心进行布置,而所有参与应急行动的来自州和当地政府机构的公共新闻官可能也要在联合信息中心进行布置工作。

联合跨机构情报支持要素——这是一个跨机构的情报组合,是为了来自联邦调查局的联合行动中心中参与应对大规模杀伤性武器威胁或事故的各部门的各种信息能够得以汇总而设计的。可以说,联合跨机构情报支持要素是一个调查/情报成分的扩展版,调查/情报成分是标准化联邦调查局指挥所结构的一部分。联合跨机构情报支持要素负责的五个功能包括:安保、采集物品管理、当前情报的收集、开发和宣传。

联合行动中心——这是由联邦主导机构在联邦现场指挥官的操作控制下建立的部门,是管理和指挥现场活动、对州各项要求的协调和州工作重点的建立以及整个联邦应急行动的协调工作的关键部门。

主导机构——是指根据美国的法律而委以领导之重任的联邦部门和机构,要在一个具体的功能区管理、协调联邦的应急行动。鉴于行动计划的目的,一共有两个领导机构,一个是负责危机管理的联邦调查局;另一个是负责后果管理的联邦紧急事务管理局。领导机构会在应急反应的所有阶段中为整个联邦主导机构提供支持。

联邦主导机构——联邦主导机构是由总统指派、由紧急状况的类型决定,负责领导和协调整个联邦的应急反应的单位。总体而言,一个牵头机构会确立操作结构和操作步骤,以召集各个能够给主导机构提供直接支援的机构并进行合作,这是为了结合局势给出最初的评估报告、制定行动方案、检测并更新操作重点,以及确保每个机构都在美国的法律下恪守各自一致的和明确的职责,为主导机构执行总统的相关政策提供支持。牵头机构的具体职责会根据各部门独特的法定授权而有所不同。

联系——一个机构为了便于跨部门沟通和协作而向另一个机构派驻工作人员。

当地政府——包括任何州内所辖的县、城市、村庄、城镇、地区或者行政区,各印第安部落或者经授权的部落组织,或者阿拉斯加原住民村和其组织,还包括所有农村社区、非法人的城镇和村还有所有其他公共团体。

现场协调员——是指由环保署和美国海岸防卫队预先指定的联邦官员,现场协调员要根据《国家石油和有害物质污染应急计划》的规定在灾害现场进行协调、指挥应急反应和消除危害的工作。

公共信息官——是指在指挥部或者在外地负责准备和协调各种公共信息宣传的官员,他/她还要与其他作出应急反应的联邦、州以及当地各级的机构进行合作来进行信息宣传。

恢复——在这份文件中,是指涵盖所有紧急情况发生后,在受影响地区为了持续保护公众安全或者促进当地日常活动的重建而进行的工作。

恢复计划——是指在作出应急反应的联邦机构的协助下,每个州为恢复受影响地区的建设而制订的计划。

地区局长——联邦紧急事务管理局在10个地方设有应急管理局,各地方应急管理局的局长是和其他联邦地区、州政府、当地政府以及在该司法权范围内的私营机构进行协作的主要代表人。

区域行动中心——是指联邦紧急事务管理局在各地区分设的应急管理局(或者联邦区域中心)为协调联邦的应急反应和恢复工作而设立的临时操作设备,由联邦紧急事务管理局的地区局长或者地区副局长领导,直到野外灾害办公室开始办公为止。

应对——是指为了处理紧急事件或者灾害的发生所带来的直接和短期影响而设计的行动和计划。

联邦紧急事务管理局高级官员——是指由联邦紧急事务管理局局长或其代理人指派的官员,负责联合行动中心的部署活动,包括:(1)作为命令组中跨部门的后果管理活动的高级代理人;并且(2)管理和协调由后果管理小组采取的行动。

州协调官——协调官是在重大灾害或者紧急情况发生并宣布后,由受影响的州的州长指定的。其负责在本州和当地的,以及联邦政府的救灾援助工作中进行协调,还要配合联邦现场指挥官管理灾后重建工作。

恐怖主义——恐怖主义是对人身或财产非法使用武力或暴力,恐吓或强制政府、平民或任何其中的部分,以推进其政治或社会目标。

大规模杀伤性武器——大规模杀伤性武器是指任何在一定形式上、一定数量或者类型上或者在某种情况下可以造成人员严重伤亡或者财产重大毁坏的装置、材料或者物质。

【文本介评】

《美国政府机构之间的国内恐怖主义作战方针计划》由美国联邦调查局、联邦紧急事务管理局等6部门依据第39号总统决议指令共同制定,于2001年1月颁布。该计划是为了贯彻第39号和第62号总统决议指令,向联邦、各州及地方政府提供一个如何应对在美国发生的恐怖事件或潜在的恐怖主义威胁的全面指导,尤其是针对大规模杀伤性武器事件。

该计划由如下8部分组成:前言、协定书、介绍和背景、政策、情形、行动的计划、联邦应对的阶段划分以及附录。其中,“政策”涉及制定依据、相关计划、联邦恐怖事件应对等内容;“情形”部分重点说明了大规模杀伤性武器事件与其他事件的差别、威胁等级、联邦牵头机构的责任;“行动的计划”部分则对恐怖事件应对的任务、指挥与管理以及应对措施作出了规定。

该计划具有如下特点。一是多部门共同制定,便于协作。该计划由联邦调查局、联邦紧急事务管理局等6部门协商制定。在制定的过程中,各方就对职责分工以及协作义务等达成了共识。这种共识有利于促进各方在恐怖事件的互助协作。二是危机管理和善后两项职责的划分,使恐怖事件应对重点明晰。其中,危机管理主要是实现法律执行功能,善后主要发挥紧急事务处理的功能。三是明确牵头机构,提高危机管理效率。该计划明确规定联邦调查局和联邦紧急事务管理局分别为危机管理和善后两项职责的牵头机构。这种设置有利于美国政府实现对恐怖事件的快速反应与应对,提高危机管理效率。四是联邦与州、地方政府权限合理划分,发挥各自所长。该计划将预防和应对恐怖活动的权限授予联邦政府,把应对恐怖活动的事后管理权限授予州和地方政府行使。这种划分综合考虑了恐怖事件的特殊性、联邦和地方各自的优势等因素,是一种能够发挥各自所长的科学安排。

二、圣路易斯市应急预案范例

预案文本

圣路易斯市应急预案范例①

一、简介

圣路易斯市应急预案阐述了该市应急策划、组织机构、响应政策和程序。该预案还讨论了必要时与其他政府预案的协调与整合。

该预案是以标准应急管理系统的功能与原则为基础，又以事故指挥系统为基础，说明了城市如何应用标准应急管理系统。

该预案讨论了城市如何针对特大事件或灾难作出响应，包括从准备到恢复各阶段。预案还介绍了事故危害与可能性矩阵分析法，即各部门的责任根据具体的危害与威胁，在矩阵中加以明确。预案还讨论了如何制定标准操作程序，包括各部门的标准操作程序。

圣路易斯市应急预案将由市委会通过并经市长签署。市应急事务办公室负责每年评审一次预案，并按要求协调修订。

各部门领导负责本部门标准操作程序的年度评审，与应急事务办公室共同协调修订标准操作程序。

圣路易斯市各区按该预案规定履行相应义务，市应急事务办公室负责维护修改所有记录。

二、行动的概念

该市应急响应分四阶段：

(1)准备阶段；

(2)初始响应行动；

(3)扩大范围响应行动；

(4)恢复行动。

每一阶段采取具体减轻或消除灾害的威胁的措施。城市事故指挥官（Incident Commander，IC）和市政领导协调一致，办公室主任将确定紧急状态并启动相应级别响应机构，包括必要时启动应急行动中心（Emergency Operations Center，EOC）。

---

① 本部分参考了刘铁民主编，国家安全生产监督管理局安全科学技术研究中心编著：《应急体系建设和应急预案编制》，企业管理出版社 2004 年版，第 78～96 页。

（一）准备阶段

1. 准备响应时机

根据紧急情况，城市将采取准备行动。如遇下列情况将发起准备行动：

（1）可靠的长期地震预报；

（2）洪水或其他特殊天气预报；

（3）潜在大坝故障报告；

（4）野外火灾诱因报告，如高温、狂风和干燥；

（5）扩散性危险物质事故；

（6）可能导致暴力活动或社会骚乱的信息或环境。

2. 准备内容

准备阶段活动包括如下内容，但不限于此：

（1）向圣路易斯市市政管理人员和重要官员及员工简要汇报紧急情况；

（2）回顾和更新市应急行动预案和相关的标准操作程序；

（3）加强公众信息发布；

（4）加强培训；

（5）检查关键设备设施，包括报警测试和通信系统；

（6）招收新的员工和灾害服务人员；

（7）警告群众潜在的威胁；

（8）对可能受害区域预先进行疏散；

（9）动员人员、准备资源和设备；

（10）建立或重新启动临时活动区域。

（二）初始响应

城市初始响应活动重点是减轻现场的紧急情况与灾害的不利影响。现场响应将启动事故指挥系统，并与其他功能结合（如统一指挥、行动计划、控制范围、指挥层次等）。

初始响应实例：

（1）发出各项通知，包括圣路易斯行动区域；

（2）发布警告、公众紧急信息及圣路易斯市民指导信息；

（3）开始疏散和营救行动；

（4）为迁移者提供人道援助，治理受伤人员；

（5）开展最初损失评估与监测；

（6）评估互助合作的必要性；

（7）限制不必要的人员与车辆进入受影响区域；

（8）建立统一指挥机制；

（9）与联邦或州驻地方机构协调；

(10)制定并实施事故行动方案。

(三)扩大范围响应

扩大范围响应行动在现场与市应急行动中心同时展开,行动中心位于市政大厅的地下室。

扩大范围行动包括应急减灾人员、设备和设施的协调与管理,及事后恢复行动。现场响应人员将继续使用事故指挥系统管理现场行动。应急行动中心人员将支持现场人员减灾。

1. 标准应急管理系统职责

应急行动中心员工按标准应急管理系统履行职责。管理、行动、策划/情报、后勤、财政/行政各部分的应急行动中心员工遵照标准应急管理系统的原则与要求,制定一定时间内可测量和能实现的目标,且每一行动都应制订相应的计划。

一旦启动应急行动中心,事故指挥官与应急行动中心之间、现场区域应急行动中心与市应急行动中心之间将建立交流渠道和协调机制。应急行动中心员工将使用多方或双方协调机制协助地方政府为整体应急响应活动决策。

2. 互助合作

互助合作意味着应急响应机构、地方政府、行动区域、地区和州资源互助共享。圣路易斯市位于互助合作一区。

在加利福尼亚灾害与民防互助合作协议的框架内,几项具体互助工作可以由协调员在圣路易斯行动区域应急行动中心开展,如火灾与救援、法律服务、医疗与公共工作。互助合作协议规定由协调员协调解决相应问题。

一旦市应急行动中心启动,市应急行动中心将与规定的具体行动区域协调员建立联系。所有援助要求将通过行动区域标准应急管理系统功能运行,通过规定的权限要求提供人员与设备的支援。

3. 扩大范围响应实例

扩大范围响应活动包括:

(1)详细评估损害情况;

(2)启动群众保护设施;

(3)开展验尸工作;

(4)为维持应急行动获取资源;

(5)记录形势状况并建档;

(6)保护、控制并分配关键物资;

(7)恢复重要服务功能;

(8)跟踪资源分配;

(9)制订计划;

(10)建立开支档案；

(11)为扩大范围行动人员制订并实施行动计划；

(12)发布紧急公众信息；

(13)优化使用资源；

(14)机构间或机构内部协调。

(四)恢复

重建工作会直接威胁生命、财产和环境，圣路易斯市采用了各种恢复行动。

恢复行动包括重建公众服务功能与受害区。恢复工作时间长短不一，包括恢复基本设施如水、电及针对城市面临威胁而采取减灾措施。

本计划未具体说明圣路易斯市的恢复工作。但是，《恢复行动手册》有具体说明，描述了州和联邦灾害协助方案规定的个人、企业和市政的责任、作用和工作程序。具体见附件。

恢复行动实例

恢复行动应包括：

(1)恢复所有功能；

(2)建立地方援助中心与灾害援助中心并招募人员；

(3)实施州和联邦援助方案；

(4)开展减灾分析；

(5)辨识残余危害；

(6)确定并恢复因响应和恢复引起的损失。

三、应急响应系统内部关系

市政对地理范围内应急响应负责。《加州应急服务法案》要求市政根据授权对应急响应恢复全过程的管理与协调负责。灾难发生期间，要求与圣路易斯行动区域或其他政府协调紧急行动。

根据标准应急管理系统，市政责任分为两个层次，现场响应与地方政府响应。在现场，所有机构将按事故指挥系统统一规范应急响应工作。

在地方政府层次，指定的应急行动中心的信息收集与发布中心，协调所有经授权的应急行动，并与圣路易斯行动区域协调。

图1描述了圣路易斯市与圣路易斯行动区域和州南部地区应急行动中心的关系。

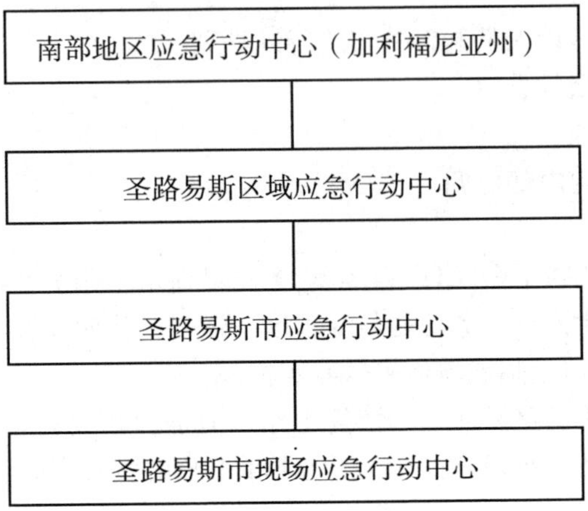

图1　响应各部门间关系

四、危害分析

圣路易斯市认识到制定预案过程中危害分析的重要性。圣路易斯市受到威胁很多，这里主要介绍3类：自然灾害、技术或人为灾害和国家安全。

(一)地震

1979年，该市在爱默伦断层遭受6级地震，对城市基础设施和未加固建筑造成很大损害。地震期间，圣路易斯周围的山体滑坡，造成周边地区洪水泛滥。

海上断层曾多次发生3～4级地震，每次地震都对沿海的建筑物与公路造成一定损害。加利福尼亚州矿山与地理部门估计今后30年内发生7级或更高级地震的可能性超过50%。

另外，每次海上地震后，尽管小的地震波对海岸影响不大，但是沿该断层的强震可能会产生强地震波或海啸。

(二)冬季风暴

1956年、1971年、1972年、1974年和1988年的严重冬季风暴导致圣路易斯河和斯坎摩克里克河周边地区洪水泛滥。

(三)大坝损坏

圣路易斯市东北部几英里处，在圣路易斯山脉里，筑有圣路易斯大坝，如大坝损坏可能导致成千上万人的安全。1992年，圣路易斯大坝有一闸门失灵，导致圣路易斯河洪水泛滥，造成周边地区水灾。

(四)火灾

1964年，一场野外大火烧毁了几千英亩土地和17个家庭。1990年，因山脚野营失火烧毁了几千英亩土地和21个家庭。

（五）山体滑坡

1978 年，大雨导致斯坎摩峡谷山体滑坡，阻碍交通数天。

（六）危险物质

近几年，危险物质造成的危害有所增加。因危险物质的使用、贮存和运输量与种类的增加，使圣路易斯市的危险品威胁更复杂。

1985 年，因火车出轨，造成 20,000 加仑的无水液氨泄漏。在州际 9 号线发生几起危险物品交通事故。

1993 年，一辆硝酸运输车与另一辆车相撞，近 10,000 加仑硝酸泄漏，导致高速公路关闭，疏散区域近两平方英里（超 2500 个家庭，还有大学校园在内）。

（七）城市面临危害

圣路易斯市，地形多变，在城市与郊区结合区域，常住人口、临时人口和消遣人口快速增长，他们易受自然和技术灾害影响。圣路易斯市面临的自然灾害和技术或人为灾害如下：

1. 自然灾害

（1）地震；

（2）洪水；

（3）野外火灾；

（4）山体滑坡；

（5）极端天气/风暴；

（6）海啸。

2. 技术/人为危害

（1）大坝损坏；

（2）危险物质；

（3）重大交通事故；

（4）火车事故；

（5）飞机失事；

（6）群众骚乱；

（7）恐怖活动。

表 1 用矩阵法表明了这些危害的可能性与严重性。

表 1　不同事故发生可能性及严重性

	发生可能性			严重性		
危害	不常发生	有时发生	经常发生	低	中	高
大坝损坏	X					X
地震 M<5 级			X	X		
地震 M>5 级	X					X
野外火灾		X			X	
洪水		X		X	X	X
危险物质			X		X	X
山体滑坡	X			X		
群众骚乱	X			X		
极端天气/风暴		X			X	
飞机失事	X					X
火车事故	X			X	X	X
重大交通事故		X		X		
恐怖活动	X				X	X
海啸	X				X	

五、各部门责任

圣路易斯市各部门都有具体责任，针对已识别的危害与威胁有明确的分工。各部门应保证与其他部门协调。

（一）关键人物

圣路易斯市应急服务办公室（Office of Emergency Service，OES），在危害辨识的基础上，负责确定关键管理人物指挥政府行动，并预备后备人员和设备。各部门负责确定部门内部关键人物，并对每一岗位预备后备人员。

（二）警告名单

圣路易斯市应急服务办公室负责制定并保持警告名单，以备紧急情况时通知关键人物。各部门负责制定并保持本部门警告名单，以备紧急情况时通知部门内关键人物。

（三）特区

特区应根据该计划与圣路易斯市应急服务办公室协调开展编制活动。

（四）市应息服务中心

圣路易斯市应急服务办公室负责协调已辨识的危害与威胁响应计划。各部门责任在危害/威胁矩阵表中有简要描述，纵坐标表示针对具体危害/威胁的典型措施，横坐标列出了5种标准应急救援管理系统职责，各部门适时采用的管理系统和相应的对策措施。

矩阵内缩写意义如表2所示：

表2 矩阵内缩写及含义

消防部门	消防	社区部门	社区
行政/市政管理/市长办公室	行政	应急服务办公室	应急
公园和娱乐部门	公娱	公共工作部门	公共
警察部门	警察	财政部门	财政
特区	特区		

1. 大坝损坏标准应急管理系统职责（见表3）

表3 大坝损坏标准应急管理系统职责

措施	管理/指挥	运行	策划/情报	后勤	财务/行政
事故指挥	消防、警察、公共				
疏散		消防、警察		社区、公共	
出入控制		消防、警察、公共			
交通/人群控制		警察、公共			
应急行动中心运行	应急、警察	警察、消防、公共、公娱	社区、行政	行政、公共、警察、应急	财政、行政
通告		警察、消防			
通信		消防、警察、公共、应急		警察	
洪水救灾		公共、消防、警察、特区		社区	
结构评估		公共、特区		行政、警察	
公众信息	警察、消防、应急				
医疗与营救		消防、警察、公娱			

续表

措施	管理/指挥	运行	策划/情报	后勤	财务/行政
现状分析			社区、警察、消防、公共		
文件管理					财政
获取资源				行政	
死亡管理		警察、消防、公共、公娱		社区	

2. 地震标准应急管理系统职责(见表4)

表4 地震标准应急管理系统职责

措施	管理/指挥	运行	策划/情报	后勤	财务/行政
事故指挥	消防、警察				
建立边界		消防、警察			
出入控制		消防、警察、公共			
交通/人群控制		警察、公共			
应急行动中心运行	行政、消防、社区、财政、应急、警察	警察、消防、公共、公娱	社区、行政	行政、公共、警察	财政、行政
疏散		警察、消防		社区、公共	
通告		警察、消防			
通信		消防、警察、公共、应急		警察	
损失初步评估		警察、消防、特区			
损失详细评估		社区			
避难所工作				行政、警察、特区	
公众信息	警察、消防、应急、特区				

续表

措施	管理/指挥	运行	策划/情报	后勤	财务/行政
灭火救灾		消防			
结构评估		公共、特区			
危险物品		消防			
废墟清理		公共			
功能恢复		公共、特区			
设施恢复		公共、特区			
现状分析			社区、警察、消防、公共		
文件管理					财政
获取资源				行政	
志愿者管理				行政	财政
死亡管理		警察、消防、公共、公娱		社区	
恢复工作		行政、消防、警察、公共、社区			

3. 野外火灾标准应急管理系统职责(见表5)

表5 野外火灾标准应急管理系统职责

措施	管理/指挥	运行	策划/情报	后勤	财务/行政
事故指挥	消防、警察				
建立边界		消防、警察			
出入控制		消防、警察、公共			
交通/人群控制		警察、公共			
应急行动中心运行	行政、消防、社区、财政、应急、警察	警察、消防、公共、公娱	社区、行政	行政、公共、警察	财政、行政
疏散		警察、消防		社区、公共	
通告		警察、消防			

续表

措施	管理/指挥	运行	策划/情报	后勤	财务/行政
通信		消防、警察、应急		警察	
公众信息	警察、消防、应急				
营救工作		消防、警察			
灭火		消防			
现状分析			社区、警察、消防、公共		
文件管理					财政
获取资源				行政	
死亡管理		警察、消防、公共、公娱		社区	

4. 洪水标准应急管理系统职责(见表6)

表6　洪水标准应急管理系统职责

措施	管理/指挥	运行	策划/情报	后勤	财务/行政
建立边界		消防、警察			
出入控制		消防、警察、公共			
交通/人群控制		警察、公共			
应急行动中心运行	应急、警察	警察、消防、公共、公娱	社区、行政	行政、公共、警察	财政、行政
疏散		警察、消防、公共		社区、公共	
通告		警察、消防			
通信		消防、警察、应急		警察	
洪水救灾		公共、消防、警察、特区		社区	

续表

措施	管理/指挥	运行	策划/情报	后勤	财务/行政
避难所工作				行政、警察、特区	
公众信息	警察、消防、应急				
医疗/营救		消防、警察、公娱			
现状分析			社区、警察、消防、公共		
文件管理					财政
设备管理		警察、消防、公共、公娱		社区	

5. 危险物品标准应急管理系统职责(见表7)

表7 危险物品标准应急管理系统职责

措施	管理/指挥	运行	策划/情报	后勤	财务/行政
建立边界		消防、警察			
出入控制		消防、警察、公共			
交通/人群控制		警察、公共			
应急行动中心运行	应急、警察	警察、消防、公共、公娱	社区、行政	行政、公共、警察	财政、行政
疏散/避难		警察、消防		社区、公共	
通告		警察、消防			
通信		消防、警察、应急		警察	
危险物品		消防、公共、警察		社区	
医疗		消防、公娱			
公众信息	警察、消防、应急				

续表

措施	管理/指挥	运行	策划/情报	后勤	财务/行政
现状分析			社区、警察、消防、公共		
文件管理			行政、应急		财政
获取资源				行政	财政

6. 山体滑坡标准应急管理系统职责(见表8)

表8　山体滑坡标准应急管理系统职责

措施	管理/指挥	运行	策划/情报	后勤	财务/行政
建立边界		消防、警察			
出入控制		消防、警察、公共			
交通/人群控制		警察、公共			
应急行动中心运行	行政、消防、社区、财政、警察	警察、消防、公共、公娱	社区、行政	行政、公共、警察	财政、行政
疏散		警察、消防		社区、公共	
通告		警察、消防			
通信		消防、警察、应急		警察	
废墟清理		公共			
危险物品		消防、公共、警察		社区	
公众信息	警察、消防、应急				
医疗/营救		消防、警察			
现状分析			社区、警察、消防、公共		
文件管理			行政、应急		财政
获取资源				行政	财政

7. 群众骚乱标准应急管理系统职责(见表9)

表9 群众骚乱标准应急管理系统职责

措施	管理/指挥	运行	策划/情报	后勤	财务/行政
事故指挥	消防、警察				
建立边界		消防、警察			
出入控制		消防、警察、公共			
交通/人群控制		警察、公共			
应急行动中心运行	行政、消防、社区、财政、应急、警察	警察、消防、公共、公娱	社区、行政	行政、公共、警察	财政、行政
通告	警察、消防				
通信		消防、警察、应急		警察	
火灾救灾		消防			
公众信息	警察、消防、应急				
现状分析			社区、警察、消防、公共		
文件管理			行政、应急		财政

8. 极端天气标准应急管理系统职责(见表10)

表10 极端天气标准应急管理系统职责

措施	管理/指挥	运行	策划/情报	后勤	财务/行政
应急行动中心运行	行政、消防、社区、财政、应急、警察	警察、消防、公共、公娱	社区、行政	行政、公共、警察	财政、行政
疏散		警察、消防		社区、公共	
通告		警察、消防			
通信		消防、警察、应急		警察	

续表

措施	管理/指挥	运行	策划/情报	后勤	财务/行政
避难				行政、警察、特区	
公众信息	警察、消防、应急				
医疗/营救		消防、警察			
损失评估		警察、消防、公共、公娱、特区			
现状分析			社区、警察、消防、公共		
文件管理			行政、应急		财政
获取资源				行政	财政
恢复行动	行政、应急	消防、警察、公共、公娱	社区、警察、消防、公共	行政、公共、警察	财政、行政

9. 火车事故标准应急管理系统职责(见表11)

表11　火车事故标准应急管理系统职责

措施	管理/指挥	运行	策划/情报	后勤	财务/行政
建立边界		消防、警察			
出入控制		消防、警察、公共			
交通/人群控制		消防、警察			
应急行动中心运行	行政、消防、社区、财政、应急、警察	警察、消防、公共、公娱	社区、行政	行政、公共、警察	财政、行政
疏散		警察、消防		社区、公共	
通告		警察、消防			
通信		消防、警察、应急		警察	
证据保全		警察、消防			

续表

措施	管理/指挥	运行	策划/情报	后勤	财务/行政
公众信息	警察、消防、应急				
营救		消防、警察			
火灾/危险品		消防			
现状分析			社区、警察、消防、公共		
文件管理			行政、应急		
死亡管理		警察、消防、公共		公娱	财政

10. 重大交通事故标准应急管理系统职责(见表12)

表12 重大交通事故标准应急管理系统职责

措施	管理/指挥	运行	策划/情报	后勤	财务/行政
建立边界		消防、警察			
出入控制		消防、警察、公共			
交通/人群控制		消防、警察			
应急行动中心运行	应急、警察	警察、消防、公共、公娱	社区、行政	行政、公共、警察	财政、行政
疏散		警察、消防		社区、公共	
通告		警察、消防			
通信		消防、警察、应急		警察	
公众信息	警察、消防、应急				
营救		消防、警察			
火灾/危险品		消防			
现状分析			社区、警察、消防、公共		

续表

措施	管理/指挥	运行	策划/情报	后勤	财务/行政
文件管理			行政、应急		财政
获取资源				行政	财政
死亡管理		警察、消防、公共			

11. 恐怖活动标准应急管理系统职责(见表13)

表13 恐怖活动标准应急管理系统职责

措施	管理/指挥	运行	策划/情报	后勤	财务/行政
事故指挥	警察				
建立边界		消防、警察			
出入控制		消防、警察、公共			
交通/人群控制		消防、公共			
应急行动中心运行	应急、警察	警察、消防、公共、公娱	社区、行政	行政、公共、警察	财政、行政
疏散		警察、消防		社区、公共	
通告		警察、消防			
通信		消防、警察、应急		警察	
公众信息	警察、消防、应急				
营救		消防、警察			
火灾/危险品		消防			
现状分析			社区、警察、消防、公共		
文件管理			行政、应急		财政
获取资源				行政	财政
死亡管理		警察、消防、公共、公娱			

12. 海啸标准应急管理系统职责(见表14)

表14 海啸标准应急管理系统职责

措施	管理/指挥	运行	策划/情报	后勤	财务/行政
事故指挥	消防、警察				
建立边界		消防、警察			
出入控制		消防、警察、公共			
交通/人群控制		消防、公共			
应急行动中心运行	行政、消防、财政、应急、警察	警察、消防、公共、公娱	社区、行政	行政、公共、警察	财政、行政
疏散		警察、消防		社区、公共	
通告		警察、消防			
通信		消防、警察、应急		警察	
避难				行政、警察、特区	
公众信息		警察、消防			
医疗/营救		消防、警察			
损失评估		消防、公共、警察、特区		行政	
现状分析			社区、警察、消防、公共		
文件管理			行政、应急		财政
获取资源				行政	财政
死亡管理		警察、消防、公共、公娱			

13. 飞机失事标准应急管理系统职责(见表15)

表15 飞机失事标准应急管理系统职责

措施	管理/指挥	运行	策划/情报	后勤	财务/行政
事故指挥	消防、警察				
建立边界		消防、警察			
出入控制		消防、警察、公共			
交通/人群控制		消防、公共			
应急行动中心运行	行政、消防、社区、财政、应急、警察	警察、消防、公共、公娱	社区、行政	行政、公共、警察	财政、行政
疏散		警察、消防		社区、公共	
通告		警察、消防			
通信		消防、警察、应急		警察	
证据保全		警察、消防			
避难				行政、警察、特区	
公众信息	警察、消防、应急				
火灾/营救		消防、警察			
现状分析			社区、警察、消防、公共		
文件管理			行政、应急		财政
获取资源				行政	财政
死亡管理		警察、消防、公共、公娱			

六、制定标准操作程序

为完善圣路易斯市应急行动计划(Emergency Operation Procedures, EOP),标准应急管理系统每一部分、分支或单元都必须制定标准操作程序。完善的标准应急计划应包括标准操作程序。

标准操作程序将标准应急管理系统职责具体化。每项标准操作程序包括一般性信息,如加强行动准备、召集部门工作人员程序、灾害评估和资源清单。

在每一部分、分支和单元标题下面,有一个帮助制定标准操作程序的信息清单。完成标准操作程序之后,必须与计划对照,确保与计划行动一致。

圣路易斯应急服务办公室应对每一个标准操作程序进行评审,确保与市应急行动计划一致。部门或市管理人员应说明部门行动之间的不一致或重复内容。

并不需要部门严格遵守标准操作程序,可以根据自己的特点偏离标准操作程序计划。但有重大偏离时应与应急行动中心协调。①

(一)消防部门

1. 准备阶段

制定评审并更新圣路易斯市消防部门标准应急管理系统的标准操作程序。

识别并制定核对关键消防部门的设施、设备,包括检测系统的程序。

制定动员消防部门人员和预备资源和设备程序。

与警察和应急服务办公室一致,制定事故管理程序,在事故现场启用事故指挥系统。

与警察和府急服务办公室一致,制定交流与指导调遣中心程序,包括应急警告表的活动内容。

与警察和应急服务办公室一致,制定威胁群众安全因素的警告程序。

确保危险物品程序与国家及区域应急计划一致。

2. 初始响应行动

与警察、应急服务办公室、行政/市政管理和市长办公室一致,制定警告发布、公众信息传播和市民指导程序。

制定如下响应程序:

(1)火车事故,包括轻轨;

(2)飞行器事故,包括军用飞行器;

(3)重大交通事故;

(4)圣路易斯大坝损坏事故(与受害区域一致);

(5)危险物品事故(与国家与区域危险品计划一致);

(6)地震;

(7)洪水;

(8)野外火灾;

(9)山体滑坡;

---

① 参见刘阳怀:《公安机关在极端天气类自然灾害临战处置中的职责——美国圣路易斯市应急预案给我们的启示》,载《湖北警官学院学报》2008 年第 2 期。

(10)极端天气与风暴。

制定如下初始程序:

(1)实施计划活动;

(2)地震后损失评估;

(3)医疗行动,包括优先行动与方法;

(4)评估火灾或互助救援后的后续需求;

(5)营救行动,包括快速水上救援;

(6)疏散与营救;

(7)与公园与娱乐部门一致的受伤处理(医疗车/救护方法)标准行动程序。

根据危害辨识结果,考虑针对特殊危险的具体计划,尤其是危险品和大坝安全因素。

3.扩大范围响应行动

制定应急行动中心行动程序并明确相关概念,包括现场与应急行动中心人员的交流与协调协议。

(二)警察部门

1.准备阶段

明确关键管理岗位,每个岗位配备后备人员,并制定清单。

根据危害分析结果,明确政府后备设施。

制定评审并更新圣路易斯市警察部门的标准操作程序。

制定警察部门关键设施与设备,包括检测系统的核查程序。

制定动员警察部门人员、准备资源与设备的程序。

与消防和应急服务办公室一致,利用现场事故指挥系统,制定事故管理程序。

与消防和应急服务办公室一致,制定通信与指导派遣中心程序,包括应急警告表活动内容。

与消防部门一致,制定受威胁社区警告程序。

2.初始响应

与警察、应急服务办公室、行政/市政管理和市长办公室一致,制定程序来发布警告、紧急公共信息指导市民。

制定响应程序,包括:

(1)火车事故,包括轻轨;

(2)飞行器事故,包括军用飞行器;

(3)重大交通事故;

(4)圣路易斯大坝损坏事故(与受害区域一致);

(5)危险物品事故(与国家与区域危险品计划一致);

(6)群众骚乱和恐怖事件;

(7)地震;

(8)洪水;

(9)野外火灾;

(10)山体滑坡;

(11)极端天气与风暴。

制定如下初始程序:

(1)地震后损失评估;

(2)边界管理,包括出入控制;

(3)隔离事故,控制现场出入;

(4)法定互助要求;

(5)飞行器与火车事故证据保全行动。

制定疏散/迁移程序,规定交通与人群控制活动,包括疏散路线、接收区域、避难地点和区域安全。

考虑特殊危害计划要求,尤其是危险品与大坝安全因素。确保疏散行动能满足美国残疾法案所规定的全部要求。

3. 扩大范围响应行动

制定应急行动中心行动程序并明确相关概念,包括现场与应急行动中心消防人员的交流与协调协议。

与圣路易斯郡验尸官协调一致,制定死亡管理程序。

(三)应急服务办公室

1. 准备阶段

评审并更新圣路易斯市应急服务办公室标准操作程序。

检查并迅速修理应急行动中心设备,包括检测系统。

评审资源与设备预备程序。

评审并更新城市管理人员、市长、和雇员紧急通报程序。

与行政/城市管理人员和市长办公室协调一致,评审并修订加强公众信息发布程序。

与行政/城市管理人员和市长办公室协调一致,制定志愿者及其他员工招募程序,包括救灾服务人员的注册。

准备动员援助与志愿人员,准备资源与设备。

与警察和消防部门协调一致,使用事故指挥系统,检测现场事故管理程序。

决定联邦机构能在现场开始工作和初始接触时间。

与警察和消防部门协调一致,检测通信与指挥派遣中心程序,包括应急警告表行动。

评价具体危害分布地图(危险物质、大坝损坏、洪水淹没区域、地震带等)以便各部门/应急响应人员使用。

根据实际情况,评价应急行动中心的标准操作程序。

2. 初始响应行动

与消防、警察、行政/城市管理部门和市长办公室协调一致,制定警告发布、紧急公众信息、市民指导程序。

与行政/城市管理部门和市长办公室协调一致,制定地方紧急状态起草与宣布命令程序,包括如何要求与应急服务办公室领导同步作业,如何要求地方长官宣布紧急状态令,如何要求总统宣布紧急状态令。

3. 扩大范围行动

与行政/城市管理部门和市长办公室协调一致,制定保持地方紧急状态延期程序。

与行政/城市管理部门和市长办公室协调一致,制定应急期间答复媒体要求程序。

制定圣路易斯市紧急行动中心标准操作程序的发起、运行和结束程序。

制定与圣路易斯行动区域、周边权力机构、特区的交流程序。

4. 恢复行动

制定事报告的组织与编写程序。

与财政与行政部门一致,制定恢复程序。

制定联邦灾难协助程序。

与公众和社区部门协调一致,开展潜在危害辨识与分析。

与消防部门协调一致,辨识灾害残余危害。

(四)公共工作部门

1. 准备阶段

制定程序评审并更新圣路易斯市公共工作标准操作程序。

制定关键公共工作、设施、设备,包括检测系统的核查程序。

制定公共工作人员和资源与设备动员程序。

2. 初始响应行动

制定如下响应程序:

(1)圣路易斯大坝损坏事故(与受害区域一致);

(2)地震;

(3)洪水;

(4)山体滑坡;

(5)极端天气与风暴。

制定初始响应程序:

(1)地震后功能系统损害评估;

(2)大坝损坏后损失评估;

(3)关键设施包括基础设施损坏评估;

(4)废墟清理;

(5)受损设施、系统和基础设施修复与复原;

(6)抗洪救灾行动;

(7)沙子装袋活动;

(8)防洪堤加固行动;

(9)有害废物清理与处置;

(10)山体滑坡区域的清理与支撑;

(11)公共工作互助要求。

3. 扩大范图响应

制定恢复关键功能程序。

4. 恢复行动

与圣路易斯市应急服务办公室和社区发展部协调一致,确定潜在危害分析与减灾程序。

(五)行政/市政管理和市长办公室

1. 准备阶段

制定评审并更新行政/市政管理和市长办公室标准操作程序。

与应急服务办公室协调一致,确定政府后备设施,包括后备应急行动中心。

与应急服务办公室协调一致,制定程序加强公众信息工作。

与应急服务办公室协调一致,制定志愿者与额外人员招募程序,包括灾害服务工作人员注册。

2. 初始响应

与消防部门、警察部门和应急服务办公室协调一致,制定发布警告、紧急公众信息和指导市民的程序。

与应急服务办公室协调一致,草拟紧急情况宣言,包括如何与地方政府应急办公室合作,如何要求州长宣布紧急状态,如何要求总统宣布紧急状态,且包括这些程序的益处及宣布后应采取的行动。

3. 扩大范围响应

与应急服务办公室协调一致,制定地方紧急状态宣布程序。

与应急服务办公室协调一致,制定公众信息传播程序。

制定包括控制和分配关键资源的程序。

制定与灾害委员会交流的程序。

4. 恢复行动

与财政部门和应急服务办公室协调一致,制定恢复程序。

制定保持政府运行的程序,包括明确后备场所和领导继任人。

(六)社区发展部门

1. 准备阶段

制定评审并更新社区发展部门的标准操作程序。

制定检查社区发展部门关键设施和设备,包括检测系统程序。

制定动员社区发展部门人员和资源与设备程序。

2. 初始响应

制定互助评估需求程序。

3. 扩大范围响应

制定具体评估地震后损失程序。

制定启动地震后建筑监察员互助需求程序。

制定管理建筑监察员队伍程序。

制定指导进一步策划活动的程序。

制定报告灾害概况程序,包括程序更新。

制定资源更新程序。

4. 恢复行动

根据法律和法规,明确由恢复机构重建受灾区域的过程。

明确受灾区域再分区过程。

(七)财政部门

1. 准备阶段

制定评审并更新财政部门的标准操作程序。

2. 扩大范围响应

制定为维持应急救援行动的资源获取程序。

制定有关救灾与恢复开支的档案管理程序。

3. 恢复行动

与应急服务办公室和行政部门协调一致,制定恢复程序。

制定跟踪雇员工作时间和救灾期间薪水发放程序。

制定处理工作人员赔偿申请事宜程序。

(八)公园与娱乐部门

1. 准备阶段

制定评审并更新公园与娱乐部门的标准操作程序。

制定公园与娱乐设施和设备,包括检测系统的检查程序。

制定发动公园与娱乐部门人员与资源、设备动员程序。

2. 初始响应

制定互助评估需求程序。

与消防部门协调一致，制定受伤害处理程序，包括现场处理（医疗救护/治疗方法）。

3. 扩大范围响应

与美国红十字会协调一致，制定照料迁居人员程序（避难标准操作程序），确保避难所运行满足美国伤残法案要求。

制定将伤病人员从现场转移到地方医疗设施程序。

制定启动医院紧急业余电台系统程序。

与郡卫生部门协调一致，制定带菌者控制程序。

与郡动物控制部门协调一致，制定宠物和牲畜保护程序。

七、权威性与参考资料

《圣路易斯市应急行动计划》的权威性源于《加州应急服务法案》（政府条例第 2 篇第一部分第 7 章）。

圣路易斯市令第 SLDM—0987 号保证了实施圣路易斯市应急行动计划的权威性。

在制订该应急行动计划时，参考了很多资料，如圣路易斯郡应急行动计划、《加州标准应急管理系统和导则》（加州政府条例 8607 等系列）以及州应急计划。

八、培训与演习

圣路易斯市应急服务办公室负责开展标准应急管理系统要求的培训。

应急服务办公室与市管理人员协调一致，负责制订并散发培训计划，包括年度演习。各部门依据应急服务办公室演习计划进行培训和演习。

【文本介评】

《圣路易斯市应急预案》是美国密苏里州圣路易斯市市委会在参考《圣路易斯郡应急行动计划》《加州标准应急管理系统和导则》以及《加州应急计划》基础上制定的。圣路易斯市面临的危险、威胁很多，主要包括地震、洪水等自然灾害，大坝损坏、危险物质泄漏等技术或人为灾害。该预案就是在这样的背景下制定的。

该预案内容十分全面，其主要内容包括简介、行动的概念、应急响应系统内部关系、危害分析、各部门责任、制定标准操作程序、权威性与参考资料、培训与演习等。

该预案有如下优点。一是强调互助合作。这种互助合作包含两方面的含义：一方面，是纵向的互助合作，指应急响应机构、地方政府、行动区域、地区和州资源互助共享；另一方面，是横向互助合作，即各部门在特定突发事件应对与处置过程中应就某些措施联合行动。二是重视危害分析。该预案用矩阵法分析了各类事故、危害的可能性与严重性。该分析法的运用有利于增强预案的针对性，使预案重点突出。三是明确划分职责。该预案第五部分用矩阵的形式清晰列明了各部门在各类突发事件不同阶段的职责。这使各部门的应急职责清晰，可以在一定程度上减少相互推诿情况的发生。四是措施全面具体。该预案要求各部门应针对本部门在突发事件预防与应对不同阶段的职责制定标准操作程序。每项标准操作程序应包括一般性信息，如加强行动准备、召集部门工作人员程序、灾害评估和资源清单。一整套标准操作程序的制定实现了各部门应急管理职责的具体化。

三、日本东海地震防灾基本计划

预案文本①

前 言

为了保护东海地震灾害中受灾国民的生命、身体及财产，依据日本《大规模地震对策特别措施法》（以下简称法）第3条的规定，指定了地震防灾对策强化地域（以下简称强化地域）。在强化地域，为了处理灾害，从预警信息的发出开始到发生灾害为止这一段时间内，实施地震防灾应急对策。

本地震防灾基本计划，根据法的第5条，规定了在发出预警信息时，我国的地震防灾基本方针、指定的行政机关、地方公共团体等的地震防灾强化计划，以及特定的民间企业等的地震防灾应急计划的基本事项，旨在推动该区域内的地震防灾体制建设。

为了达到这个目的，根据以本计划为基础制订的各个计划，在预警信息发出时，地方防灾相关机关以及当地居民应该迅速地同心协力地制定出具体的地震防灾应急对策。

为了寻求更确切的东海地震灾害对策，综合考虑法制定以后20年间的观测数据和各方的科学观点，中央防灾会议对东海地震再次进行讨论，并根据新的假想震源区而形成的震度分布问题展开了讨论。根据这个结果，平成14年4月重新确定强化地域，对其进行了大幅度的扩展。从原来的6个县167个市町村到8个都县263个市町村。

针对强化区域的扩大以及社会经济状况的变化，为了保证预防、应急、重建等阶段的各种对策能够全面顺利地开展，中央防灾会议于平成15年（公元2003年）5月制定了《东海地震对策大纲》，为这些对策的开展指明了具体的方向。

地震防灾基本计划是以发出预警信息时的地震灾害应急对策为对象制定的，因此，在都市防灾必要设施的恒久对策等方面并无规定，这是它的特点之一。

在强化地域以及周边地区，根据该大纲以及防灾基本计划等，要提高该社会区域在地震中的安全性，还需要做出很大的努力。特别是，为了提高地域综合防灾性，从长远的角度来考虑的话，住宅、公共设施、产业设施等的抗震化，以及海啸对策、火灾防止设施、危险物坠落设施的建设等问题，都必须予以充分的考虑。

另外，本地震防灾基本计划及以本计划为基础制定的地震防灾强化计划、地震防灾

① 杨珊、徐传梅、龚姝翻译初稿。

应急计划，必须根据社会环境的变化、设施配备的强化等不断变化，其实施必须与实际情况相符合。

第1章 发出预警信息时地震防灾的基本方针

1. 准确并快速的信息公布

为了确保预警信息发布时民心的安定，防止混乱的发生，预警信息及气象厅发布与东海地震有关消息的内容，必须准确、迅速地向防灾相关机关及该区域居民公布。

因此，作为这些信息的公布措施，规定了固定的表述方式以及其实施的要领。另外，对电视、收音机等迅速的报道以保证信息的公布也有相关的措施。

2. 防灾相关机关等的相互合作

在实施地震防灾应急对策的时，指定行政机关的负责人、指定地方行政机关的负责人、地方公共团体的负责人以及其他执行机关、指定公共机关、指定地方公共机关、地震防灾应急计划的制定者、依据其他法律规定对该对策的实施负有责任者，要共享信息、密切合作、全力以赴采取能有效应对现实情况的措施。

为了使强化地域以外的地方公共团体，根据灾害援助协定而进行的援助在东海地震发生后能够顺利地进行，在预警信息发布时或者发布前相互之间就要采取相应的对策。

另外，警察机构在必要时应该派出大规模的紧急救援队，协力配合防灾相关机关实施的地震防灾应急对策。消防机构应该构建紧急消防救援队的大规模救援机制。

为了顺利的实施地震防灾应急对策，众多防灾相关机关应该在平时就完善地震灾害警戒中心与防灾相关机关之间的请求与回应的现实状况。

3. 对应预警信息发出前东海地震有关消息发布的基本方针

在发布东海地震相关消息时，防灾相关机关要对消息内容采取必要措施。需确认是东海地震前兆现象的可能性很高才能发布东海地震警示预报，防灾机关应该集合必要的职员，确保联络体制的运行。政府方面根据东海地震的警示信息决定开始准备行动时，应在采取防止社会混乱对策的同时采取其他必要行动，另外，在实施这些行动的同时，还应充分考虑其经济等的影响。

4. 地震防灾应急对策实施的基本方针

从预警信息的发出到关联大规模地震的发生，是一段较短的时间，在这期间实施的地震防灾应急对策是复杂且涉及多方面的。在其实施过程中，应该把确保人的生命安全放在第一位，然后才是社会、经济等方面的影响，地震防灾应急对策的实施就应该按照这个顺序。

对策的实施对当地居民日常生活以及强化区域以外地区的经济影响，也应该被充分考虑。另外，在强化区域的周围地域，根据其被预测的受到地震、海啸灾害影响的程度，必须努力做出适当的对应措施。

5. 地震灾害警戒中心的准确运行

(1)根据东海地震警示预报发布预警信息时,应该根据法设置地震灾害警戒中心,并使其准确顺利地运行。因此,针对地震灾害警戒中心的设置及其运行有关的事项,规定其具体的要领。

(2)为了使地震灾害警戒中心及防灾相关机关充分发挥其各自职能,应当通过向地震受灾现场派遣工作人员来收集地震防灾应急对策实施情况有关的信息,并使其共有。为了在受灾现场贯彻实施地震防灾应急对策,应该根据需要在各地设置现场中心。

(3)地震灾害警戒中心,把握在强化区域内地震防灾应急对策的实施情况,与此同时,对应防灾相关机关,对地震防灾应急对策的实施进行综合的调整。

(4)地震灾害警戒中心的负责人。在认为确实有特殊需要时,可以在必要的限度内,对防灾相关机关作出必要的指示。

6. 地震公告发布时最重要的事情是,防灾相关机关的职员与当地居民一起冷静地齐心协力地采取行动

因此,地震防灾相关机关,平时就应该在地域居民的协助下,强化培养灾害对策基本法第5条第2项规定的自主防灾组织(以下简称自主防灾组织),同时,通过教育、训练、宣传与地域居民密切联系,不断完善地震灾害的应对体制。根据地震防灾相关机关与当地居民的合作而建设地震防灾体制时,要特别对老人、孩子、病人的救援进行充分考虑。

7. 根据东海地震应急对策的行动经验,应急对策的大范围实施

防灾相关机关在预警信息发出前的准备行动,预警信息发出时根据防灾应急对策展开的大规模活动,要根据东海地震应急对策行动的经验及相关机关的防灾计划而实施。

第2章　地震防灾强化计划的基本事项

第1节　地震防灾应急对策措施的相关事项

1. 地震警示预报的传达

(1)关于公示采取警戒体制的要义、通知采取与地震防灾应急对策相关的措施的要义、东海地震警示预报、东海地震警示信息以及关于东海地震调查信息(临时)的内容、其他与此相关联的信息(以下简称地震警示预报),为了信息能够被准确无误地传达,各部门的机关以及各机关内部,必须具体明确其传达的途径及方法。

此时,为了保证信息在无论何时都能够准确传达,必须根据是否在工作时间内,制定相应的对策。

(2)在确定传达路径及方法时,对防灾相关机关特定电话以外公众通信的规制,也应被考虑进来。

(3)地方公共团体,必须向在其管辖范围内的居住者、滞留者、其他人群、公私团体(以下简称居住者等)以及防灾相关机关明确地震警示预报被准确、广泛公布途径及

方法。

此时，为了使指定的地震防灾讯号能够被灵活运用，应该注意在最短时间内准确、广泛地传达信息。

另外，在向居民传达警示预报时，应该具体地将应该采取的行动一并传达，这是应该充分考虑的一点。

（4）地震警示预报的传达应该根据情况的变化而逐步变化，同时，为了使居民能够准确地理解应该使用简明的用语来反复传达。

2. 根据预警信息前的信息制定的防灾对策

（1）在气象厅发布东海地震警示信息时，防灾相关机关应该在紧急召集相关责任人员的同时，相互配合迅速准确的收集信息，力图使这些信息能被共享。

（2）气象厅发布东海地震的警示信息，为了防止在预警信息发出时实施的地震防灾应急对策发生混乱，政府为保证其能够顺利进行，认为有必要采取准备行动时，应该公布准备行动的大体方案。

此时，内阁官房可设置官邸对策室，相关机关因该设置其自身或者与其他机关合作而采取而准备行动的实施体制（以下简称准备体制）。

在准备体制中，相关机关为应对紧急时刻所作的派遣救助部队、急救部队、消防部队、医疗团体、等的准备、物资的检查、必要时为保证儿童、学生回家的路上的安全而采取的对策等，在一定程度上是有时间要求的准备行动。

另外，为防止社会混乱，应协同报道机关，力求用通俗的语言向地域居民传达的东海地震警示预报。同时，适当呼吁居民尽量减少外出旅行。并且，还应该适当地提供防灾相关机关准备体制的信息。

此时，还应该特别注意的是，东海地震警示信息是指，根据地壳运动的变化推测出来的，被认为是东海地震的前兆现象的可能性很高的信息。

（3）气象厅发布东海地震警示信息的解除消息、政府认为东海发生地震的危险消除时，宣布解除准备体制，防灾相关机关的准备行动终止。

（4）根据气象厅发布的关于东海地震的调查信息（临时）是指东海地震观测数据的变化及分析结论，防灾相关机关照常行动，并采取根据信息的内容来确保联络人员等必要应对策略。

3. 地方公共团体的地震灾害警戒中心设置及人员集合体制

（1）关于地方公共团体的各种地震灾害警戒中心的设置运营方法及其他事项，应该根据该地方公共团体的条例等规定具体的细节。地方公共团体以外的机关，根据实际情况，以地震灾害警戒中心为标准来设置组织、对组织的内容等必要的事项进行规定。

（2）关于地方公共团体的地震灾害警戒中心运营的必要人员，考虑到第 1 小节（1）中规定的向机关内部传达的途径等的真实情况，为了确保在最短时间内能集合到最多的职员,必须构建备具体的集合机制。

在这种情况下,以防中心负责人或者其他责任人员缺席的情况出现,应考虑到后备人员的准备。

4. 地震防灾应急对策的实施人员保证及与其他机关合作的体制

(1)各部门为了确保地震防灾应急对策实施的人员,须明示动员计划。此时,应该考虑可能出现的交通无法利用的情况,应对以居住地为中心展开动员进行讨论。

(2)预警信息发出后,各部门有必要保证与其他防灾机关密切联系、相互合作。因此,各地区应努力确定合作的内容。

5. 为发生灾害后准备的资金、机械器材、人员等的配备安排

(1)各部门为保证灾害发生后的灾害应急对策能准确迅速地实施,应该明示预警信息发出时为灾害应急对策实施而进行的准备活动的内容。

此时,筹措主要食品、生活必需品、医药品、救助资金和机械器材、应急重建用的资金和机械器材的程序、防疫、医疗等,实施这些灾害应急对策的措施的人员体制的事前安排,必须有具体的规定。

(2)明确(1)中的物资筹措安排和人员事前配备的大范围措施的同时,依据事前缔结的援助协定以及国家机关计划的实施等提出请求。

(3)确定以上计划内容时,要注意各部门之间的物资、筹措手段等不要发生冲突,同时,相互之间合作体制的计划等预先制定并注意及时调整。

6. 预警信息发布时的宣传

(1)各部门,根据其应负的责任,在呼吁冷静应对的同时,还应该对地震警示预报的内容、交通信息、严重威胁生存的生命线有关消息、日常生活相关信息等与居民关系密切的事项进行宣传。

(2)关于宣传的手段,除灵活利用电视机、无线电等媒体外,也可以利用同报无线及自主防灾组织来传达信息。

另外,向外国人传达信息属于特别给予考虑的情况,对此有相应的对策,利用外语报道等各种各样的宣传手段都可以灵活利用。

7. 关于发布预警信息后防震应急对策的实施状况等信息的收集、传达

(1)各部门为具体了解防震应急对策的实施状况及预警信息发布后的情况,需从基层开始构建各种收集信息的体制。此时,要使这些信息准确且迅速地传达到防震警戒中心。

(2)要公开能使来自地震警戒中心的指示得以准确迅速传达的途径及方法。

(3)在避难状况及防震应急对策的实施状况的报告等方面,需公示报告传达部门及报告事项。

8. 避难对策等

(1)避难区的居民等的避难行为等

①地方公共团体需在计划中明确显示预警信息公布后，存在海啸危险、地崩危险而成为避难指示的对象的地域(以下简称避难对象地区)。同时，要公开避难对象地区的避难地、避难路径、避难实施责任者等具体与实施避难相关且适用于海啸等灾害的方法。另外，要根据各种防灾设施的整顿等的状况和设想的灾害救助，通过验证，不断修正避难计划。

②在预警信息发布之后，避难地区的居民等，要服从地方公共团体的指示，迅速到指定避难地避难。

③避难对象地区的居民等，要在平时就确认好避难地、避难路径、避难方法及和家人的联系方法等，努力做到在预警信息发布后能以期万全。

④地方公共团体及自主防灾组织要在预警信息发布时，对老人、孩子、病人等在遇灾时，需要特殊救护的人，实施必要的救援。另外，地方公共团体在对待外国人、出差的人及旅行者等时，要在和关联部门合作的同时，实施避难诱导等适合的措施。

⑤关于避难对象地区的居民等到避难地避难的方法，规定为徒步。

不过，在对待山地及半岛这样离避难地远、徒步避难明显困难的地方的居民时，要根据各地的具体情况，探讨使用最少量的车辆等，确保避难的实效性。

⑥需实施避难诱导的，市镇村以外的计划主体，要明示具体的避难实施方法及和市镇村的合作体制等。

另外，在决定这些时，要留意和地域防灾计划及石油联合企业等防灾计划中的地震防灾强化计划中的内容的协调一致。

⑦在制定以上项目时，要力求和交通规制等的实施内容协调一致。

(2)避难生活的维持及运营

①有避难实施及救助责任的计划主体，要公示避难后各部门对避难者实施的救助内容。

②避难地区的居民等，要在和自主防灾组织等互相合作进行避难的同时，努力经营自己的避难生活。

③地方公共团体要为避难者在避难地以自主防灾组织为中心能顺利进行避难生活，而提供必要的援助。

④关于在避难地的避难生活，原则上是户外生活。

不过，为保护老人、孩子、病人等灾害时需要特别保护的人，可以在确定了安全性后，根据必要，进行屋内避难生活。国家及地方公共团体要为此制定相关方针。

⑤在发布预警信息后，①的计划主体，要整顿食物等不可缺物资的调配确保方法及相关的体制，确保这些物资的迅速恰当供给，同时，国家要在这方面提供相关援助。

在这种情况下，在使用发放储备以外的方法进行调配等时，要留意和其他计划主体及普通居民等的需求竞争。

⑥在地方公共团体等为回家困难者、滞留旅客或避难对象区的居民等，设置了避难所等的情况下，国家要根据这些人的避难生活状况，以灾害救助法等为基础进行必要的援助。

(3)避难对象地区以外的居民等的对策

①发布预警信息后，避难地区以外的居民等要在确保了耐震性的自家住宅的安全的地方活动。另外，为此，要提前进行自家住宅的耐震检查等，掌握好耐震性。

②对于避难地区以外的居民等，国家及地方公共团体要在平时就了解调查他们的食品等生活必需品的准备情况，以确保在预警信息发布后各自生活必需品的到位。另外，为确保出售食品等生活必需品的便利店等小店铺的营业，要制定确保车辆的必要对策，以保证必要的物资输送。

9.消防、水防等对策

市镇村对消防机关及防水团制定的防火防混乱等方面的措施，要以下列事项为重点，公开相应对策。

(1)正确的信息收集及传达；

(2)防水、防火的警戒；

(3)在海啸危险预想地区及地崩危险地区等的避难转移指示、避难诱导、避难路的确保；

(4)向居民宣传防火及初期消火知识；

(5)对自主防灾组织等的防灾活动的指导；

(6)在体制上确保迅速的紧急救助。

10.警备对策

县的警察等在制定放犯罪、防混乱等的措施时，要以下列事项为重点，公开相应对策。

(1)正确的信息收集及传达；

(2)不法事件等的预防及取缔；

(3)避难地、警戒区域、重要设施等的警戒；

(4)对地域防范团体、警备人员等进行的民间防范活动的指导。

11.关于饮用水、电、天然气、通信、播报

(1)饮用水

①关于饮用水，为防止灾害发生后，出现由于管道破损等管道设施的破损而引起的供水困难，在预警信息发布后，各部门有必要进行紧急储水。

所以，在发布预警信息时，要公开饮用水能确保持续供给的信息，并提醒居民等注意

自己进行紧急储水。

②为应对灾害发生后的情况，要公开包括以下内容的计划。用于紧急情况的储水及人员、器材等的事前准备、应急复旧体制的整顿、来自其他地方团体的支援供水等。

(2)电力

①关于电力。由于即使在预警信息发布后，电力也是实施防灾应急对策等一切活动的基础，确保其持续供给是必不可缺的。

为此，要公开确保必要电力供给的体制。

②为应对灾害的发生，要公开包括以下内容的计划。确保应急复旧必要的器材和人员、其他电力公司的电力紧急融通等。

(3)天然气

①关于天然气。即使在预警信息发布后，也要确保其供给。

②在公开确保煤气罐等天然气设备的安全的必要事项。与此同时，在灾害发生有必要采取紧急停止供给等措施时，要公开这些对策的实施及实施体制。

另外，要公开灾害发生时，号召使用方采取关紧阀门等必要措施的宣传体制。

③为应对灾害发生后的状况，要公开以应急修复的必要器材、人员的确保等为内容的计划。

(4)通信

①关于公共电力通信，可预想到，在预警信息发布后，会出现难以疏通通信的情况。

鉴于此，要公开为确保重要通信而临时采取的措施，如在出现该种情况时，采取限制使用等措施。

②为应对发生灾害后的状况，要公开以确保必要措施等为内容的计划。如移动无线对讲机等灾害对策机的配备、电力的确保。另外，有必要的话，这些措施的采取可以从预警信息发布前开始。

(5)播报

①关于播报。播报在准确迅速传达地震预报等信息方面是不可或缺的。

鉴于此，要努力做到地震预报信息的准确迅速传达。

在这种情况下，为应对地震预报信息等的发布及灾害的发生，在事前就要和相关部门等保持密切合作，力图适合实际状况的体制的完备。

②播报部门要和各部门合作，呼吁强化地域内的居民冷静应对。与此同时，要注意提供居民等采取防灾行动时必要的信息，比如，关于交通的信息、关于水、天然气等的信息、和生活有关的信息、防火等灾害时减轻受害的措施等。

③播报部门和各部门合作，注意向强化地区以外的居民提供关于交通方面的信息、为东海地震的发生所做的准备等的信息，努力做到提供使人们冷静正确对待的信息。

④为了即使在灾害发生后也能继续顺利的播报，能将各种信息播报出来，要事先进

行必要人员的配置及设施等的紧急检查,制定其他的防灾措施,并确定具体内容。

12. 金融对策

(1)为应对预警信息发布时及灾害发生后的状况,要公开为确保金融业务顺利进行的人员配置计划等应该采取的事前准备措施。

(2)要公开指导金融部门应该采取的措施的方针等。其包括预警信息发布后及灾害发生后的储蓄退还、正常时间外的营业等以及灾害发生后与灾害有关的贷款、票据交换或者拒交处分、保险金交付及保险金缴纳延期等。在这种情况下,为不影响强化地域内的居民等的日常生活,在必要范围内,预警信息发布时要努力做到不间断取现等金融营业,广泛告知持续营业的金融相关部门,防止发生混乱。

(3)要公开预警信息宣言发布后,关于地震保险等的处理的指导方针。

13. 生活必需品的确保等

国家及地方公共团体,在预警信息发布了的情况下,为防止发生食品等生活必需品等的惜售或囤积、物价暴涨,要对相关生产者及流通企业等,提出必要的要求,实施必要的指导等。

14. 交通对策

(1)道路

①力图做到,确定预警信息发布时司机应该采取的行动注意事项,并贯彻宣传。

另外,关于尽量减少强化地域内车辆的运行,从平时就努力对居民等进行广泛宣传。

②把预警信息发布前到预警信息发布时这一段时间关于交通规制的消息,事先告知民众。同时,要求民众控制不必要的旅行。

③对于发布预警信息时的交通对策,采取以下方针处理。

A. 在强化地域内,尽量减少车辆的出行。

B. 尽量限制车辆向强化区域内的流入。

C. 对于车辆向强化区域外的流出,只要不会造成交通混乱,原则上不必限制。

D. 限制车辆通过高速公路流入强化区域,同时,限制强化区域内来自高速公路和普通道路交叉口的车辆的流入。

E. 对于强化区域内的交通规制,要综合考虑地震防灾应急对策的实施状况、道路交通的状况、交通规制对当地居民日常生活的影响等因素,有效地进行。

④都县公安委员会在制定关于避难路径和紧急输送路的交通规制时,将其在计划中明示出来的同时,还要在事前采取相应措施,让公众知悉。

⑤关于如何确认哪些车辆是紧急输送车辆,具体的确认手续要予以明示。

(2)海上以及航空

根据地震预报,预测存在海啸危险的地域,在会被海啸波及的港湾和海面上,实施海上交通规制。

关于船舶的入港限制、在港船舶的避难等规制的内容,不同的地域要根据自身的实际情况明确其具体的内容。

此外,还要考虑灾难发生后海上输送线路的畅通。

强化地域内的飞机场,除具备紧急输送等功能外,还要确定其能迅速地关闭。然后,还要确保能给飞行员提供必要的航空情报。

此外,关于灾难发生后应急对策活动基地的使用,要明确其宗旨以及事前做好必要的机制构建。

(3)铁路

预警信息发布前到预警信息发布时,这一段时间关于交通规制的消息,要事先告知民众。同时,要求民众控制不必要的旅行。

直到发布预警信息前,为了应对紧急情况,要尽量保持铁路的运行。

发布预警信息以后,原预定进入强化区域内的列车禁止进入强化区域内,在强化地域内运行的列车以安全的速度行驶到最近的安全的车站或其他地方后停车,等待时机。但是,在震级不满 6 级且没有海啸危险的地域,如果判断其能安全行驶则允许其继续行驶。

15. 紧急输送对策

(1)每个计划主体要明确作为紧急输送对象的人员和物资,并确定输送的方针。

地方公共团体,与预定实施紧急输送的人员、道路的管理者协商后,确定紧急输送的网络。同时,要确保有关机关知悉。

(2)在这种情况下,为了确保紧急输送网络的正常运行,要留意道路及其沿线的危险程度,同时也要考虑其他大范围的输送网,包括都县公安委员会指定的紧急交通路、与其他的输送手段的关系等。此外,灾难发生后为开展迅速的应急活动而不可或缺的直升机和航空器、燃料等,要确保其迅速投入使用。同时,根据事先确定的安全确保注意事项,准确且安全地实施航空器活动。

(3)在(1)中提到的各个部门,要为灾难发生后的紧急输送做准备,为了紧急输送的正常运行,要明确所需车辆、航空器、船舶等的数量,要确保灾难发生地与紧急输送方的联络,还要明确其他发布预警信息时应当实施的准备行动的内容。

(4)为了制订紧急输送的计划,要尽量避免各种输送手段的冲突。同时,要制定和完善紧急输送的相关机关和实施机关相互之间的合作体制。

(5)预警信息发布之后,紧急输送实施的具体调整,由地震灾害警戒中心、都道府县地震灾害总部以及市町村地震灾害警戒中心进行,如果是由灾难发生地的总部制定的,由该总部进行。

16. 对其他机关的援助请求

(1)各部门,在实施地震防灾对策方面,为防备需要其他机关予以援助的情况发生,应事先制定协议及其他程序上的规定。

(2)各部门,关于要求其他机关予以援助,确定具体内容的时候,要留意是否与其他计划主体发生重叠;如果发生了重叠,要作出相应调整。

17. 自卫队的地震防灾派遣等

(1)地震灾害警戒中心负责人根据法律要求派遣时,为了准确且迅速地实施该请求的内容,各部门和防卫省[包括自卫队法第8条规定的部队等(以下简称部队等)]之间,必要时应调整派遣请求的具体内容。

因此,各部门要明确传达和收集必要情报、紧急输送人员和物资的体制,要明确法律规定的地震防灾派遣的具体内容以及与部队联络和调整的方法。

(2)为了防备发生灾害后的灾害派遣,要将物资、器材的逐一检查和必要人员的集合等内容明确地写入计划。

18. 对回家困难者、滞留旅客的措施

市町村为了保护回家困难者和滞留旅客,要采取设置避难所和支援回家等必要的对策。

市町村以外的计划主体,应该实施避难诱导和保护的机关,对于因规制产生的回家困难者和滞留旅客提供具体的避难诱导、保护和食物,明确与市町村实施的活动的合作体制。

19. 计划主体对自身管理、运营的道路、河川以及其他设施的对策

(1)对于道路,除要留意由灾害造成的危险度外,还要明确预警信息发布时采取的道路管理上的措施。

在这种情况下,要特别留意桥梁、隧道和斜坡等危险度特别高的地方。

(2)对于河川、海岸、港湾设施以及渔港设施,根据地震预报推测其可能发生海啸的时候,要确保水门和闸门能够关闭。

此时,为预防发生灾害,对于内河排水设施,要采取必要的防灾措施。具体措施包括进行设施管理上的必要操作,准备紧急用发电装置、逐一检查以及其他措施。

(3)对于官署的办公楼等,在灾害发生后能够在应急对策的实施上发挥巨大作用的地方,为了发挥其机能,采取必要的措施。

在这种情况下,为了紧急用发电装置的准备、水的紧急储备、电脑系统等重要物资、器械的逐一检查,以及其他所需要的防灾措施的实施,要明确相关体制。

(4)对于动物园等特殊设施,为防止地震发生时出现危险,采取必要的措施,并探讨具体的内容和实施方法。

(5)关于对各种设施在预警信息发布时的紧急检查和巡视,要对其实施必要进行明确。

此时,为了防备发生地震的危险,要考虑从业人员的安全。

(6)关于施工中的建筑物和其他建筑物或者设施,要明确安全施工的方针。

此时,为了防备发生地震的危险,原则上,采取中断工程的措施。在特殊情况下,需要采取加固、防止落下等措施的,要考虑施工人员的安全。

20. 各部门关于自身管理的,作为地震防灾应急计划对象的设施或者相当于事业的设施或者事业的对策

关于这一项,遵循第 3 章第 1 节的规定。

21. 根据地震烈度和海啸的分布等制定各地域的防灾体制

在强化地域内的市町村,根据详细的地震烈度和海啸高低的分布,将市町村的区域进行详细划分,在市町村内制订两个以上的防灾对应计划。

在上述(1)的情况下,因为存在由混乱导致的防灾对策不能准确实施的可能性,在强化区域内要采取两个以上的防灾对策时,要斟酌该对策实施的必要性和可行性,制订明确的防灾计划。

第 2 节　在地震防灾上关于紧急整备设施等的事项

1. 为了尽量减轻东海发生地震造成的直接危害,准确并迅速地实施地震防灾应急对策或者灾害应急对策,在力图提高建筑物和构造物的抗震能力的同时,应推进避难地、避难路、紧急输送网络、海啸对策设施、消防用设施等地震防灾上需要紧急整备的设施的整备。为此,特别是对于地震防灾上需要紧急整备的设施等,要按照其必要性和紧急度,根据其所定的基准,具体地予以明确规定。

2. 这些设施即使并未全部建成,也要考虑整备的顺序和方法,使已完成的那部分发挥其相应的功能。

3. 与这些设施整备有关的计划,要根据地震防灾应急对策以及灾害应急对策等的内容作出充分的调整。

第 3 节　大地震防灾演练的相关事项

1. 在强化地域各部门每年至少进行一次模拟发生大地震的防灾演练,明确其实施内容和方法等。

此时,在考虑与其他计划主体共同训练的同时,要注意获得居民等的协力及使其参与其中。

考虑到假想的地震将会影响广泛的地区,要设法与国家、指定公共机关、地方公共团体等进行协作。

2. 第 1 点中的防灾演练是进行预警信息发布前的准备体制、预警信息发布时的地震防灾应急措施以及灾害发生后的灾害应急措施的相关活动。

此时,努力逐年提升训练水平及其实践性。

第 4 节　地震防灾必要的教育及宣传的相关事项

1. 各部门应对其人员进行与其职责相应的地震防灾方面的教育,明确该教育的内

容、方法等。

该教育内容中至少应涵盖以下事项：

(1)预警信息发布的性质及相应的措施内容；

(2)东海地震预测的相关知识；

(3)地震预测信息的内容；

(4)预想的地震及海啸的相关知识；

(5)地震预测信息发布时及地震发生后应采取的行动的相关知识；

(6)职员等应尽的职责；

(7)现在采取的地震防灾措施的相关知识；

(8)今后地震措施中要致力于的必要课题。

2.地方公共团体使公众了解东海地震的紧迫性并形成东海地震的防灾意识，同时，为了使在预警信息发布时居民能够正确判断并采取行动，应明确教育宣传的实施方法及其内容。

在该情况下，采用培育、活用地区自主防灾组织及取得各种工商团体、家长教师协会(PTA)、其他的公共性团体等的协力等各种方法，注意进行尽可能考虑居民立场的具体的教育宣传。

该教育宣传内容中至少应涵盖以下内容：

(1)预警信息发布的性质及相应的措施的内容；

(2)东海地震预测的相关知识；

(3)地震预测信息的内容；

(4)预想的地震及海啸的相关知识；

(5)发布地震预测信息后及地震发生后防止火灾发生、与邻居合作进行救助活动、尽量减少汽车出行等防灾应该采取的行动的相关知识；

(6)获得正确信息的方法；

(7)防灾有关机关采取的地震防灾应急措施的内容；

(8)各地区中有发生海啸危险的地区，有台地塌陷危险的地区的相关知识；

(9)各地区中的避难所及避难路线的相关知识；

(10)常住居民可以实施的应急措施、生活必需品的储备、家具的固定、防止火灾等的措施内容；

(11)住宅的抗震测试和抗震所必需的修缮的实施。

3.地方公共团体为了提升强化地区内外居民和企业等对东海地震防灾意识，以对此有充分准备应努力采取必要措施。

4.进行教育及宣传时，除利用收音机、电视、电影和新闻等媒体外，还考虑使用其他尽可能地反映地区实情的方式。

此外,地方公共团体等应注意设置咨询窗口,接受实施地震措施方面的咨询,完善具体机制,为居民采取应对地震的措施提供必要的知识。

第3章　地震防灾应急计划的基本事项

第1节　地震防灾应急对策的措施的相关事项

第1 各计划共有的规定事项

1. 传达地震预测信息

关于该项,参照第2章第1节1(1)及(2)。

2. 确保地震防灾应急对策实施人员

(1)地震防灾应急对策实施所需人员,考虑1中规定的传达方法及传达手段的实际情况设法确保具体人员。

此时,为防所需人员发生空缺,考虑后备人员。

(2)为迅速、准确地实施地震防灾应急对策,必须设置具有相应指挥功能的组织。

在该情况下,具体规定该组织的内容。

3. 灾害发生后储备的设备器材、人员等配置的部署

为准备灾害发生后必要的灾害应急对策,明确发布预警信息时应采取的行动,即适当实施灾害应急对策的准备活动。

在该情况下,至少应具体规定灾害应急对策中必要的设备器材的调度方式、实施灾害应急对策的人员体制的事前配置、防灾相关机关的联络等内容。

4. 施工中的建筑物的中断施工等

关于该项,参照第2章第1节的19(6)。

第2 单个计划中应规定的事项

1. 医院、剧场、百货商店和旅馆等有不特定的多数人出入的设施

(1)向顾客等传达地震预测信息

获得地震预测信息时,明确向出入各设施的患者、观众、顾客、投宿者或其他不特定多数的人(以下简称顾客)传达该地震预测信息的方法。该情况下注意以下几点。

①顾客非常多时,为了能使这些人员顺利采取躲避行动,采取考虑了信息适当传达方法的措施。

②在事前应做充分的研究为使顾客能恰当地采取退避行动,一并传达退避和海啸危险的预想地区等的位置、交通管制的状况及其他必要信息。

(2)为确保顾客退避及安全的措施

明确引导顾客退避的方法及引导退避的责任人、确保安全的措施。

在该情况下,该设施在第2章第1节8(1)的避难地区时,明确引导退避后的顾客避难的方法。

(3)基于设施安全性的措施

关于医院和百货商店等,确保具有抗震性等安全性时可继续营业。

(4)医院

关于医院中保护患者的方法,要充分考虑每个设施的抗震性明确其具体内容。

2. 进行石油类、火药类、高压气,有毒物质、剧毒物质、核燃料等物质的制造、储藏、处理或处置的设施

(1)为了防止地震发生之际可能产生的火灾、外泄、爆发、泄露对周边地区造成影响,针对不同时间段明确具体的实施必要的紧急检查、巡视、填充作业、停止转移作业、为了防止掉落、跌倒损坏其他设施而尤其必要的应急性保安措施的相关事项。

此时规定的内容是充分考虑该设施内外的情况,使其具有社会角度的恰当性和技术上的合理性。

此外,在能够实际动员的人员体制的基础上,还应考虑作业人员的安全,具有相当的可行性。

(2)以备灾害发生事前应做好充分的研究,明确设施内部的消防体制应准备的措施内容和确保急救人员、急救装备器材的急救体制应准备的措施内容,同时,为了必要时向设施周边地区的居民传达采取恰当的退避行动所需的必要信息。

3. 铁路事业和其他一般客运相关事业

(1)向旅客传达地震预测信息

参照1(1),但应具体明确向在始发站和终点站的设施及在运行中的列车、船舶、公共汽车的旅客的传达方法。

(2)运行的相关措施

①关于铁路事业、轨道事业参照第2章第1节14(3)。

②关于索道事业,将运送中的旅客送达停留场后,停止运营。

③关于一般旅客定期航线事业以及旅客不定期航线事业,在管制海上交通或限制使用港口设施的情况以及因海啸而预计会发生危险的情况下,采取中止起航、变更目的港等运行中止、使旅客下船、将船舶退避到安全海域等措施,明确规定其具体实施要领。

④关于一般的旅客汽车运输事业,明确运送路线中有发生地震而有较大危险的区间的情况下、实施交通管制的区间的情况下运行的停止及其他运行方面的措施。

(3)针对运行停止而导致的滞留旅客的措施参照第2章第1节18。

4. 学校

(1)必须保护幼儿园、中小学等,具体规定幼儿、儿童、学生在校时,对他们的保护方法。

在该情况下,应注意根据学校掌握的情况,在听取幼儿、儿童、学生的监护人的意见后,根据实际情况制定保护方法。

(2)明确学校在第2章第1节8(1)的避难对象地区时,避难场所、避难线路、避难引导方法、实施避难引导的责任人等。

5.社会福利设施

(1)社会福祉设施,信息传达和避难时必须特别考虑,因为不少人会进出使用,所以充分考虑设施的种类和性质以及每个设施的抗震性,具体明确使用者的保护及告知保护人的方法。

(2)社会福祉设施在第2章第1节8(1)的避难对象地区时,参照4(2)。

6.广播事业

参照第2章第1节11(4)。

7.自来水、电力以及天然气

(1)关于自来水参照第2章第1节11(1)。

(2)关于电力参照第2章第1节11(2)。

(3)关于天然气参照第2章第1节11(3)。

8.其他设施或事业

(1)矿山,关于向矿内作业人员传达地震预测信息及传达后的退避行动,明确其具体的实施内容。

具体明确必须采取的保安方面的应急措施。

(2)木材场,具体明确其存在于预计有海啸发生的地区内时,防止贮存的木材流出的措施。

在该情况下,也要考虑急措施的作业人员的避难等安全措施。

(3)将危险动物供以展览的事业(仅限于占地规模在1万平方米之上的),向出入该事业土地的观光客传达地震预测信息的方法以及引导观光客避难应采取的措施,明确其具体实施内容。

明确将危险动物收容于动物收容所及实施其他的必要的应急性保安措施的相关事项。

(4)道路参照第2章第1节19(1)和(5)。

(5)明确工厂中有一千人以上的勤务人员的情况,向在该工厂工作或出入的人员(以下简称从业人员)传达地震预测信息的方法及为确保从业人员等的退避安全的措施的具体内容。

在该情况下,考虑该工厂所在位置、周围的状况、退避路线等明确除防灾人员以外的从业人员从工厂退避、回家的行动计划。

第2节 大地震的防灾训练的相关事项

参照第2章第3节。

努力参加相关地方公共团体等防灾机关实施的防灾训练。

第3节 地震防灾方面必要的教育及宣传的相关事项

参照第2章第4节的1、2、3和4。

第4章 综合防灾训练的相关事项

1. 关于强化地区的大地震,指定行政机关的负责人、地方公共团体的负责人、其他执行机关、指定公共机关共同进行的地震防灾训练(以下简称综合防灾训练),与基于地方防灾强化计划或的证防灾应急计划的地震防灾训练不同,借鉴国家层面上实施的大范围的县际训练(省级训练),以中央防灾会议为中心,相关省厅、相关地方公共团体、相关指定公共机关等参加的联合训练,尽可能使强化地区的民间企业、居民参与其中。

2. 综合防灾训练,地震预测信息等信息的通知、传达、预警宣言前的准备行动、地震防灾应急对策的实施人员的集合、地震灾害预警本部等的设置运营等各种地震防灾应急对策相关的训练,1年至少实施1次。

实施该训练时,应注意重点放在协调各机关之间的地震防灾应急对策的实施方面,尽可能共同实施在假想的地震发生后的灾害应急对策相关的训练。

在该情况下,逐年努力提升训练内容的科学性和实践性。

关于"崖地"的翻译坡度小于8%叫坡地,大于8%叫台地,一般大于45%不适合建房子,大于45%的容易滑坡,需要作地质分析。

【文本介评】

《日本东海地震防灾基本计划》是日本中央防灾会议根据《大规模地震对策特别措施法》和《东海地震对策大纲》等有关法律法规制定并施行的。该计划规定了在发出地震预警信息时的防灾基本方针、指定的行政机关、地方公共团体等的地震防灾强化计划,以及特定的民间企业等地震防灾应急计划的基本事项。该基本计划的显著特点是,它以发出预警信息时的地震灾害应急对策为制定对象,并没有关于地震具体防灾措施的规定。

该基本计划在结构上由5部分构成:第1部分"前言"主要规定了该计划制订的背景、制定目的和法律依据;第2部分规定了发出地震预警信息时,地震防灾的基本方针和政策;第3部分主要规定了地震防灾强化计划的基本事项,包括应急对策措施的相关事项、关于紧急整备设施等的事项、大地震防灾演练的相关事项和地震防灾必要的教育宣传的相关事项等内容;第4部分规定了应急计划的基本事项,具体规定和第3部分类似,包括应急对策措施的相关事项、大地震的防灾训练的相关事项、地震防灾方面必要的教育及宣传的相关事项等内容;第5部分规定了综合防灾训练的相关事项。

该基本计划内容详细系统、逻辑性强,形成了日本东海地震防灾的综合性、长期性的计划,有很强的指导作用。该计划和以该计划为基础制订的地震防灾强化计划、地震防灾应急计划共同构成日本东海地震防灾应急预案体系。

日本东海区域一直是地震多发带。2011年3月11日，日本东海附近更是发生了9.0级的罕见地震，造成了巨大的经济损失和人员伤亡。该基本计划及其所处的应急预案体系在地震发生后迅速启动，最大限度地减少了东海地震灾害中受灾国民的生命和财产损失。

四、新南威尔士州森林火灾预案

预案文本①

目　录

① 高斌、刘雄伟翻译初稿。

第一部分 引 言

1.1 引言

1.1.1 森林火灾在新南威尔士州的各个区域都时有发生,实际上,大部分的森林火灾都是发生在1年中的温度比较高的几个月份——从9月到第二年4月,森林火灾给新南威尔士州人民的人身、财产和环境都带来了严重的威胁。

1.1.2 严重的森林火灾常常和一些能够助长火灾的引发和蔓延天气的情况相关联,这些天气情况包括降水稀少、天气高温、湿度低下和风速强劲。在新南威尔士州,森林火灾年年发生,然而,上述所说的这些天气和气候条件并非常常具备。

1.1.3 在澳大利亚的东南部,经过了漫长的干季,强劲的冷空气前锋和缓慢移动的高压气流在塔斯曼海的上空相遇,这样,就产生出了干热的西北季风。这就引发了典型的能引发火灾的天气条件的出现。

1.1.4 森林火灾产生的原因包括人为和自然因素。综观新南威尔士州的森林火灾产生的原因,人为因素包括人为纵火和意外失火。尤其是人为的纵火,在森林边缘和城市郊区的交接的地段时有发生。闪电和雷击也是森林火灾发生的一个重要的原因。虽说雷电天气可能发生在任何时间,但是大部分的雷电天气是发生在10月到第二年的3月。

1.1.5 在这个州不同的区域,火灾的情况是各不相同的:在大分水岭和海岸周围的森林地带常发生周期性的发生严重森林火灾,而在西边的区域则是常发生蔓延很快的草原火灾。

1.1.6 在本州,森林火灾协调委员会负责部署全州范围内的森林火灾的预防和协调森林火灾的扑救工作。森林火灾管理委员会会制订森林火灾计划实施细则,各机构之间也有一些备忘录等形式的协议,在遵守这两种文件的基础上,当地机构规定了相应的当地火灾扑救配合计划安排。

1.1.7 新南威尔士消防组织、农村消防署、国家公园和野生动物局以及新南威尔士森林局是新南威尔士的授权防火组织单位。1989年《火灾组织法案》规定:新南威尔士消防组织对城区火灾负责。农村消防署对离新南威尔士的城区比较远的农村地区火灾负责。新南威尔士国家公园和野生动物局和新南威尔士森林局对本地的大部分地区负责并且负责预防和控制这些地方的森林火险。

1.1.8 根据1997年《农村消防法案》第44章节的规定,在森林火灾中,农村消防署专员对森林火灾扑救进行指挥。另外,根据其第44章的规定,此专员也可以授权其他的人员来行使他的职务。而且,在法案中提到的那些地区,地区灾难计划可以随时自动启用。

第二部分 目标、范围和原则

2.1 目标

2.1.1 制订这个计划的目的是在预防、准备、紧急应对以及灾后恢复等问题上通过配合、参与支持有关机构等工作途径作出一个合理的安排和统筹。

2.2 范围

2.2.1 此森林火灾方案概括地阐述了新南威尔士州火灾的管理活动中的安排和统筹,其中着重阐述了《1997年农村火灾法》第44部分所提到的火灾应对的统筹安排。

2.3 原则

2.3.1 主要遵循以下几个原则:

a. 配合着《1997年农村火灾法》的第52部分,《森林火险管理计划》和《实施计划》(Plans of Operation)这两个文件对森林火灾的预防、准备、应对以及灾后初步恢复的安排进行详尽的阐述。

b.《实施计划》第52部分作为其他相关的地区灾难计划的森林火灾次级方案而采用。

c. 在《新南威尔士洲际灾难计划》第114段和第115段中要求:在《农村火灾方案》第44部分被认为是"紧急森林火灾"的事件中,地区的灾难计划要自动启用。

d. 在所有的相关活动中,"要保持生态可持续发展"这一个原则要贯穿始终。

e. 所有的相关机构要相互配合以保障人民的生命、财产和环境不受火灾的侵害。

第三部分　分工和责任

3.1　新南威尔士州农村消防署专员

3.1.1　《农村消防法案》第44部分规定:农村消防专员对火灾扑救实施工作和火灾的预防措施负责。

假如说一场火灾在某种程度上失去了相关当局的控制,或者当地的绝对条件太有利于发生这种程度的火灾,或者一场火灾很难被相关的负责机构扑救或者火灾燃烧在了没有机构负责的地方,那么在这种情况下,如果消防专员认为有必要去控制和抑制火灾的发生,他可以在威尔士州的任何地区内去实施这些措施。

3.1.2　在这些情况下,农村消防专员也可以对任何人作一个概括的授权。

3.1.3　在新南威尔士,农村消防专员对第三级的火灾(参见附件B)扑救实施工作的协调工作进行负责。

3.2　森林火灾协调委员会

3.2.1　森林火灾协调委员会要制订一些计划,这些计划是关于森林火灾的预防、怎样配合扑救和如何给农村消防专员一些关于预防、减轻和抑制火灾方面的建议,森林火灾协调委员会对这些计划负责。关于森林火灾协调委员会的相关政策都在附件C中列明。

3.3　森林火灾管理委员会

3.3.1　森林火灾管理委员会一般由常常受到火灾危害地区的政府部门或者团体组织,它的代表来自当地的政府、当地的消防局、赞助组织以及社区代表。他们要准备相关的火灾管理计划。这些管理计划包括森林火险管理计划和实施计划。

3.3.2　森林火险管理计划要确定火灾对人们和环境的危害程度,并提出方案策略去降低这种危害。

3.3.3　森林火灾实施计划则是在碰到以下的情况下制订管理计划相配合相一致的具体的火灾消防实施步骤:

a. 假若说一场火灾发生在农村或者其他地区,当局或者法律中规定的其他机构都不能控制这场火灾;

b. 或者说当地的主导条件太有利于这种场面的发生。

3.3.4　森林火灾管理委员会要确定因为火灾而需要进行疏散的地区要和火灾实施计划中相关规定的一致。森林管理委员会在识别这些需要进行疏散的地区时,就要用森林协调委员会的相关的政策和指导意见作为指引。

3.3.5　森林火灾管理委员会把这些可能被鉴定为需要进行疏散的地区向当地的紧急事件管理委员会进行报告。

3.3.6　森林火灾管理委员会的紧急事件执行机关包括委员会的执行长以及当地消

防局的总长。该机关对以下的相关计划行为进行负责：

当地的森林火灾水平的估计失职；对二级火灾的相关控制人员的任命；给予农村消防专员关于农村消防法案第44章的建议；给予农村消防专员关于一些消防控制人员任命的建议。

3.4 事件控制人员

3.4.1 在一级火灾中（见附件B），对于事件控制人员的任命安排，在火灾管理计划和实施计划中都有体现和反应。

3.4.2 在二级火灾中，事件控制人员是由火灾管理委员会紧急事件实施机关任命的，它的作用就是配合火灾管理和实施方案的相关规定，并进行具体的火灾消防工作。

3.4.3 在三级火灾中，事件控制人员是由农村消防专员根据农村火灾方案第44章的规定任命的，他的作用是要配合森林火灾管理委员会的相关政策进行工作。

3.4.4 在《农村火灾方案》的第44部分规定，在森林火灾管理计划中，不能有任何条文去限制农村消防专员去任命一个人去负责火灾的扑救实施工作或者火灾的预防工作。因为在这样一种情况下，作这样的任命是非常有必要的。

3.4.5 农村消防专员可以任命一个事件控制人员在新南威尔士州的任何一个地方去协调一系列不同的事件。

3.5 相关的参与组织

3.5.1 新南威尔士州的灾难计划承认对联络长官的任命，联络长官在社区和机构之间起着重要的作用。任何一种火险级别都是需要这样的一种联络长官的。

3.5.2 新南威尔士消防局

a. 负责农村地区火灾的预防、准备、应对以及灾后初步恢复。

b. 也负责选出联络长官。

3.5.3 新南威尔士消防队

a. 负责对于所有火灾地区的预防、减少、准备、应对以及灾后初始恢复工作。

b. 也负责通讯中心传来的关于000的紧急报警电话的落实工作。

3.5.4 国家公园和野生动物服务机构

a. 负责对他们所管辖地区的预防、减少、准备、应对以及灾后初始恢复工作。

b. 也负责选拔联络长官。

3.5.5 新南威尔士国家森林机构

a. 负责对于他们所管辖森林地区的预防、减少、准备、应对以及灾后初始恢复工作。

b. 也负责提供选拔联络长官。

3.6 联邦机构

3.6.1 气象局

a. 负责提供相关的天气预报和警报。

b. 并把这些预报和警报通知媒体、农村消防署以及相关机构团体。

c. 同时也负责选拔出联络长官。

3.7 相关的国家机构

3.7.1 国家的紧急事件运营总监

a. 负责监督全国范围内的紧急事件。

b. 并且对农村消防署进行协调辅助工作。

c. 作为联邦救援的唯一联络单位。

3.7.2 国家的紧急事件行动中心

a. 该中心负责人为国家紧急事件控制专员,此专员负责协调工作以支持农村消防署的工作。他还通过以下的途径辅助国家紧急事件运营总监。

b. 实施操作计划,包括整体的分配任务计划,这种安排优先于相关的机构、功能区以及其他组织作出的反应。

c. 对一些关于外部资源辅助救援的规定进行协调安排。

d. 向政府、紧急事件管理委员会、媒体和公众传播信息。

3.7.3 新南威尔士警察局

a. 给相关的事件控制人员提供帮助。

b. 配合事件控制人员对潜在火灾危险的地区的人们进行疏散工作。

c. 按照要求选出联络长官。

d. 做好受害者注册的管理工作。

3.7.4 新南威尔士州紧急事件总署

a. 按照时间控制人员的要求提供帮助(如后勤、运输、场地帮助、设置路障、提供安全保障、散发信息或者提供食品)。

b. 帮助警察局进行人员疏散等相关活动。

c. 按照要求选出联络长官。

3.7.5 志愿者营救协会

a. 按照事件控制人员的要求提供辅助工作(如后勤、运输、场地支持、设置路障等)。

b. 帮助警察局进行人员疏散等相关活动。

c. 按照要求选出联络长官。

3.7.6 功能区的健康服务协调员,他的作用在于

a. 在有需要时启动健康服务计划,配合火灾影响区域的医疗单位进行营救工作,这些工作包括药品、精神以及公共卫生服务。

b. 另外也按照相关的要求选出联络长官。

3.7.7 新南威尔士救护车服务中心

a. 责任之一是按照要求,选出事件控制人员。

b. 责任之二是在医疗服务计划和救护车服务计划中载明:他是辅助医疗服务机构进行工作的。

c. 另外,也按照相关的要求选出联络长官。

3.7.8 农业和动物服务功能区协调员,他的功能是在必要的时候激活农业和生物的保护计划,并且在该项计划下对森林火灾地区的相关机构的相关规定进行协调;另外,按照相关的要求选出联络长官。

3.7.9 功能区工程服务协调员,他的作用是

a. 在必要时激活工程服务计划,并在该项计划下对森林火灾地区的相关机构的相关规定进行协调。

b. 另外,按照相关的要求选出联络长官。

3.7.10 功能区环境服务协调员,他的作用是在必要的时候激活环境保护计划,并在该项计划下对森林火灾地区的相关机构的关于环境的规定进行协调;另外,按照相关要求选出联络长官。

3.7.11 功能区灾难恢复—人类救助服务协调员,他的作用是

a. 在必要的时候激活灾后恢复计划并且为受灾群众提供减轻人们痛苦、恢复人们生活的服务。

b. 另外,在必要时,要选出联络长官。

3.7.12 功能区公众信息服务协调员,他的作用是在必要时激活功能区的信息服务支持计划,并对森林火灾地区的相关机构的公共信息的相关规定进行协调;另外,按照相关的要求选出联络长官。

3.7.13 功能区运输服务协调员

a. 他的作用是在必要时激活工程服务计划,激活功能区的交通运输支持计划,并对森林火灾地区的相关机构的交通运输的相关规定进行协调。

b. 另外,按照相关的要求选出联络长官。

第四部分 预防和准备

4.1 概述

4.1.1 在澳大利亚,森林火灾是一种常见的自然现象,要做到完全消除是不太可能的,但是,社会团体和个人可以通过采取相关行动减轻它对人们生命、财产和环境的危害。

4.1.2 消防局和当地的土地管理机构有责任去提高公众的意识,让公众知道如何去在森林火灾中保护自己和保护自己的财产。为了实现这一点,其他的一些组织和机构,尤其是当地的政府需要进行辅助工作,鼓励大家去遵从以下安全措施。

4.1.3 当地的规划和控制措施在森林火灾的风险管理中体现很重要的作用,农村

消防署和新南威尔士规划局制订了《森林火灾安全保护计划(2001)》,这是一本给当地评议会、发展者和家庭成员在准备工具、提出控制方法和住宅设计等事务如何去辅助决策的指南。在林火易发区,房屋结构的保护可以通过建立财产保护区来减少结构附近的火灾的强度,也可以实行最低标准的建设标准来达到效果。

4.1.4 当评议会在决定一份关于森林火灾依法地区的规划申请时,它必须考虑2001年的森林火灾保护计划的相关规定。住宅或者农村住宅,特别是在火灾易发区的森林火灾的保护规划——比如,安老社区和旅游的设施需要作为一个整体的规划,这是为了迎合环境计划和1979年评估法案的要求,且这些也必须参考农村火灾消防专员的评估。一项整体的规划除非经过农村消防专员的签署一份火灾安全书,否则它是不会被通过的。

4.2 森林火灾计划

4.2.1 新南威尔士灾难计划要求被指派消防单位的机构和组织的控制人员要为火灾的控制和协调、灾后恢复和安排支持作出一个计划。这个计划在州、区和地方都要遵守。

4.2.2 森林火灾管理委员会有责任制订森林火灾管理计划,这个计划包括本地区的消防实施细则和火险管理计划。

4.2.3 在森林火灾发生在农村或者其他区域时,假定是到了当局失去控制时或者是当地的绝对条件太有利于发生这种情况时,消防实施细则要明确当地协调消防的具体安排。这个计划也会提供一些关于当地的协调消防和当地可以利用的资源的一些信息。

4.2.4 森林火灾管理委员会要为当地的消防实施细则准备火险管理计划。这个计划概括了可能发生的各种危害以及可能给当地的人民和财产可能带来损害的各种威胁。

考虑到对群众的价值影响,各种方略也要进行考虑以应对风险,这些方略可以分为以下的几个方面:

要避免火灾,比如,可以不进行可能引发火灾的一些活动。

减少意外事件,应该去尝试着减少那些包含可能引发火灾燃料的活动。

减少火灾引发原因,这就要去搞一些关于减少意外火灾和蓄意纵火等事件发生的项目,比如,在火灾的易发地对一些活动增强限制和加强巡逻。

降低脆弱性的影响,比如,去做一些提高生活和环境的恢复性的项目,这可能会包括一些社区教育项目或者建设规划控制项目。

其他的风险,火险管理策略可以减少火灾的发生却很难杜绝火灾的发生。虽然有这些防火的应对措施,许多其他的火险仍然会发生。

4.2.5 森林火灾管理委员会应该要去确定某些地区在一些关于在森林火灾中进行疏散时所要尽到的责任;并且,要和当地的紧急事件管理委员会和其他机构配合制定一些关于疏散的计划和方案。

4.3 警示

4.3.1 气象局对一些可能引发火灾的天气情况要进行警示,并把这些信息报告给消防局、电台和其他的相关组织。

4.3.2 农村火灾消防局专员可以在本州内的任何一个地方发布火灾禁令,火灾禁令被发布出来以后,除非有特别的授权,否则不得进行任何点火行为。

4.3.3 在新南威尔士州,法定的火灾发生期从每年的10月1日开始一直持续到第二年的3月31日。在这个火灾易发期内,任何的户外点火活动除非经过允许否则不能进行。在必要时,农村火灾消防专员,可以延长或者启动火灾易发期期限。

4.3.4 当人们需要采取一些直接紧急行动以减少生命和财产在火灾中的损失,常常会用到一种标准的紧急警报。这种紧急警报的目的就是把官方要作出关于实际发生的或者潜在可能发生的紧急情况的决定通知给听众和媒体,在最大的范围内让人们知道官方作出的紧急事件决定,在新南威尔士灾难事件中心和相关机构的指导下,由上文提到的事件控制专员来行使紧急信号的发布权。

第五部分 森林灭火的协作

5.1 农村消防署国家行动中心

5.1.1 为了持续地收集和整理火灾的信息,农村消防署委员会将设立并维持一个国家行动中心。

5.1.2 国家行动中心将具有以下功能:

通知农村消防署的专员所有重大的森林火灾动向和与其职责有关的实施防火的指示;

向部长报告由农村消防署署长或专员指挥消防的重大森林火灾的详细情况;

当森林火灾事故消防指挥要求协助时,筹备和调度消防资源以协助消防;

向媒体和公众提供森林火灾活动级别的信息;

提供新南威尔士州至澳大利亚境内的第3级火灾(见附录B)和总禁火令的火灾定期更新情况。

5.1.3 凡在重大的森林火灾活动呼叫中需要与农村消防署保持联系的,应尽可能通过农村消防署国家行动中心。

5.2 激活

5.2.1 这一计划并不需要在适用本协议的任何时候都激活。

5.2.2 在第3级森林火灾的发生时,地方和地区级别的灾情预案会自动激活使火灾事故指挥获得必要的支援。

5.3 指挥及控制

5.3.1 指挥和控制安排在森林火灾管理委员会(Bush Fire Management Committee,

BFMC)行动计划加以概述。每一个消防部门和协助组织一般都保留对其资源的控制。对于第1级火灾,出于第一反应安排的要求控制权可以由任何消防部门胜任的官员负责,这在当地的行动计划中有所概述。森林火灾管理委员会(BFMC)行动小组确定了第2级火灾事故的指挥员。在公告第44条(第3级火灾)的情形发生时,农村消防署专员则被任命为火灾事故的指挥员。

5.3.2 澳大利亚的消防部门使用一个事故共同控制系统(Incident Control System, ICS),以确保事故在发生能被有效指挥和控制。事故共同控制系统(ICS)是一个正式化的授权结构,以确保所有重要的管理和信息功能的进行,和为了便于指挥而维护一个跨度的控制机制。它分为四大功能区,包括控制、行动、计划和后勤。ICS是一个灵活的系统,可以在任何大小的事故时实施。在新南威尔士州对2002年8月22日发生的火灾事故的最初反应阶段的计划中,事故控制系统可以执行ICS的所有功能。随着火灾事故的增加,共同控制系统的部分或全部功能都将会得到委派。

5.4 通信

5.4.1 固定电话服务(电话和传真),是农村消防署国家行动中心使用的主要通信工具。无线网络战略(政府无线网络)为了国家行动中心和地方的消防控制中心之间的通信也得到了维护。

5.4.2 通信链路得到建立并经常在农村消防署国家行动中心和以下保持着:

紧急事务部部长;

国家紧急行动中心;

消防部门和各机构或地区参与和支持组织;

火灾预防中心;

媒体设施。

5.4.3 消防部门和支援机构负责提供自己内部的通信需求。消防部门的地方通信安排及相互之间的通信在地方行动计划中已有概述。

5.5 撤离

5.5.1 森林火灾风险管理计划中列明了森林火灾管理委员会(BFMC)确认的可能需要在森林火灾发生时撤离的区域。撤离的决定将由警察部门和火灾事故指挥者根据BFCC政策协作作出。

5.5.2 避难中心应该在本地灾难救助计划中指定,如果避难中心有可能需要的话,事故指挥者应立即通知当地紧急事件管理委员会(Local Emergency Management Controller, LEOCONs)。

5.5.3 撤离应根据撤离计划规定来开展。一般来说,有能力的居民不应该撤离到适当准备的住宅但可能受到森林火灾影响的地方,避免在最后一刻才进行撤离。

5.6 媒体

5.6.1 媒体的评论将与负责正在发生的一片火灾或一大片火灾的消防部门协调作出。然而,凡发生3级火灾,事故指挥者将负责在事故处理小组(Incident Management Team,IMT)委任一个媒体联络官。媒体联络官的角色和职责在农村消防署(RFS)的业务管理文件夹已有概述。媒体联络官须与负责所有媒体战略的农村消防署(RFS)的统一联络单位保持联络,以确保准确、适当、协调的消息传达给公众。

农村消防署(Rural Fire Service,RFS)的统一联络单位将向事故处理小组提供额外的媒体支持,并帮助其确定一名适合的媒体联络官。

5.6.2 在农村消防署专员的指导下,一个适当坐落的联合新闻信息中心其主要成员从参与和支持机构中吸收过来可能在重大森林火灾活动期间建立起来。

5.7 联络

5.7.1 一名联络官是由一个组织或功能区提名任命的人,来代表指挥中心、紧急行动中心或协调中心所在地的组织或功能区。一名联络官与他们的组织或功能区保持联络或者传达指示或需求给它们,并提供有关于其组织或功能区的状态、行动和需求的建议。

5.8 后勤支援

5.8.1 如果可行,在现有授权中的正常程序应该用于商品和服务的收购和供应。消防资源应当源于当地,并源于互助协定。消防的后勤由事故指挥者负责,并可任命一名后勤官员或一个后勤团队。

5.8.2 在第3级火灾有重大的森林火灾活动期间,需要的资源超过了事故指挥者和消防部门提供能力时,此事应交由RFS的国家行动中心。

5.8.3 消防部门为应对火灾活动列出的经费支出应在第一时间得从资源提供者的正常的业务支出中得到满足。凡发生3级火灾和第44条已被宣布为响应和初步重建活动的资金将根据BFCC政策由农村消防署总部支付。新南威尔士州森林消防规划:2002年8月22日。

第六部分 重 建

6.1 社区的重建

6.1.1 在火灾事故的最初阶段,依照《新南威尔士洲际灾难计划》(DISPLAN)来对社区重建行动的需求进行评估和规划是至关重要的。消防部门也会协助为社区成员布置一块安全区域,并尽可能减少森林灭火行动对社区的影响。社区重建活动将依照《新南威尔士洲际灾难计划》(New South Wales State Disaster Plan,DISPLAN)概述的安排来予以开展。

6.2　环境的恢复

6.2.1　土地管理部门和土地所有者是负责森林消防行动后的环境恢复。然而,事故指挥者必须考虑行动可能产生的影响,并会考虑在消防行动前改善其行动以利于环境恢复。

附录 A　新南威尔士州森林火灾预案——新南威尔士州近期史上严重的森林火灾事件

1.2019 年 7 月 18 日至 2020 年 2 月 12 日,新南威尔士州麦夸里港(Macquarie)的山火,燃烧了整整 200 余天,造成至少 33 人死亡,约 10 亿野生动物丧命,2500 多间房屋和 1170 万公顷土地被烧毁。

2.2001 年 10 月和 11 月干燥无雨的雷电引起了全州的几次火灾。从 12 月 24 日开始,在恶劣的天气条件下,火灾影响了悉尼的城区。在接下来的 23 天里,火灾烧毁了 75.4 万公顷土地,使 20,000 座建筑直接处于火灾危险中。共有 109 个建筑被烧毁,据估计,损失数额约 75,000,000 美元。

3.1997 年大火发生在北部沿海,中部泰伯尔兰兹,悉尼和西区(特别是皮利加磨砂)。10 座房屋被毁,4 人丧生。

4.1994 年 1 月,滨海新州从昆士兰州边界到贝特曼斯湾经历了长时间的极端火险天气。1993 年 12 月 27 日至 1994 年 1 月 16 日,发生了超过 800 场火灾和焚烧了 80 万公顷土地。大火以前没有经历过的规模面积席卷了悉尼的大部分地区。206 座建筑完全被毁,4 人丧生。

5.1979 年在数个州严重干旱条件下,几场大火开始蔓延。在马奇 1 人丧命和 5.54 万公顷土地被烧毁。在沃夏尔有 14 间房屋被毁。在国家大多数区域发生的火灾导致 100 万公顷土地被烧毁。

6.1977 年在蓝山地区的 49 座建筑被毁,5.4 万公顷土地被烧毁。

7.1968 年 11 月、12 月大火发生在悉尼,蓝山和伊拉瓦拉。150 个家庭超过 200 座建筑物被毁,14 人失踪。

8.1957 年 11 月 30 日在蓝山开始了大火。4 名森林徒步者在试图逃离火灾时丧生。至 12 月 2 日 158 座房屋,教堂,学校和医院被完全摧毁。

9.1951～1952 年一场大火发生,国家东部和中部地区的约 400 万公顷土地被烧毁。在 1951 年春季,消防战士被部署到北部的纽卡斯尔的众多火灾地点。1952 年 1 月大火从该国南部地区开始。在火灾季节里,85 座房屋被毁,7 人丧生。

10.1944 年在蓝山,悉尼和戈斯福德地区火灾摧毁了 150 座建筑。

11.1939 年 1 月 13 日在该国南部和东部地区火灾造成 13 人丧生。超过 400 幢建筑被毁,约 240,000 公顷土地被烧毁。新南威尔士州森林消防规划:2002 年 8 月 22 日。

附录 B　新南威尔士州森林火灾预案——新南威尔士州消防部门使用的火灾等级

第 1 级:一种能够由承担消防责任的消防部门控制的火灾,无论其他机构是否提供偶然的或低水平的协助。

第2级:一种必须由多个机构参与,并且森林消防管理委员会的紧急行动执行委员会已经任命一人负责消防行动的火灾。

第3级:根据1997年《农村火灾法》第44条的规定,一场森林火灾或普通火灾的消防任命已经作出或任命迫在眉睫。

附录C 新南威尔士州森林火灾预案——森林火灾协调委员会

政策

政策序号和名称:

1/99 森林消防行动管理;

2/99 森林火灾风险管理规划的编制;

3/99 森林火灾风险管理规划的原则;

4/99 森林火灾消防管理委员会;

1/00 避免争端和争端的解决;

2/00 居民的撤离;

3/00 协调消防行动的健康和安全;

1/01 森林火灾消防管理委员会的合并;

2/01 消防减灾工程的拨款;

3/01 森林火灾烟尘的控制;

4/01 航空消防的支持;

5/01 第44条 付款和报销的标准和程序;

6/01 人工林的建立与维护的公告步骤。

附录D 新南威尔士州森林火灾预案——国家紧急救援管理法案、农村火灾法案与规划过程的关系

【文本介评】

《新南威尔士州森林火灾预案》是澳大利亚新南威尔士州政府部门于2002年制定并实施的地方专项应急预案。新南威尔士州是森林火灾多发的地区,2009年11月,该州发生特大森林火灾,据统计,受灾面积超过35万公顷,近2000栋房屋被烧毁,209人死亡,7000多人逃离家园,直接经济损失超过20亿澳元(约合13.9亿美元),对生态环境和民众生活造成的破坏难以估量。因此,《新南威尔士州森林火灾预案》受到了广泛关注。

该预案在结构上由6大部分及4个附录构成。第1部分"引言"主要介绍了新南威尔士州发生森林火灾频发的原因(包括人为因素和自然因素)和该预案制定的法律依据;第2部分规定了该预案制定的目标、适用范围和原则;第3部分规定了该预案的应急体系,即各应急机构的分工和责任;第4部分规定了火灾的预防和应急准备;第5部分规定了应急响应阶段人员的协作和资源配置;第6部分规定了灾后重建的内容,包括社区重建和环境恢复。4 个附录分别介绍了新南威尔士州近期史上严重的森林火灾事件，火灾等级，森林火灾协调委员会，国家紧急救援管理法案、农村火灾法案与规划过程的关系。

该预案内容较为完整，应急响应阶段的规定具体全面，具有很强的可操作性和灵活性。不过，该预案没有具体规定发生火灾时居民的撤离和疏散，相关的自救方法和逃生经验也没有在附录中列出，这是该预案一大缺陷。另外，该预案并没有完全形成协调高效的组织指挥体系。新南威尔士州设有林务局、乡村消防局、国家森林公园及野生动物管理局、城市消防局四个部门，分别负责私有林地、国家森林公园、野生动物园以及州有林地上发生的森林火灾。这四个部门在火灾发生时各自为政，没有形成合力，扑火效率低下，影响了预案效力的发挥。特别是，由于高温天气和干旱等原因，从 2019 年 7 月开始在澳大利亚多地发生的森林大火，林火、燃烧长达半年、人员伤亡伤亡惨重、烧死动物数亿只的森林大火，暴露出该国自然灾害及突发公共事件应急预案和整个应急管理体系存在重大缺陷，其实施情况和总体表现受到国际社会的严厉批评，有待深刻反思和尽快完善。①

① 据报道，自 2019 年 7 月开始的这场大火，截至 2020 年 2 月 4 日，逾 800 公顷土地被烧毁(面积几乎相当于一个奥地利)，林火造成 33 人死亡，烧毁 3000 多所房屋，导致旅游业损失近 10 亿澳元，教训深刻。参见：《2019 年澳大利亚林火》，载百度百科：baike. baidu. com/item/2019 年澳大利亚林火/24252677？fr = aladdin，2020 年 3 月 10 日最后访问。

附录四　国内应急预案文本介评

国内应急预案体系构成

一、国家突发公共事件总体应急预案简介

国家总体预案是全国应急预案体系的总纲，是国务院应对突发事件的综合性预案。

二、国家专项应急预案名录

专项应急预案主要是国务院及其有关部门为应对某一类型或某几种类型突发公共事件而制定的应急预案。目前，已经公布的国家专项应急预案包括：

1. 国家自然灾害救助应急预案
2. 国家防汛抗旱应急预案
3. 国家地震应急预案
4. 国家突发地质灾害应急预案
5. 国家处置重、特大森林火灾应急预案
6. 国家安全生产事故灾难应急预案
7. 国家处置铁路行车事故应急预案
8. 国家处置民用航空器飞行事故应急预案
9. 国家海上搜救应急预案
10. 国家处置城市地铁事故灾难应急预案
11. 国家处置电网大面积停电事件应急预案
12. 国家核应急预案
13. 国家突发环境事件应急预案
14. 国家通信保障应急预案
15. 国家突发公共卫生事件应急预案
16. 国家突发公共事件医疗卫生救援应急预案
17. 国家突发重大动物疫情应急预案
18. 国家重大食品安全事故应急预案

已经制定但尚未公布的是国家粮食应急预案、国家金融突发事件应急预案、国家涉外突发事件应急预案、国家处置大规模群体性事件应急预案、国家处置大规模恐怖袭击事件应急预案、国家处置劫机事件应急预案、突发公共事件新闻发布应急预案和国家石油中断应急预案。

三、国务院部门应急预案名录

国务院部门应急预案是国务院有关部门根据总体应急预案、专项应急预案和部门职责为应对突发公共事件制定的预案。以下是部分国务院部门应急预案：

建设系统破坏性地震应急预案

铁路防洪应急预案

铁路破坏性地震应急预案

铁路地质灾害应急预案

农业重大自然灾害突发事件应急预案

草原火灾应急预案

农业重大有害生物及外来生物入侵突发事件应急预案

农业转基因生物安全突发事件应急预案

重大沙尘暴灾害应急预案

重大外来林业有害生物应急预案

重大气象灾害预警应急预案

风暴潮、海啸、海冰灾害应急预案

赤潮灾害应急预案

三峡葛洲坝梯级枢纽破坏性地震应急预案

中国红十字总会自然灾害等突发公共事件应急预案

国防科技工业重特大生产安全事故应急预案

建设工程重大质量安全事故应急预案

城市供气系统重大事故应急预案

城市供水系统重大事故应急预案

城市桥梁重大事故应急预案

铁路交通伤亡事故应急预案

铁路火灾事故应急预案

铁路危险化学品运输事故应急预案

铁路网络与信息安全事故应急预案

水路交通突发公共事件应急预案

公路交通突发公共事件应急预案

互联网网络安全应急预案

渔业船舶水上安全突发事件应急预案
农业环境污染突发事件应急预案
特种设备特大事故应急预案
重大林业生态破坏事故应急预案
矿山事故灾难应急预案
危险化学品事故灾难应急预案
陆上石油天然气开采事故灾难应急预案
陆上石油天然气储运事故灾难应急预案
海洋石油天然气作业事故灾难应急预案
海洋石油勘探开发溢油事故应急预案
国家医药储备应急预案
铁路突发公共卫生事件应急预案
水生动物疫病应急预案
进出境重大动物疫情应急处置预案
突发公共卫生事件民用航空器应急控制预案
药品和医疗器械突发性群体不良事件应急预案
国家发展改革委综合应急预案
煤电油运综合协调应急预案
国家物资储备应急预案
教育系统突发公共事件应急预案
司法行政系统突发事件应急预案
生活必需品市场供应突发事件应急预案
公共文化场所和文化活动突发事件应急预案
海关系统突发公共事件应急预案
工商行政管理系统市场监管应急预案
大型体育赛事及群众体育活动突发公共事件应急预案
旅游突发公共事件应急预案
新华社突发公共事件新闻报道应急预案
外汇管理突发事件应急预案
人感染高致病性禽流感应急预案

四、部分地方应急预案名录

突发公共事件地方应急预案具体包括：省级人民政府的突发公共事件总体应急预案、专项应急预案和部门应急预案；各市（地）、县（市）人民政府及其基层政权组织的突发公共事件应急预案。上述预案在省级人民政府的领导下，按照分类管理、分级负责的原则，由地方人民政府及其有关部门分别制定。

其中，省级总体应急预案包括：

1. 北京市突发公共事件总体应急预案
2. 天津市突发公共事件总体应急预案
3. 河北省突发公共事件总体应急预案
4. 山西省突发公共事件总体应急预案
5. 内蒙古自治区突发公共事件总体应急预案
6. 辽宁省突发公共事件总体应急预案
7. 吉林省突发公共事件总体应急预案
8. 黑龙江省突发公共事件总体应急预案
9. 上海市突发公共事件总体应急预案
10. 江苏省突发公共事件总体应急预案
11. 浙江省突发公共事件总体应急预案
12. 安徽省人民政府突发公共事件总体应急预案
13. 福建省人民政府突发公共事件总体应急预案
14. 江西省突发公共事件总体应急预案
15. 山东省突发公共事件总体应急预案
16. 河南省突发公共事件总体应急预案
17. 湖北省突发公共事件总体应急预案
18. 湖南省人民政府突发公共事件总体应急预案
19. 广东省突发公共事件总体应急预案
20. 广西壮族自治区突发公共事件总体应急预案
21. 海南省人民政府突发公共事件总体应急预案
22. 重庆市突发公共事件总体应急预案
23. 四川省突发公共事件总体应急预案
24. 贵州省突发公共事件总体应急预案
25. 云南省突发公共事件总体应急预案
26. 西藏自治区突发公共事件总体应急预案
27. 陕西省突发公共事件总体应急预案
28. 甘肃省人民政府突发公共事件总体应急预案
29. 青海人民政府突发公共事件总体应急预案
30. 宁夏回族自治区突发公共事件总体应急预案
31. 新疆维吾尔自治区突发公共事件总体应急预案

部分国内应急预案文本介评

一、国家突发公共事件总体应急预案

预案文本

1 总 则

1.1 编制目的

提高政府保障公共安全和处置突发公共事件的能力，最大限度地预防和减少突发公共事件及其造成的损害，保障公众的生命财产安全，维护国家安全和社会稳定，促进经济社会全面、协调、可持续发展。

1.2 编制依据

依据宪法及有关法律、行政法规，制定本预案。

1.3 分类分级

本预案所称突发公共事件，是指突然发生，造成或者可能造成重大人员伤亡、财产损失、生态环境破坏和严重社会危害，危及公共安全的紧急事件。

根据突发公共事件的发生过程、性质和机理，突发公共事件主要分为以下四类：

(1)自然灾害。主要包括水旱灾害、气象灾害、地震灾害、地质灾害、海洋灾害、生物灾害和森林草原火灾等。

(2)事故灾难。主要包括工矿商贸等企业的各类安全事故、交通运输事故、公共设施和设备事故、环境污染和生态破坏事件等。

(3)公共卫生事件。主要包括传染病疫情，群体性不明原因疾病，食品安全和职业危害，动物疫情，以及其他严重影响公众健康和生命安全的事件。

(4)社会安全事件。主要包括恐怖袭击事件，经济安全事件和涉外突发事件等。

各类突发公共事件按照其性质、严重程度、可控性和影响范围等因素，一般分为四级：Ⅰ级(特别重大)、Ⅱ级(重大)、Ⅲ级(较大)和Ⅳ级(一般)。

1.4 适用范围

本预案适用于涉及跨省级行政区划的，或超出事发地省级人民政府处置能力的特别重大突发公共事件应对工作。

本预案指导全国的突发公共事件应对工作。

1.5 工作原则

(1)以人为本，减少危害。切实履行政府的社会管理和公共服务职能，把保障公众健康和生命财产安全作为首要任务，最大限度地减少突发公共事件及其造成的人员伤亡和危害。

(2)居安思危,预防为主。高度重视公共安全工作,常抓不懈,防患于未然。增强忧患意识,坚持预防与应急相结合,常态与非常态相结合,做好应对突发公共事件的各项准备工作。

(3)统一领导,分级负责。在党中央、国务院的统一领导下,建立健全分类管理、分级负责,条块结合、属地管理为主的应急管理体制,在各级党委领导下,实行行政领导责任制,充分发挥专业应急指挥机构的作用。

(4)依法规范,加强管理。依据有关法律和行政法规,加强应急管理,维护公众的合法权益,使应对突发公共事件的工作规范化、制度化、法制化。

(5)快速反应,协同应对。加强以属地管理为主的应急处置队伍建设,建立联动协调制度,充分动员和发挥乡镇、社区、企事业单位、社会团体和志愿者队伍的作用,依靠公众力量,形成统一指挥、反应灵敏、功能齐全、协调有序、运转高效的应急管理机制。

(6)依靠科技,提高素质。加强公共安全科学研究和技术开发,采用先进的监测、预测、预警、预防和应急处置技术及设施,充分发挥专家队伍和专业人员的作用,提高应对突发公共事件的科技水平和指挥能力,避免发生次生、衍生事件;加强宣传和培训教育工作,提高公众自救、互救和应对各类突发公共事件的综合素质。

1.6　应急预案体系

全国突发公共事件应急预案体系包括以下几种。

(1)突发公共事件总体应急预案。总体应急预案是全国应急预案体系的总纲,是国务院应对特别重大突发公共事件的规范性文件。

(2)突发公共事件专项应急预案。专项应急预案主要是国务院及其有关部门为应对某一类型或某几种类型突发公共事件而制定的应急预案。

(3)突发公共事件部门应急预案。部门应急预案是国务院有关部门根据总体应急预案、专项应急预案和部门职责为应对突发公共事件制定的预案。

(4)突发公共事件地方应急预案。具体包括:省级人民政府的突发公共事件总体应急预案、专项应急预案和部门应急预案;各市(地)、县(市)人民政府及其基层政权组织的突发公共事件应急预案。上述预案在省级人民政府的领导下,按照分类管理、分级负责的原则,由地方人民政府及其有关部门分别制定。

(5)企事业单位根据有关法律法规制定的应急预案。

(6)举办大型会展和文化体育等重大活动,主办单位应当制定应急预案。

各类预案将根据实际情况变化不断补充、完善。

2 组织体系

2.1 领导机构

国务院是突发公共事件应急管理工作的最高行政领导机构。在国务院总理领导下，由国务院常务会议和国家相关突发公共事件应急指挥机构（以下简称相关应急指挥机构）负责突发公共事件的应急管理工作；必要时，派出国务院工作组指导有关工作。

2.2 办事机构

国务院办公厅设国务院应急管理办公室，履行值守应急、信息汇总和综合协调职责，发挥运转枢纽作用。

2.3 工作机构

国务院有关部门依据有关法律、行政法规和各自的职责，负责相关类别突发公共事件的应急管理工作。具体负责相关类别的突发公共事件专项和部门应急预案的起草与实施，贯彻落实国务院有关决定事项。

2.4 地方机构

地方各级人民政府是本行政区域突发公共事件应急管理工作的行政领导机构，负责本行政区域各类突发公共事件的应对工作。

2.5 专家组

国务院和各应急管理机构建立各类专业人才库，可以根据实际需要聘请有关专家组成专家组，为应急管理提供决策建议，必要时，参加突发公共事件的应急处置工作。

3 运行机制

3.1 预测与预警

各地区、各部门要针对各种可能发生的突发公共事件，完善预测预警机制，建立预测预警系统，开展风险分析，做到早发现、早报告、早处置。

3.1.1 预警级别和发布

根据预测分析结果，对可能发生和可以预警的突发公共事件进行预警。预警级别依据突发公共事件可能造成的危害程度、紧急程度和发展势态，一般划分为四级：Ⅰ级（特别严重）、Ⅱ级（严重）、Ⅲ级（较重）和Ⅳ级（一般），依次用红色、橙色、黄色和蓝色表示。

预警信息包括突发公共事件的类别、预警级别、起始时间、可能影响范围、警示事项、应采取的措施和发布机关等。

预警信息的发布、调整和解除可通过广播、电视、报刊、通信、信息网络、警报器、宣传车或组织人员逐户通知等方式进行，对老、幼、病、残、孕等特殊人群以及学校等特殊场所和警报盲区应当采取有针对性的公告方式。

3.2 应急处置

3.2.1 信息报告

特别重大或者重大突发公共事件发生后,各地区、各部门要立即报告,最迟不得超过4小时,同时通报有关地区和部门。应急处置过程中,要及时续报有关情况。

3.2.2 先期处置

突发公共事件发生后,事发地省级人民政府或者国务院有关部门在报告特别重大、重大突发公共事件信息的同时,要根据职责和规定的权限启动相关应急预案,及时、有效地进行处置,控制事态。

在境外发生涉及中国公民和机构的突发事件,我驻外使领馆、国务院有关部门和有关地方人民政府要采取措施控制事态发展,组织开展应急救援工作。

3.2.3 应急响应

对于先期处置未能有效控制事态的特别重大突发公共事件,要及时启动相关预案,由国务院相关应急指挥机构或国务院工作组统一指挥或指导有关地区、部门开展处置工作。

现场应急指挥机构负责现场的应急处置工作。

需要多个国务院相关部门共同参与处置的突发公共事件,由该类突发公共事件的业务主管部门牵头,其他部门予以协助。

3.2.4 应急结束

特别重大突发公共事件应急处置工作结束,或者相关危险因素消除后,现场应急指挥机构予以撤销。

3.3 恢复与重建

3.3.1 善后处置

要积极稳妥、深入细致地做好善后处置工作。对突发公共事件中的伤亡人员、应急处置工作人员,以及紧急调集、征用有关单位及个人的物资,要按照规定给予抚恤、补助或补偿,并提供心理及司法援助。有关部门要做好疫病防治和环境污染消除工作。保险监管机构督促有关保险机构及时做好有关单位和个人损失的理赔工作。

3.3.2 调查与评估

要对特别重大突发公共事件的起因、性质、影响、责任、经验教训和恢复重建等问题进行调查评估。

3.3.3 恢复重建

根据受灾地区恢复重建计划组织实施恢复重建工作。

3.4 信息发布

突发公共事件的信息发布应当及时、准确、客观、全面。事件发生的第一时间要向社会发布简要信息,随后,发布初步核实情况、政府应对措施和公众防范措施等,并根据事件处置情况做好后续发布工作。

信息发布形式主要包括授权发布、散发新闻稿、组织报道、接受记者采访、举行新闻发布会等。

4 应急保障

各有关部门要按照职责分工和相关预案做好突发公共事件的应对工作,同时,根据总体预案切实做好应对突发公共事件的人力、物力、财力、交通运输、医疗卫生及通信保障等工作,保证应急救援工作的需要和灾区群众的基本生活,以及恢复重建工作的顺利进行。

4.1 人力资源

公安(消防)、医疗卫生、地震救援、海上搜救、矿山救护、森林消防、防洪抢险、核与辐射、环境监控、危险化学品事故救援、铁路事故、民航事故、基础信息网络和重要信息系统事故处置,以及水、电、油、气等工程抢险救援队伍是应急救援的专业队伍和骨干力量。地方各级人民政府和有关部门、单位要加强应急救援队伍的业务培训和应急演练,建立联动协调机制,提高装备水平;动员社会团体、企事业单位以及志愿者等各种社会力量参与应急救援工作;增进国际间的交流与合作。要加强以乡镇和社区为单位的公众应急能力建设,发挥其在应对突发公共事件中的重要作用。

中国人民解放军和中国人民武装警察部队是处置突发公共事件的骨干和突击力量,按照有关规定参加应急处置工作。

4.2 财力保障

要保证所需突发公共事件应急准备和救援工作资金。对受突发公共事件影响较大的行业、企事业单位和个人要及时研究提出相应的补偿或救助政策。要对突发公共事件财政应急保障资金的使用和效果进行监管和评估。

鼓励自然人、法人或者其他组织(包括国际组织)按照《公益事业捐赠法》等有关法律、法规的规定进行捐赠和援助。

4.3 物资保障

要建立健全应急物资监测网络、预警体系和应急物资生产、储备、调拨及紧急配送体系,完善应急工作程序,确保应急所需物资和生活用品的及时供应,并加强对物资储备的监督管理,及时予以补充和更新。

地方各级人民政府应根据有关法律、法规和应急预案的规定,做好物资储备工作。

4.4 基本生活保障

要做好受灾群众的基本生活保障工作,确保灾区群众有饭吃、有水喝、有衣穿、有住处、有病能得到及时医治。

4.5 医疗卫生保障

卫生部门负责组建医疗卫生应急专业技术队伍,根据需要及时赴现场开展医疗救治、疾病预防控制等卫生应急工作。及时为受灾地区提供药品、器械等卫生和医疗设备。必要时,组织动员红十字会等社会卫生力量参与医疗卫生救助工作。

4.6 交通运输保障

要保证紧急情况下应急交通工具的优先安排、优先调度、优先放行,确保运输安全畅通;要依法建立紧急情况社会交通运输工具的征用程序,确保抢险救灾物资和人员能够及时、安全送达。

根据应急处置需要,对现场及相关通道实行交通管制,开设应急救援"绿色通道",保证应急救援工作的顺利开展。

4.7 治安维护

要加强对重点地区、重点场所、重点人群、重要物资和设备的安全保护,依法严厉打击违法犯罪活动。必要时,依法采取有效管制措施,控制事态,维护社会秩序。

4.8 人员防护

要指定或建立与人口密度、城市规模相适应的应急避险场所,完善紧急疏散管理办法和程序,明确各级责任人,确保在紧急情况下公众安全、有序地转移或疏散。

要采取必要的防护措施,严格按照程序开展应急救援工作,确保人员安全。

4.9 通信保障

建立健全应急通信、应急广播电视保障工作体系,完善公用通信网,建立有线和无线相结合、基础电信网络与机动通信系统相配套的应急通信系统,确保通信畅通。

4.10 公共设施

有关部门要按照职责分工,分别负责煤、电、油、气、水的供给,以及废水、废气、固体废弃物等有害物质的监测和处理。

4.11 科技支撑

要积极开展公共安全领域的科学研究;加大公共安全监测、预测、预警、预防和应急处置技术研发的投入,不断改进技术装备,建立健全公共安全应急技术平台,提高我国公共安全科技水平;注意发挥企业在公共安全领域的研发作用。

5 监督管理

5.1 预案演练

各地区、各部门要结合实际,有计划、有重点地组织有关部门对相关预案进行演练。

5.2 宣传和培训

宣传、教育、文化、广电、新闻出版等有关部门要通过图书、报刊、音像制品和电子出版物、广播、电视、网络等,广泛宣传应急法律法规和预防、避险、自救、互救、减灾等常识,增强公众的忧患意识、社会责任意识和自救、互救能力。各有关方面要有计划地对应急救援和管理人员进行培训,提高其专业技能。

5.3 责任与奖惩

突发公共事件应急处置工作实行责任追究制。

对突发公共事件应急管理工作中做出突出贡献的先进集体和个人要给予表彰和奖励。

对迟报、谎报、瞒报和漏报突发公共事件重要情况或者应急管理工作中有其他失职、渎职行为的,依法对有关责任人给予行政处分;构成犯罪的,依法追究刑事责任。

6 附 则

6.1 预案管理

根据实际情况的变化,及时修订本预案。

本预案自发布之日起实施。

【文本介评】

2006年1月8日,国务院发布了《国家突发公共事件总体应急预案》(以下简称《国家总体预案》)。这一预案是在非典、禽流感等重大突发事件接连发生,我国构建应急预案体系的背景下出台的。《国家总体预案》是全国应急预案体系的总纲,是指导预防和处置各类突发事件的规范性文件。该预案共6章,分别为总则、组织体系、运行机制、应急保障、监督管理和附则。其中,"总则"部分对突发公共事件的分类分级、应急预案框架体系、应对突发事件的工作原则等问题作出了规定。应当说,《国家应急预案》对突发事件预防与应对工作作出了较全面系统的规定。此外,该预案较好地贯彻了"以人为本""预防为主"等理念。《国家应急预案》的发布对建立健全我国的应急体制、机制,提高政府预防和处置突发事件的能力,预防和减少突发事件及其造成的损害具有十分重要的意义。

二、北京市突发事件总体应急预案(2016年修订)

北京市突发事件总体应急预案

(2016年修订)

目 录

1.5 适用范围
1.6 事件等级
1.7 北京市应急预案体系
2 组织机构与职责
2.1 领导机构
2.2 办事机构
2.3 专项指挥机构
2.4 专家顾问组
2.5 区、重点地区应急机构
2.6 基层应急机构
3 监测与预警
3.1 监测
3.2 预警
3.3 监测与预警支持系统
4 应急处置与救援
4.1 信息报送
4.2 先期处置
4.3 指挥协调
4.4 处置措施
4.5 现场指挥部
4.6 响应升级
4.7 社会动员
4.8 信息发布和新闻宣传
4.9 应急结束
5 恢复与重建
5.1 善后处置
5.2 社会救助与抚恤
5.3 保险
5.4 调查与评估
6 应急保障
6.1 指挥系统技术保障
6.2 应急队伍保障
6.3 通信保障
6.4 交通运输保障

1 总 则

1.1 北京市应对突发事件的重要性

1.1.1 北京是我国的首都,是全国的政治中心、文化中心、国际交往中心、科技创新中心。

1.1.2 北京位于华北地区,属暖温带半湿润大陆性季风气候,地处Ⅷ度高地震烈度地区,水资源短缺,受多种气象灾害影响,存在诸多产生突发事件的自然条件。北京是超大城市,人口稠密、建筑密集、经济要素高度积聚,政治、文化及国际交往活动频繁;北京中心城区经济社会活动集中,城乡接合部流动人口多,远郊区经济社会发展相对滞后,存在诸多产生突发事件的社会因素。

1.1.3 制定本预案,对于积极防范和及时处置重大、特别重大突发事件,增强应急处置能力,提高城市现代化管理水平,落实首都城市战略定位,为加快建设国际一流的和谐宜居之都营造安全稳定的社会环境,具有重大意义。

1.2 北京地区突发事件的现状、特点及发展趋势

1.2.1 北京是一个突发事件频发的城市,主要突发事件可划分为自然灾害、事故灾难、公共卫生事件和社会安全事件4大类、23分类、52种(见表1)。

表1 北京地区主要突发事件(略)

1.2.2 北京地区突发事件以频发的非自然因素为主,灾害种类多、损失重、影响大、连发性强、处置难度大,特点如下。

人为致灾因素突出。随着北京城市建设步伐的加快,道路交通、城市生命线、生产安全、旅游安全、环境污染、化学、火灾等事故灾难频发;各种重大传染病疫情、重大动植物疫情、食品安全事件发生的可能性增加;金融投资、拆迁安置等经济社会问题引发的群体性聚集上访以及个人极端事件仍时有发生,涉外突发事件呈上升趋势。在今后很长一段时间内,这些仍将是北京发生频率高、伤亡多、危害大的突发事件。

危害程度严重。由于突发事件的连发性强,次生、衍生灾害严重,损失的放大效应显著,往往会对社会秩序、社会功能、环境与资源等造成严重的破坏,给人民群众的生产生活、经济社会的正常运转造成强烈的冲击。

处置协调难度大。北京地区有众多的中央单位、驻京部队、涉外机构和大量流动人口,机构和人员情况复杂,增加了协调处置突发事件的难度。

1.2.3 暴雨、冰雪、雾霾、大风等气象灾害以及地震、地质灾害、森林火灾将是北京地区的主要自然灾害。环境污染、信息安全、有限空间及地下营业场所空间安全、城市轨道交通安全、超高层建筑火灾事故、城市路桥事故等仍将是北京的主要事故灾难。新发或烈性传染病、重大动植物疫情、食品安全、重大群体性事件、恐怖袭击等将是主要潜在致灾因素。

1.3 指导思想和基本原则

1.3.1 指导思想

全面贯彻党的十八大和十八届三中、四中、五中全会精神,以邓小平理论、“三个代表”重要思想和科学发展观为指导,深入贯彻习近平总书记系列重要讲话和对北京工作的重要指示精神,坚持“五位一体”总体布局和“四个全面”战略布局,牢固树立和贯彻落实创新、协调、绿色、开放、共享的发展理念,牢牢把握首都城市战略定位,加快构建全方位、立体化的公共安全网,继承和巩固近年来处置重大突发事件和保障重大活动的经验成果,从构建社会主义和谐社会,提高执政能力,维护广大人民群众生命财产安全,确保首都安全稳定,实现经济社会全面、协调、可持续发展的需要出发,建立“集中领导、统一指挥、结构完整、功能全面、反应灵敏、运转高效”的突发事件应急体系,全面履行党委和政府应对突发事件的职责。

1.3.2 基本原则

坚持以人为本的原则。坚持底线思维,牢固树立生命至上的理念,把确保人民群众生命财产安全放在至高无上的位置,在突发事件应对中以避免和减少人员伤亡为首要出发点,积极预防和最大限度地减少突发事件对人民群众的危害。

坚持依法应对的原则。贯彻落实《北京市实施〈中华人民共和国突发事件应对法〉办法》及相关法律法规,健全应急管理配套法规与制度,坚持依法依规应对突发事件。

坚持预防与应急并重的原则。落实"预防与应急并重,常态非常态相结合"的要求,把应急管理工作融入城市安全运行各个环节,强化基础工作,加强监测预警,做好应急演练,提高防范意识,有效控制危机,力争实现早发现、早报告、早控制、早解决,将突发事件造成的损失减少到最低程度。

坚持资源整合的原则。按照资源整合和降低成本的要求,实现组织、资源、信息的有机整合,充分利用现有资源,进一步理顺体制、机制,努力实现部门之间、条块之间、军地之间、京津冀之间的协调联动。

坚持属地为主的原则。实行属地管理,专业处置。在党委的统一领导下,由地方政府统一指挥协调所辖地区的中央在京单位、企事业单位。建立市、区两级突发事件应急指挥机构,形成市、区两级管理,分级负责、分类指挥、综合协调、逐级提升的突发事件应对体系。

坚持社会广泛参与的原则。充分依靠广大市民,发挥人民团体和社会组织的积极作用,调动社会各方面的积极性,把社会、公众的参与同政府管理有效结合,形成政府、企事业单位和志愿者队伍相结合的突发事件应对体制机制,实现突发事件应对的社会化。

1.4 目的和依据

1.4.1 目的

针对北京地区突发事件的现状和特点,通过编制预案,要达到以下目的:

(1)通过整合现有突发事件组织管理机构等资源,完善突发事件应对体制机制和工作程序;

(2)通过规范突发事件的分级分类,确定各类突发事件的启动程序,明确各级政府及相关单位的职责和权力;

(3)通过整合现有突发事件应急资源,完善分工明确、责任到位、优势互补、常备不懈的突发事件应急保障体系;

(4)通过整合现有突发事件的信息资源,实现信息资源共享,进一步形成机制优化、反应灵敏的信息支撑系统;

(5)通过总体应急预案的实施,切实加强基础工作,理顺管理体制和机制,实现防范系统化、决策科学化、指挥智能化、保障统筹化,进一步提高应对突发事件的能力。

1.4.2 依据

以《中华人民共和国突发事件应对法》《北京市实施〈中华人民共和国突发事件应对法〉办法》《国家突发公共事件总体应急预案》等国家及本市有关法律、法规、规章和相关文件规定为依据,严格依法行政,依法管理。

1.5 适用范围

本预案主要用于指导预防和处置发生在北京市行政区域内,或发生在国内其他地区以及境外涉及北京的,应由北京市处置或参与处置的各类突发事件。

1.6 事件等级

为了有效处置各类突发事件,依据突发事件可能造成的危害程度、波及范围、影响力大小、人员及财产损失等情况,由高到低划分为特别重大(Ⅰ级)、重大(Ⅱ级)、较大(Ⅲ级)、一般(Ⅳ级)4个级别。具体事件等级标准执行国家有关规定;国家尚未制定等级标准的,市相关部门可以先行制定,经市政府批准后,报国务院或者国务院确定的部门备案。

特别重大突发事件(Ⅰ级):指突然发生,事态非常复杂,对北京市公共安全、政治稳定和社会经济秩序造成严重危害或威胁,已经或可能造成特别重大人员伤亡、特别重大财产损失或重大生态环境破坏,需要市委、市政府统一组织协调,调度首都各方面力量和资源进行应急处置的紧急事件。

重大突发事件(Ⅱ级):指突然发生,事态复杂,对一定区域内的公共安全、政治稳定和社会经济秩序造成严重危害或威胁,已经或可能造成重大人员伤亡、重大财产损失或严重生态环境破坏,需要调度多个部门、区和有关单位力量和资源进行联合处置的紧急事件。

较大突发事件(Ⅲ级):指突然发生,事态较为复杂,对一定区域内的公共安全、政治稳定和社会经济秩序造成一定危害或威胁,已经或可能造成较大人员伤亡、较大财产损失或生态环境破坏,需要调度个别部门、有关单位和区力量和资源进行处置的事件。

一般突发事件(Ⅳ级):指突然发生,事态比较简单,仅对较小范围内的公共安全、政治稳定和社会经济秩序造成危害或威胁,已经或可能造成人员伤亡和财产损失,只需要调度个别部门、有关单位或区的力量和资源就能够处置的事件。

各类突发事件应急响应分级依照相关市级应急预案规定执行。对于事件本身比较敏感,或发生在城六区等重点地区或重大活动举办、重要会议召开等时期的,应适当提高响应级别。应急响应启动后,可视突发事件事态发展情况及时对响应级别进行调整,避免响应不足或响应过度。

1.7 北京市应急预案体系

本市应急预案体系分市、区、街道(乡镇)三级管理;按照制定主体划分,分为政府及其部门应急预案、单位和基层组织应急预案两大类。政府及其部门应急预案由总体应急预案、专项应急预案、部门应急预案等组成。

2 组织机构与职责

2.1 领导机构

2.1.1 北京市突发事件应急委员会(以下简称市应急委)统一领导全市突发事件应对工作,组织体系框架见8.3。对于特别重大且影响首都社会稳定的突发事件,相关处置工作由市委统一领导。

2.1.2 市应急委主任由北京市市长担任,副主任由市委负责政法工作的常委和常务副市长担任,委员由市委、市政府分管各类突发事件应对的市领导,市委宣传部部长,市委、市政府秘书长,北京卫戍区和武警北京市总队主要负责同志担任。组成人员为市各突发事件专项应急指挥部办公室、相关部门和有关单位的主要负责同志。

2.1.3 市应急委设秘书长、常务副秘书长、副秘书长,负责应对突发事件的统筹协调工作。秘书长由市政府秘书长兼任。常务副秘书长分别由市委和市政府相关副秘书长兼任,副秘书长分别由市委政法委常务副书记、市委宣传部主管副部长和市政府办公厅主管副主任兼任,按照各自工作职责协助秘书长开展工作。

2.1.4 市应急委的主要职责。

(1)研究制定全市应对突发事件重大决策和指导意见;

(2)审定市突发事件总体应急预案;

(3)组织指挥处置特别重大、重大突发事件;

(4)在应对突发事件工作中协调与中央和国家各部委、驻京部队及其他有关部门和单位的关系;

(5)领导区突发事件应急委员会开展特别重大、重大突发事件的相关应对工作;

(6)分析总结全市年度应对突发事件工作。

2.2 办事机构

2.2.1 北京市突发事件应急委员会办公室(以下简称市应急办)是市应急委常设办事机构,设在市政府办公厅,同时,挂市政府总值班室和市应急指挥中心牌子,协助市政府领导同志组织处理需由市政府直接处理的突发事件,承担市应急委的具体工作,负责市政府总值班工作。市应急办根据市应急委的决定,负责规划、组织、协调、指导、检查本市突发事件应对工作及应急管理的预案、体制、机制和法制建设。

2.2.2 市应急指挥中心设有指挥场所并配备相应的设备设施,作为突发事件发生时市应急委的指挥平台。市民防局指挥平台是市应急委备份指挥平台。

2.3 专项指挥机构

2.3.1 市应急委设突发事件专项应急指挥部(以下简称专项指挥部),包括市群体性事件应急指挥部、市电力事故应急指挥部、市通信保障和信息安全应急指挥部、市核应急指挥部、市反恐和刑事案件应急指挥部、市突发事件应急救助指挥部、市空气重污染应急指挥部、市建筑工程事故应急指挥部、市城市公共设施事故应急指挥部、市交通安全应急指挥部、市防汛抗旱应急指挥部、市突发公共卫生事件应急指挥部、市涉外突发事件应急指挥部、市生产安全事故应急指挥部、市森林防火应急指挥部、市人防工程事故应急指挥部、市重大动植物疫情应急指挥部、市消防安全应急指挥部、市地震应急指挥部等。市专项指挥部总指挥由分管市领导担任。

2.3.2 专项指挥部主要职责。

(1)贯彻落实相关突发事件应对法律法规;

(2)研究制定本市应对相关突发事件的政策措施和指导意见;

(3)具体指挥本市相关特别重大、重大突发事件应急处置工作,依法指挥协调或协助区开展相关较大、一般突发事件应急处置工作;

(4)分析总结本市相关突发事件应对工作,制订工作规划和年度工作计划;

(5)负责本指挥部所属应急救援队伍、应急物资的建设和管理等工作;

(6)承担市应急委交办的其他任务。

2.3.3 除以上专项指挥部外,如发生其他突发事件,由分管市领导和市委、市政府分管副秘书长及相关主责单位主要负责同志成立临时应急指挥部,具体负责相关突发事件指挥和处置等应对工作。

2.3.4 市各专项指挥部办公室设在市有关部门,作为专项指挥部的常设办事机构,负责组织落实本指挥部决定,协调和调动成员单位开展相关突发事件应对工作。

2.3.5 市相关部门分别按照各自职责和业务范围,在市应急委的领导下,具体负责相关突发事件预防、指挥和处置等应对工作。

2.3.6 突发事件处置分工。

各类突发事件处置牵头部门为主责部门;专项应急预案规定的参与突发事件处置的部门为协作部门;市委宣传部、市发展改革委、市财政局、市商务委、市民政局、市食品药品监管局、北京保监局等部委办局是处置各类突发事件的保障部门。各类突发事件处置主责部门分工见表2。

北京卫戍区、武警北京市总队和民兵、预备役部队的应急救援任务在各类突发事件应急预案中具体规定。

表2 突发事件处置分工表(略)

2.3.7 主责部门应根据实际情况设立或确定应急管理机构,配备专职工作人员;协作部门、保障部门可根据实际情况设立或确定应急管理机构。

2.4 专家顾问组

市应急委、各专项指挥部应分别聘请专家,成立突发事件专家顾问组。

专家顾问组主要职责如下:

(1)为北京地区中长期公共安全规划、信息系统的建设与管理、灾害科学最新发展趋势的跟踪等方面提供意见和建议;

(2)对特别重大、重大突发事件的发生和发展趋势、救灾方案、处置办法、灾害损失和恢复方案等进行研究、评估,并提出相关建议;

(3)为特别重大、重大突发事件相关应急处置工作提供科学有效的决策咨询方案。

2.5　区、重点地区应急机构

各区建立相应的突发事件应对工作体制机制,成立突发事件应急管理领导机构、办事机构和专项指挥机构,区应急管理办事机构应设在区政府办公室。天安门地区、北京西站地区、北京经济技术开发区等重点地区(以下统称天安门等重点地区)管委会可参照区设立本地区应急机构。各区应急委和天安门等重点地区管委会在市应急委领导下,参与特别重大、重大突发事件相关应对工作,依法参与或指挥协调本地区各类较大、一般突发事件应对工作。

2.6　基层应急机构

乡镇政府、街道办事处设立或确定应急管理机构,配备专职工作人员,具体组织实施本地区各类突发事件的应对工作。居民委员会和村民委员会等群众自治组织应明确突发事件应对工作责任人,协助政府及有关部门做好突发事件应对工作。其他基层组织和单位在区政府及乡镇政府、街道办事处指导下开展应急管理工作。

3　监测与预警

3.1　监测

3.1.1　本市建立突发事件风险管理体系和危险源、危险区域管理制度,健全安全隐患排查整改工作机制,实行分类分级管理和动态监控。各区应急委和天安门等重点地区管委会、市各专项指挥部办公室、相关部门和有关单位要加强对重要基础设施的安全监督检查。

3.1.2　各区应急委和天安门等重点地区管委会、市各专项指挥部办公室、相关部门和有关单位要建立专业监测和社会监测相结合的突发事件监测体系,完善突发事件监测制度,规范信息的获取、报送、分析、发布格式和程序;根据突发事件种类和特点,建立健全各行业(领域)基础信息数据库,完善监测网络,配备必要的设备设施,明确专职或兼职人员,对可能发生的突发事件进行监测。

3.1.3　市、区应急办和天安门等重点地区应急管理部门负责组织各类突发事件信息的汇总、分析和处理;负责定期组织召开公共安全形势分析会议,研判突发事件应对的总体形势,提出防范措施建议。

3.1.4　各区应急委和天安门等重点地区管委会、市各专项指挥部办公室、相关部门和有关单位应根据各自职责分工,及时汇总、分析、处理本地区、本部门或本系统突发事件与可能影响公共安全的信息,并负责收集、整理和研究发生在国内外可能对本市造成重大影响的重大突发事件信息,预测可能发生的情况,及时报市应急办,并通报市相关部门。

3.1.5 市紧急报警服务中心和市非紧急救助服务中心负责受理、分析公民、法人或其他组织反映的各类信息,对于可能发生的各类突发事件,应将情况及时通报给各相关单位。供水、排水、电力、燃气、热力、地铁运营等城市运行保障企业应充分发挥信息收集主渠道作用,第一时间收集并向市应急办和市相关部门报送突发事件、城市运行信息,以及涉及安全稳定和其他敏感信息。

3.1.6 市各专项应急指挥部办公室和宣传、网信、公安网监等部门应建立突发事件舆情快速收集研判机制,及时收集媒体对本市突发事件和有关敏感问题的报道,密切跟踪舆情动态,并向市应急办通报。

3.1.7 对于涉密的重要信息,负责收集数据的部门应遵守相关的管理规定,做好信息保密工作。

3.2 预警

3.2.1 本市建立健全突发事件预警制度。市应急办负责全市突发事件预警工作的监督和综合管理,市各专项指挥部办公室、市相关部门负责相关类别突发事件预警工作,各区应急委、天安门等重点地区管委会负责本地区突发事件预警管理工作。市突发事件预警信息发布中心负责组织本市各类突发事件预警信息的统一发布工作。

3.2.2 可以预警的突发事件预警级别,按照突发事件发生的紧急程度、发展势态和可能造成的危害程度分为一级、二级、三级和四级,分别用红色、橙色、黄色和蓝色标示,一级为最高级别。预警级别划分按国家标准执行,国家尚未制定预警级别划分标准的,市相关部门可以先行制定,经市政府批准后,报国务院或国务院确定的部门备案。

红色等级(一级):预计将要发生特别重大以上突发事件,事件会随时发生,事态正在不断蔓延。

橙色等级(二级):预计将要发生重大以上突发事件,事件即将发生,事态正在逐步扩大。

黄色等级(三级):预计将要发生较大以上突发事件,事件已经临近,事态有扩大的趋势。

蓝色等级(四级):预计将要发生一般以上突发事件,事件即将临近,事态可能会扩大。

3.2.3 预警发布和解除。

(1)蓝色、黄色预警由市相关专项指挥部办公室或部门负责发布和解除,并报市应急办备案。橙色、红色预警由市相关专项指挥部办公室或部门向市应急办提出预警建议,由市应急办分别报请分管市领导或市应急委主任批准后,由市应急办或授权市相关专项指挥部办公室或部门发布和解除。

(2)各区、天安门等重点地区可根据本地区实际情况,发布本地区预警信息,并同时报市应急办及市有关部门备案。

(3)对于可能影响本市以外其他地区的橙色、红色预警信息,市相关专项指挥部办公室或部门应在报请分管市领导批准后,及时上报国家有关部门,并向可能受到危害的相关地区通报;必要时,由市应急办报请市应急委主任或副主任批准后上报国务院应急办。

(4)国家相关法律、法规或规范性文件另有规定的,依照其规定执行。

3.2.4 预警信息包括突发事件的类别、预警级别、起始时间、可能影响范围、警示事项、应采取的措施和发布机关等。

3.2.5 预警响应

(1)发布蓝色、黄色预警后,根据即将发生突发事件的特点和可能造成的危害,市相关专项指挥部办公室、相关部门和相关区应急委或相关重点地区管委会应依据相关应急预案立即作出响应,采取以下措施:

责令有关部门、专业机构、监测网点和负有信息报告职责的人员及时收集、报告有关信息,向社会公布反映突发事件信息的渠道,加强对突发事件发生、发展情况的监测、预报和预警工作;

组织有关部门和机构、专业技术人员、有关专家学者,随时对突发事件信息进行分析评估,预测发生突发事件可能性的大小、影响范围和强度以及可能发生的突发事件的级别;

定时向社会发布与公众有关的突发事件预测信息和分析评估结果,并对相关信息的报道工作进行管理;

及时按照有关规定向社会发布可能受到突发事件危害的警告,宣传避免、减轻危害的常识,公布咨询电话。

(2)发布橙色、红色预警后,市应急办、市相关专项指挥部办公室、相关部门和各区应急委、天安门等重点地区管委会在采取蓝色、黄色预警响应措施的基础上,还应当针对即将发生的突发事件的特点和可能造成的危害,采取下列一项或多项措施:

责令应急救援队伍和应急救援与处置指挥人员、值班人员、专家学者、技术骨干等进入待命状态,并动员后备人员做好参加应急救援和处置工作的准备;

调集应急救援所需物资、设备、工具,准备应急设施和避难场所,并确保其处于良好状态,随时可以投入正常使用;

加强对重点单位、重要部位和重要基础设施的安全保卫,维护社会治安秩序;

采取必要措施,确保交通、通信、供水、排水、供电、供气、供热等公共设施的安全和正常运行;

及时向社会发布有关采取特定措施避免或减轻危害的建议、劝告;

转移、疏散或撤离易受突发事件危害的人员并予以妥善安置,转移重要财产;

关闭或限制使用易受突发事件危害的场所,控制或限制容易导致危害扩大的公共场所的活动;

法律、法规、规章规定的其他必要的防范性、保护性措施。

3.2.6 市应急办可依据突发事件的发展、变化情况和影响程度,调整市专项指挥部办公室、相关部门或区应急委、天安门等重点地区管委会提出的预警建议级别,并报请市应急委领导批准。

预警信息发布单位要密切关注事件进展情况,并依据事态变化情况和专家顾问组提出的预警建议,适时调整预警级别,并将调整结果及时通报各相关部门。

市专项指挥部办公室、相关部门发布突发事件预警信息后,各区应急委、天安门等重点地区管委会可根据实际情况调整本地区预警级别,并报市应急办和市相关部门备案。

3.2.7 当确定突发事件不可能发生或危险已经解除时,发布预警的市专项指挥部办公室、相关部门或区应急委、重点地区管委会应立即宣布解除预警,并通报相关部门。

3.2.8 预警信息的发布、调整和解除可通过广播、电视、报刊、互联网、微博微信、手机短信、特定区域应急短信、警报器、宣传车或组织人员逐户通知等方式进行,对老幼病残孕等特殊人群以及学校等特殊场所和警报盲区应当采取有针对性的公告方式。

3.3 监测与预警支持系统

3.3.1 市各专项指挥部办公室和气象、环保、金融、旅游、商务等专业部门应充分利用现代化的技术监测手段,强化数字化监测基础设施和专业预警预报信息系统建设。

3.3.2 市应急办会同市相关部门、有关单位建立健全统一的突发事件信息系统,汇集、储存、分析、传输有关突发事件的信息,并逐步实现与国务院及其有关部门突发事件信息系统的互联互通。完善市、区两级预警信息发布平台建设。

3.3.3 市应急办会同市相关部门、有关单位,建立健全本市综合风险管理信息系统,逐步实现跨地区、跨行业的风险综合监测与突发事件预警。市各专项指挥部办公室、相关部门和各区应急委、天安门等重点地区管委会应建立专业和区域风险管理系统,提高信息收集、分析和处理能力,做到对可能发生的突发事件及时预警。

4 应急处置与救援

4.1 信息报送

市应急办、市各专项指挥部办公室、相关部门、有关单位和各区应急委、天安门等重点地区管委会,应按照有关规定及时上报各类突发事件信息和其他相关信息。信息报送应贯穿于突发事件的预防与应急准备、监测与预警、应急处置与救援、事后恢复与重建等应对活动的全过程。

4.1.1 获悉突发事件信息的公民、法人或其他组织,要立即向所在地人民政府、有关主管部门或指定的专业机构报告。有关专业机构、监测网点和信息报告员要及时向所在地人民政府、有关主管部门报告突发事件信息。

4.1.2 发生在东城、西城、朝阳、海淀、丰台、石景山6个区的一般突发事件信息，应及时向市相关专项指挥部办公室或相关部门、有关单位和市应急办报告；发生在其他区的一般突发事件信息，根据实际影响范围和程度及时向市相关专项指挥部办公室或相关部门、有关单位和市应急办报告。

4.1.3 较大、重大和特别重大突发事件发生后，市相关专项指挥部办公室、相关部门、有关单位和属地区应急委、重点地区管委会要立即报告市应急办，并同时通报市委宣传部、市政府新闻办等相关部门，详细信息最迟不得晚于事件发生后2小时报送。

4.1.4 对于事件本身比较重要或发生在重点地区、特殊时期，或可能演化为特别重大、重大突发事件的信息必须立即报告市应急办。对于涉及港澳驻京机构、港澳台人员，外国在京机构、人员或市属驻外（港澳）派出机构、赴外（港澳）人员的事件，应立即同时通报市台办、市政府外办（市政府港澳办）和市政府新闻办。

4.1.5 对于暂时无法判明等级的突发事件，应迅速核实，同时根据事件可能达到或演化的级别和影响程度，参照上述规定上报，并做好信息续报工作。

4.1.6 市应急办对于接报的重大、特别重大突发事件信息，在报请市应急委主任或副主任批准后，按规定及时向国务院报告。

4.1.7 上报突发事件信息的内容应包括：时间、地点、信息来源、事件性质、危害程度、事件发展趋势、已采取的措施等，并及时续报事件处置进展情况。

4.2 先期处置

4.2.1 事发单位要立即组织本单位应急救援队伍和工作人员营救受害人员，疏散、撤离、安置受到威胁的人员；采取其他防止危害扩大的必要措施；做好专业应急救援队伍的引导；向所在地政府及有关部门、单位报告。对因本单位的问题引发的或主体是本单位人员的社会安全事件，有关单位要迅速派出负责人赶赴现场开展劝解、疏导工作。

4.2.2 街道办事处、乡镇政府要第一时间组织群众转移疏散，采取措施控制事态发展，做好专业应急救援队伍引导等工作，及时向区政府报告事件情况。

4.2.3 事发地居委会、村委会和其他组织要按照当地政府的决定、命令进行宣传动员，组织群众开展自救和互救，协助维护社会秩序。

4.2.4 公民、法人和其他组织应迅速开展自救互救，并采取必要措施防止危害扩大；及时向政府有关部门和机构报告安全隐患和受灾情况；服从行业主管部门、街道（乡镇）的指挥和安排，配合做好应急处置和救援工作。

4.2.5 在外省区市发生涉及本市人员和机构的突发事件，根据需要，由市突发事件应急救助指挥部或由市应急办会同市突发事件应急救助指挥部办公室协调开展应急救助工作。在境外发生涉及本市人员和机构的突发事件，由市涉外突发事件应急指挥部牵头，会同市相关部门、单位积极配合国家相关部门、我国驻外（港澳）派出机构做好境外领事保护工作。

4.3 指挥协调

突发事件发生后，在先期处置的基础上，由相关责任主体按照基本响应程序，启动相关应急预案的响应措施进行处置。当超出相关责任主体自身处置能力时，可向上一级应急管理机构提出请求，由上一级应急管理机构决定是否启动更高级别的响应措施进行处置。

一般突发事件（Ⅳ级）：由事发地区应急委、重点地区管委会或市相关部门启动相关应急预案的Ⅳ级响应，负责指挥协调应急处置工作，根据实际需要，市相关专项指挥部、相关部门、有关单位负责协助做好相关工作。

较大突发事件（Ⅲ级）：发生在东城、西城、朝阳、海淀、丰台、石景山6个区和天安门等重点地区的较大突发事件，由市相关专项指挥部、相关部门、有关单位启动相关应急预案的Ⅲ级响应，负责指挥协调应急处置工作。发生在其他区的，由事发地区应急委或市相关部门启动相关应急预案的Ⅲ级响应，负责指挥协调应急处置工作；必要时，市相关专项指挥部、相关部门、有关单位协助做好相关工作，市委、市政府分管副秘书长或市应急办派人到场，协调有关部门配合开展工作。根据需要，由主责部门牵头组建现场指挥部。

重大突发事件（Ⅱ级）：由市相关专项指挥部、相关部门、有关单位启动相关应急预案的Ⅱ级响应，并负责具体指挥和处置，由市应急委负责统一指挥应急处置工作。根据需要，分管市领导或副秘书长赶赴现场，并成立由市相关专项指挥部办公室、相关部门、有关单位和事发地区应急委、重点地区管委会组成的现场指挥部。其中，分管市领导或副秘书长任总指挥，负责应急处置的决策和协调工作；市相关专项指挥部办公室、相关部门、有关单位负责同志任执行总指挥，负责事件的具体指挥和处置工作。

特别重大突发事件（Ⅰ级）：由市相关专项指挥部、相关部门、有关单位启动相关应急预案的Ⅰ级响应，并负责具体指挥和处置，由市应急委负责统一指挥应急处置工作。根据需要，市委书记、市长或分管市领导赶赴现场，并成立由市相关专项指挥部办公室、相关部门、有关单位和事发地区应急委、重点地区管委会组成的现场指挥部。其中，市委书记、市长或分管市领导任总指挥，负责应急处置的决策和协调工作；分管市领导或副秘书长，市相关专项指挥部办公室、相关部门、有关单位负责同志任执行总指挥，负责事件的具体指挥和处置工作。

当突发事件应对需要调度多个市级专项应急指挥部共同开展应急处置时，经市应急委主任批准，启动市应急委决策机制，由市委、市政府统一组织协调应对工作。同时，抽调相关部门人员启动联合办公机制，履行值守应急、信息汇总和综合协调职责，发挥运转枢纽作用。

4.4　处置措施

4.4.1　自然灾害、事故灾难或公共卫生事件发生后，事发地区应急委、重点地区管委会或市相关专项指挥部、相关部门和有关单位应采取下列一项或多项应急措施：

(1)在确保应急救援人员安全的前提下，组织营救和救治受害人员，疏散、撤离并妥善安置受到威胁的人员以及采取其他救助措施；

(2)迅速控制危险源，标明危险区域，封锁危险场所，划定警戒区，实行交通管制以及其他控制措施，交通、公安等有关部门要保证紧急情况下抢险救援车辆的优先安排、优先调度、优先放行，确保抢险救灾物资和人员能够及时、安全送达；

(3)立即抢修被损坏的交通、通信、供水、排水、供电、供气、供热等公共设施，短时难以恢复的，要实施临时过渡方案，保障社会生产生活基本正常；

(4)禁止或限制使用有关设备、设施，关闭或限制使用有关场所，中止人员密集的活动或可能导致危害扩大的生产经营活动以及采取其他保护措施；

(5)启用储备的应急救援物资，必要时调用其他急需物资、设备、设施、工具；

(6)组织公民参与应急救援和处置工作，要求有特定专长的人员提供服务；

(7)向受到危害的人员提供避难场所和食品、饮用水、燃料等生活必需品；

(8)依法从严惩处囤积居奇、哄抬物价、制假售假等扰乱市场秩序的行为，稳定市场价格，维护市场秩序；

(9)依法从严惩处哄抢财物、干扰破坏应急处置工作等扰乱社会秩序的行为，维护社会治安；

(10)进入相关场所进行检查和封存物品；

(11)拆除、迁移妨碍应急处置和救援的设施、设备或其他障碍物等；

(12)采取防止发生次生、衍生事件的必要措施，以及有关法律、法规、规章规定或市政府认为必要的其他应急处置措施。

4.4.2　社会安全事件发生后，根据事件情况，由市应急委或事发地区应急委、重点地区管委会立即组织相关部门、有关单位，并由公安机关针对事件的性质和特点，采取下列一项或多项应急措施：

(1)尽快了解和分析事件起因，有针对性地开展法制宣传和说服教育，及时疏导、化解矛盾和冲突；

(2)维护现场治安秩序，对使用器械相互对抗或以暴力行为参与冲突的当事人实行强制隔离，妥善解决现场纠纷和争端，控制事态发展；

(3)对特定区域内的建筑物、交通工具、设备、设施以及燃料、燃气、电力、水的供应进行控制，必要时依法对网络、通信进行管控；

(4)封锁有关场所、道路，查验现场人员的身份证件，限制有关公共场所内的活动；

(5)加强对易受冲击的核心机关和单位的警卫，在国家机关、军事机关、广播电台、电

视台、外国驻华使领馆等单位附近设置临时警戒线,加强对重要人员、场所、部位和标志性建筑的安全保护;

(6)严重危害社会治安秩序的事件发生时,立即依法出动警力,加大社会面检查、巡逻、控制力度,根据现场情况依法采取相应的强制性措施,尽快使社会秩序恢复正常;

(7)法律、法规等规定的其他必要措施。

4.5 现场指挥部

4.5.1 按照相关预案规定,事件处置主责部门和属地区应急委负责同志应迅速到达现场。根据应急处置工作需要,由事件处置主责部门牵头,依托市相关专项指挥部或临时应急指挥部,成立现场指挥部,由总指挥、执行总指挥和各工作组组长组成,实行总指挥负责制。总指挥行使重要事项决策和行政协调权,执行总指挥行使专业处置权。可设专业处置组、宣传信息组、治安交通组、综合保障组、通信保障组、医疗救护组、专家顾问组等工作组,并确定联系人和通信方式。

4.5.2 现场指挥部应维护好事发地区治安秩序,做好交通保障、人员救治与疏散、群众安置等工作,全力防止紧急事态的进一步扩大和次生、衍生灾害发生。及时掌握事件进展情况,随时向市应急办报告。同时,结合现场实际情况,对突发事件进行综合分析、快速评估,尽快研究确定现场应急处置方案。按处置方案发布命令,全面展开调集应急物资,抢修被损坏的公共设施,向受到危害的人员提供避难场所、生活必需品、医疗救护等各项紧急处置工作。

4.5.3 参与突发事件处置的各工作组、相关部门、区和单位,应立即调动有关人员和应急救援队伍赶赴现场,在现场指挥部的统一指挥下,按照专项应急预案分工和事件处置规程要求,相互配合、密切协作,共同开展应急处置和救援工作。

4.5.4 主责部门应依据突发事件的级别和种类,适时建议派出由该领域具有丰富应急处置经验人员和相关科研人员组成的专家顾问组,共同参与事件的处置工作。专家顾问组应根据上报和收集掌握的情况,对整个事件进行分析判断和事态评估,研究并提出减灾、救灾等处置措施,为现场指挥部提供决策咨询。

4.5.5 现场指挥部应随时跟踪事态的进展情况,一旦发现事态有进一步扩大的趋势,有可能超出自身的控制能力时,应报请市应急委协调调配其他应急资源参与处置工作。同时,应及时向事件可能波及的地区通报有关情况,必要时可通过媒体向社会发出预警。

4.5.6 与突发事件有关的各部门、区和单位,应主动向现场指挥部和参与事件处置的相关部门提供与应急处置有关的基础资料,尽全力为实施应急处置、开展救援等工作提供各种便利条件。

4.5.7 发生涉外突发事件时,市政府外办(市政府港澳办)、市台办、市政府新闻办等相关部门应根据应急处置工作的需要和职责分工,参与现场指挥部相关工作,并负责承办相关事项。

4.5.8 依据有关法律、法规、规章的规定，采取相应的强制性措施和其他必要的应急处置措施。

4.6 响应升级

4.6.1 如果突发事件的事态进一步扩大，预计依靠北京市现有应急资源和人力难以实施有效处置时，应以市应急委名义，启动首都地区应急联动机制，协调中央国家有关部委和中央在京单位、北京卫戍区、武警北京市总队、周边相关省区市参与处置工作。

4.6.2 当本市发生巨灾或突发事件造成的危害程度已十分严重，超出北京市自身控制能力，需要国家或其他省区市提供援助和支持时，市应急委应提请市委、市政府将情况立即上报党中央、国务院，请其统一协调、调动各方面应急资源共同参与事件处置工作。当党中央、国务院启动或成立国家级突发事件应急指挥机构，并根据有关规定启动相应级别的响应时，市相关部门、有关单位要在国家相关应急指挥机构的统一指挥下，配合做好各项应急处置工作。

4.6.3 需要宣布北京市部分地区进入紧急状态的，经市应急办报请市主要领导批准后，依法以市政府名义提请国务院决定；如需全市进入紧急状态，则依法并按《国家突发公共事件总体应急预案》有关规定，报请国务院提请全国人大常委会决定后实施。

4.6.4 需要国际社会援助时，市应急办应与市政府外办、市政府新闻办密切配合，在报请市主要领导批准后，以市政府名义提请国务院决定，由指定机构向国际社会发出呼吁。

4.7 社会动员

4.7.1 市或区应急委、天安门等重点地区管委会应当根据应对突发事件的实际需要，动员公民、法人和其他组织，配合政府及有关部门做好自救互救、道路引领、后勤保障、秩序维护等协助处置工作。

4.7.2 全市范围内的突发事件社会动员，由市应急委提请市政府报请国务院批准。市委社会工委（市社会办）、首都文明办、市民政局、市应急办负责全市社会动员，协调各相关部门开展工作。市志愿服务联合会、团市委、市红十字会等人民团体、社会组织协助做好社会动员工作。区范围内的社会动员，由各区政府报请市政府批准，报国务院备案。局部小范围内的社会动员，由各区决定并组织实施，报市政府备案。

4.8 信息发布和新闻宣传

4.8.1 突发事件的信息发布和新闻宣传工作，应按照党中央、国务院及本市相关规定，由市委宣传部会同市应急办进行管理与协调，由市突发事件新闻宣传工作协调小组负责具体组织协调。事件发生的第一时间要向社会发布简要信息，随后发布初步核实情况、政府应对措施和公众防范措施等，并根据事件处置情况做好后续发布工作。

4.8.2 突发事件发生后，市应急办在上报市应急委领导的同时，应向市委宣传部通报相关情况。

4.8.3 一般、较大突发事件发生后,经市突发事件新闻宣传工作协调小组批准后,由承担突发事件处置的主责部门负责新闻发布工作。重大、特别重大突发事件发生后,在市委宣传部的组织、协调下,成立由相关部门参加的现场指挥部宣传组,或者由市政府新闻办牵头组建突发事件新闻发布中心,指定新闻发言人,负责突发事件的新闻发布组织、现场采访管理,及时、准确、客观、全面发布突发事件信息,正确引导舆论导向。对于社会安全事件,依照有关规定开展相应工作。

4.8.4 由市委宣传部牵头,市政府新闻办、市网信办和事件处置主责部门、属地区应急委负责收集、整理网络等舆情信息,及时核实、解决公众反映的问题,予以积极回应和正面引导,对于不实和负面信息,及时澄清并发布准确信息。

4.8.5 当突发事件超出本市控制能力时,由市委宣传部报请中宣部统一协调组织新闻发布相关工作。对于可能引起国际社会关注的突发事件,对外报道工作应由承担突发事件处置的主责部门会同市委宣传部、市政府新闻办、市政府外办等部门共同组织,各新闻媒体要严格遵守突发事件新闻报道的有关规定。

4.9 应急结束

4.9.1 突发事件处置工作已基本完成,次生、衍生和事件危害被基本消除,应急处置工作即告结束。

4.9.2 一般和较大突发事件由启动相应应急响应的市相关专项指挥部、相关部门、有关单位或相关区应急委、重点地区管委会宣布应急结束。重大、特别重大突发事件由市相关专项指挥部办公室、相关部门、有关单位或市应急办提出建议,并报分管市领导或市应急委主要领导批准后,由启动相应应急响应的市相关专项指挥部、相关部门、有关单位或市应急委宣布应急结束。

4.9.3 应急结束后,应将情况及时通知参与事件处置的各相关单位,必要时,还应通过广播电台、电视台等新闻媒体同时向社会发布应急结束信息。

5 恢复与重建

5.1 善后处置

5.1.1 在市委、市政府、市应急委统一领导下,由相关部门、有关单位和区、重点地区负责善后处置工作,及时制订恢复重建计划和善后处理措施,并组织实施。重大、特别重大突发事件发生后,必要时,经市委、市政府和市应急委批准,启动市突发事件应急救助指挥部或者成立市善后工作领导机构。

5.1.2 市民政局、市安全监管局、市卫生计生委、市公安局牵头,组织相关部门和专业技术力量,按照有关规定,分别负责对自然灾害、事故灾难、公共卫生、社会安全事件造成的损失进行统计、核实和上报。

5.1.3 规划部门负责受突发事件影响地区居民住房和基本配套设施的选址、方案设计等工作,住房城乡建设部门负责居民住房建设的组织实施,属地政府负责对居民进行妥善安置;卫生计生、农业等部门负责疫病控制工作,环保部门提出事故后污染处置建议,由事发地的区政府、重点地区管委会负责现场清理和消除环境污染;电力、市政市容、水务、交通等部门应当及时组织修复被破坏的城市基础设施,承担突发事件处置的主责部门会同财政、发展改革部门制定应由政府补偿的补偿标准和办法,事发地的区政府做好征用补偿工作;审计、监察等部门应当对补偿物资和资金的安排、拨付和使用进行监督,必要时,实施跟踪审计,事发地的区政府组织基层政权组织,做好受灾地区社会管理工作,并配合有关部门做好救助款物的管理和调拨、发放等工作。

5.2 社会救助与抚恤

5.2.1 民政部门负责统筹突发事件社会救助工作,做好受灾群众的安置,并会同商务等部门及时组织救灾物资和生活必需品的调拨和发放,保障群众基本生活。

5.2.2 市民政局牵头,会同有关单位加强对救灾捐赠物资的接收、登记和储备管理工作,及时向社会公布有关信息。

5.2.3 各级接受救灾捐赠部门应立即开通24小时捐赠热线,启动社会募捐机制,动员社会各界提供援助,并按照规定程序安排使用。民政部门要进一步推动接受捐赠工作的制度化和经常化,为灾后社会救助提供更加充实的物资和资金保障。

5.2.4 红十字会、慈善协会等人民团体、社会公益性团体和组织,应依据相关法律法规和各自工作条例的规定,积极开展互助互济、经常性救灾捐赠活动和专项募捐活动。加强与国际红十字会等国际组织的交流与合作,积极吸纳国际捐赠的救助款物。

5.2.5 司法行政部门组织法律援助机构和有关社会力量为突发事件涉及人员提供法律援助,维护其合法权益。

5.2.6 工会、共青团、妇联、红十字会等人民团体,协助卫生等有关部门开展心理咨询、抚慰等心理危机干预工作。

5.2.7 民政部门会同财政等部门,对因灾伤亡人员和在救援工作中伤亡的人员给予抚慰或抚恤,同时,给予必要的救助;对见义勇为人员依法确认,对因公牺牲者进行认定和追认为烈士。

5.3 保险

5.3.1 突发事件发生后,保险监管部门负责督促保险机构及时开展保险受理、赔付工作。有关部门及区将损失情况及时向保险监管部门和保险机构通报,协助做好保险理赔和纠纷处理工作。

5.3.2 各区应急委、市相关部门、有关单位要为应急救援人员购买人身意外伤害保险,减少应急救援人员的人身风险。

5.4 调查与评估

5.4.1 本市突发事件应对工作实行行政领导负责制，纳入行政机关主要负责人和有关负责人职责绩效考核范围，建立健全调查、评估机制和责任追究制度。

5.4.2 突发事件发生后，应由相关主责部门牵头，依据《中华人民共和国突发事件应对法》《生产安全事故报告和调查处理条例》《关于实行党政领导干部问责的暂行规定》《北京市实施〈中华人民共和国突发事件应对法〉办法》《北京市安全生产条例》等有关法律、法规和规定，及时组织开展突发事件调查处理及责任追究工作。

负责组织开展突发事件调查工作的机构，应根据突发事件的具体情况，组建突发事件调查组，可聘请有关专家参与。

5.4.3 重大或特别重大突发事件应急处置结束后，应由事件处置主责部门牵头，开展突发事件应对工作总结评估，形成总结评估报告。较大突发事件应急处置结束后，根据需要，可由事件处置主责部门或相关区应急委牵头组织开展应对工作总结评估。

5.4.4 有关法律、法规或国务院及其有关部门对突发事件调查、评估工作另有规定的，依照其规定。

6 应急保障

6.1 指挥系统技术保障

6.1.1 市应急办负责组织规划，市各专项指挥部办公室、相关部门、有关单位和各区、天安门等重点地区配合，建立本市应急指挥技术支撑体系，以满足各种复杂情况下处置各类突发事件的指挥要求。主要包含：有线通信调度系统、无线通信指挥系统、图像监控系统、计算机网络应用系统、综合保障系统、视频会议系统、移动指挥系统、预警信息发布系统等。

6.1.2 市经济信息化委负责组织，市各专项指挥部办公室、相关部门、有关单位和各区、天安门等重点地区配合，建立应急地理空间信息资源更新维护的长效机制。市各专项指挥部办公室、相关部门和各区逐步建立完善应急管理信息资源库，建立各类风险与隐患监控数据库、专业数据库、应急预案库、应急专家库、应急队伍库、应急物资库、应急避难场所库、辅助决策知识库，做到及时维护更新，确保数据的质量，实现对突发事件应急指挥的辅助决策与支持。

6.1.3 市公安局负责，市经济信息化委等相关部门和区配合，加强全市各级各类公共安全视频监控系统建设，进一步加大图像信息资源整合力度，完善本市图像信息管理系统。

6.1.4 市各专项指挥部、相关部门、有关单位和各区、天安门等重点地区结合日常工作，开展预警、分析、评估模型研究，提高防范和处置重大突发事件的决策水平。

6.2 应急队伍保障

6.2.1 综合应急救援队伍。

市政府依托市公安消防专业队伍，建立综合应急救援队伍，由市应急委统一调用，负责处置专业应急救援队伍难以应对的事件，或代表本市参与外省区市和国际救援行动。

6.2.2 专业应急救援队伍。

市应急委统一领导市级专业应急救援队伍规划建设工作。市各专项指挥部、相关部门、有关单位统筹规划本领域市级专业应急救援队伍的建设工作，原则上应组建或确立至少1支市级专业应急救援队伍。未组建市级专业应急救援队伍的部门，应根据实际工作需要，与相关领域部门建立专业应急救援队伍使用机制。

突发事件发生后，负责或参与应急处置工作的市相关专项指挥部、相关部门、有关单位根据突发事件的性质和特点，有权调用市级相关专业应急救援队伍。专业应急救援队伍到达事发现场后，接受现场指挥部的统一指挥调度。国内外增援的应急救援队伍，由市应急委统一调动。

由市各专项指挥部办公室、相关部门、有关单位与相关企业签订应急救援服务保障协议，采取政府资助、合同、委托等方式，每年由政府提供一定的值班备勤、装备购置与维护、救援补偿费用。

6.2.3 北京卫戍区、武警北京市总队和民兵、预备役部队作为处置突发事件的骨干和突击力量，按照有关规定参加本市突发事件应急处置工作。

6.2.4 应急志愿者队伍。

健全社会动员机制，把应急志愿者服务纳入本市应急管理体系，依托有关职能部门和社会团体，组织有相关知识、经验和资质的志愿者成立应急救援队，动员志愿者参与防灾避险、疏散安置、急救技能等公共安全与突发事件应对知识的宣传、教育和普及工作，随时准备参与突发事件的抢险救援、卫生防疫、群众安置、设施抢修和心理安抚等工作。

在志愿者队伍的组织、技术装备、培训、应急演练、救援行动人身保险等方面，由区和相关部门给予支持和帮助。

6.2.5 市、区财政部门要按照现行事权、财力划分原则，将应急队伍建设经费纳入同级财政预算，同时，逐步探索建立多元化的经费渠道。

6.3 通信保障

6.3.1 市通信保障和信息安全应急指挥部办公室负责，统一组织本市各电信运营企业和广播电视传输网、有线无线政务专网、800兆无线政务网的运行单位，建立本市信息安全与应急通信保障队伍。

6.3.2 市通信保障和信息安全应急指挥部办公室牵头，各相关单位参与，整合完善应急指挥通信网络系统。以有线无线政务专网和800兆无线政务网为核心，形成覆盖市、区、街道(乡镇)、社区(村)的4级网络传输体系，建立跨部门、多路由、有线和无线相结合的稳定可靠的应急通信系统。

6.3.3 由市通信保障和信息安全应急指挥部办公室组织和协调相关企业,在800兆无线政务网、有线电视传输网、公网通信干线中断或现有网络盲区时,利用卫星、微波等通信手段,保障事件现场与市应急办、市相关专项指挥部办公室及相关区之间的联系。

6.4 交通运输保障

6.4.1 由市交通委牵头,民航华北地区管理局、北京铁路局等单位配合,建立健全交通运输保障联动机制。

6.4.2 突发事件发生后,市交通委、市住房城乡建设委、市政市容委和市水务局等部门组织专业应急救援队伍,尽快恢复被毁坏的公路、交通干线、地铁、铁路、机场及有关设施,保障交通路线的畅通。必要时,可紧急动员和征用其他部门及社会的交通设施装备。

6.4.3 市应急办牵头,会同市公安局公安交通管理局、市交通委等部门建立完善应急通行机制。市公安局公安交通管理局负责建立健全突发事件现场的交通管制等保障制度,突发事件发生后,要根据需要开设应急救援"绿色通道"。

6.4.4 公安、消防、卫生计生和红十字等部门和单位,积极加强空中救援力量,建立健全空中救援指挥调度和综合保障机制,提高空中应急救援能力。

6.5 物资保障

6.5.1 建立应急物资储备制度。市发展改革委、市商务委定期组织征集应急物资储备需求,负责应急物资储备的综合管理工作。市各专项指挥部办公室、相关部门、有关单位根据不同突发事件的种类,会同发展改革、规划、财政等部门,制订本领域、本部门应急物资储备计划,建设应急物资储备库,开展应急物资的监管、生产、储备、更新、补充、调拨和紧急配送体系建设等工作。

市相关部门、有关单位应根据应对突发事件的需要,采取生产力储备等方式,与有关企业签订合同,保障应急物资的生产和供给。

6.5.2 市发展改革委、市商务委、市农委、市工商局、市粮食局等部门按照职责分工,负责掌握本市生活必需品市场的总需求及储备库存、经营库存、生产能力和销售、价格的变化情况,负责应急机制启动后的市场监测和应急方案实施,调动生活必需品大型生产企业、经营企业的现有库存投放市场,组织郊区生产基地和社会商业库存充实零售市场。市食品药品监管局会同市卫生计生委负责编制应急药品和物资储备目录和计划,组织落实应急医疗救治基地的应急药品、物资装备,并负责应急药品的储备和供应。市民政局负责保障基本生活物资的实物储备。

6.5.3 保障现场救援和工程抢险装备。市各专项指挥部办公室、相关部门、有关单位根据自身应急救援业务需求,按照平战结合的原则,配备现场救援和工程抢险装备和器材,建立相应的维护、保养和调用等制度。

6.5.4 负责突发事件处置的主责部门根据处置需要提出应急物资需求，经分管市领导批准后下达应急物资调拨指令。国务院及其有关部门、其他省区市需要调拨本市应急物资时，由市应急委统一协调。

6.5.5 市各专项指挥部办公室、相关部门应充分利用外部资源，积极建立与国家有关部门、部队、其他省区市的物资调剂供应渠道，作为本市应急物资储备体系的有效补充，以备物资短缺时迅速调入。

6.5.6 必要时，市、区应急委可以政府名义向单位和个人征用应急救援所需设备、设施、场地、交通工具和其他物资，要求生产、供应生活必需品和应急救援物资的企业组织生产、保证供给。

6.6 医疗卫生保障

6.6.1 根据“分级救治、无缝衔接”原则，按照现场抢救、院前急救、专科治疗几个阶段组织实施救护。北京紧急医疗救援中心(120)和北京市红十字会紧急救援中心(999)负责应急处置工作中的现场抢救、院前急救工作；各级医院负责后续救治；红十字会应组织群众性救援队伍，积极配合专业医疗队伍，开展群众性救护、救援工作。市、区疾病预防控制中心(CDC)、卫生监督所、各级各类医疗机构、出入境检验检疫部门及其他相关部门负责做好疾病控制和卫生防疫准备，并严密组织实施。

6.6.2 根据相关应急预案，市卫生计生委快速组织医疗救护队伍进入救灾现场，对伤员进行救治，采取有效措施防止和控制灾区传染病的暴发流行，并会同市食品药品监管局及时检查、监测灾区的食品、饮用水源安全情况。市食品药品监管局负责，迅速组织向突发事件影响地区提供所需药品、医疗器械。

6.6.3 在本市现有医疗急救中心和分中心(站)基础上，建设城近郊区社区卫生服务中心急救点和远郊区乡镇急救点，共同构成院前急救体系。

6.6.4 市卫生计生委负责公共卫生信息系统建设。准确掌握本市急救资源状况(院前急救、综合医院急诊科、急救队伍等)，建立动态数据库，明确医疗救治和疾病预防控制机构的资源分布、救治能力和专长等，全面提高城市公共卫生管理和应急处置能力。

6.7 治安保障

6.7.1 突发事件发生后，由属地公安部门和基层政府负责治安保障，立即在突发事件处置现场周围设立警戒区和警戒哨，做好现场控制、交通管制、疏散救助群众、维护公共秩序等工作。

6.7.2 由市公安局负责，武警北京市总队予以协助和配合，承担对重要场所、目标和救灾设施的警卫；突发事件发生地的基层政府及居民委员会、村民委员会要积极发动和组织社会力量开展自救互救，群防群治，全力维护突发事件地区的社会稳定。

6.7.3 突发事件发生后，如现场存有易燃易爆危险品或发生起火、漏电、漏水、漏气等情况，现场先期处置人员要立即通知有关主管部门实施排爆、灭火、断电、断水、断气等措施,清除现场危险品,避免次生危害的发生。

6.8 人员防护保障

各相关部门、有关单位应认真分析突发事件处置过程中对人员造成危害的可能性和所有危害种类,制定切实可行的防范措施和救援程序,配备符合要求的安全防护设备。在应急处置过程中,确保救援人员安全。

6.9 应急避难场所保障

6.9.1 市应急办会同有关部门,依照国家相关规范、标准,组织制定应急避难场所规划、建设、管理规定。

6.9.2 由市规划委牵头,会同民政、地震等有关部门,编制北京市应急避难场所发展规划,并纳入北京市城市规划体系。市地震、园林、市政市容、体育、教育、民防、民政等部门和各区依据规划,在市民生活、工作地点周围,规划、建设和维护城市应急避难场所,保障在紧急情况下为市民提供疏散避难和临时生活的安全场所。公园、绿地、广场、体育场馆、学校操场等场所在建设过程中应考虑应急避难的要求,配备必要设施,现有场地应补充建设必要设施。

6.9.3 应急避难场所主管单位应当制定管理办法和应急疏散预案,保证应急避难场所功能运行正常。区政府应当给予资金补助和政策支持。

6.9.4 突发事件发生后,区应急委根据突发事件危险程度及事态发展情况启用应急避难场所,并按照疏散预案组织居民进入应急避难场所避难。市、区相关部门应根据各自职责,提供必要的保障,确保避难人员的正常生活。

6.10 气象服务保障

由市气象局负责气象服务保障工作,提供天气预报并加强对极端天气的监测和预警。突发事件发生后,市气象局应立即提供事件发生地及附近的天气情况,并尽快对未来天气情况进行预测。

6.11 资金保障

6.11.1 根据《中华人民共和国预算法》有关条款,每年按照财政支出额的适当比例安排政府预备费,作为公共财政应急储备资金。市和区财政部门要在一般支出预算中设置应对突发事件专项准备资金,并根据城市公共安全管理的需求,逐步提高资金提取比例。

6.11.2 市和区财政部门负责应对突发事件专项准备资金和公共财政应急储备资金的管理。突发事件发生后,根据实际情况调整部门预算结构,削减部门支出预算,集中财力应对突发事件;经市政府批准后启动应对突发事件专项准备资金,必要时动用公共财政应急储备资金。

6.11.3 按照"急事急办"的原则,简化工作环节,凡市政府批准的拨款事宜,在1个工作日内完成相关手续,确保突发事件处置工作的顺利进行。

6.11.4 各级财政、监察和审计部门要对突发事件财政应急保障资金的使用和效果进行监管和评估。

6.11.5 鼓励自然灾害多发地区的公民、法人和其他组织购买财产和人身意外伤害保险。鼓励从事高风险活动的企业购买财产保险,并为其员工购买人身意外伤害保险。鼓励公民、法人和其他组织为应对突发事件提供资金援助。

6.11.6 市、区有关部门所需的突发事件预防与应急准备、监测与预警等工作经费列入部门预算,同级财政部门应当予以保障。

6.12 技术开发与储备

由市科委负责,依托首都科研机构,借鉴国际先进经验,建立应急管理相关技术开发体系,加强公共安全科技创新机制和应对突发事件技术支撑体系研究;扶持一批在公共安全领域拥有自主知识产权和核心技术的重点企事业单位,重点加强智能化应急指挥通信、辅助决策、特种救援等技术装备的研制工作,提出科学配备的方案。

6.13 法制保障

6.13.1 在突发事件发生及延续期间,市和区政府根据需要依法制定和发布紧急决定和命令。

6.13.2 在突发事件发生、延续期间以及善后阶段,市政府法制办按照市政府的要求对突发事件应对工作提供法律意见。

6.13.3 市和区政府作出应对突发事件的决定、命令,应当报本级人民代表大会常务委员会备案;突发事件应急处置工作结束后,应当向本级人民代表大会常务委员会作出专项工作报告。

6.14 应急产业发展保障

建立国家级应急产业示范基地,培育应急产业骨干企业集团和特色企业,提升关键技术和装备的研发水平,集中发展监测预警、预防防护、处置救援等重点领域应急产品,增强防范和处置突发事件的产业支撑能力。

6.15 宣传教育

市应急办、市委宣传部组织协调,市各专项指挥部、相关部门、有关单位和各区、天安门等重点地区制订应对突发事件宣传教育规划,广泛开展突发事件应对法律法规和应急知识的宣传教育。

市政府新闻办、市民防局、市红十字会等单位在市应急委领导下,协助市应急办开展有关应对突发事件的宣传教育和培训等工作。

本市党政机关,工会、共青团、妇联以及其他群众和社会团体,企事业单位,居民委员会和村民委员会负责组织本单位、本区域的人员进行应急法律法规和预防、避险、自救、互救等应急知识的宣传教育。各级教育主管部门和学校组织实施在校学生相关应急知识的教育。

充分利用广播、电视、报纸、互联网、微博微信等媒体，开展应急教育，增强公民防范意识，学习掌握应急基本知识和技能。新闻媒体、政务新媒体要积极开展突发事件预防与应急、自救与互救知识的公益宣传。

6.16 培训

6.16.1 市属机关工作人员的培训。

市应急办负责组织协调各相关部门，充分发挥市领导干部应急管理培训中心的作用，面向市属机关的各级领导干部、应急管理干部、政府新闻发言人、基层干部，开展应对突发事件相关知识培训，将突发事件应对法律法规、预防、应急指挥、综合协调等作为重要内容，增强市属机关工作人员的安全意识、责任意识，提升应对突发事件的能力。

6.16.2 应急救援队伍和应急志愿者的培训。

市各专项指挥部办公室、各相关部门要按照隶属关系和管理责任，加强对本系统、本领域专业应急救援队伍的培训，提高其专业救援能力和安全防护技能。

团市委会同市应急办，组织协调市相关单位及其他社会组织，开展应急志愿者培训工作，使其掌握应急管理相关法律法规规定和突发事件应对基本技能，增强现场组织、自救互救及配合专业救援队伍开展工作的能力。

6.17 应急演练

6.17.1 市应急办统筹全市应急演练工作，负责市级重点应急演练的规划、组织协调与综合管理，检查指导全市综合应急演练工作，并定期组织全市跨系统、跨领域的应急演练。

6.17.2 市各专项指挥部和相关部门、有关单位负责本系统、本领域、本部门的应急演练工作，并加强对区和基层单位应急演练工作的指导，根据实际需要组织综合应急演练或单项应急演练；各区、天安门等重点地区负责本地区应急演练的综合管理工作，根据实际需要组织综合应急演练。

6.17.3 应急演练包括规划与计划、准备、实施、评估总结和改进5个阶段。通过应急演练，发现和解决应急工作中存在的问题，落实岗位责任，熟悉应急工作的指挥机制和决策、协调、处置的程序，评价应急准备状态，培训和检验应急队伍的快速反应能力，提高各部门之间协调配合和现场处置能力，检验应急预案的可行性并改进完善。

7 附 则

7.1 名词术语、缩写语的说明

突发事件：是指突然发生，造成或可能造成人员伤亡、财产损失、生态环境破坏和社会危害，需要采取应急处置措施予以应对的自然灾害、事故灾难、公共卫生事件和社会安全事件。

总体应急预案：是市、区党委、政府和市政府派出机构组织管理、指挥协调所管辖区域内相关应急资源和应急行动的整体计划和程序规范,是本地区应急预案体系的总纲。

专项应急预案:政府为应对某一类型或某几种类型突发事件,或者针对重要目标物保护、重大活动保障、应急资源保障等重要专项工作而预先制定的涉及多个部门职责的工作方案。

部门应急预案:政府有关部门根据总体应急预案、专项应急预案和部门职责,为应对本部门(行业、领域)突发事件,或者针对重要目标物保护、重大活动保障、应急资源保障等涉及部门工作而预先制定的工作方案。

单位应急预案:是机关、团体、企事业等单位根据自身实际,为应对可能出现的突发事件而制定的具体行动方案或措施。

公共财政应急储备资金:是指每年根据市、区财政支出额的适当比例安排的政府预备费,经市、区政府批准后可用于突发事件应对工作。

应对突发事件专项准备资金:是指按照结余不结转的原则,每年在市、区财政预算中安排的固定额度的专项资金,主要用于各类突发事件处置与救援、恢复与重建等工作。

突发事件专项应急指挥部:是指为组织、协调、指挥相关类别突发事件应对工作而设立,由有关市领导(任总指挥)及相关部门和有关单位组成的议事协调机构。

相关部门:是指与应对突发事件的监测、预警、处置、善后、保障等各环节有关的市委、市政府各相关工作部门,即市属相关部、委、办、局。

有关单位:是指与本市突发事件应对工作有关、列为市应急委组成单位,但不在市委、市政府工作部门范围内的市相关人民团体、中央垂直管理部门设在本市的机构等其他单位,包括市红十字会、市气象局、市通信管理局、北京出入境检验检疫局、北京铁路局、北京保监局、首都机场集团公司等。

天安门等重点地区:是指天安门地区、北京西站地区、北京经济技术开发区等重点地区。

突发事件社会动员:是指应对突发事件时,各级人民政府、社会团体、企事业单位在政治、经济、科技、教育等方面统一组织的动员准备、实施和恢复活动。

应急演练:是指各地区,各部门,各机关、团体、企事业单位组织相关单位及人员,针对特定的突发事件风险和应急保障工作要求,在预设条件下,按照应急预案规定的职责和程序,为提高应急能力而进行的一种模拟突发事件及应急响应过程的实践活动。

单项应急演练:是指只涉及应急预案中特定应急响应功能或现场处置方案中一系列应急响应功能的演练活动。注重针对1个或少数几个参与单位(岗位)的特定环节和功能进行检验。

综合应急演练:是指涉及应急预案中多项或全部应急响应功能的演练活动。注重对多个环节和功能进行检验,特别是对不同单位之间应急机制和联合应对能力的检验。

7.2 监督检查与奖惩

7.2.1 市应急委将市各专项指挥部办公室、相关部门、各区、各重点地区的应急管理工作纳入市政府绩效管理考核，对成绩突出的单位和个人予以表扬，对未完成工作任务的进行通报批评，并责其限期整改。

7.2.2 对未按规定制定、修订应急预案，或未按应急预案规定履行相关职责，导致突发事件发生或危害扩大的，或出现不服从上级政府统一指挥，迟报、瞒报突发事件信息，未及时组织开展生产自救和善后工作，截留、挤占、挪用应急资金等情况的，依据有关规定，对相关责任人员依法给予行政处分；涉嫌犯罪的，移交司法机关依法追究刑事责任。

7.2.3 市各专项指挥部办公室、各相关部门、各区应急委和天安门等重点地区管委会应根据本系统、本领域、本地区应急预案管理办法，定期检查应急预案工作落实情况，并建立相应奖惩制度。

7.3 预案管理

7.3.1 预案编制与制定。

本预案由市政府负责制定，市应急委负责解释与组织实施，编制修订工作由市应急办具体负责。

7.3.2 预案审查与批准。

本预案由市政府、市应急委审定。

7.3.3 预案印发、备案与公布。

本预案以市政府名义印发，并报国务院备案。同时，应及时向社会公布，对确需保密的内容，按有关保密规定执行。

7.3.4 预案修订。

随着相关法律、法规的制定、修改和完善，机构调整或应急资源发生变化，以及应急处置工作中和各类应急演练中发现的问题和出现的新情况，由市应急办适时组织对本预案进行修订，原则上每 3 年修订 1 次。

7.3.5 预案实施。

《北京市突发事件总体应急预案》(2016 年修订)自印发之日起施行，《北京市人民政府关于实施北京市突发事件总体应急预案的决定》(京政发〔2010〕12 号)同时废止。

8 附 件

8.1 市级专项应急预案目录(略)

8.2 市级部门应急预案目录(略)

8.3 北京市应急管理组织体系框架图(略)

【文本介评】

《北京市突发事件总体应急预案》(2010 年修订)由北京市人民政府于 2010 年 4 月

26 日发布施行。北京市于 2004 年就制定了《北京市突发事件总体应急预案》，并于 2005 年对原预案进行了修订，2010 年作了第二次修订。北京是我国的首都，是全国的政治中心、文化中心。与此同时，北京是一个突发事件易于发生的城市。鉴于此，该预案的制定实施就十分必要。

该预案对北京市应急体制、应急机制、应急保障等内容作了全面系统的规定。预案共分 9 章，分别为：总则，组织机构与职责，监测与预警，应急处置与救援，恢复与重建，应急保障，宣传教育、培训和应急演练，附则和附件。

该预案主要有以下特点：其一，重视对本地区突发事件的现状、特点及发展趋势的分析。该预案还列举了 51 种主要突发事件，其中包括植物疫情、外来生物入侵等生物灾害、核事件与辐射事故、重污染天气等。其二，强调信息报送、发布的时效性。如该预案规定："较大、重大和特别重大突发事件发生后，有关部门须在最迟不得晚于事件发生后 2 小时内，向市应急办上报详细信息。"其三，将应急管理责任明确化。该预案把突发事件应对工作纳入主要负责人和相关负责人的职责绩效考核之中。这不仅有利于强化各级领导和具体负责人的应急管理意识，还有利于把应急管理逐步纳入常规管理。2018 年机构改革后，成立了北京市应急管理局，机构名称改变和职能调整，对于应急管理工作和应急预案体系建设和运行，带来挑战和机遇，正走上新发展阶段。

三、深圳市突发重大动物疫情应急预案

深圳市突发重大动物疫情应急预案

（深市监〔2019〕816 号）

目　　录

3　疫情监测、预警和报告
　3.1　监测
　3.2　预警
　3.3　报告
　3.4　深港联防联控与信息共享
4　应急响应
　4.1　先期处置
　4.2　分级响应
　4.3　现场指挥部和现场指挥官
　4.4　应急处置人员的安全防护
　4.5　信息发布
　4.6　应急结束
5　善后处理
　5.1　后期评估
　5.2　灾害补偿
6　保障措施
　6.1　应急队伍保障
　6.2　物资保障
　6.3　资金保障
　6.4　技术保障
　6.5　安全保障
7　监督管理
　7.1　培训和演练
　7.2　社会公众的宣传教育
　7.3　奖励
　7.4　责任
8　附则
　8.1　评估
　8.2　管理与修订
　8.3　解释机构
　8.4　实施时间
　8.5　其他
9　附录
　9.1　突发重大动物疫情应急处置流程

1 总 则

1.1 目的

为及时、有效地预防、控制和扑灭突发重大动物疫情(不含非洲猪瘟,下同),最大限度地减轻突发重大动物疫情对我市畜牧业及公众健康造成的危害,确保我市畜牧业的健康发展、人民群众身体健康和公共卫生安全,特制定本预案。

1.2 编制依据

依据《动物防疫法》、《重大动物疫情应急条例》、《国家突发重大动物疫情应急预案》、《广东省突发重大动物疫情应急预案》和《深圳市突发事件总体应急预案》等有关法律法规。

1.3 工作原则

1.3.1 统一领导,分级管理。各级人民政府(管委会)统一领导和指挥突发重大动物疫情应急处置工作,疫情应急处置工作实行属地管理。各级人民政府(管委会)负责扑灭本行政区域内的突发重大动物疫情,各有关单位按照预案规定,按职责分工做好疫情应急处置各项工作。根据突发重大动物疫情的范围、性质和危害程度,对突发重大动物疫情实行分级管理。

1.3.2 快速反应,高效运转。各区(新区)、各有关部门要建立和完善突发重大动物疫情应急体系和应急反应机制,提高突发重大动物疫情应急处置能力;各级兽医主管部门在突发重大动物疫情时,要迅速作出反应,采取果断措施,及时控制和扑灭突发重大动物疫情。

1.3.3 预防为主,群防群控。各区(新区)、各有关部门要贯彻预防为主的方针,加强防疫知识宣传,提高社会防范突发重大动物疫情的意识;落实各项防范措施,做好人员、技术、物资和设备的应急储备工作,并根据需要定期开展技术培训和应急演练;开展疫情监测和预警预报,对各类可能引发突发重大动物疫情的情况要及时分析、预警,做到疫情早发现、快行动、严处理。突发重大动物疫情处理工作要依靠群众,全民防疫,动员一切资源,做到群防群控。

1.4 疫情分级

依据突发重大动物疫病的性质、危害程度、发生的数量、传播速度、流行范围、人员感染情况和趋势,按照国家突发重大动物疫情应急预案确定的疫情等级,将突发重大动物疫情划分为四级。

1.4.1 特别重大(Ⅰ级)

(1)高致病性禽流感在21天内,在我省(含我市)和相邻省有10个以上县(市、区)发生疫情,或在我省范围内(含我市)有20个以上县(市、区)发生或者10个以上县(市、区)连片发生疫情,或在我省(含我市)及其他邻近数省呈多发态势。

(2)口蹄疫在14天内,在我省(含我市)在内的5个以上省份发生疫情,且疫区连片;或我省(含我市)20个以上区县连片发生疫情或疫点数达到30个以上。

(3)我省(含我市)动物暴发疯牛病等人畜共患病感染到人,并继续大面积扩散蔓延。

(4)农业农村部认定的其他特大突发重大动物疫情。

1.4.2 重大(Ⅱ级)

(1)高致病性禽流感在21天内,我省范围内有2个以上市(含我市)发生疫情,或在我省范围内(含我市)有20个以上疫点或者5个以上、10个以下县(市、区)连片发生疫情。

(2)口蹄疫在14天内,我省范围内有2个以上相邻市(含我市)或包括我市在内的5个以上县(市、区)发生疫情,或我市有新的口蹄疫亚型出现并发生疫情。

(3)在1个平均潜伏期内,我省(含我市)在内的20个以上县(市、区)发生猪瘟疫情,或疫点数达到30个以上。

(4)高致病性猪蓝耳病在1个平均潜伏期内呈暴发流行波及3个以上市(含我市)发生疫情。

(5)在我国已消灭的牛瘟、牛肺疫等在我市又有发生,或我国尚未发生的疯牛病、非洲马瘟等疫病传入我市或在我市发生。

(6)在1个平均潜伏期内,布鲁氏菌病、结核病、狂犬病、炭疽、猪链球菌病等二类动物疫病呈暴发流行,波及含我市在内的3个以上市,或其中的人畜共患病发生感染人的病例,并有继续扩散趋势。

(7)农业农村部或省农业农村厅认定的其他重大突发重大动物疫情。

1.4.3 较大(Ⅲ级)

(1)高致病性禽流感在21天内,在我市行政区域内有2个以上区(新区)发生疫情,或疫点数达到3个以上。

(2)口蹄疫在14天内,在我市行政区域内有2个以上区(新区)发生疫情,或疫点数达到5个以上。

(3)在1个平均潜伏期内,我市行政区域内有5个以上区(新区)发生猪瘟、新城疫、高致病性猪蓝耳病疫情,或疫点数达到10个以上。

(4)在1个平均潜伏期内,我市行政区域内有5个以上区(新区)发生布鲁氏菌病、结核病、狂犬病、炭疽、猪链球菌病等二类动物疫病暴发流行。

(5)高致病性禽流感、口蹄疫、炭疽等高致病性病原微生物菌种、毒种在我市发生丢失。

(6)市级以上兽医主管部门认定的其他较大突发重大动物疫情。

1.4.4 一般(Ⅳ级)

(1)高致病性禽流感、口蹄疫、猪瘟、高致病性猪蓝耳病、新城疫疫情在我市1个区(新区)内发生。

(2)二、三类动物疫病在我市1个区(新区)内呈暴发流行。

(3)区(新区)级以上兽医主管部门认定的其他一般突发重大动物疫情。

1.5 适用范围

本预案适用于深圳市突然发生,造成或者可能造成畜牧业生产严重损失和社会公众健康严重损害的重大动物疫情的应急处置工作。

1.6 相关突发事件现状

深圳市毗邻我国香港特别行政区,是一个人口超过千万的畜禽产品消费大市,动物和动物产品来自全国20多个省市和地区,是我国各种畜禽产品进出口的重要口岸及供港活畜禽的主要集散地,动物疫源复杂,疫情跨区传播风险高,重大动物疫病和重要人畜共患病防控难度大。2006年至2018年,我市相继发生牲畜口蹄疫疫情、人感染高致病性禽流感和狂犬病病例。当前,国内重大动物疫病防控形势依然严峻,布病、结核病等人畜共患病有所抬头,严重威胁畜牧业发展和公共卫生安全,外来疫病防控难度大;周边国家禽流感等重大动物疫情持续发生,对我国疫病防控的威胁在短期内难以有效缓解;病毒变异速度的加快,也使动物疫病防控难度不断加大,2013年,我国首次发生人感染H7N9病例。从疫情发生趋势分析,我市重大动物疫情发生风险仍然存在。

2 应急组织机构和职责

2.1 应急指挥机构

本市成立市重大动物疫情应急指挥部,为市应急委下设专项应急指挥机构,其主要职责:制定和完善市突发重大动物疫情应急预案;组织指挥有关方面力量参与处理工作;及时、准确发布有关信息,主动引导舆论,维护社会稳定;组织成立疫情处理预备队伍,开展专业应急演习和应急宣传教育等工作。分管副市长任总指挥,分管畜牧兽医工作的市政府副秘书长任副总指挥,市市场监管局主要负责同志任执行总指挥,原则上同时兼任现场指挥部的现场指挥官。

市重大动物疫情应急指挥部由以下单位组成:市委宣传部(市政府新闻办)、市委外办、市发展改革委、市公安局、市财政局、市生态环境局、市交通运输局、市文体广电旅游体育局、市卫生健康委、市市场监管局、市城市管理和综合执法局、市口岸办、深圳海关、福田区政府、罗湖区政府、南山区政府、盐田区政府、宝安区政府、龙岗区政府、龙华区政府、坪山区政府、光明区政府、大鹏新区管委会、深汕特别合作区管委会、市疾病预防控制中心、市动物卫生监督所、市动物疫病预防控制中心。

指挥部成员职责：

市委宣传部（市政府新闻办）：收集、跟踪舆情，提出新闻发布、报道工作意见，协助有关部门开展信息发布工作，协调新闻媒体正确引导社会舆论。

市委外办：做好突发重大动物疫情应急处置的涉外事务。

市发展改革委：根据动物防疫应急需要，整合利用现有资源，将动物防疫基础设施建设纳入社会发展规划。

市市场监管局（市兽医主管部门）：负责制定各类重大动物疫病的预防规划和预防措施；发生突发重大动物疫情时，调集动物防疫和防疫监督有关人员开展疫情控制工作；负责认定疫情级别，划定疫点、疫区、受威胁区，并依法提出对有关区域实施封锁的建议并参与组织实施；负责提出启动和停止本预案的建议；组织对疫点、疫区周围群众的宣传工作；组织对扑疫及补偿等费用和疫情损失的评估；负责疫情处理费用和补偿费用的管理；组织、协调有关单位安排应急物资，统筹调度，有偿调拨，保证应急救援物资的供应。依照市场监管的法律法规，负责加强对市场经营户的动物交易行为和开办企业相关行为的监管，依法查处无照经营以及不按规定实施进货查验、索证索票和台账登记等违法行为，配合做好疫区、受威胁区内流通及消费环节应急处理工作。

市财政局：负责保证突发重大动物疫情应急处置所需经费，并做好经费使用的监督管理工作。

市交通运输局：负责提供突发重大动物疫情应急处置人员和防治药品、器械等应急物资的运输保障。航空、铁路运输过程中出现疫情时，协助职能部门做好相关交通保障工作。

市卫生健康委：负责制定人感染动物疫病的防治工作方案；负责对高危人群的预防和医学观察、人间疫情监测工作；负责对感染动物疫病人员的救治工作。

市公安局：密切注视疫情动态和疫情有关的社会动态，参与做好疫区封锁、协助相关单位做好动物扑杀等工作，依法、及时、妥善地处理与疫情有关的突发事件，查处打击违法犯罪活动，维护社会稳定。

市城市管理和综合执法局：在市城市废物处置中心病死畜禽处理能力范围内，负责全市病死禽畜、不合格肉冻制品的无害化处理。

深圳海关：负责做好出入境动物及动物产品的检验检疫工作，防止境内外疫情的传入传出；及时收集、分析境外重大动物疫情信息，并及时向市重大动物疫情应急指挥部报告有关情况；协助地方动物卫生监督机构做好供港畜禽疫情的处理工作。

市动物卫生监督所：指导动物及动物产品的检疫监管，负责对封锁、隔离、紧急免疫、扑杀、无害化处理、消毒等措施的实施进行监督。

市动物疫病预防控制中心：负责突发重大动物疫情信息收集、分析和报告工作；负责现场流行病学调查，开展现场临床诊断和实验室检测，加强疫情疫病监测；负责实施紧急免疫;负责对封锁、隔离、扑杀、无害化处理及消毒等工作进行技术指导;承担突发重大动物疫情应急处置人员的技术培训;负责防疫应急物资的储备和调拨工作。

市生态环境局、市文体广电旅游体育局、市口岸办、市疾病预防控制中心等有关部门和单位根据自身职责和突发重大动物疫情处理的需要,组织做好相关工作。

2.2 日常管理机构

市重大动物疫情应急指挥部下设办公室,负责指挥部的日常事务;负责指挥部有关文件的制发和管理;负责重大动物疫情应急处置工作的组织、协调和督查。指挥部办公室设在市市场监管局。

2.3 重大动物疫病防控专家技术组

由市兽医主管部门负责组建,负责重大动物疫病防控策略和方法的咨询,为重大动物疫情预防和应急处理工作提供技术支撑。

2.4 应急处理机构

市重大动物疫情应急处置预备队伍为突发重大动物疫情应急处置机构,由指挥部成员单位相关人员、有关专家和执业兽医等组成,负责实施重大动物疫情现场应急处理具体工作;必要时可以组织动员社会上有相关知识和技能的人员参加。预备队伍由市重大动物疫情应急指挥部组建、管理和指挥,设立控制扑灭、消毒处理、后勤保障等业务组。

2.5 基层应急组织

各区(新区)参照市的做法,设置重大动物疫情应急组织体系,负责辖区内突发重大动物疫情的应急处置工作。

3 疫情监测、预警和报告

3.1 监测

市、区(新区)兽医主管部门按照国家、省有关规定,针对不同动物疫情的特点,组织开展重大动物疫病的监测。

3.2 预警

市兽医主管部门根据动物疫病预防控制机构提供的重大动物疫病监测信息,按照本地区和周边地区、国内、国际重大动物疫情的发生、发展规律和特点,分析其危害程度、可能的发展趋势,对即将发生或可能发生的重大动物疫情进行评估,必要时,召集有关专家进行会商,及时发出重大动物疫情预警,分为一级、二级、三级和四级,分别用红色、橙色、黄色和蓝色标示,一级为最高级别。

预警级别遵循重大动物疫情发生发展的客观规律,结合实际情况和预防控制工作的需要,及时调整,对势态和影响不断扩大的疫情,应及时升级预警级别;对范围局限、不会进一步扩散的疫情,应相应降低或及时解除预警。发出、调整或解除重大动物疫情预警,应及时报本级人民政府(管委会)和上一级兽医主管部门,并通报本地区有关部门、有关单位。

国内、国际重大动物疫情形势缓和,本地区和相邻地区均未发生动物疫情的,解除动物疫情预警。

3.3 报告

从事动物疫情监测、检验检疫、疫病研究与诊疗以及动物饲养、屠宰、经营、隔离、运输等活动的单位和个人,发现动物染疫或者疑似染疫的,应当立即向当地兽医主管部门、动物卫生监督机构、动物疫病预防控制机构报告,并采取隔离等控制措施,防止动物疫情扩散。其他单位和个人发现动物染疫或者疑似染疫的,应当及时报告。

3.3.1 疫情报告时限和程序

任何单位和个人一旦发现动物异常发病或死亡时,应当立即向当地区(新区)动物卫生监督机构或动物疫病预防控制机构(市动物疫病预防控制机构分中心,下同)报告,区(新区)动物卫生监督机构或动物疫病预防控制机构接到报告后,应当立即派人赶赴现场诊断,必要时,可请省或市动物疫病预防控制机构派人协助进行临床诊断。初步认为重大动物疫情的,应当在2小时内将疫情逐级报至省级动物疫病预防控制机构,并同时报所在地政府兽医主管部门,兽医主管部门应当在接到报告后的1小时内报所在地政府。如果是人畜共患病的,兽医主管部门应当及时通报同级卫生健康行政主管部门。

初步认为重大动物疫情的区(新区)动物疫病预防控制机构应立即按要求采集病料样品送省级动物疫病预防控制机构实验室确诊,省级动物疫病预防控制机构不能确诊的,由省级动物疫病预防控制机构送国家参考实验室确诊。

3.3.2 疫情报告内容

疫情发生时间、地点;发病动物的种类和品种、发病及死亡数量、临床症状、实验室初步诊断结果、生产和免疫情况;已采取的措施、疫情报告单位、联系方式等。

3.3.3 疫情报告形式

各级动物卫生监督机构或动物疫病预防控制机构应按国家有关规定报告疫情,其他单位和个人以电话或书面形式报告。

接到动物疫情报告的单位,应当及时采取必要的控制处理措施,并按照国家规定的程序上报。

3.4 深港联防联控与信息共享

3.4.1 联防联控

加强深港两地兽医管理机构的沟通与衔接,建立突发重大动物疫情联防联控机制,充分发挥联防联控机制作用,协同做好出入境动物及动物产品的检验检疫工作,防止境内外疫情的传入传出。

3.4.2 信息共享

加强监测预警,积极配合有关部门开展相关动物疫病的流行病学调查、风险分析评估等活动。当深圳发生的突发重大动物疫情可能危及并需要向香港特别行政区通报时，应按照有关规定和程序及时通报动物疫情发展和演变的相关信息，实现信息资源共享。

4 应急响应

4.1 先期处置

发生突发重大动物疫情时，事发地的区人民政府（管委会）按照分级响应的原则作出应急响应。突发重大动物疫情应急处理要采取边调查、边处理、边核实的方式，及时有效地控制和扑灭疫情。

未发生突发重大动物疫情的地方，当地兽医主管部门接到其他地方疫情通报后，要组织做好人员、物资等应急准备工作，采取必要的预防控制措施，防止突发重大动物疫情在本区域内发生，并服从上一级政府兽医主管部门的统一指挥，支援事发地的应急处置工作。

4.2 分级响应

4.2.1 特别重大突发疫情（Ⅰ级）、重大突发动物疫情（Ⅱ级）的应急响应

确认特别重大动物疫情（Ⅰ级）、重大突发动物疫情（Ⅱ级）后，在省政府及省农业厅的统一领导下，市专项应急指挥部组织和协调本市各类资源和力量参与应急处置工作。

（1）市重大动物疫情应急指挥部

①组织协调有关部门参与突发重大动物疫情的处理。

②根据突发重大动物疫情处理需要，调集本行政区域内各类人员、物资、交通工具和相关设施、设备参加应急处置工作。

③对本行政区域内疫区实施封锁。封锁疫区涉及跨省的，以及封锁疫区导致中断干线交通，由省政府决定。

④在本行政区域内采取限制或者停止动物及动物产品交易、扑杀染疫或相关动物，临时征用房屋、场所、交通工具；封闭被动物疫病病原体污染的公共饮用水源等紧急措施。

⑤组织动物卫生、交通、公安等部门依法在交通要道设置临时动物疫病预防控制检查站，对进出疫区交通工具、人员等进行检查和消毒。

⑥按规定做好信息发布工作，信息发布要做到及时主动、准确把握、规范有序、注重社会效果。

⑦组织街道、社区以及居委会等社会力量，开展群防群控。

⑧组织有关部门保障商品供应，平抑物价，严厉打击造谣传谣、制假售假等违法犯罪和扰乱社会治安的行为，维护社会稳定。

（2）市兽医主管部门

①协助省兽医主管部门划定疫点、疫区、受威胁区；协助省动物疫病预防控制机构组

织开展疫情的调查与处理。

②协助组织突发重大动物疫情专家委员会对突发重大动物疫情进行评估，提出应急响应的级别。

③根据需要调拨市级应急储备物资，组织开展紧急免疫和预防用药。

④督促、指导和检查疫区应急处置工作。

⑤对新发现的动物疫病，及时按照国家规定开展有关技术标准和规范的培训工作，加强应急处置人员的技术培训。

⑥有针对性地开展动物防疫知识宣传，提高群众防控意识和自我防护能力。

⑦协助组织专家对突发重大动物疫情的处理情况进行综合评估，包括疫情、现场调查情况、疫源追踪情况以及对扑杀动物、无害化处理、消毒、紧急免疫等措施的效果评价。

⑧组织做好疫情的收集、报告与分析工作，组织疫病诊断和流行病学调查，按规定及时向省兽医主管部门报告疫情信息。

(3)市动物卫生监督所和市动物疫病预防控制中心在指挥部的统一领导下，按照4.2.1条款规定的职责开展工作。

(4)深圳市海关

①境外发生动物疫情时，会同有关部门停止从疫区国家或地区输入相关动物及其产品，加强对来自疫区运输工具的检疫和防疫消毒，参与打击非法走私入境动物或动物产品等违法活动。

②境内发生重大动物疫情时，加强出口货物的查验，会同有关部门停止疫区和受威胁区的相关动物及其产品的出口；暂停使用位于疫区内的依法设立的出入境相关动物临时隔离检疫场。

③出入境检验检疫工作中发现重大动物疫情或者疑似重大动物疫情时，立即向当地兽医主管部门报告，并协助当地动物疫病预防控制机构采取区域封锁、动物扑杀和消毒等措施，做好疫情控制和扑灭工作。

4.2.2 较大突发动物疫情(Ⅲ级)的应急响应

确认为较大突发动物疫情(Ⅲ级)后，市重大动物疫情应急指挥部采取或启动相应级别的应急响应。对超出本处置范围或省政府认为有必要直接处置的，由省政府启动省级应急响应机制。

(1)市重大动物疫情应急指挥部。

统一领导和指挥本行政区域内突发重大动物疫情应急处置工作。

(2)市兽医主管部门。

对较大突发动物疫情进行确认，划定疫点、疫区和受威胁区，向市重大动物疫情应急指挥部提出启动应急响应和封锁疫区的建议。按照规定向市政府和省农业农村厅报告调查处理情况。

(3)事发地区人民政府(管委会)。

事发地区人民政府(管委会)在市重大动物疫情应急指挥部统一领导和指挥下,按照有关要求,依法组织实施有关防控措施。

4.2.3 一般突发动物疫情的应急响应

区人民政府(管委会)根据本级兽医主管部门的建议,采取或启动相应级别的应急响应,发布封锁令,封锁疫区,由区(新区)重大动物疫情应急指挥部统一指挥开展疫情应急处置工作。

区(新区)兽医主管部门对一般突发动物疫情进行确认,并向本级人民政府(管委会)和市兽医主管部门报告。

市兽医主管部门应组织专家对疫情应急处置进行技术指导。

4.2.4 突发重大动物疫情相邻地区的应急响应

根据发生疫情地区的疫情性质、特点、发生区域和发展趋势,分析本地区受波及的可能性和程度,重点做好以下工作。

(1)保持与疫情发生地的密切联系,及时获取相关信息。

(2)组织做好本区域应急处置所需的人员与物资准备。

(3)开展对养殖、运输、屠宰和市场环节的动物疫情监测和防控工作,防止疫病的发生、传入和扩散。

(4)开展动物防疫知识宣传,提高公众防护能力和意识。

(5)按规定做好公路、铁路、航空、水运交通的检疫监督工作。

4.3 现场指挥部和现场指挥官

采取Ⅰ级、Ⅱ级、Ⅲ级应急响应时,根据突发重大动物疫情处理需要,市重大动物疫情应急指挥部组织有关部门(单位)成立现场指挥部,统一指挥和协调现场应急处置工作,现场指挥官由市兽医主管部门负责人担任,副指挥官由市应急办、市政府新闻办和有关区人民政府(管委会)的负责人分别担任,现场指挥官可决定现场处理方案,指挥调度现场应急队伍和应急资源。

4.4 应急处置人员的安全防护

要确保参与重大动物疫情应急处置人员的安全,相关人员必须按照相关规范严格落实防护措施。针对不同的重大动物疫病,特别是人畜共患病,进入疫点和疫区的人员应采取穿戴防护服等防护措施,必要时,接种相应的疫苗;离开时,人员应进行彻底消毒,必要时,进行血清学监测,对使用后的物资应做好回收、消毒或无害化处理。

4.5 信息发布

重大动物疫情由国务院兽医主管部门统一管理,按照国家规定的程序公布,其他任何单位和个人不得公布重大动物疫情。

突发重大动物疫情后,在市政府新闻办指导下,市兽医主管部门负责对信息发布和报道工作,及时、准确报道突发公共事件信息,正确引导舆论导向。

4.6 应急结束

突发重大动物疫情应急响应的终止需符合以下条件:疫区内所有的易感动物及其产品按规定处理后,经过该疫病的至少一个最长潜伏期无新的病例出现。

特别重大突发动物疫情由农业部(现农业农村部)对疫情控制情况进行评估,提出终止应急措施的建议,报国务院或全国重大动物疫情应急指挥部批准宣布。

重大突发动物疫情由省农业农村厅对疫情控制情况进行评估,提出终止应急措施的建议,报省政府或省级重大动物疫情应急指挥部批准宣布,并向农业农村部报告。

较大突发动物疫情由市政府兽医主管部门对疫情控制情况进行评估,提出终止应急措施的建议,报市政府或市重大动物疫情应急指挥部宣布批准,并向省农业农村厅报告。

一般突发动物疫情,由区(新区)兽医主管部门对疫情控制情况进行评估,提出终止应急措施的建议,报区人民政府(管委会)或区重大动物疫情应急指挥部批准宣布,并向市兽医主管部门和省农业农村厅报告。

事发地上级政府兽医主管部门及时组织专家对突发重大动物疫情应急措施终止的评估提供技术指导和支持。

5 善后处理

5.1 后期评估

突发重大动物疫情扑灭后,各级兽医主管部门应在本级人民政府(管委会)的领导下,组织有关人员对突发重大动物疫情的处理情况应及时进行调查评估,针对本次疫情的暴发流行原因、防控工作中存在的问题和困难,提出改进建议和应对措施,并对事件的损失和影响进行评估。评估报告上报本级人民政府(管委会),同时报上级兽医行政主管部门。

5.2 灾害补偿

按照各种重大动物疫病灾害补偿的规定,各级兽医主管部门确定数额等级标准,按程序进行补偿。补偿对象是为扑灭或防止重大动物疫病传播,其畜禽或财产受损失的单位和个人。

6 保障措施

6.1 应急队伍保障

市、区(新区)要建立突发重大动物疫情应急处置预备队伍,具体实施扑杀、消毒、无害化处理等疫情处理工作,预备队伍由当地兽医行政管理人员、动物防疫工作人员、疫情发生地街道办事处执法队工作人员、有关专家、执业兽医等组成;必要时,可以组织动员社会上具备一定专业知识的人员参与,公安机关、武装警察部队应当依法协助疫情处理工作。

6.2 物资保障

市、区兽医主管部门按照计划建立紧急防疫物资储备库，储备足够的应急疫苗、诊断试剂、消毒药物、防护物品、器械、交通和通信工具等，储备库的日常管理由市动物疫病预防控制机构负责。区级兽医主管部门根据职责分工，会同市动物疫病预防控制机构共同做好紧急防疫物资储备。

6.3 资金保障

市、区（新区）采财政部门按市区事权职责划分，据实将每年各类突发重大动物疫病的防治经费列入本级财政预算，保障有足够的资金用作紧急防疫物资储备、扑杀病畜禽补贴和疫情处理、疫情监测等所需费用。

6.4 技术保障

市、区（新区）兽医主管部门应健全完善重大动物疫病防控专家委员会。委员会由技术官员、动物疫病防治专家、流行病学专家、野生动物专家、动物福利专家、经济学家、风险评估专家、法律专家等组成，负责疫病防控策略和方法的咨询，参与防控技术方案的策划、制定和执行。加强市、区（新区）级动物卫生基础设施和实验室建设，完善和提高各类重大动物疫病的监测诊断手段。

6.5 安全保障

各级公安机关协助有关部门加强对疫情封锁区的巡逻警戒，对阻碍动物卫生监督、动物疫病预防控制工作人员依法执行公务的，依照《中华人民共和国治安管理处罚法》的有关规定处罚，情节严重构成犯罪的依法追究刑事责任。

7 监督管理

7.1 培训和演练

市、区（新区）兽医主管部门要对重大动物疫情处理预备队成员进行系统培训。有计划举行应急演练，确保预备队伍扑灭疫情的应急能力。

7.2 社会公众的宣传教育

市、区（新区）兽医主管部门应当组织有关单位利用广播、影视、报刊、互联网、手册等多种形式，对社会公众广泛开展突发重大动物疫情应急知识的普及与教育，宣传动物防疫科普知识，指导群众科学对待突发重大动物疫情。

7.3 奖励

各级重大动物疫情应急指挥部对参加突发重大动物疫情处理工作中做出贡献的先进集体和个人进行表彰或提请同级政府表彰；对在突发重大动物疫情应急处置工作中英勇献身的人员，按有关规定追认为烈士。

7.4　责任

对在突发重大动物疫情的预防、报告、调查、控制和处理过程中，有玩忽职守、失职、渎职等违纪违法行为的，依法追究行政责任；涉嫌犯罪的，依法移送司法机关处理。

8　附　　则

8.1　评估

应急预案编制单位应当建立定期评估制度，分析评价预案内容的针对性、实用性和可操作性，实现应急预案的动态优化和科学规范管理。

8.2　管理与修订

根据《关于印发深圳市突发事件应急预案管理办法的通知》（深府办函〔2012〕117号）的规定，由市市场监管局负责对本预案进行编制、备案、公布、修订等。

有下列情形之一的，应当及时修订应急预案：

（1）有关法律、法规、规章、标准、上位预案中的有关规定发生变化的；

（2）应急指挥机构及其职责发生重大调整的；

（3）面临的重大动物疫情防控形势发生重大变化的；

（4）重要应急资源发生重大变化的；

（5）预案中的其他重要信息发生变化的；

（6）在实际组织突发重大动物疫情防控和应急演练中发现问题需要作出重大调整的；

（7）相关单位名称或职能发生变化；

（8）应急预案制定单位认为应当修订的其他情况。

8.3　解释机构

本预案由市重大动物疫情应急指挥部负责解释。

8.4　实施时间

本预案自发布之日起施行。2014 年 11 月 18 日由深圳市人民政府办公厅印发的《深圳市突发重大动物疫情应急预案》同时废止。

8.5　其他

水生动物发生重大疫情可参照本预案执行，各区（新区）应参照本预案制定本区动物疫情应急预案。

如无特别注明，本方案中的“各区（新区）”包括全市各行政区、大鹏新区及深汕特别合作区。

9　附　　录

9.1　突发重大动物疫情应急处置流程（附件 1－1）

附件1-1：

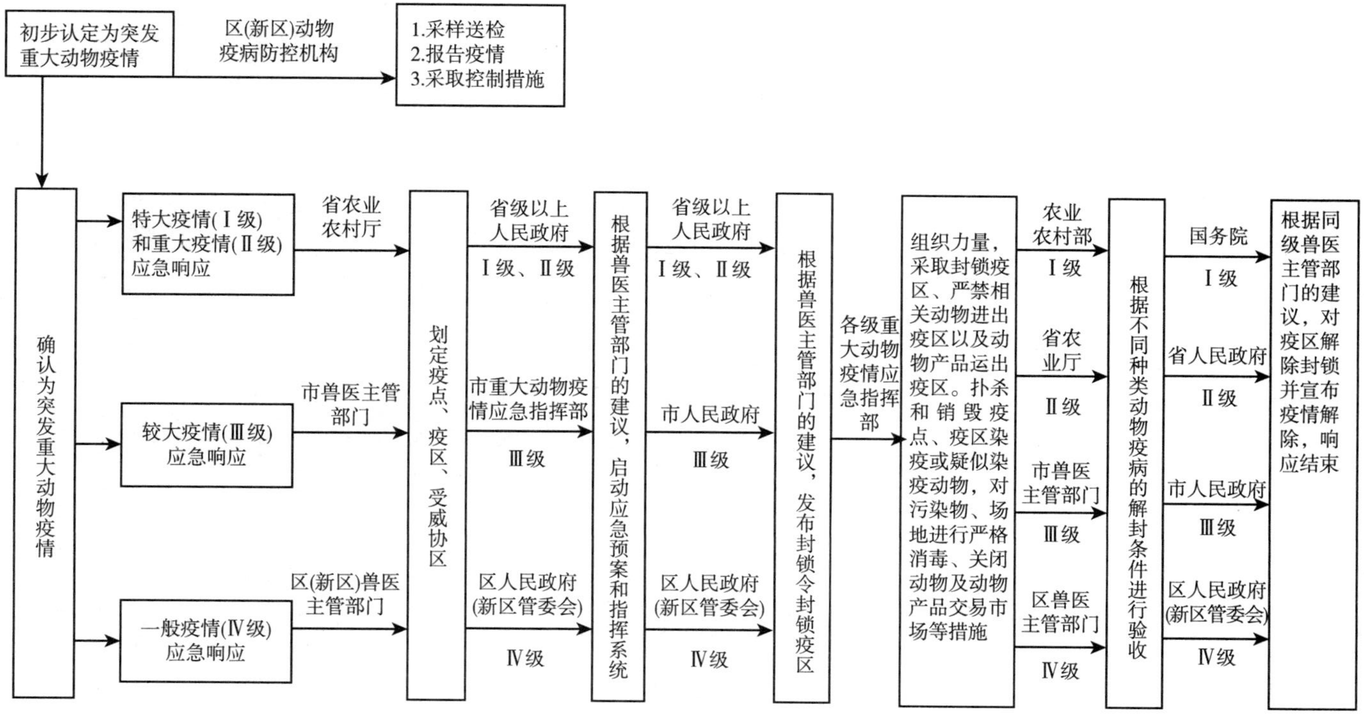
初步认定为突发重大动物疫情
区(新区)动物疫病防控机构
1.采样送检
2.报告疫情
3.采取控制措施
确认为突发重大动物疫情
特大疫情(Ⅰ级)和重大疫情(Ⅱ级)应急响应
较大疫情(Ⅲ级)应急响应
一般疫情(Ⅳ级)应急响应
省农业农村厅
市兽医主管部门
区(新区)兽医主管部门
划定疫点、疫区、受威协区
省级以上人民政府
Ⅰ级、Ⅱ级
市重大动物疫情应急指挥部
Ⅲ级
区人民政府(新区管委会)
Ⅳ级
根据兽医主管部门的建议，启动应急预案和指挥系统
省级以上人民政府
Ⅰ级、Ⅱ级
市人民政府
Ⅲ级
区人民政府(新区管委会)
Ⅳ级
根据兽医主管部门的建议，发布封锁令封锁疫区
各级重大动物疫情应急指挥部
组织力量，采取封锁疫区、严禁相关动物进出疫区以及动物产品运出疫区。扑杀和销毁疫点、疫区染疫或疑似染疫动物，对污染物、场地进行严格消毒、关闭动物及动物产品交易市场等措施
农业农村部
Ⅰ级
省农业厅
Ⅱ级
市兽医主管部门
Ⅲ级
区兽医主管部门
Ⅳ级
根据不同种类动物疫病的解封条件进行验收
国务院
Ⅰ级
省人民政府
Ⅱ级
市人民政府
Ⅲ级
区人民政府(新区管委会)
Ⅳ级
根据同级兽医主管部门的建议，对疫区解除封锁并宣布疫情解除，响应结束

【文本介评】

2014 年 11 月 18 日由深圳市人民政府办公厅印发《深圳市突发重大动物疫情应急预案》。深圳市地处内地畜禽及其产品供港的交通要道，且该市消费的大部分畜禽及其产品来自全国各地，畜禽及其产品调运频繁，红树林保护区又是许多候鸟迁徙的必经之地，故外地疫情传入概率极大，动物防疫工作十分繁重和艰巨。该预案就是在这样的背景下制定的。

当时该预案主要有如下优点：一是明确动物疫情分级标准。《国家突发重大动物疫情应急预案》提出应“根据突发重大动物疫情的性质、危害程度、涉及范围，将突发重大动物疫情划分为特别重大（Ⅰ级）、重大（Ⅱ级）、较大（Ⅲ级）和一般（Ⅳ级）四级”，并未涉及具体划分标准。《深圳市突发重大动物疫情应急预案》则明确列举了动物疫情分级标准，这将为信息报送和应急处置提供更为明确的操作依据。二是细化疫情报告时限和程序。在动物疫情的应对过程中，疫情报告的及时性异常重要。正因如此，该预案对疫情报告时限和程序作了十分详细的规定，以确保疫情信息的及时上报。该预案也存在一定的缺陷，如对应急队伍的培训和应急预案的演练规定得过于简单以及未对预案的管理和更新作出规定等。

2019 年 12 月 24 日深圳市市场监管局颁布《深圳市突发重大动物疫情应急预案》，2014 年原《深圳市突发重大动物疫情应急预案》同时废止。新版《深圳市突发重大动物疫情应急预案》分为 8 章，分别为总则、应急组织机构和职责、疫情监测、预警和报告、应急响应、善后处理、监督管理、附则。应该说，这部预案在结构上是较为完整的。并且，2019 年《深圳市突发重大动物疫情应急预案》对应急队伍培训作了更详细的规定。2020 年 1 月，我国突发新冠肺炎疫情后，深圳市该应急预案经受住了考验。

四、行政村突发事件应急预案

预案文本

晋江市龙湖镇行政村突发事件应急预案（范本）

为保障村民和外来住村人员的生命财产安全，确保本村经济社会的发展，营造安定、稳定的社会环境，制定本预案。

一、组织保障

1. 成立以书记为组长，村主任为副组长的抗灾应急工作领导组，成员有：村两委成员，各村民小组长、小学校长、联防队长、村卫生员、农技员、广播员，负责领导、组织、动员全村的抗洪救灾工作。

2. 以若干个村民小组的民兵排为单位，成立若干个抗灾应急分队，两委责任人和组长为分队责任人，负责各组的抗灾救灾工作。

3. 以联防队为主体，建立村紧急应急分队，队长（村主任兼）和副队长（治保主任兼）

为第一责任人，负责全村重点和突击救灾应争抢险任务。

4. 以联防队成员组成村消防队，队长由联防队长兼任。

5. 成立应急救防队，队长（村书记）：村卫生所医生，各村民小组长（1 名），预备役复退军人（若干名），民兵若干名（每组 2 名）。

6. 村抗灾应急突发事件领导组办公室设在村委会值班室。负责领导抗灾应急工作。治保主任：民兵营长兼任。值班员由联防队兼任办公室主任、报警员（联防队员）。

二、装备配备

1. 确定小学校舍为救灾集中安置点由校长负责。

2. 若干个应急分队配备：锄头、铁铲若干把，高筒雨靴若干双，三轮车或小车若干部及确定临时应急可征用的摩托车等交通工具数部。

3. 小型消防车一部及配套器材。

4. 确定临时征用对象（村民或企业），保证在紧急需要下能征用到：皮卡、小货车或轿车等交通运载工具若干部，及时投入抢救急救工作，村书记、主任为第一责任人。

5. 担架六副及村卫生所准备必要的急救器材和药物等。

6. 确保广播设施及上下联络的电话、手机的畅通，所专领导组成员及相关人员为责任人。

三、抗洪

1. 预警工作

接到上级预警时，应加强值班，做到上下畅通。水利管理员昼夜观察全村水位及台风变化，及时通报。广播员不间断发出预警或报警。确保网络的畅通。检查、补齐、落实所有应急装备、工具车救灾配备，保证以应急需。向事故易发地段的村民和各责任区的危房等重点部位发出警报，要求做好撤离准备。

2. 抗洪救灾工作步骤

——全体领导组成员，各就各位，各负其职，确保：有备、有序、有效。领导、组织、动员村民全力投入抗灾救灾工作。

——组织应急分队，将危房对象撤离到小学安置。先人后物，确保人员不伤亡，最大限度减少损失。

——各应急分队负责各责任区重点部位（危房及地势低洼区域）的疏散、撤离和监控。

——紧急按预案要求征召应急车、船、工具等抢救抢险装备。统一调度，以应急需。

——组织应急分队全村范围内不间断巡逻、监控灾情，抢救突发事件。将损失减少到最低限度。

四、灭火工作

1. 警钟常鸣：（1）平时通过广播等多种形式，宣传安全防火，报警要点，器材使用的消防知识,提高村民消防意识。(2)村消防车常维护,队员常培训,保证遇警能出,出警能用,用即见效。(3)各应设置消防器材的企业和个人,要确保消防器有效、便取,遇警互相支援。(4)村民应保证村内外所有道路畅通,不乱堆乱搭,堵塞道路。

2. 报警:(1)村民或企业发现火警应立即报警:火警:"119";村消防队(联防队)和村委会值班室电话。(2)村委会值班室人员拨打"119"报警(以求万无一失)。

——向村抗灾应急领导组报警(重点:书记、村主任)。

——向龙湖镇政府通报:通过广播向全村报警,要求村民赶赴现场帮助灭火。

3. 灭火:(1)村消防队应在接警的五分钟内赶赴现场。(2)在家的村抗灾应急领导组成员,应在2~3分钟内赶赴现场指挥灭火:a. 组织撤离相关人员,在保证安全的情况下,抢救转移人员和财产;b. 指挥村消防队和村民,在"119"未到之前,根据现场情况,组织有效灭火;c. 按照预案,组织各企业的灭火器支援现场;d. 组织救护队抢救和转移伤员。(3)"119"到来后,积极配合,全面灭火。

五、抗震

1. 有警地震:

(1)及时组织村民有序疏散到村外安全地段(地势偏高、不临水等),时间允许下动员村民多带上日常用品和食品。

(2)组织各应急分队逐户过细,确保组不漏户,户不漏人。

(3)组织联防队设卡,动员阻止村民回流。

2. 无警地震:

(1)灾情突发,领导组成员立即在所在地域(责任区)配合各小组长或民兵动员村民紧急撤离疏散。

(2)情况危急,村中村民就近撤离较安全地点,初拟定:a. 小学大操场、宗祠周边旷野;b. 大宫大埕、篮球场等。

(3)能撤离至村以外的,要求撤离村外,确保更安全。

3. 震后自救:

(1)第一时间向镇、市通报灾情,请求支援。

(2)在确保安全的前提下,组织搜救:a. 以各应急分队为单位,逐户点名、搜索,确认失踪人员尽可能搜救。b. 紧急应急分队(联防队)对重点地段搜救。c. 组织救护队抢救转移伤病员。d. 坚持设卡,阻止无关人员回流,确保余生人员的安全。

4. 余震防范:

(1)组织临时生活安置领导组,多方设法组织必要的日用品和食品,供应群众,共渡难关。(2)多做工作,稳定村民情绪,安心在撤离地生活,待灾情稳定后,组织自救。(3)设卡把关,设法阻止无关人员返家,寻人取物,防止意外。(4)搜寻遇难人员,配合上级,妥善处置,同时做好遇难人员家属的工作,稳定救灾局势。

六、群体上访

1. 平时多收信息,防微杜渐,发现苗头及时疏导,息事宁人。

2. 事发时,在家领导组成员,重点是村两委成员应立即赶赴现场:

(1)第一时间报告镇政府、派出所。

(2)做好承运司机工作,争取控制好运载工具。

(3)深入群众了解因。因势利导,耐心和气,做好劝导工作,稳定群众情绪尤其做好重点村民的工作,避免事态扩大。

(4)召集代表谈,了解真相和真实要求,合理的给予承诺办理或协助;对不合理的要求给予解释,做好代表工作,再做群众工作。

(5)事后及时向相关领导和部门汇报反映,解决处理好善后工作彻底化解矛盾。

3. 如事态无法控制,及时向镇政府、派出所等请求支援,争取主动,以防事态扩大化。

七、聚众斗殴和封建械斗

1. 第一时间向派出所或"110"报案,请求支援,并通报镇政府。

2. 在家领导组成员迅即赶赴现场,指挥联防队和应急分队:

(1)立即隔离双方人员,设法控制局势,阻止事态发展。

(2)组织救护队抢救转移伤员。

(3)召集双方代表做工作,先撤人后调解。

(4)劝说双方人员,退出现场,不让重新集结,再生事态。

(5)如事态可能无法控制,随即请求派出所等支援,制止事态发展。

(6)事态平息后,召集双方代表调查、调解,化解矛盾。

(7)造成后果的,事后配合派出所对相关人员进行教育、处理。

八、重大治安和刑事案件

1. 第一时间向派出所和"110"报警,请求支援,即时通报镇政府。

2. 在派出所人员到来之前:(1)组织联防队控制现场。(2)有必要时疏散周边群众。(3)设法控制犯罪(违法)嫌疑人,阻止其外逃,防止事态或危害扩大。发现疑犯逃窜,组织群众围堵。(4)救护队尽可能快救治和转移伤员。(5)配合派出所抓捕嫌犯,收集证据,寻找人证等。弘扬正气,打击犯罪。

九、灾后自救

1. 组织所有撤离人员有序回迁,妥善安置因水毁、风毁、火毁、震毁而无法回迁的人员和家庭。

2. 上报灾情,争取政府支持,确保生产自救工作顺利进行。

3. 对部分受灾严重的、生活、生产有困难的村民和外来人口进行适当的帮助,协助他们渡过难关。

4. 修复水毁、风毁、火毁、震毁设施,确保恢复生产自救有坚实的保障。

5. 对受伤严重,家境困难群众,给予重点照顾和救助(具体方案另定)。

6. 组织灾后生产(具体根据受灾情况另行部署)。

十、其他事项

1. 本预案未列的突发事件,可参照以上几种情形灵活处理。

2. 本预案所涉及的各支队伍,有时预案虽未提及,但在事发时也应在第一时间赶赴现场待命。

3. 领导组成员,谁先到现场谁就是现场指挥员,应负指挥责任。

附　则

本预案可根据上级的新要求、新形势和灾情等具体状况在实践中进行必要充实和调整。

【文本介评】

《晋江市龙湖镇行政村突发事件应急预案》属于基层政权组织制定的突发事件应急预案。该应急预案由龙湖镇人民政府制定,并于2006年10月1日发布并实施。该应急预案是低阶应急预案的典型代表。

该应急预案在结构上分为10部分,第1部分规定的是应急组织体系的组成;第2部分规定的是应急保障,主要是人员和物资保障;第3~5部分规定的是对于水灾、火灾、地震灾害等自然灾害类突发事件的应对;第6~8部分规定的是群体上访、聚众斗殴、重大治安和刑事案件等社会安全事件类突发事件的应对;第9部分规定的是后期处置工作安排;第10部分是对预案中未提及的内容做的补充规定。以该应急预案为蓝本,龙湖镇此后又先后颁布了多个其他专门领域的应急预案。

该应急预案和高阶应急预案相比,存在内容上过于简单笼统,编制技术不够成熟,框架结构不够科学等问题,但是该预案摒弃了其他低阶应急预案普遍存在的缺陷,即在制定应急预案时,对自身特殊性的考虑不足,照搬照抄上级预案的编制指南,造成低阶预案的模式化现象严重。该预案在制定时结合自己的实际情况,在许多方面有所创新。例如,第10部分其他事项中规定的"领导组成员,谁先到现场谁就是现场指挥员,应负指挥责任",有利于应对突发事件中的不确定性问题,增强预案的灵活性和可操作性。

五、四川省地震应急预案

四川省地震应急预案

(川办函〔2012〕98号)

目　录

1.3 适用范围
1.4 工作原则
2 地震灾害事件的划分
2.1 特别重大地震灾害事件
2.2 重大地震灾害事件
2.3 较大地震灾害事件
2.4 一般地震灾害事件
3 地震灾害事件的应急管理
3.1 特别重大、重大地震灾害事件的应急管理
3.2 较大地震灾害事件的应急管理
3.3 一般地震灾害事件的应急管理
4 组织体系及职责
4.1 领导机构及职责
4.2 指挥机构及职责
4.3 指挥机构成员单位及职责
4.4 现场指挥机构及职责
4.5 综合协调机构及职责
5 应急响应机制
5.1 分级响应机制
5.2 自行启动机制
5.3 分工协作机制
5.4 信息共享机制
5.5 社会动员机制
6 特别重大地震灾害事件的应急响应(Ⅰ级响应)
6.1 应急启动
6.2 指挥与部署
6.3 应急结束
7 重大地震灾害事件的应急响应(Ⅱ级响应)
7.1 应急启动
7.2 指挥与部署
7.3 应急结束
8 较大地震灾害事件的应急响应(Ⅲ级响应)
8.1 应急启动
8.2 指挥与部署

8.3 应急结束
9 一般地震灾害事件的应急响应(Ⅳ级响应)
9.1 应急启动
9.2 指挥与部署
9.3 应急结束
10 其他地震事件应急响应
10.1 临震应急事件
10.2 强有感地震事件的应急响应
10.3 地震谣传事件的应急响应
10.4 邻省地震事件的应急响应
10.5 外省特别重大地震事件的应急响应
11 地震应急准备
11.1 组织指挥体系建设
11.2 应急救援体系建设规划
11.3 地震应急预案体系建设
11.4 应急指挥技术体系建设
11.5 抢险救援队伍体系建设
11.6 救灾物资储备调度体系建设
11.7 地震应急科普宣传
11.8 志愿者队伍建设
12 地震应急保障
12.1 组织保障
12.2 通信保障
12.3 资金保障
12.4 队伍保障
12.5 交通运输保障
12.6 物资保障
12.7 宣传保障
12.8 安全保障
13 附则
13.1 预案管理
13.2 预案解释
13.3 预案实施时间

1　总　　则

1.1　编制目的

进一步明确四川省县级以上人民政府和相关部门在地震应急工作中的职责和地位，快速、有序、高效地组织开展地震应急处置工作，最大限度地减少人员伤亡、减轻经济损失，维护社会稳定。

1.2　编制依据

依据《中华人民共和国突发事件应对法》《中华人民共和国防震减灾法》《四川省防震减灾条例》《国家地震应急预案》《四川省突发事件总体应急预案》等有关法律、法规和规章制度。

1.3　适用范围

本预案适用于应对我省发生的各类地震事件以及我国大陆其他地区发生的特定地震事件。

1.4　工作原则

1.4.1　统一领导

省人民政府负责统一领导全省地震应急处置工作。四川省抗震救灾指挥机构负责统一指挥、协调、部署全省地震应急处置工作。

1.4.2　分级负责

四川省县级以上人民政府依照本预案明确的责任、任务分别负责本行政区域内的地震应急处置工作。根据地震事件的类型和地震灾害的严重程度，县级以上人民政府分别承担相应的组织指挥和应急处置工作。

1.4.3　综合协调

四川省县级以上人民政府和抗震救灾指挥机构统一协调在川参加抗震救灾工作的人民解放军、武警部队、国防后备力量、各类抢险救灾队伍。中央驻川单位、企事业单位、社会团体以及各类志愿者队伍和个人，依照本预案明确的责任、任务，协同开展抗震救灾工作。

1.4.4　属地管理为主

地震事件发生地县级以上地方人民政府依照本预案明确的责任、任务，负责统一领导、指挥和协调本行政区域的抗震救灾工作。中央驻川单位、企事业单位和社会团体，来川参加抗震救灾工作的救援队伍或救助团体，在当地人民政府和抗震救灾指挥机构的领导和指挥下开展抗震救灾相关工作。

2　地震灾害事件的划分

地震灾害事件是指造成人员伤亡和财产损失的地震事件，按其破坏程度划分为 4 个等级(见表1)。

2.1 特别重大地震灾害事件

造成300人以上死亡,或直接经济损失占我省上年生产总值3%以上的地震灾害事件。

初判指标:发生在市(州)人民政府驻地城区6.0级以上地震;或发生在省内其他地区7.0级以上地震,可初步判断为特别重大地震灾害事件。

2.2 重大地震灾害事件

造成50人以上、300人以下死亡的地震灾害事件。

初判指标:发生在市(州)人民政府驻地城区5.0~5.9级地震;或发生在省内其他地区6.0~6.9级地震,可初步判断为重大地震灾害事件。

2.3 较大地震灾害事件

造成10人以上、50人以下死亡的地震灾害事件。

初判指标:发生在市(州)人民政府驻地城区4.0~4.9级地震;或发生在省内其他地区5.0~5.9级地震,可初步判断为较大地震灾害事件。

2.4 一般地震灾害事件

造成10人以下死亡的地震灾害事件。

初判指标:发生在省内4.0~4.9级地震,可初步判断为一般地震灾害事件。

表1 地震灾害事件分级标准和初判指标

地震灾害等级	初判指标		分级标准	
	发生在市(州)人民政府驻地城区地震的震级	发生在省内其他地区地震的震级	人员死亡	经济损失占全省上年生产总值比例
特别重大地震灾害事件	6.0级以上	7.0级以上	300人以上	3%以上
重大地震灾害事件	5.0~5.9级	6.0~6.9级	50~299人	—
较大地震灾害事件	4.0~4.9级	5.0~5.9级	10~49人	—
一般地震灾害事件	—	4.0~4.9级	10人以下	—

3 地震灾害事件的应急管理

3.1 特别重大、重大地震灾害事件的应急管理

省人民政府是特别重大、重大地震灾害事件应急处置的行政领导机关,负责统一领导、指挥、部署和协调全省的抗震救灾工作。

3.2 较大地震灾害事件的应急管理

市(州)人民政府是较大地震灾害事件应急处置的行政领导机关,负责统一指挥、部署和协调本行政区域较大地震灾害事件的地震应急处置工作。

省人民政府负责组织协调省直有关部门、有关单位、驻川军事力量、武警部队、国防后备力量和非灾区市(州)人民政府,视情对受灾市(州)进行支援;派出工作组赴灾区指导地震应急处置工作。

3.3 一般地震灾害事件的应急管理(见表2)

县(市、区)人民政府是一般地震灾害事件应急处置的行政领导机关,负责统一指挥、部署和实施本行政区域一般地震灾害事件的地震应急处置工作。

灾区市(州)人民政府负责组织协调本级有关部门和单位,视情对受灾地区进行支援;派出工作组赴灾区指导地震应急处置工作。

省人民政府负责督促、检查受灾市(州)、县(市、区)的地震应急处置工作;视实际情况派出有关工作组赴灾区指导地震应急处置工作。

如果较大、一般地震灾害事件涉及2个或以上地区,则由其共同的上一级人民政府负责该事件的应急管理工作。

表2 地震灾害事件应急管理

地震灾害事件	应急处置的行政领导机构
特别重大地震灾害事件	省人民政府
重大地震灾害事件	
较大地震灾害事件	市(州)人民政府
一般地震灾害事件	县(市、区)人民政府

4 组织体系及职责

4.1 领导机构及职责

省人民政府是我省地震应急处置工作的行政领导机构,负责统一领导全省的地震应急处置工作。

4.2 指挥机构及职责

四川省抗震救灾指挥部是我省地震应急处置工作的指挥机构,在省人民政府的领导下,负责统一指挥、协调、部署全省地震应急处置工作。省抗震救灾指挥部由以下人员组成:

指挥长:分管副省长

副指挥长：省军区副司令员

省人民政府分工副秘书长

省地震局局长

省委宣传部副部长

民政厅副厅长

公安厅副厅长

4.3 指挥机构成员单位及职责

省抗震救灾指挥部成员单位包括省委宣传部、省发展改革委、省经济和信息化委、民政厅、公安厅、教育厅、科技厅、财政厅、国土资源厅、住房城乡建设厅、交通运输厅、水利厅、商务厅、卫生厅、农业厅、环境保护厅、省地震局、省广电局、省安全监管局、省民防局、省旅游局、省气象局、省统计局、省通信管理局、成都铁路局、民航西南地区管理局、省政府应急办、省政府新闻办、省外办、省军区、武警四川省总队、省公安消防总队等。

省抗震救灾指挥部办公室设在省地震局，负责省抗震救灾指挥部日常工作；在地震应急期间，负责应急值守、信息汇总和综合协调等工作。在处置重大、特别重大地震灾害事件时，负责搭建和运行省级应急指挥平台工作。受省抗震救灾指挥部委托宣布启动Ⅲ、Ⅳ级地震应急响应。

省抗震救灾指挥部根据地震应急处置需要，可下设秘书、信息、综合协调、紧急救援、受灾群众安置、医疗防疫、救灾保障、灾害监测、治安维护、新闻宣传、损失评估、物资接收、涉外事务、恢复生产等工作组。各工作组组长由省抗震救灾指挥部指令专人担任，各工作组人员从相关单位抽调。

在地震应急处置工作中，省人民政府可根据工作实际，对省抗震救灾指挥部领导、成员和工作组进行临时调整。

各工作组及成员单位职责如下：

4.3.1 秘书组

承担省抗震救灾指挥部文秘工作。由省抗震救灾指挥部办公室、省政府应急办及有关部门组成。

负责省抗震救灾指挥部请示、报告、公告、命令、批复、协商等文件的起草、报送、发布等工作。

4.3.2 信息组

负责信息收集、报送与处理等事宜，由省政府应急办、省地震局、民政厅、省统计局及有关单位组成。

省政府应急办负责灾情等信息的汇总工作，并及时上报省人民政府和省抗震救灾指挥部；及时将灾情信息、应急处置情况和存在问题等通报各相关单位。

省地震局、民政厅迅速收集、统计、调查灾区受灾情况，并及时对灾情信息进行分析和处理，评估救灾需求；协助省政府应急办汇总灾情，提出应急处置对策建议，通知指挥部成员单位。

省统计局迅速收集、汇总、统计灾区人口、经济、交通等基础数据，及时报省政府应急办，以便省人民政府和省抗震救灾指挥部了解、掌握灾区基本情况。

其他省直部门和有关单位及时收集、汇总本行业灾情信息，查明救灾需求，并及时上报省政府应急办。

4.3.3 协调组

负责抗震救灾的综合协调工作。由省政府应急办、省军区、省地震局及有关单位组成。

省政府应急办负责省人民政府与兄弟省（区、市）人民政府间、省直各有关部门之间、灾区市（州）人民政府间、灾区和非灾区市（州）人民政府间的协调工作。

省地震局负责国（境）内外搜索与救援队伍的协调工作。

省军区负责省人民政府与（原）成都军区、武警四川省总队、前来我省灾区进行支援的军事力量之间的协调工作。

省直有关部门和有关单位按照本预案规定的职责和分工，分别负责所承担地震应急处置任务的协调工作；对口协调前来我省进行支援的省外、境外抢险救援力量。

4.3.4 救援组

负责组织力量，迅速开展生命搜救工作。由省地震局、省军区、武警四川省总队、省公安消防总队、省安全监管局、卫生厅及有关单位组成。

地震灾害发生后，省地震局、省军区、武警四川省总队、省公安消防总队、省安全监管局立即组织省地震灾害紧急救援队、公安消防部队、安全生产救援队伍、驻川解放军、武警部队赶赴灾区开展生命搜救工作；指导和督促灾区人民政府发动基层干部群众开展自救互救；按职责分工和对口关系，分别负责指挥和协调省外、国（境）外救援队伍及时开展搜救工作。

卫生厅负责组织救护队伍赶赴灾区，配合各类救援队伍做好压埋人员、获救伤员的生命救护工作。

4.3.5 安置组

负责疏散、安置、转移受灾群众并保障受灾群众的基本生活。由民政厅、省经济和信息化委、商务厅、住房城乡建设厅、国土资源厅、教育厅、省民防局及有关单位组成。

民政厅负责制定和实施受灾群众生活救助工作方案，尽快对受灾人员进行过渡性安置。

民政厅、省经济和信息化委、商务厅等有关部门负责做好灾区群众基本生活物资的供应保障。

民政厅负责妥善解决遇难人员相关事宜。

国土资源厅根据需要及时组织过渡性安置点的选址工作。

住房城乡建设厅根据需要及时组织开展过渡性安置点的规划、建设工作。

民政厅、省民防局等有关部门及时启用应急避难场所,或设置临时避难场所,保障受灾群众能够得到及时安置。

教育厅负责在校师生的临时安置工作。

4.3.6 医疗防疫组

负责开展受伤群众的医疗救治工作和灾区卫生防疫工作。由卫生厅、省经济和信息化委、交通运输厅及有关单位组成。

卫生厅负责组织医疗救护队伍和卫生防疫队伍,对受伤人员进行救治;开展心理援助行动;做好各种疫情的防范和控制工作,严防重大传染病疫情的发生和蔓延;协调省外有关医疗机构及时接收危重伤员;负责指挥和协调省外、境外医疗救护队伍及时开展伤员救治工作。

省经济和信息化委及时为卫生防疫工作所需药品、器械提供保障,确保药品和医疗器械的卫生医疗安全。

交通运输厅及时组织、协调运力,确保危重伤员得到及时转运。

4.3.7 保障组

负责为抗震救灾工作提供物资、器材、资金、通信、交通、运输以及水、电、气、燃料等方面的有力保障。由省发展改革委、省经济和信息化委、交通运输厅、住房城乡建设厅、水利厅、公安厅、财政厅、省通信管理局、省外办、成都铁路局、民航西南地区管理局及有关部门组成。

交通运输厅、成都铁路局、民航西南地区管理局等有关部门和单位负责抢修维护公路、桥梁、隧道、机场等交通设施;协调运力,优先保证抢险救援队伍、伤员和救灾物资运输的需要。

住房城乡建设厅、水利厅等有关部门和单位负责抢修和维护灾区供电、供水、供气、环卫等基础生活设施。

省通信管理局负责组织、协调、督促和指导基础电信运营企业,保障抢险救灾指挥系统和重要部门的通信畅通;抢修通信设施设备,尽快恢复公众通信。

省发展改革委、省经济和信息化委、交通运输厅、水利厅、住房城乡建设厅等有关部门负责组织和协调抢险救援设备和物资的调用、征用等事宜。

公安厅负责维护交通秩序,保障灾区物资调运、伤员运送的运输线路通畅。

4.3.8 监测组

负责地震及其次生灾害的监测与防范工作。由国土资源厅、省经济和信息化委、环境保护厅、住房城乡建设厅、水利厅、省地震局、省气象局、省安全监管局及有关部门组成。

省地震局负责密切监视震情发展趋势,及时通报余震信息,指导有关部门、单位做好余震防范。

省气象局组织开展灾区气象监测,及时通报重大气象变化,为灾区地震应急处置工作做好气象服务。

环境保护厅负责加强对灾区空气、水质、土壤以及饮用水水源水质等的污染监测和防控工作。

住房城乡建设厅、水利厅等有关部门负责检查、监测灾区饮用水源安全。

住房城乡建设厅负责指导和组织开展城镇房屋和市政基础设施的震后安全性应急评估工作。

国土资源厅负责对重大地质灾害隐患进行监测,及时通报地质灾害隐患发展趋势和处理险情。

水利厅负责对可能发生的严重次生水患进行监测,及时通报水患发展趋势和处理险情。

省经济和信息化委、水利厅、省安全监管局等有关部门和单位,按照职责分工,分别负责加强对可能造成严重次生灾害的危化品设施、核设施、水库、油气管线、易燃易爆和有毒物质等的检查、监测力度,防控严重次生灾害的发生。

4.3.9 治安组

负责预防和打击犯罪,维护社会治安,维护社会稳定。由公安厅、武警四川省总队及有关部门组成。

公安厅、武警四川省总队负责加强对党政机关、要害部门、金融单位、储备仓库、监狱等重要场所的警戒,加强治安管理和安全保卫工作,预防和打击各种违法犯罪活动,切实维护社会稳定,确保灾区人民生活环境的基本安全。

4.3.10 宣传组

负责抗震救灾期间的新闻报道和宣传工作。由省委宣传部、省政府新闻办、省外办、公安厅、卫生厅、国土资源厅、省地震局、省广电局及有关单位组成。

省委宣传部、省政府新闻办、省外办、公安厅等有关部门负责信息发布、舆情收集、新闻报道及境内外记者的管理和服务工作。省地震局、卫生厅、国土资源厅等有关部门和单位负责加强对灾区群众的科普知识宣传工作。

省广电局负责及时恢复灾区受损广播电视设施,在有条件的地方建立临时广播站或新闻站,让灾区群众能够及时了解抗震救灾工作情况。

4.3.11 评估组

负责地震灾害损失的评估工作。由省地震局、省发展改革委、省经济和信息化委、民政厅、住房城乡建设厅、交通运输厅、水利厅、农业厅及有关单位组成。

省地震局、省发展改革委、省经济和信息化委、民政厅、住房城乡建设厅、交通运输厅、水利厅、农业厅等有关部门负责对受灾情况进行抽样调查和核实，快速评估地震灾害损失。

4.3.12　物资接收组

负责国内外捐赠的救灾物资、资金的接收和发放工作。由民政厅、财政厅、省外办及有关部门组成。

民政厅、财政厅、省外办等有关部门负责接收并按规定安排使用国内外救灾捐赠资金和物资。

4.3.13　外事组

负责与抗震救灾工作相关的涉外事务。由省外办、省地震局、省旅游局及有关单位组成。

省外办、省旅游局等有关部门和单位负责妥善安置在灾区工作和旅游的国(境)外人员，及时向有关国家和地区的驻华机构通报有关情况。

省外办负责国(境)外救援队伍和救灾物资入川手续事宜。

省地震局负责协调国(境)外救援队伍在川的搜救行动。

4.3.14　社会秩序恢复组

负责灾区及其周边地区尽快恢复正常生产生活秩序的指导、督促工作。由省发展改革委、省经济和信息化委、民政厅、财政厅、住房城乡建设厅、商务厅、农业厅、省政府应急办及有关单位组成。省政府应急办协调省直有关部门和单位，及时督促灾区周边市(州)人民政府及时恢复正常生产生活秩序。

省发展改革委、省经济和信息化委、财政厅、住房城乡建设厅、商务厅、农业厅等有关部门和单位负责对受灾的工矿商贸和农业损毁情况进行核实；指导制定恢复生产方案；落实有关扶持资金、物资，开展恢复生产工作。

4.4　现场指挥机构及职责

省抗震救灾指挥部根据地震应急处置需要，可派出一个或多个现场指挥部到灾情严重地区，加强当地县级以上抗震救灾指挥部的领导、指挥和协调能力，共同领导、指挥和协调当地的地震应急处置工作；必要时可对紧急突发事件进行临机处置。省抗震救灾前线指挥部指挥长由省抗震救灾指挥部指令专人担任，工作人员从相关单位抽调。

4.5　综合协调机构及职责

省政府应急办是省人民政府应对重大、特别重大地震灾害事件的综合协调机构，省地震局是国(境)外搜索营救队伍的综合协调机构，省军区是军地协调机构，省政府各部门是本行业、本系统地震应急工作的综合协调机构。

5 应急响应机制

5.1 分级响应机制

5.1.1 省人民政府的分级响应(见表3)

当我省发生特别重大地震灾害事件时,省人民政府启动地震应急Ⅰ级响应;发生重大地震灾害事件时,启动地震应急Ⅱ级响应;发生较大地震灾害事件时,启动地震应急Ⅲ级响应;发生一般地震灾害事件时,启动地震应急Ⅳ级响应。

表3 省人民政府地震应急响应级别

地震灾害事件	响应级别
特别重大地震灾害事件	Ⅰ级响应
重大地震灾害事件	Ⅱ级响应
较大地震灾害事件	Ⅲ级响应
一般地震事件	Ⅳ级响应

5.1.2 省人民政府响应级别的确定与调整地震灾害事件发生后,省人民政府按地震灾害事件的初判指标,确定地震应急响应级别。

在地震灾害事件的应急处置过程中,根据因灾死亡人数及灾害损失情况,按地震灾害事件的分级标准,及时提高或降低应急响应级别。

5.2 自行启动机制

地震发生后,灾区县级以上地方人民政府和有关部门、单位应根据震情信息立即进行灾情初步判断,并根据震情和灾情初步判断结果立即启动本级人民政府或本部门、单位地震应急响应,先期处置,边行动边报告。

5.3 分工协作机制

县级以上人民政府及有关部门按照本预案规定的职责和分工,组织开展相应的地震应急处置工作;按照本级党委、人民政府和抗震救灾指挥机构的部署,主动协调,积极配合,共同做好地震应急处置各项工作。

县级以上人民政府有关部门,应主动做好前来灾区开展支援活动的各类抢险救援队伍、社会团体、群众自发组织和志愿者的组织管理工作,并根据其专业特长和抗震救灾工作实际,合理分派地震应急工作任务。

5.4 信息共享机制

地震发生后,各级防震减灾工作主管部门应立即向本级人民政府报告震情,并向当地抗震救灾指挥机构成员单位通报,向社会公告。县级以上地方人民政府和有关部门、单位在地震发生后应积极主动收集灾情、社情,并对所收集的灾情、社情进行分析判断,然后一并上报上级人民政府和上级主管部门,同时通报同级相关部门和单位。

灾区县级以上地方人民政府应当建立地震应急工作通报制度,及时向各有关部门、单位和社会通报地震震情、灾情和地震应急工作进展情况。

5.5 社会动员机制

地震发生后,灾区县级以上地方人民政府和抗震救灾指挥机构应当根据实际情况,积极开展自救互救、恢复家园等社会动员行动,充分借用社会力量开展地震应急处置工作。

6 特别重大地震灾害事件的应急响应(Ⅰ级响应)

6.1 应急启动

(1)地震发生后,省地震局立即向省人民政府报告震情和灾情初步评估意见,并根据地震灾害事件的初判指标提出启动应急响应级别的建议。同时,将震情信息通报省抗震救灾指挥部成员单位和有关部门。

(2)省抗震救灾指挥部各成员单位接到震情信息后,迅速按各自应急预案规定,启动应急响应,先期处置,并及时向省人民政府和省抗震救灾指挥部报告先期处置情况。

(3)省人民政府宣布启动Ⅰ级应急响应,省抗震救灾指挥部开展相应的地震应急处置工作。

6.2 指挥与部署

(1)省人民政府立即向国务院报告震情信息,及时将灾情初步判断意见和启动Ⅰ级应急响应情况上报国务院和国务院抗震救灾指挥部。

(2)确定省抗震救灾指挥部指挥长;确定指挥部内设工作组,并指定各工作组负责人。

(3)向受灾严重地区派出一个或多个前线指挥部,强化当地地震应急处置的指挥协调能力,或直接组织、指挥和处置灾区临时出现的重大事件。

(4)命令省直各行业主管部门和受灾市(州)人民政府及时上报灾情,尽快查明救灾需求,及时组织开展自救互救、灾民安置等应急处置工作。

(5)根据灾情判断和救灾需求,组织、协调有关抢险救援队伍、驻川军事力量、国防后备力量及其他抢险救援力量,优先开展生命搜救、受灾群众安置、伤员救治等紧急处置工作,及时开展卫生防疫、灾害监测与防范、治安维护、新闻宣传、损失评估、支援灾区、恢复生产等地震应急处置工作;及时向社会公布有关震情灾情;强化治安管理,预防和打击各种违法犯罪活动。

(6)要求非灾区市(州)人民政府稳定社会,尽快恢复正常社会秩序,积极组织生产灾区急需的物资和装备;组织非灾区市(州)人民政府和社会力量对灾区进行支援。

(7)及时向国务院和国务院抗震救灾指挥部报告震情、灾情和地震应急处置工作进展;按照国务院和国务院抗震救灾指挥部的统一部署开展地震应急处置工作;视情请求国务院和国务院抗震救灾指挥部给予援助;视情向兄弟省(区、市)人民政府请求支援。

(8)在特别紧急的情况下,根据震情灾情形势和地震应急处置工作需要,向社会公众、企业和社会团体等紧急征用抗震救灾急需的物资、器材、资料、科研成果和技术方法等,对特定区域实行交通管制、宵禁、封锁等特别处置措施,对生产、贸易等经济活动实施临时管制措施。

在实施和结束上述特别处置措施时,应及时向社会、被征用者、被管制对象等公告。紧急状况消除后,及时解除特别处置措施,并及时对被征用物资、器材的损毁给予补偿。

6.3 应急结束

当生命搜救工作已经完成、受灾群众基本得到安置、灾区群众生活基本得到保障、地震引发的次生灾害后果基本得到控制、震情发展趋势基本稳定、灾区社会秩序基本恢复正常时,省人民政府宣布Ⅰ级应急响应结束。

7 重大地震灾害事件的应急响应(Ⅱ级响应)

7.1 应急启动

(1)地震发生后,省地震局立即向省人民政府报告震情和灾情初步评估意见,并根据地震灾害事件的初判指标提出启动应急响应级别的建议。同时,通报省抗震救灾指挥部成员单位和有关部门。

(2)省抗震救灾指挥部各成员单位在接到震情信息后,迅速按各自应急预案规定,启动应急响应,先期处置。

(3)省人民政府宣布启动Ⅱ级应急响应,省抗震救灾指挥部开展相应的地震应急处置工作。

7.2 指挥与部署

(1)省人民政府立即向国务院报告震情信息,及时将灾情初步判断意见和启动Ⅱ级应急响应情况上报国务院。

(2)确定省抗震救灾指挥部指挥长。

(3)视情向受灾严重地区派出一个或多个前线指挥部,强化当地地震应急处置的指挥协调能力,或直接组织、指挥和处置灾区临时出现的重大突发事件。

(4)命令省直各行业主管部门和受灾市(州)人民政府及时上报灾情,尽快查明救灾需求,及时组织开展自救互救、灾民安置等应急处置工作。

(5)根据灾情判断和救灾需求,组织、协调有关抢险救援队伍、驻川军事力量、国防后备力量及其他抢险救援力量,优先开展生命搜救、受灾群众安置、伤员救治等紧急处置工作,及时开展卫生防疫、灾害监测与防范、治安维护、新闻宣传、损失评估、支援灾区、恢复生产等地震应急处置工作;及时向社会公布有关震情灾情;强化治安管理,预防和打击各种违法犯罪活动。

(6)要求非灾区市(州)人民政府稳定社会,尽快恢复正常社会秩序,积极组织生产灾区急需的物资和装备;组织非灾区市(州)人民政府和社会力量对灾区进行支援。

(7)及时向国务院和国务院抗震救灾指挥部报告震情、灾情和地震应急处置工作进展;视情请求国务院和国务院抗震救灾指挥部给予援助。

7.3 应急结束

当生命搜救工作已经完成、受灾群众基本得到安置、灾区群众生活基本得到保障、地震引发的次生灾害后果基本得到控制、震情发展趋势基本稳定、灾区社会秩序基本恢复正常时,省人民政府宣布Ⅱ级应急响应结束。

8 较大地震灾害事件的应急响应(Ⅲ级响应)

8.1 应急启动

(1)地震发生后,省地震局立即向省人民政府报告震情和灾情初步评估意见,并根据地震灾害事件的初判指标提出启动应急响应级别的建议。同时,通报省抗震救灾指挥部成员单位和有关部门。

(2)省抗震救灾指挥部各成员单位在接到震情信息后,迅速按各自应急预案的有关规定,启动应急响应,先期处置。

(3)省抗震救灾指挥部办公室受省人民政府委托宣布启动Ⅲ级应急响应。

8.2 指挥与部署

(1)省人民政府立即向国务院报告震情信息,及时将灾情初步判断意见和启动Ⅲ级应急响应情况上报国务院。

(2)命令省直各行业主管部门和受灾市(州)人民政府及时上报灾情,尽快落实人员伤亡及其救治情况,评估和查明救灾需求,及时组织开展灾民安置、稳定社会、恢复生产等应急处置工作。

(3)组织协调省直有关部门和单位对灾区地震应急处置工作进行指导和支持。

(4)及时向国务院和国务院抗震救灾指挥部报告震情、灾情和地震应急处置工作进展。

8.3 应急结束

当受灾群众基本得到安置、地震引发的次生灾害后果基本得到控制、震情发展趋势基本稳定、灾区社会秩序基本恢复正常时,省人民政府宣布Ⅲ级应急响应结束。

9 一般地震灾害事件的应急响应(Ⅳ级响应)

9.1 应急启动

(1)地震发生后,省地震局立即向省人民政府报告震情和灾情初步评估意见,并根据地震灾害事件的初判指标提出启动应急响应级别的建议。同时,通报省抗震救灾指挥部成员单位和有关部门。

(2)省抗震救灾指挥部各成员单位在接到震情信息后,迅速按各自应急预案的有关规定,启动应急响应,先期处置。

(3)省抗震救灾指挥部办公室受省人民政府委托宣布启动Ⅳ级应急响应。

9.2 指挥与部署

(1)命令受灾市(州)人民政府及时上报灾情,尽快落实人员伤亡及其救治情况,及时组织开展灾民安置、稳定社会、恢复生产等应急处置工作。

(2)组织协调省直有关部门和单位对灾区地震应急处置工作进行指导和支持。

9.3 应急结束

当受灾群众基本得到安置、震情发展趋势基本稳定、灾区社会秩序基本恢复正常时,省人民政府宣布Ⅳ级应急响应结束。

10 其他地震事件应急响应

10.1 临震应急事件

当省人民政府发布短临地震预报(指未来3个月内可能发生5.0级以上破坏性地震)后,预报区县级以上地方人民政府进入临震应急状态。

10.1.1 临震应急管理

省人民政府是临震应急处置的行政领导机关,负责统一组织、指挥和协调全省临震应急处置工作。

10.1.2 临震应急处置措施

省人民政府在应对临震应急事件时,主要采取以下应急处置措施:

(1)省地震局负责加强震情监视,落实地震异常,及时报告震情趋势判断意见。

(2)省地震局、民政厅、住房城乡建设厅、交通运输厅、水利厅、公安厅等有关部门负责对可能即将发生的地震事件影响后果进行评估,制定相应对策。

(3)住房城乡建设厅、交通运输厅、水利厅等部门、单位以及可能产生次生灾害的危化品、核设施、水库、油气等企业对生命线工程和次生灾害源采取紧急加固措施或防护措施。

(4)省通信管理局负责组织制定应急通信保障方案,做好应急通信保障准备,同时,组织做好通信设施设备的安全防护。

(5)省地震局、公安消防总队、省安全监管局、卫生厅、水利厅、交通运输厅等部门的抢险救援队伍做好抢险救援准备。

省军区负责协调驻川军事力量、国防后备力量做好抢险救援准备。

(6)民政厅、省经济和信息化委、财政厅、交通运输厅、水利厅、商务厅等部门做好抗震救灾物资、资金等保障工作。

(7)省政府新闻办、省地震局、公安厅、省广电局等有关部门加强新闻宣传和舆情分析,维护社会稳定。

(8)省政府应急办、省地震局负责协调省直有关部门和单位指导和督促地震预报区市、县级人民政府做好抢险救援、防震抗震准备,做好群众应急疏散准备。

10.1.3 临震应急结束

(1)当预报区发生破坏性地震后,预报区县级以上人民政府按本预案有关规定启动相应级别的应急响应,开展地震应急处置工作,临震应急自动结束。

(2)当省地震局对预报区作出未来一段时期内无5.0级以上破坏性地震发生的趋势判断意见后,应及时上报省人民政府。省人民政府根据预报区和临震应急工作实际,发布终止临震应急的公告,临震应急结束。

10.2 强有感地震事件的应急响应

强有感地震事件是指发生在市(州)人民政府驻地城区4.0~4.4级地震;或发生在省内其他地区4.5~4.9级地震,能够明显感觉到,造成一定社会影响的地震事件。

10.2.1 强有感地震事件应急管理

事件发生地县(市、区)人民政府是强有感地震事件应急处置的行政领导机关,负责统一领导、指挥、部署和实施本行政区域强有感地震事件的地震应急处置工作。

10.2.2 省人民政府应急处置措施省人民政府在实施强有感地震事件应急响应时的主要处置措施:

(1)省政府应急办、省地震局负责指导督促当地人民政府开展地震应急处置工作。

(2)省地震局、民政厅负责迅速了解是否造成灾情,并酌情派出工作组赴灾区指导和协调地震应急处置工作。

(3)省地震局负责强化震情跟踪,判断震情趋势。

10.3 地震谣传事件的应急响应

地震谣传事件是指某地区出现广泛的地震谣言,对正常社会秩序造成较严重影响的地震事件。

10.3.1 地震谣传事件的应急管理

事件发生地县(市、区)人民政府是地震谣传事件应急处置的行政领导机关,负责统一领导、指挥、部署和实施本行政区域地震谣传事件的地震应急处置工作。

10.3.2 省人民政府应急处置措施

省人民政府在实施地震谣传事件应急响应时,主要处置措施如下:

(1)省政府应急办、省地震局负责督促和指导当地人民政府采取有效措施平息谣传。

(2)省地震局迅速对地震趋势进行分析判断。

(3)如果地震谣传扩散迅速,对社会正常生产生活秩序造成严重影响,立即组织地震、新闻、公安等有关部门组成工作组赴地震谣传影响地区,指导和帮助事发地人民政府迅速平息地震谣传。

10.4 邻省地震事件的应急响应

邻省地震事件是指在我省周边省份发生的并波及我省的地震事件。

10.4.1 邻省地震事件的应急管理

根据邻省地震事件对我省的影响程度,按上述应急管理原则,由相应级别的人民政府负责组织、指挥、部署和实施我省受影响地区的地震应急处置工作。

10.4.2 邻省地震事件的应急处置措施

省人民政府在应对邻省地震事件时,视其对我省的影响程度采取相应的地震应急处置措施。

受邻省地震事件影响的市、县级人民政府视其对当地的影响程度采取相应的地震应急处置措施。

10.5 外省特别重大地震事件的应急响应

外省特别重大地震事件是指我国大陆地区发生6.0级以上地震,造成特别重大损失,且未对我省造成直接影响的地震事件。

10.5.1 外省特别重大地震事件的应急管理

如果外省发生特别重大地震灾害事件,省人民政府负责组织、指挥和实施对外省抗震救灾工作的支援。

10.5.2 外省特别重大地震事件应急处置

省人民政府在应对外省特别重大地震事件时的主要措施:

(1)省地震局及时向省委、省人民政府和省抗震救灾指挥部报告外省特别重大地震事件的震情和灾害损失情况。

(2)省抗震救灾指挥部办公室负责协调省直有关部门、单位组织各类专业救援队伍、医疗救护队伍、工程抢险队伍或相关技术人员对灾区进行支援。

(3)民政厅、省经济和信息化委、财政厅、交通运输厅、水利厅、商务厅等有关部门负责组织相关物资、资金、器材等支援外省特别重大地震事件抗震救灾工作。

(4)交通运输厅、成都铁路局、民航西南地区管理局等有关单位负责组织我省支援力量的运送工作。

(5)省委宣传部负责组织开展我省支援灾区抗震救灾工作的宣传报道工作。

11 地震应急准备

11.1 组织指挥体系建设

县级以上地方人民政府及有关部门,应当建立和完善本级人民政府抗震救灾指挥机构、本部门应急工作机构,落实指挥场所,配备相应的应急指挥通信系统和应急指挥技术系统,确定应急指挥人员,明确职责分工,建立健全地震应急指挥协调机制,并经常开展应急演练。

11.2 应急救援体系建设规划

县级以上地方人民政府负责编制和实施本行政区域应急救援体系建设规划。应急救援体系建设规划应当与其他专项规划相衔接,合理布局。做到经济建设和防震减灾统筹兼顾。

11.3 地震应急预案体系建设

县级以上地方人民政府及有关部门和乡(镇)人民政府,制定本行政区域或本部门地震应急预案;交通、铁路、水利、电力、通信等基础设施和学校、医院等人员密集场所的经营管理单位,以及可能发生次生灾害的核电、矿山、危险物品等生产经营单位,也应当制定地震应急预案;逐步建立健全由县级以上人民政府预案、政府部门预案、基层组织预案、企事业单位预案等组成的地震应急预案体系。

11.4 应急指挥技术体系建设

县级以上地方人民政府建立能全面反映本地实际的基础数据库,健全信息收集和传递渠道,完善灾情信息处理方法,提供应急指挥通信保障,建立健全上下互通、资源共享,能够辅助应急指挥决策的地震应急指挥技术平台。

11.5 抢险救援队伍体系建设

逐步建立和完善省级专业抢险救援队伍体系;县级以上防震减灾、消防、安全监管、卫生、交通运输、水利、电力等主管部门应当加强本部门、本行业抢险救援队伍的能力建设,配置必要的装备,定期开展技能培训,经常开展抢险救援演练,增强地震应急救援能力;建立和完善抢险救援队伍之间的应急联动协作机制,资源共享,协同配合,提高政府和社会的综合应急救援能力。

11.6 救灾物资储备调度体系建设

县级以上地方人民政府及有关部门通过新建、改扩建和利用国家物资储备库,以及与物资生产、商品流通、交通运输等单位和企业建立救灾物资供储协议等多种方式形成救灾物资和装备储备调度网络,保障地震应急处置工作急需物资和后勤保障的需要。

11.7 地震应急科普宣传

县级以上地方人民政府和基层组织积极开展地震应急知识宣传普及活动和地震应急救援演练,提高公民自救互救能力。机关、团体、企业、事业等单位按照所在地人民政府的要求,结合各自实际情况,加强地震应急知识宣传教育和地震应急救援演练;学校、社区把地震应急、避险、自救、互救等知识纳入教学宣传内容,对学生、居民进行地震安全教育,组织地震应急避险和救助演练,提高全民地震安全意识。

11.8 志愿者队伍建设

县级以上地方人民政府及其有关部门、共青团组织和社会基层组织,可以建立地震灾害救援志愿者队伍,并组织开展地震应急救援知识培训和演练,使志愿者掌握必要的地震应急救援技能,增强地震灾害应急救援能力。

12 地震应急保障

12.1 组织保障

地震发生后,县级以上地方人民政府抗震救灾指挥机构进入应急运作状态,指挥和工作人员立即到岗,按照应急职责分工,及时开展应急处置组织、指挥和协调工作。

各有关部门、单位按照本部门、单位应急预案要求,及时启动应急响应,按照本级人民政府和抗震救灾指挥机构的统一部署,协同配合,共同开展地震应急处置工作。

各级抗震救灾指挥机构是当地地震应急处置的指挥协调机构,负责组织、指挥和协调在当地开展地震应急处置工作的所有本地和前来支援的抢险救援力量,负责分配、调拨所有本地和支援的救灾物资资金。

12.2 通信保障

地震发生后,通信主管部门应立即组织、协调各基础电信运营企业,启动应急通信保障预案,优先保障抢险救灾指挥系统和重要部门的通信畅通;组织抢修通信设施设备,尽快恢复公众通信。拥有通信系统的部门和单位,应立即启用本部门、单位的通信系统,保证上情下传,下情上达;必要时,为政府、有关部门、单位乃至社会提供通信支援或通信服务。

12.3 资金保障

地震发生后,财政部门根据民政部门和灾区实际,按照“调度资金保急需,灾情稳定作分配”的原则,调度资金确保灾区救灾资金需要;灾情稳定后,根据实际核定灾损清算分配资金,应急救灾物资保障部门根据救灾需求向财政部门申报物资采购资金,财政部门按照相关程序审核拨付资金。

12.4 队伍保障

地震发生后,地震、消防、安全监管、卫生、交通运输、水利、电力等有关部门和单位,以及驻川军事力量、国防后备力量、应急救援志愿者队伍应根据灾情实际,组织规模适当的抢险救援队伍及时赶赴灾区开展抢险救援工作,并尽可能为队伍提供足够的通信、后勤保障。

各级各类抢险救援力量在灾区人民政府和抗震救灾指挥机构的统一指挥和调度下,协同配合,有力、有序、有效地开展抢险救援工作。

12.5 交通运输保障

地震发生后,交通运输厅、民航西南地区管理局、成都铁路局等有关部门、单位立即组织、协调有关企事业单位,根据救灾需求,合理调集运力,保障救灾物资运输和伤员转运;组织队伍抢修灾区受损的道路、桥梁、隧道或机场,保证灾区运输线通畅。

公安、武警四川省总队等有关部门采取有效措施,维护交通秩序,确保灾区运输线通畅。

发展改革等有关部门负责为救灾运输工作提供燃油保障。

12.6 物资保障

地震发生后,发展改革、民政、商务等有关部门根据救灾需求,组织、调集救灾所需物资,协调交通运输主管部门及时送往灾区;组织、协调有关企业,加紧生产救灾急需物资,保障救灾物资供应。

12.7 宣传保障

地震发生后,省委宣传部、省政府新闻办等新闻主管部门组织、协调有关部门、单位以及新闻媒体,采取多种手段,及时公告震情、灾情和抗震救灾工作进展,宣传灾区人民生产自救、重建家园的自强精神,正面引导舆论,营造良好的救灾精神氛围,促进地震应急工作的顺利进行。

12.8 安全保障

县级以上人民政府、有关部门在地震应急处置过程中,应加强安全宣传教育,强化应急工作纪律,严格操作程序,并为地震应急工作人员、志愿者购买人身意外伤害保险,提供个人安全防护装备,确保地震应急处置工作得以安全进行。

13 附　　则

13.1 预案管理

省地震局承担本预案的日常管理工作。

13.2 预案解释

本预案由省地震局负责解释。

13.3 预案实施时间

本预案自印发之日起实施。2006 年 5 月 29 日印发的《四川省地震应急预案》(川办函〔2006〕119 号)同时废止。

【文本介评】

《四川省地震应急预案》是四川省人民政府制定的专项应急预案,于 2006 年 2 月印发并施行。2006 年 5 月 29 日印发的《四川省地震应急预案》在结构上由 8 章构成:第 1 章总则部分主要规定了编制目的、法律保障、适用范围和工作原则;第 2 章规定了应急指挥体系的组成机构及其领导关系和各个机构内的人员职责;第 3 章规定了对地震突发事件及其后果的预测、辨识和评估;第 4 章规定了分类分级标准和应急响应的整个过程;第 5 章规定了应急响应结束后善后工作安排;第 6 章规定了应急救援工作的资源保障;第 7 章规定了对有感地震、地震谣传事件、邻省震灾等几种特殊情况下的应急工作安排;第 8 章是附则部分,规定了预案更新与管理、法律责任以及实施时间等问题。

该预案结构完整,可操作性强,对于应急指挥体系的规定明确合理,应急处置过程中的每个步骤都有明确的责任人和操作的先后顺序。这样,在地震灾害发生后,各个机构人员可以迅速反应,保证应对的顺利进行。但是预案在灵活性方面还有所欠缺,对于地震灾害容易引发的其他事件,如房屋倒塌、食物短缺等衍生灾害的处理没有规定,影响了预案整体的动态可调性和灵活性。

2008 年 5 月 12 日,汶川地震发生后,该应急预案连同其他各部门应急预案在最短的时间内启动,在最短时间内恢复运输生产,安抚群众的恐慌情绪,最大限度减少人民生命财产损失,表现出反应灵敏、指挥统一、协调有序、运转高效的特点。

2012 年《四川省地震应急预案》修订,2006 年 5 月 29 日印发的《四川省地震应急预案》(川办函〔2006〕119 号)同时废止。修订后的《四川省地震应急预案》在结构上更完整,增加至 13 章,包括总则、地震灾害事件的划分、地震灾害事件的应急管理、组织体系及职责、应急响应机制、特别重大地震灾害事件的应急响应(Ⅰ级响应)、重大地震灾害事件的应急响应(Ⅱ级响应)、应急启动、较大地震灾害事件的应急响应(Ⅲ级响应)、一般地震灾害事件的应急响应(Ⅳ级响应)、其他地震事件应急响应、地震应急准备、地震应急保障、附则。

六、山西省建设系统重大安全事故应急预案

预案文本

1 总 则

1.1 目的

为提高建设系统重大安全事故应急快速反应能力,确保科学、及时、有效地应对建设系统重大安全事故,最大限度减少人员伤亡和财产损失,维护社会稳定。

1.2 编制依据

依据《中华人民共和国安全生产法》等有关法律、法规、规定和我厅职能制定建设系统重大安全事故应急预案。

1.3 工作原则

在省政府和建设部领导下,建设厅对各市建设行政主管部门建立和完善建设系统重大安全事故应急体系和应急预案以及实施进行指导、协调和监督;市、县(市、区)地方人民政府建设行政主管部门负责建立和拟定本地区建设系统重大安全事故应急体系和应急预案,并负责应急预案批准后的组织实施工作;各施工、供气、供水等单位根据本地区建设行政主管部门制定的应急预案的原则,制定本单位安全事故应急救援预案,建立应急救援组织或者配备应急救援人员。

1.4 适用范围

我省行政区域内建设系统范围内发生或可能发生伤亡事故及重大险情,包括城市供气、城市桥梁、城市供水、破坏性地震、建设工程安全、房屋拆除事故等。

2 应急组织体系与职责

建设系统重大安全事故应急组织体系,包括各级建设行政主管部门的应急组织以及各施工、供气、供水等单位应急组织。

2.1 各级建设行政主管部门的应急组织与职责

2.1.1 省建设行政主管部门:根据省政府和建设部应急工作制度和办法,建立应急组织体系,应急组织体系领导机构为省建设厅安全生产委员会,建设厅厅长任应急组织负责人。应急职责包括拟定全省建设系统重大安全事故应急工作原则和办法,指导全省各市、县建立完善应急组织体系和应急预案,及时了解掌握建设系统重大安全事故情况,及时向省政府和建设部报告事故情况、指导、协调本地区建设系统重大事故应急救援工作,组织开展事故应急技术研究,应急知识宣传教育工作。

2.1.2 市级建设行政主管部门:根据同级人民政府和上级建设行政主管部门应急工作原则和办法,建立应急组织体系,由主管领导任应急组织体系负责人。应急职责包括拟定本地区建设系统重大安全事故应急工作原则和办法,指导本地区建立和完善应急组织体系及应急预案,及时了解掌握建设系统重大安全事故情况,及时向同级人民政府和上级建设行政主管部门报告事故情况。指挥、协调本地区建设系统重大安全事故应急救援工作,组织开展事故应急技术研究、应急知识宣传教育工作。

2.1.3 县(市、区)级建设行政主管部门:根据同级人民政府和上级建设行政主管部门应急工作原则和办法,建立应急组织体系,由主管领导任应急组织体系负责人。应急职责包括拟定本地区建设系统重大安全事故应急工作原则和办法,建立和完善应急组织体系及应急预案,及时掌握建设系统重大安全事故情况,及时向同级人民政府和上级建设行政主管部门报告事故情况,指挥、协调本地区建设系统重大安全事故应急救援工作,指导本地区施工、供气、供水等单位建立完善应急组织体系和应急预案,组织开展事故应急技术研究、应急知识宣传教育工作。

2.2 各施工、供气、供水等单位的应急组织与职责

根据国家有关法律法规的规定和当地建设行政主管部门制定的应急救援预案,建立本单位生产安全事故应急救援组织,配备应急救援器材、设备、定期组织演练,组织开展事故应急知识培训教育和宣传工作,及时向当地建设行政主管部门报告事故情况。

3 预　警

3.1 信息监测

县级以上地方人民政府建设行政主管部门应当定期研究建设系统安全事故应急救援工作,指导本行政区域内应急救援组织及应急救援队伍的建立和完善,建立重大安全事故监测、报告网络体系,加强安全事故信息管理和综合利用,构建信息沟通平台,实

现互联互通和资源共享。加强建设系统安全生产的宣传教育、监督检查工作，防患于未然。

3.2 预警系统

3.2.1 加强日常监管

县级以上地方人民政府建设行政主管部门应当按照各自职责加强对重点项目、重点场所、重点环节、重大危险源等环节生产安全监管。

3.2.2 建立举报制度

任何单位和个人有权向各级建设行政主管部门举报建设系统重大安全事故和隐患，以及相关责任部门、单位、人员不履行或者不按规定履行安全监督职责的行为。

各部门接到举报后，应当及时组织或者通报有关部门对举报事项进行调查处理。

3.3 预警支持系统

3.3.1 应急抢险救援工作需多部门配合的，县级以上地方人民政府建设行政主管部门应在本地区人民政府统一领导下，与公安、卫生、消防、民政等政府有关部门及时沟通，密切合作，共同开展应急抢险救援工作。

3.3.2 各地区公安消防专业队伍是建设系统重大安全事故应急抢险救援的主力军，建设系统的应急救援组织应发挥施工单位优势和特点，应对突发事件，随时处理和排除险情。

3.4 预警响应级别及发布

3.4.1 按照国家事故等级和可能造成的损失划分，建设系统重大事故应急救援响应分为四级：Ⅰ级为国家响应（红色预警），Ⅱ级为省级响应（橙色预警），Ⅲ级为市级响应（黄色预警），Ⅳ级为县（市、区）、企业响应（蓝色预警）。在各自响应级别范围启动应急救援响应机制。一般情况下，上一级安全生产事故应急救援响应启动的同时，下级安全生产事故应急救援响应也要启动。

Ⅰ级响应：已经或可能导致30人以上死亡（含失踪），或100人以上中毒（重伤），可能造成直接经济损失1亿元以上的特别重大安全事故，需要紧急转移安置10万人以上的安全生产事故。

Ⅱ级响应：已经或可能导致10～29人死亡（或失踪），或50～100人以上中毒（重伤），可能造成直接经济损失5000万元以上1亿元以下的特大安全事故。

Ⅲ级响应：已经或可能导致3～9人死亡（含失踪），或30～50人中毒（重伤），或可能造成直接经济损失较大的安全事故。

Ⅳ级响应：已经或可能发生3人（不含3人）以下的安全伤亡事故。

3.4.2 建设系统重大安全事故的信息和发布机制，由县以上各级人民政府实行集中统一管理，以确保信息准确及传递，并根据国家有关法律法规规定向社会公布。

4 应急响应

4.1 事故报告

4.1.1 报告原则

有关单位应遵循“迅速、准确”的原则,第一时间上报建设系统重大安全险情或重大安全事故。

4.1.2 报告程序

4.1.2.1 发生建设系统重大安全险情或重大事故后,建设、施工、供气、供水等单位应立即将事故情况如实向事故所在地建设行政主管部门和其他有关部门报告。

实行施工总承包的建设工程,由总承包单位负责上报事故。

4.1.2.2 事故所在地建设行政主管部门接到事故报告后,迅速核实有关情况,并立即报告同级人民政府和上一级建设行政主管部门,省建设厅接到事故报告后及时上报省人民政府和建设部。

4.1.3 报告内容

建设系统重大安全险情或重大安全事故报告的内容包括:

4.1.3.1 险情或事故发生的时间、地点、事故类别、人员伤亡情况;

4.1.3.2 建设工程事故中的建设、勘察、设计、施工、监理等单位名称、资质等级情况,施工单位负责人、工程项目部负责人、监理单位有关人员的姓名及执业资格等情况;

4.1.3.3 险情基本情况,事故的简要经过,紧急救援情况,伤亡人数、直接经济损失等;

4.1.3.4 原因的初步分析;

4.1.3.5 采取的措施情况;

4.1.3.6 事故报告单位、签发人及报告时间。

4.2 分级响应

各级建设行政主管部门及有关单位在重大安全事故发生后应遵循“统一指挥,快速反应,各司其职,协同配合”的原则,共同做好建设系统重大安全险情或重大安全事故的应急处置和抢险救援工作。

4.2.1 Ⅰ级重大安全事故应急响应

Ⅰ级重大安全事故发生后,建设厅应急指挥部接受建设部应急指挥部的领导,在建设部应急指挥部的指导下工作。

4.2.2 Ⅱ级重大安全事故应急响应

4.2.2.1 Ⅱ级重大安全事故发生后,建设厅应急指挥部办公室应当及时向指挥部报告基本情况、事态发展和救援进展情况等;

4.2.2.2 向指挥部成员单位通报事故情况,组织有关成员单位立即进行调查确认,

对事故进行评估,根据评估确认的结果,启动应急预案,组织应急救援;

4.2.2.3 组织指挥部成员单位迅速到位,迅速开展应急处理,并部署相关部门开展应急救援工作;

4.2.2.4 开通与事故发生地的应急救援指挥部、现场应急救援指挥中心,相关专业应急处理指挥机构的通信联系,随时掌握事故发展动态;

4.2.2.5 根据有关部门和专家的建议,通知有关应急救援机构随时待命,为各应急指挥机构提供技术支持;

4.2.2.6 派出有关人员和专家赶赴现场参加、指导现场应急救援,必要时,协调专业力量救援;

4.2.2.7 组织协调事故应急处理工作;

4.2.2.8 接受建设部应急救援指挥部的领导和指导。

4.2.3 Ⅲ级重大安全事故应急响应

Ⅲ级重大安全事故发生后,市建设行政主管部门应立即启动事故应急预案,根据应急预案工作原则和办法,对事故进行调查确认,对事故进行评估。根据确认结果,按规定向上级报告事故情况;开展应急救援工作,提出应急处理建议,及时向其他有关部门和可能涉及的其他部门通报情况。相应应急工作组立即启动救援工作,组织、协调、落实各项应急措施;指导、布置相关部门开展应急救援工作。

4.2.4 Ⅳ级重大安全事故应急响应

Ⅳ级重大安全事故发生后,县级建设行政主管部门立即启动本级应急预案,同时,事故发生单位启动本单位应急预案。按预案工作原则和办法及时上报事故并开展救援工作。同时,协助有关部门保护现场,维护现场秩序,妥善保管有关证物,配合有关部门取得证据。

4.2.5 应急响应的升级与降级

当重大安全事故随时间发展进一步加重,并有蔓延扩大的趋势,情况复杂难以控制时,应当报上一级应急指挥部审定,及时提升预警和响应级别;对事故危害已经消除,并不会进一步扩散的,应当报上级应急指挥部审定,相应降低预警和响应级别。

4.3 应急终止

4.3.1 当重大安全事故随着抢险救援工作进行得到有效控制,事故危害已基本消除,并不会进一步扩散时,应当报上级应急指挥部审定,确定应急状态终止。

4.3.2 应急状态终止后,各有关单位应及时作出书面报告。书面报告的基本内容是:事故发生及抢险救援经过;事故原因;事故造成的后果,包括伤亡人员情况及经济损失等;预防事故采取的措施;应急预案效果及评估情况;应吸取的经验教训以及对事故责任单位及责任人的处理情况等。

5 保障措施

5.1 宣传教育

各级建设行政主管部门以及各建设、施工、供气、供水、等单位要按照政府的统一部署，有计划、有目的、有针对性地开展预防建设系统重大安全事故及有关知识的宣传，增加预防建设系统重大安全事故的常识和防范意识，提高防范能力和应急反应能力。

5.2 人员力量保障

各级建设行政主管部门要组织好 3 支建设系统重大安全事故应急工作基本人员力量：

5.2.1 工程设施抢险力量：主要由施工、检修、物业等人员组成，担负事发现场的工程设施抢险和安全保障工作。

5.2.2 专家咨询力量：主要由从事科研、勘察、设计、施工、质检、安监等工作的技术专家组成，担负事发现场的工程设施安全性鉴定、研究处置和应急方案、提出相应对策和意见的任务。

5.2.3 应急管理力量：主要由建设行政主管部门的各级管理干部组成，担负接收同级人民政府和上级建设行政主管部门应急命令、指示，组织各有关单位对建设系统重大安全事故进行应急处置，并与有关单位进行协调及信息交换的任务。

5.3 通信与信息保障

各级建设行政主管部门、各施工、供气、供水等单位，要设立应急救援专线电话，建立有效救援通信网络，分级联系，明确参与部门通讯方式及通信录，保持通信畅通。建立 24 小时值班制度。

5.4 物资保障

各级建设行政主管部门要配备应急救援基础物资设备，建立各施工、供气、供水等单位应急救援设备物资储备信息库，发生安全事故需要增援时能够及时有效调动。

5.5 经费保障

各级建设行政主管部门，各施工、供气、供水等单位要明确应急经费来源、使用范围、数量和监督管理措施以及应急状态时经费保障措施。

6 附 则

6.1 预案管理与更新

本预案由建设厅负责管理与更新。

6.2 制定与解释部门

本预案由建设厅制定并负责解释。

6.3 实施时间

本预案自发布之日开始实施。

7 附录(略)

【文本介评】

《山西省建设系统重大安全事故应急预案》是山西省建设厅制定的省级部门应急预案,于2006年11月14日发布并实施。山西省历来是重大安全事故多发省,如2007年"12·5"特别重大瓦斯爆炸事故、2008年襄汾县"9·8"特别重大尾矿库溃坝事故,都是影响全国的重大安全事故,所以该应急预案具有典型性。

该预案在结构上由7章构成:第1章总则部分规定了编制目的和依据、工作原则和适用范围;第2章规定了应急体制问题;第3章和第4章规定了应急机制问题;第5章规定了应急预案的应急保障问题;第6章附则部分规定了预案的更新与管理、制定与解释及实施时间等问题。

该应急预案从内容上来说,具备了应急预案必须具备的5大要素,即情景、客体、主体、目标和措施。其中,情景是涉及突发事件的情况和背景;客体是预案实施的对象;主体是预案实施过程中的决策者、组织者和执行者等组织或者个人;目标是本预案所要达到的效果;措施是指预案实施过程中所采取的方式、方法和手段。但是,该应急预案在逻辑上不够科学严密,应急指挥体系各机构的职责和分工不够明确,缺少关于应急预案监督和奖惩措施的规定,这会导致决策者、组织者和执行者对法律责任的规避。在分级响应阶段,预案只用了"快速""及时"等字眼,缺少具体时间的规定,使预案可操作性较差。

该应急预案实施后并未有效应对建设系统的重大安全事故,造成了大量的经济和人民生命财产损失,带来了恶劣的社会影响。仅2008年,山西省共发生各类重特大安全生产事故12起,平均每个月1起,共造成了527人遇难或失踪。

七、南宁市教育系统突发公共事件和群体性事件应急预案

预案文本

1 总　　则

1.1 目的

为有效预防、及时控制和妥善处理教育系统各类突发公共事件和群体性事件,提高快速反应和应急处理能力,建立健全应急机制,确保学校师生员工的生命与财产安全,防止发生扰乱社会秩序,危害社会稳定的群体性事件,保证正常的教育教学和生活秩序,维护学校和社会稳定,制定本预案。

1.2 编制依据

《中华人民共和国刑法》《中华人民共和国教育法》《中华人民共和国集会游行示威

法》《中华人民共和国集会游行示威法实施条例》《中华人民共和国传染病防治法》《中华人民共和国治安管理处罚法》等法律法规。

1.3 适用范围

本预案适用于市、县(区)、开发区教育局、各中小学、幼儿园应对各类突发公共事件和群体性事件的应急处置工作。本预案所指的突发公共事件和群体性事件,主要包括以下几个方面。

1.3.1 社会安全类突发事件。包括校园内外涉及师生的各种非法集会、游行、示威、请愿以及集体罢餐、罢课、上访、聚众闹事等群体性事件,各种非法传教活动、政治性活动,针对师生的各类恐怖袭击事件,师生非正常死亡、失踪等可能会引发影响校园和社会稳定的事件等。

1.3.2 突发公共卫生事件,指突然发生并造成或者可能造成学校师生健康严重损害的事件。包括发生在学校内的突发公共卫生事件,学校所在地区发生的、可能对学校师生健康造成危害的突发公共卫生事件。

1.3.3 事故灾害事件。包括学校楼堂馆舍等发生的火灾、建筑物倒塌、拥挤踩踏等重大安全事故,校园重大交通安全事故,校园水面溺水事故,大型群体活动公共安全事故,造成重大影响和损失的后勤供水、电、气、热、油等事故,重大环境污染和生态破坏事故,影响学校安全与稳定的其他突发灾难事故等。

1.3.4 网络、信息安全事件。包括利用校园网络发送有害信息,进行反动、色情、迷信等宣传活动;窃取教育行政部门、学校保密信息,可能造成严重后果的事件;各种破坏校园网络安全运行的事件。

1.3.5 自然灾害事件。包括气象、洪水、地质、地震灾害以及由地震诱发的各种次生灾害等。

1.3.6 考试泄密、违规事件。包括由教育系统组织的国家教育统一考试中,在命题管理,试卷印刷、运送、保管环节出现的泄密事件,以及在考试实施,评卷组织管理过程中发生的违规事件。

1.3.7 影响学校安全与稳定的其他突发公共事件和群体性事件。

1.4 工作原则

(1)统一指挥,快速反应。市教育局成立突发公共事件和群体性事件应急处置工作领导小组(以下简称教育局领导小组),全面负责教育系统应对突发公共事件和群体性事件的处理工作,形成处置突发公共事件和群体性事件的快速反应机制。一旦发生重大事件,确保发现、报告、指挥、处置等环节的紧密衔接,做到快速反应,正确应对,处置果断,力争把问题解决在萌芽状态。

(2)分级负责,属地管理。发生突发事件和群体性事件后,应遵循属地化管理原则,县(区)教育局要在当地党委和政府的统一领导下,启动应急预案,并及时报告市教育局。

各县(区)教育局和学校党政主要领导是维护稳定的“第一责任人”。

(3)预防为本,及时控制。立足于防范,抓早、抓小,认真开展矛盾纠纷排查调处工作,强化信息的广泛收集和深层次研判,争取早发现、早报告、早控制、早解决。要把突发公共事件和群体性事件控制在基层,控制在一定范围内,避免造成社会秩序失控和混乱。

(4)区分性质,依法处置。在处置突发公共事件和群体性事件过程中,要坚持从保护师生生命和财产安全的角度出发,按照“动之以情、晓之以理、可散不可聚,可顺不可激,可分不可结”的工作原则,及时化解矛盾,做到合情合理、依法办事,维护师生的合法权益。

(5)加强保障,重在建设。从法规上、制度上、组织上、物质上全面加强保障措施。

2 应急组织指挥体系及职责

2.1 教育局突发公共事件和群体性事件应急处置工作领导小组

组　长:党委书记、局长　夏建军

副组长:党委副书记　黄家刊

成　员:副局长　施日全

副局长　刘　彪

副局长　潘永钟

纪检副书记　张汉东

机关总支书记　陈震威

领导小组的主要职责:负责统一决策、组织、指挥教育系统内各类突发公共事件和群体性事件的应急响应行动,下达应急处置工作任务。重大问题及时向市委、市政府、教育厅报告。

2.2 各处置工作组及主要职责

2.2.1　社会安全类突发事件应急处置工作组。组长由施日全副局长担任,副组长由基础教育科章志宏科长担任。成员由办公室、人事科、基教科、职成科、体卫艺科主要负责人组成。主要职责为:统一决策、组织、指挥学校涉及社会安全类突发事件响应行动;决定必要时成立处理学校重大突发社会安全类事件工作组或调查组,及时前往事发地现场指挥、敦促或开展调查工作等事项。

2.2.2　事故灾难类突发事件应急处置工作组。组长由刘彪副局长担任,副组长由职业教育与成人教育科谭伟军科长担任,成员由办公室、计财、基教、职成、体卫艺科主要负责人组成;主要职责为:指导各地和学校建立事故灾难类突发事件的预防和监测预警机制;对县(区)教育行政部门和学校防范和处理事故灾难类突发事件工作进行督察、指导;收集教育系统事故灾难突发事件信息,适时向各县(区)教育局通报,并提出有关对策和措施;对突发的灾难事件,视其性质和严重程度,研究决定是否在一定范围内停课、通知有关政府职能部门等事宜;对一般灾难事故,要密切关注事态发展;对特大灾难事故,在接到报告后要尽快派员赴现场参加安抚慰问和事故调查工作;对师生伤亡情况进行年度分类统计。

2.2.3 公共卫生类突发事件应急处置工作组。组长由潘永钟副局长担任,副组长由体卫艺科李天诚科长担任。工作组成员由办公室、计财科、基教科、职成科、体卫艺科、督导办、市中小学保健中心负责人组成。主要职责为:在卫生局的指导下,负责教育系统突发公共卫生事件的紧急处置工作;及时收集教育系统突发公共卫生事件的相关信息,并适时向各县(区)教育局通报情况,提出各级各类学校紧急应对突发公共卫生事件的政策、措施;指导和组织各县(区)教育局和学校紧急应对和处置突发公共卫生事件;督促各县(区)教育局和学校落实突发公共卫生事件紧急应对措施;及时总结和推广各县(区)教育局和各学校紧急应对突发公共卫生事件的经验和做法;督促各县(区)教育局根据事件的性质对有关责任人进行责任追究。

2.2.4 自然灾害类突发事件应急处置工作组组长由纪委张汉东副书记担任,副组长由计划基建财务科张尚颖科长担任。成员由计财科、基教科、职成科、体卫艺科负责人组成。主要职责为:在政府自然灾害应急指挥部门的领导下,积极配合相关部门进行应急工作。根据灾害的情况,认真分析对教育行政部门所产生的影响,及时作出决策。必要时,深入现场协调处置,控制事态发展。

2.2.5 网络与信息安全类突发事件应急处置工作组。组长由局机关总支陈震威书记担任,副组长由办公室孙桂南主任、现代教育技术中心钱宏主任担任。主要工作职责:及时处置重大有害信息在校园网上大面积传播,或校园网系统遭受大范围黑客攻击和计算机病毒扩散事件;及时处置和报告校园网遭受境内外严重攻击和不可控制的大型安全事件。

2.2.6 考试安全类突发事件应急处置工作组。由市招委和市招生考试院在区招生考试院的指导下另制定预案。

2.2.7 群众信访类突发事件应急处置工作组。组长由纪委张汉东副书记担任,副组长由办公室黄勇副主任、人事科谢智福副科长、党委办公室陈挺副主任担任,成员由局机关各相关科室人员组成。主要工作职责:根据国务院新修订《信访条例》的规定,积极做好人民群众来信来访来电的接待处置工作,保证我局在发生重大、紧急信访事件时能够及时、高效、有序地应对,提高信访工作的应急反应和处理突发事件的能力,妥善处理突出问题和群体性事件,保护和尊重人民的信访权利,确保正常信访渠道的畅通,维护改革发展稳定的大局,依法建立科学的、正常的信访工作运行机制,积极、主动、慎重、果断地处置信访重点隐患,创造良好的信访工作秩序。

3　社会安全类突发事件应急处置

3.1　社会安全类突发事件应急处置

社会安全类突发事件的等级标准原则按照《国家大规模群体性突发事件应急预案》执行，同时，从教育系统比较敏感的实际出发，根据群体性事件的突发紧迫程度、形成的规模、行为方式和激烈程度、可能造成的危害、可能发展蔓延的趋势等，由高到低划分为4个等级。

3.1.1　特别重大事件（Ⅰ级）：聚集事件失控，并未经批准走出校门进行大规模游行、集会、绝食、静坐、请愿以及实施打、砸、抢等，引发地区、行业性的连锁反应，已形成严重影响社会稳定的大规模群体性事件；针对师生的各类恐怖袭击事件；以及视情需要作为Ⅰ级对待的事件。

3.1.2　重大事件（Ⅱ级）：聚集事件失控，校园网上出现大面积的串联、煽动和蛊惑信息，校内聚集规模膨胀并出现多校串联聚集趋势；校内出现未经批准的大规模游行、集会、静坐、请愿等行为，学校正常教育教学秩序受到严重影响，甚至瘫痪；以及视情需要作为Ⅱ级对待的事件。

3.1.3　较大事件（Ⅲ级）：单个突发事件引发连锁反应，校园内出现各种横幅、标语、大小字报，有关事件的讨论已攀升为校园网BBS十大热点问题之一，引发在校内局部聚集，一次或累计聚集人数不足100人，但已形成影响和干扰学校正常教育教学生活秩序的群体性事端；以及视情需要作为Ⅲ级对待的事件。

3.1.4　一般事件（Ⅳ级）：事件处于单个事件状态，可能出现连锁反应并引起聚集，群体性事端呈萌芽状态。单个性突发事件已引起师生广泛关注，师生中出现少数过激的言论和行为，校园内或校园网上出现大小字报，呈现可能会影响校园稳定的苗头性信息；以及视情需要作为Ⅳ级对待的事件。

要根据事件的发展趋势动态调整事件级别，以不断调整应急措施和方案，加大应急处置力度，提高应急处置工作的针对性、时效性。

4.1　应急响应[①]

4.1.1　特别重大事件（Ⅰ级）的处置

若事件已超出事发学校范围，在事态扩大、依靠学校力量无法平息的情况下，学校应立即向当地政府和上级主管部门报告，请求派遣警力进校，根据情况采取相应措施，避免冲突加剧和学生受伤。

4.1.2　重大事件（Ⅱ级）的处置

若事件已严重影响学校正常教学、生活秩序，当地教育行政部门负责人及时深入事

---

① 原文件无标题4。

发学校，化解矛盾，采取措施，有效处置，控制事态的蔓延和扩大。

4.1.3　较大事件（Ⅲ级）的处置

事件爆发后，处于局部聚集状态时，学校有关部门应立即向学校应急工作处置小组报告，学校应急工作处置小组立即研究决定启动工作预案并立即报告上级教育行政部门。并根据事件引发原因，通知与事件直接有关的部门负责人及其主管校领导到场，对原因清楚、能够立即处理的问题，马上依法、及时、妥善地加以处理。

4.1.4　一般事件（Ⅳ级）的处置

各地教育行政部门和学校要加强对不稳定因素的监控、信息收集和报告工作。加强校园巡查和监控，发现不稳定因素出现苗头时，及时报告，并进行紧急处理，发现具有社会危害性的大字报、小字报及传单，对张贴者立即予以监控，确定其身份，分别情况予以处置。

5　事故灾难类突发事件应急处置

5.1　事故灾难类突发事件的等级确认与划分

根据《国家安全生产事故灾难应急预案》和教育系统的实际情况，将事故灾难按严重程度，从高至低分为Ⅰ级～Ⅳ级。

5.1.1　特别重大事件（Ⅰ级）：学校所在区域内的人员和财产遭受特别重大损害，对本地区的教学秩序产生特别重大影响的事故灾害。

5.1.2　重大事件（Ⅱ级）：学校所在区域内的人员和财产遭受重大损害，对本地区的教学秩序产生重大影响的事故灾害。

5.1.3　较大事件（Ⅲ级）：对学校的人员和财产造成损害，对学校的教学秩序产生较大影响的事故灾害。

5.1.4　一般事件（Ⅳ级）：对个体造成的损害，对学校教学秩序产生一定影响的事故灾害。

5.2　应急处置措施

5.2.1　火灾事故处理办法

（1）学校突发火灾事故，要立即启动应急预案，全力组织人员疏散和开展自救工作，同时，要在第一时间内向当地公安消防“119”指挥中心（室）报警。学校有关领导和有关部门负责人要在第一时间亲临现场组织教职员工开展救人和灭火工作，并在消防队伍到现场后，主动提供有关信息，配合消防队伍组织救人和灭火抢险工作。

（2）采取诸如切断煤气等紧急安全措施，避免继发性危害。

（3）抢救伤病员，配合有关医疗部门和医疗机构妥善安置伤病员。

（4）解决好学生等受灾人员的安居问题。

（5）及时采取人员疏散、封锁现场、转移重要财物等必要措施、确保人员、财产的安全。

5.2.2 房屋、围墙、厕所倒塌等建筑物安全事故处理办法

(1)学校发生房屋、围墙、厕所倒塌等建筑物安全事故,学校有关领导和有关部门的负责同志,在第一时间赶赴一线,根据灾情启动应急预案,迅速开展现场处置和救援工作,立即向上级主管部门和当地政府报告;

(2)迅速采取诸如切断煤气等有效措施,并密切关注连带建筑物的安全状况,消除继发性危险;

(3)在有关方面的帮助下及时组织解救受困人员,抢救伤病员。

5.2.3 校园水面溺水事故处理办法

(1)有湖面水面的学校,要事先落实救援部门,配备专用救援设备;

(2)学校发生校园水面溺水事故,救援部门要立即组织人员进行现场救援,并立即向医疗急救部门报告救援;

(3)学校有关领导和有关部门的负责同志,要在第一时间亲临第一线指挥,根据灾情启动应急预案,组织人员对溺水者进行人工呼吸和进行落水人员防冻伤等应急抢救处置;

(4)对于溺水事故,要科学处理,有组织地救助,避免造成继发性伤亡。

5.2.4 楼梯间拥挤踩踏事故处理办法

(1)各中小学校要加强对学生的教育和管理,及时排查拥挤踩踏事故隐患,坚决避免拥挤踩踏事故发生;

(2)学校楼梯间发生拥挤踩踏事故,事发学校要迅速开展现场疏导和救护工作,并立即向医疗急救部门报告求援,向上级主管部门报告;

(3)学校有关领导和有关部门的负责同志,在第一时间亲临第一线指挥,根据灾情启动应急预案,控制局势,制止拥挤,做好人员疏导疏散工作;组织人员对受伤者进行人工呼吸、止血等应急抢救处置,尽快将伤病员送往医院抢救,妥善安置伤病员,必要时请求当地政府支援帮助;

(4)迅速通知受伤人员亲属,及时向师生和亲属通报有关情况,确保师生和亲属情绪稳定。

5.2.5 校园爆炸事故处理办法

(1)学校发生爆炸事故后,学校领导和有关部门负责同志要在第一时间赶到现场,组织抢救,在向上级主管部门报告的同时,立即向公安消防部门报告;

(2)学校要在爆炸现场及时设置隔离带,封锁和保护现场,疏散人员,控制好现场的治安事态,迅速采取有效措施检查并消除继发性危险,防止再次发生事故,切实保护好师生的人身财产安全;

(3)如果发现肇事者或直接责任者,应立即采取有效控制措施,并迅速报告公安机关;

(4)认真配合公安消防部门做好搜寻物证、排除险情、防止继发性爆炸等工作。

5.2.6　突发危险品污染事故的处理办法

(1)学校应根据各类危险品的特性制定相应的应急预案;

(2)学校因意外因素引起危险物品泄漏,或因违反有关规定排放污染物造成环境污染事故灾难的,应及时向当地教育和有关行政管理部门报告,同时设置污染区;

(3)当地教育行政部门接报后,应立即向当地人民政府和上级主管部门报告,并立即协同政府有关专业部门组织有关专家、技术人员携带必要的采样分析仪器赴事故现场进行调查检验,迅速查明危险品类型,确定主要污染物质以及产生的危害程度或可能造成的危害;

(4)初步查明情况后,要迅速制定消除或减轻危害的方案,并立即组织人员实施;

(5)对有明确污染源的应立即控制污染物排放;对于化学危险品污染事故,程度轻微的,启动学校相关应急预案处理,情况严重的,要立即向当地人民政府和上级主管部门报告,由当地人民政府启动相应应急预案进行处置;

(6)对发生有毒物质污染可能危及师生生命财产安全的,学校与当地教育行政部门应立即采取相应有效措施,控制污染事故蔓延,并及时报告当地政府,必要时应疏散或组织师生撤离;

(7)危险或危害排除后,学校与当地教育行政部门应召集有关部门做好善后工作,妥善处理环境污染事故。

5.2.7　校园恶性交通事故处理办法

(1)学校校园发生恶性交通事故,遇有学生、教工死亡、受伤等情况,学校领导和有关部门负责同志要在第一时间赶到现场,组织抢救,立即向医疗急救部门求助,向公安交警部门报告,并向上级主管部门报告;

(2)保护好事故现场,有效控制肇事人,寻找证人;

(3)学校有关部门协助公安交警部门及时查明事故情况;涉及外籍师生的,要尽快按规定报告各级部门。

5.2.8　大型群体活动的公共安全事故处理办法

(1)学校举办的各类大型文体活动,必须按有关规定做好专项安全保卫方案,落实安全保卫措施;

(2)发生重大安全事故,应立即启动相关应急预案,遇有学生、教工死亡、受伤等情况,立即求助医院进行伤病员抢救工作;

(3)活动组织者和安全工作负责人要稳定现场秩序,根据室内、室外不同情况组织师生有序疏散逃生,担负起保护学生生命安全的责任,尽力避免继发性灾害;

(4)学校有关领导和有关部门领导要在第一时间赶赴现场,亲临一线,靠前指挥,组织疏导、抢救伤病员,要在第一时间向当地公安机关和当地政府和政府其他有关部门报告，积极争取当地党委、政府和有关部门的支援帮助，并向上级主管部门报告。

5.2.9　外出组织实习、参观、考察等活动安全事故处理办法

(1)建立健全安全工作领导组织体系和应急预案，配备必要的应急工具和设施；

(2)完善通讯体系，做好定期通讯联络工作，定期清点人员，及时沟通信息；

(3)事件发生时，及时向有关领导和有关部门报告，同时积极开展必要的救助和自救工作；

(4)学校领导要高度重视，首先判断事件的性质，权衡事件的轻重，统一认识，统一指挥，协调好学校和事故一线两部分工作，积极开展救助；

(5)积极争取事故发生地当地党委、政府和有关部门的支援帮助。

5.2.10　突发后勤安全保障事件的处理办法

(1)学校后勤各部门要做好食堂、幼儿园等重点场所以及供水、供电、供暖和通信保障部门的突发事件防范工作，对重点场所和关键部位要加强检查，严格落实各项安全管理制度和操作规程，确保各种服务设施的安全运行，保障师生员工的身体健康和生命安全；

(2)发生跑水、断电、燃气泄漏等重大事故的紧急情况时，学校有关领导和有关方面负责同志要立即赶到现场，组织人员迅速采取应急措施，进行抢修和抢救，控制事态，必要时请求当地有关专业部门支持，力争在最短的时间内恢复正常；

(3)食堂、餐厅等饮食供应部门以及蓄水池、供水塔等二次供水部位必须有完备的安全保护设施，一旦发生污染事件要立即停止使用，做好现场保护，并联系地方政府卫生防疫部门进行检疫、化验和排污处理。

5.2.11　学校所属企事业单位发生的各类重大生产安全事故处理办法

(1)学校和有关企事业单位根据具体生产工作情况，制定本单位安全工作应急预案；

(2)如发生突发安全事故，应本着控制事态发展、积极治病救人、努力减少生命和财产损失、认真做好善后工作，保持稳定的原则处理所发生的各类重大生产安全事故；

(3)及时向学校和有关部门报告。

5.2.12　校园周边突发安全事故处理办法

(1)积极协助当地有关部门妥善处理，防止事态演化和扩大；

(2)及时向师生员工通报有关情况，引导师生情绪，稳定校园秩序，避免不必要的恐慌和动荡。

5.2.13　学校突发事故处理中的其他有关注意事项

(1)发生灾难事故，学校要及时向师生员工通报有关情况，引导师生员工情绪，稳定校园秩序，避免不必要的恐慌和动荡；

(2)本着外事无小事的原则，凡是在事故灾难中涉及外籍人员和港澳台同胞的，应及时向各级有关外事部门报告；

(3)凡是发生人员伤亡的,学校要立即采取救助措施,积极抢救伤病员,减少人员伤亡;

(4)所有灾难事故发生后,学校要考虑可能引发继发性伤害问题,都要妥善处置,不要激化矛盾,防止事态扩大和演化;

(5)凡是需要对建筑物等采取断水、断电等应急处理措施的,要认真权衡利弊,妥善处理可能发生的受灾受困人员照明、饮水需要和因为跑水漏电可能引发继发性灾害的矛盾。

6　公共卫生类突发事件应急处置(另定)

7　自然灾害类突发事件应急处置

7.1　自然灾害类突发事件等级确认与划分

7.1.1　Ⅰ级事件:学校所在区域内的人员和财产遭受重大损害,对本地区的教学秩序产生重大影响的自然灾害。

7.1.2　Ⅱ级事件:对学校的人员和财产造成较大损害,对学校的教学秩序产生严重影响的自然灾害。

7.1.3　Ⅲ级事件:对个体造成的损害,对学校教学秩序产生一定影响的自然灾害。

7.2　快速应急处置工作程序

7.3　应急处置措施

7.3.1　应急反应

(1)预报后的应急反应

根据有关规定,在政府发布自然灾害预报后,各级教育行政部门即可宣布预报区进入预备应急期。

预报区地方教育行政部门的预备应急反应主要包括:

A. 根据当地政府统一部署,启动相应级别的应急预案,并检查、落实预案的执行情况;

B. 按照当地政府的统一部署,发布躲避通知,必要时,组织避灾疏散;

C. 配合有关部门开展灾情监测工作;

D. 配合有关部门开展生命线等工程的应急保护工作;

E. 督促检查抢险救灾的准备工作;

F. 防止自然灾害谣传或误传,不信谣、不传谣,避免发生衍生灾害,保持社会安定。

(2)灾害发生后的应急反应

破坏性自然灾害发生后,在当地政府的统一部署下,教育行政部门负责领导本行政区域内教育系统的应急工作;并根据灾害等级,启动相应级别的应急预案。

8　网络和信息安全类突发事件应急处置(另定)

9　群众信访类突发事件应急处置

9.1　建立日常信访工作的常规制度

(1)实行首问责任制。第一接访人态度要和蔼,认真做好记录和解答工作。对重要的信访件或来访者,接待人员必须向科室领导和局分管领导汇报。对不属于本科室业务范围的,必须带到相关科室接待处理,不能推诿而激化矛盾。

(2)发生重大、紧急信访事项时,局应急处置工作小组必须在第一时间赶赴现场,指挥或协助有关部门做好接待、化解矛盾和处置工作。同时立即将上访情况和接访情况向市委、市政府和自治区教育厅报告。

(3)对已发生的群众集体上访,要沉着应对,认真接待,以政策为依据,耐心说服、教育、劝导,做到动之以情、晓之以理。尽可能防止矛盾激化。

(4)对进京集体上访的处置。接到有关部门通知后,由应急处置小组的组长或副组长带队赴京接回、遣返。

9.2　坚持重大活动期间和节假日值班制度

(1)坚持值班制度。市教育局、各县区教育局和直属学校在重大活动期间和节假日要按规定做好值班安排,明确值班人员的工作纪律和应履行的职责。各县区教育局和直属学校要设立值班室,公布值班电话号码,做好值班情况记录。各直属学校值班工作安排表统一上报市教育局办公室。

(2)确保通信联络信息畅通。市、县区教育局、二层机构、各直属学校的主要领导节假日期间应保持24小时手机开机。直属学校校长外出办事当日不能返校的应向市局领导报告。单位值班电话机应保持24小时有人接听,确保随呼随应。

(3)坚持信息沟通。各县区教育局、二层机构、各直属学校要适时了解和掌握本县区、本单位容易导致发生重大、紧急信访的信息,发现发生重大、紧急信访事项的苗头,要及时做好相应的工作,尽可能把事态控制在萌芽状态,并及时将有关信息报告市教育局,保持上下联动,信息沟通。

9.3　实行责任追究制

对因工作不负责任、失职、处置失当而引发大规模群众集体上访造成严重后果的,必须追究有关领导的责任。

各县区教育局和市教育局直属学校要根据本单位的实际情况,制定相应信访工作应急预案,并认真抓好各项工作的落实。

10 附 则

10.1 本预案是教育系统处置突发公共事件和群体性事件应急准备和响应的工作文件，各地和各校应遵照执行，并参照本预案制定本地区和本校的应急预案。

10.2 在各类突发公共事件和群体性事件的应急处置工作中，对有突出表现的单位和个人予以鼓励和表彰；对负有直接责任的单位和个人依据有关法规和规定给予行政处分；构成犯罪的，依法追究刑事责任。

10.3 本预案由教育局制定并负责解释。

10.4 本预案自发布之日起实施。

【文本介评】

《南宁市教育系统突发公共事件和群体性事件应急预案》是广西壮族自治区南宁市教育局制定的市级部门应急预案，于2006年9月8日发布实施。

该预案共分10章，分别为总则、应急组织指挥体系及职责、社会安全类突发事件应急处置、应急响应、事故灾难类突发事件应急处置、公共卫生类突发事件应急处置、自然灾害类突发事件应急处置、网络和信息安全类突发事件应急处置、群众信访类突发事件应急处置、附则。很显然，该预案的结构存在问题，及第4章的"应急响应"与前后章节难以并列。根据预案的内容，这里的第4章其实应为第3章的第2小节。

除上述显而易见的缺陷外，该预案还存在未规定预防预警、善后与恢复、应急保障、预案的更新与管理等内容的不足。而这些部分的缺失无疑会削弱该预案的实际运用效果。这其实反映了该预案的制定者在认识上存在把突发事件应急管理狭隘地理解为应急处置的误区。这种误区是预案制定者应极力避免的。

附录五　应急预案研究论著目录

一、有关应急预案研究的部分著作目录

1.［奥］凯尔森：《法与国家的一般理论》，沈宗灵译，中国大百科全书出版社 1996 年版。

2.［德］哈特穆特·毛雷尔：《行政法学总论》，高家伟译，法律出版社 2000 年版。

3.［美］加州大学柏克利分校：《城市的应急管理与计划》，本书编译组译，中央广播电视大学出版社 1998 年版。

4.［美］理查德·波斯纳：《并非自杀契约：国家紧急状态时期的宪法》，苏力译，北京大学出版社 2010 年版。

5.［南非］里夫：《紧急状态》，侯焕良等译，外国文学出版社 1985 年版。

6.［日］盐野宏：《行政法》，杨建顺译，法律出版社 1999 年版。

7.［日］盐野宏：《行政法总论》，杨建顺译，法律出版社 2008 年版。

8. 曹海峰：《非常规突发事件应急预案研究》，社会科学文献出版社 2018 年版。

9. 陈安、陈宁、倪慧荟：《现代应急管理理论与方法》，科学出版社 2009 年版。

10. 陈国华、张新梅、金强编著：《区域应急管理实务——预案、演练及绩效》，化学工业出版社 2008 年版。

11. 陈月、蔡文强编著：《应急管理概论》，中国法制出版社 2018 年版。

12. 崔卓兰、江乐忠主编：《高校公共安全法律研究》，人民出版社 2009 年版。

13. 范升彦、滕飞霞：《应急预案与演练》，煤炭工业出版社 2019 年版。

14. 范维澄：《公共安全与应急管理》，科学出版社 2019 年版。

15. 方文林主编：《应急处置案例分析》，中国石化出版社 2018 年版。

16. 傅思明主编：《突发事件应对法与政府危机管理》，知识产权出版社 2008 年版。

17. 郭春明：《紧急状态法律制度研究》，中国检察出版社 2004 年版。

18. 国家行政学院应急管理案例研究中心主编：《应急管理典型案例研究报告(2017)》，社会科学文献出版社 2017 年版。

19. 韩大元、莫于川主编:《应急法制论——突发事件应对机制的法律问题研究》,法律出版社2005年版。

20. 韩丽丽:《我国突发事件应对与社会政策制定模式研究》,社会科学文献出版社2010年版。

21. 胡税根等:《公共危机管理通论》,浙江大学出版社2009年版。

22. 胡望洋:《突发公共事件应急预案指南》,高等教育出版社2007年版。

23. 胡业勋、禹竹蕊、陈旭:《突发事件应急法治化研究》,法律出版社2018年版。

24. 胡志、江启成主编:《应急处置案例——霍乱、手足口、预防接种、健康教育和现场心理干预篇》,人民卫生出版社2014年版。

25. 黄顺康:《公共危机管理与危机法制研究》,中国检察出版社2006年版。

26. 贾康、刘尚希主编:《公共财政与公共危机——"非典"引发的思考》,中国财政经济出版社2004年版。

27. 贾群林、刘鹏飞编著:《突发公共事件的应急指挥与协调》,当代世界出版社2010年版。

28. 简敏:《校园危机管理策略创新:当代高校稳定的现实选择》,中国检察出版社2007年版。

29. 姜明安主编:《行政法与行政诉讼法》(第5版),北京大学出版社、高等教育出版社2011年版。

30. 蒋树声主编:《建立和完善保障公共安全的应急体系》,群言出版社2007年版。

31. 金自宁编译:《风险规制与行政法》,法律出版社2012年版。

32. 李湖生:《应急准备体系规划建设理论与方法》,科学出版社2016年版。

33. 李卫海:《紧急状态下的人权克减研究》,中国法制出版社2007年版。

34. 李雪峰等:《应急管理通论》,中国人民大学出版社2018年版。

35. 李尧远等编:《应急预案管理》,北京大学出版社2013年版。

36. 林鸿潮:《公共应急管理机制的法治化》,华中科技大学出版社2009年版。

37. 刘铁民主编,国家安全生产监督管理局安全科学技术研究中心编著:《应急体系建设和应急预案编制》,企业管理出版社2004年版。

38. 马怀德、李程伟主编:《地方层面突发事件应对的法律规制》,中国社会出版社2009年版。

39. 马怀德主编:《法治背景下的社会预警机制和应急管理体系研究》,法律出版社2010年版。

40. 马怀德编:《应急反应的法学思考——"非典"法律问题研究》,中国政法大学出版社2004年版。

41. 马怀德主编:《非常规突发事件应急管理的法律问题研究》,中国法制出版社

2015 年版。

42. 马怀德主编:《应急管理法治化研究》,法律出版社 2010 年版。

43. 苗兴壮:《超越无常——突发事件应急静态系统建构》,人民出版社 2006 年版。

44. 莫纪宏、徐高:《紧急状态法学》,中国人民公安大学出版社 1992 年版。

45. 莫纪宏编著:《"非典"时期的非常法治》,法律出版社 2003 年版。

46. 莫纪宏等:《宪法与紧急状态:〈中华人民共和国紧急状态法〉立法论证报告》,法律出版社 2010 年版。

47. 莫于川、肖竹主编:《突发事件应对法制度解析与案例指导》,中国法制出版社 2009 年版。

48. 莫于川主编:《中华人民共和国突发事件应对法释义》,中国法制出版社 2007 年版。

49. 彭宗超、詹承豫:《能力提升——司局级干部读本(财政干部岗位培训教材)》,经济管理出版社 2006 年版。

50. 戚建刚、杨小敏:《北京城市应急机制法制化的理论与实务》,华中科技大学出版社 2009 年版。

51. 戚建刚、易君:《灾难性风险行政法规制的基本原理》,法律出版社 2015 年版。

52. 戚建刚、杨小敏编著:《从灾难中学习——突发事件应对案例评析》,中国法制出版社 2007 年版。

53. 戚建刚:《法治国家架构下的行政紧急权力》,北京大学出版社 2008 年版。

54. 戚建刚:《中国行政应急法律制度研究》,北京大学出版社 2010 年版。

55. 容志等主编:《城市应急管理:流程、机制和方法》,复旦大学出版社 2019 年版。

56. 李逸平主编,上海市突发公共事件应急管理委员会办公室编著:《上海应急管理实践与探索(2012—2014)》,上海人民出版社 2015 年版。

57. 沈岿:《食品安全、风险治理与行政法》,北京大学出版社 2018 年版。

58. 沈伟红主编:《政府危机管理机制研究》,河北人民出版社 2006 年版。

59. 苏新宁等:《应急响应情报体系:理论、技术与实践》,科学出版社 2019 年版。

60. 滕宏庆:《危机中的国家紧急权与人权——紧急状态法制研究》,群众出版社 2008 年版。

61. 王晓君:《政府危机管理法律问题研究》,山东人民出版社 2008 年版。

62. 滕五晓:《应急管理能力评估:基于案例分析的研究》,社会科学文献出版社 2014 年版。

63. 万鹏飞主编:《美国、加拿大和英国突发事件应急管理法选编》,北京大学出版社 2006 年版。

64. 王雷、赵秋红、王欣:《应急管理技术与方法》,北京航空航天大学出版社 2016

年版。

65. 王旭坤:《紧急不避法治——政府如何应对突发事件》,法律出版社 2009 年版。

66. 吴宗之、刘茂编著:《重大事故应急救援系统及预案导论》,冶金工业出版社 2003 年版。

67. 宋英华主编,武汉理工大学中国应急管理研究中心编:《应急管理蓝皮书:中国应急管理报告(2018)》,社会科学文献出版社 2018 年版。

68. 邢娟娟主编:《企业事故应急救援与预案编制技术》,气象出版社 2008 年版。

69. 邢娟娟等编著:《企业重大事故应急管理与预案编制》,航空工业出版社 2005 年版。

70. 徐高、莫纪宏编著:《外国紧急状态法律制度》,法律出版社 1994 年版。

71. 薛澜、张强、钟开斌:《危机管理:转型期中国面临的挑战》,清华大学出版社 2003 年版。

72. 杨辉解:《紧急状态与公安机关应急机制研究》,中国人民公安大学出版社 2006 年版。

73. 杨月巧编著:《应急管理概论》,清华大学出版社 2016 年版。

74. 叶必丰、周佑勇:《行政规范研究》,法律出版社 2002 年版。

75. 应松年主编:《突发公共事件应急处理法律制度研究》,国家行政学院出版社 2004 年版。

76. 余凌云:《警察预警与应急机制》,中国人民公安大学出版社 2007 年版。

77. 张沛、潘锋编著:《现代城市公共安全应急管理概论》,清华大学出版社 2007 年版。

78. 张维迎:《信息、信任与法律》,生活 · 读书 · 新知三联书店 2003 年版。

79. 赵鹏:《风险社会的行政法回应:以健康、环境风险规制为中心》,中国政法大学出版社 2018 年版。

80. 赵颖:《公共应急法治研究》,法律出版社 2011 年版。

81.《应急救援系列丛书》编委会编:《企业、政府应急预案编制实务》,中国石化出版社 2008 年版。

82. 郑也夫:《代价论》,生活 · 读书 · 新知三联书店 1995 年版。

83. 中共中央党校(国家行政学院)应急管理培训中心主编:《应急管理典型案例研究报告(2018)》,社会科学文献出版社 2018 年版。

84. 朱恪钧、谭晓梅主编:《地方政府应急管理实践研究》,四川人民出版社 2009 年版。

二、有关应急预案研究的部分期刊论文目录

1. 曹海峰:《个体与组织要素的双重构建——突发事件应急管理的一个决策框架》,载《领导科学》2013 年第 26 期。

2. 曹羽、温家洪、景垠娜:《我国应急预案体系现状及展望——以上海为例》,载《灾害学》2010 年第 1 期。

3. 陈海嵩:《雾霾应急的中国实践与环境法理》,载《法学研究》2016 年第 4 期。

4. 陈婧、刘婧、王志强等:《中国城市综合灾害风险管理现状与对策》,载《自然灾害学报》2006 年第 6 期。

5. 陈升、孟庆国、胡鞍钢:《政府应急能力及应急管理绩效实证研究——以汶川特大地震地方县市政府为例》,载《中国软科学》2010 年第 2 期。

6. 陈晓春、刘青雅:《公共危机治理中政府与非政府组织的互动关系研究》,载《湘潭大学学报》(哲学社会科学版)2009 年第 4 期。

7. 陈秀峰:《公共危机治理中的非政府组织参与》,载《华中师范大学学报》(人文社会科学版)2008 年第 1 期。

8. 崔维:《应急预案编制:问题与优化》,载《山东行政学院学报》2012 年第 1 期。

9. 邓海娟:《论我国政府应急行政的法制建设》,载《成都行政学院学报》2010 年第 2 期。

10. 董立岩等:《突发公共事件应急平台系统研究》,载《吉林大学学报》(信息科学版)2009 年第 4 期。

11. 董伟、陈军:《应急法制基本原则探析》,载《湖北社会科学》2010 年第 10 期。

12. 董泽宇、宋劲松:《我国应急预案体系建设与完善的思考》,载《中国应急管理》2014 年第 11 期。

13. 高建国、贾燕:《1989 ~ 2005 年中国启动地震应急预案的研究》,载《灾害学》2006 年第 1 期。

14. 高磊、徐迎、李青狮:《美国应急管理机构设置及其启示》,载《生命与灾害》2010 年第 S1 期。

15. 高微:《构建我国突发事件应急预案的评价指标体系》,载《商业经济》2008 年第 16 期。

16. 高小平、侯丽岩:《危机管理方法论初探》,载《中国行政管理》2005 年第 5 期。

17. 高小平、刘一弘:《我国应急管理研究述评》(上),载《中国行政管理》2009 年第 8 期。

18. 高小平:《“一案三制”对政府应急管理决策和组织理论的重大创新》,载《湖南社会科学》2010 年第 5 期。

19. 高小平:《中国特色应急管理体系建设的成就和发展》,载《中国行政管理》2008 年第 11 期。

20. 高小平:《综合化:政府应急管理体制改革的方向》,载《行政论坛》2007 年第 2 期。

21. 龚卫国:《突发公共事件应急预案评估及预警警示分析》,载《湖南商学院学报》2007 年第 6 期。

22. 顾林生:《国外基层灾害应急管理的机制评析》,载《中国减灾》2007 年第 6 期。

23. 郭德勇、王凌志、刘铁忠等:《城市运行与应急管理一体化模式研究——以北京市海淀区为例》,载《中国安全生产科学技术》2013 年第 3 期。

24. 郭太生:《美国公共安全危机事件应急管理研究》,载《中国人民公安大学学报》2003 年第 6 期。

25. 郭晓丹、杨悦:《美国应急管理的法制建设及 FDA 相关部门设置对我国的启示》,载《中国药房》2010 年第 9 期。

26. 国家行政学院课题组:《英国、德国、瑞典应急管理教育培训的主要做法及启示》,载《中国浦东干部学院学报》2009 年第 3 期。

27. 韩红根:《高校突发公共事件应急预案演练科目设计》,载《扬州大学学报》(高教研究版)2010 年第 4 期。

28. 胡国清、饶克勤、孙振球:《突发公共卫生事件应急预案编制初探》,载《中华医学杂志》2005 年第 31 期。

29. 黄鹏:《公共应急法制中公民权利保护的理论模式》,载《四川理工学院学报》(社会科学版)2012 年第 1 期。

30. 贾宸浩:《完善我国应急法制的理念探析》,载《政法论丛》2009 年第 2 期。

31. 贾学琼、高恩新:《应急管理多元参与的动力与协调机制》,载《中国行政管理》2011 年第 1 期。

32. 江必新:《紧急状态与行政法治》,载《法学研究》2004 年第 2 期。

33. 姜继为、冯婕:《论城市政府对应急预案的管理》,载《城市问题》2006 年第 4 期。

34. 焦建彬:《“应急管理”述评》,载《电子科技大学学报》(社科版)2012 年第 4 期。

35. 金磊:《试论防灾预案学》,载《地质勘探安全》1999 年第 1 期。

36. 李常竹、蒋倩、郝耀文、徐华宇:《论突发事件应急法律制度的完善》,载《学理论》2010 年第 28 期。

37. 李程伟:《北京防治非典型肺炎应急预案的行政学评析》,载《北京行政学院学报》2004 年第 1 期。

38. 李丹阳:《大数据背景下的中国应急管理体制改革初探》,载《江海学刊》2014 年第 2 期。

39. 李湖生:《应急预案体系建设的理论基础研究探讨及其启示》,载《中国应急管理》2012 年第 5 期。

40. 李楠:《如何高效使用应急保障资源》,载《成都行政学院学报》2008 年第 3 期。

41. 李宁、周扬、张鹏、范碧航、吉中会:《中国自然灾害应急法律体系的数量差异分析》,载《自然灾害学报》2012 年第 4 期。

42. 李学同:《我国应急法制建设中的问题与对策研究》,载《理论前沿》2009 年第 1 期。

43. 李尧远、曹蓉、许振宇:《国家应急管理现代化:意涵、标准与路径》,载《中国地质大学学报》(社会科学版)2017 年第 3 期。

44. 李尧远、曹蓉:《我国应急管理研究十年(2004—2013):成绩、问题与未来取向》,载《中国行政管理》2015 年第 1 期。

45. 李亦纲、尹光辉、黄建发、曲国胜:《应急演练中的几个关键问题》,载《中国应急救援》2007 年第 3 期。

46. 李永清:《新常态下地方政府应急管理机制重塑的路径选择》,载《特区实践与理论》2015 年第 3 期。

47. 厉华:《美国应急管理做法及呈现的新特点》,载《现代职业安全》2009 年第 8 期。

48. 林鸿潮、詹承豫:《非常规突发事件应对与应急法的重构》,载《中国行政管理》2009 年第 7 期。

49. 林鸿潮:《公共应急管理中的市场机制:功能、边界和运行》,载《理论与改革》2015 年第 3 期。

50. 林鸿潮:《论公共应急管理机制的法治化——兼辨"一案三制"》,载《社会主义研究》2009 年第 5 期。

51. 林鸿潮:《论公共应急领域的地方"二次立法"》,载《北京行政学院学报》2008 年第 3 期。

52. 林鸿潮:《论我国公共应急体制的再改革及其法律问题》,载《行政法学研究》2010 年第 2 期。

53. 林鸿潮:《论应急预案的性质和效力——以国家和省级预案为考察对象》,载《法学家》2009 年第 2 期。

54. 林鸿潮:《政府应急能力建设及其自我认知调查——"社会预警与应急管理建设"问卷分析报告》,载《行政法学研究》2009 年第 1 期。

55. 刘爱华、刘海燕:《中美日突发公共事件应急管理机制的比较研究》,载《工业安全与环保》2010 年第 9 期。

56. 刘传正:《单体地质灾害应急预案编制与实施问题》,载《中国地质灾害与防治学报》2010 年第 3 期。

57. 刘功智、刘铁民:《重大事故应急预案编制指南》,载《劳动保护》2004 年第 4 期。

58. 刘吉夫、张盼娟、陈志芬、陈晋:《我国自然灾害类应急预案评价方法研究(Ⅰ):完备性评价》,载《中国安全科学学报》2008 年第 2 期。

59. 刘吉夫、朱晶晶、张盼娟、陈晋:《我国自然灾害类应急预案评价方法研究(Ⅱ):责任矩阵评价》,载《中国安全科学学报》2008 年第 4 期。

60. 刘佳:《紧急状态下行政应急法制研究》,载《吉林省经济管理干部学院学报》2010 年第 2 期。

61. 刘铁民:《突发公共事件应急预案编制与管理》,载《中国应急管理》2007 年第 1 期。

62. 刘伟:《危机管理体系中的思想政治教育:现状、反思与进路》,载《理论与改革》2012 年第 5 期。

63. 刘文奎:《对加强基层应急管理基础建设的思考》,载《办公室业务》2007 年第 3 期。

64. 刘霞、严晓:《我国应急管理"一案三制"建设:挑战与重构》,载《政治学研究》2011 年第 1 期。

65. 刘哲昕:《"7·23"动车追尾事故应急处理引发的法律思考》,载《法学》2011 年第 8 期。

66. 隆文非、黄金池:《美国大坝应急反应计划与我国水库防洪应急预案的比较》,载《中国水利》2007 年第 2 期。

67. 卢文刚、方冰:《基于危机生命周期视角的城市公共场所暴恐事件应急治理研究——以昆明火车站"3·01"事件为例》,载《信访与社会矛盾问题研究》2017 年第 3 期。

68. 陆立德、徐旭初:《防灾预案研究》,载《灾害学》1992 年第 2 期。

69. 栾盈菊:《对政府应急预案编制与实施的思考——以 2008 年南方低温雨雪冰冻灾害为例》,载《江南社会学院学报》2008 年第 2 期。

70. 马怀德、李程伟、翟校义等:《突发事件应对的地方立法创新:对北京范本的解读》,载《国家行政学院学报》2008 年第 4 期。

71. 马怀德:《修改〈突发事件应对法〉的几点建议》,载《理论视野》2009 年第 4 期。

72. 马志毅:《中国应急管理:体制、机制与法制》,载《行政管理改革》2010 年第 10 期。

73. 毛瑞明:《美国"应急管理"对我国的启示》,载《贵州警官职业学院学报》2008 年第 4 期。

74. 莫纪宏:《〈突发事件应对法〉及其完善的相关思考》,载《理论视野》2009 年第

4 期。

75. 莫纪宏:《中国紧急状态法的立法状况及特征》,载《法学论坛》2003 年第 4 期。

76. 莫于川、梁爽:《关于完善中国的应急志愿服务法律保障体系之管见》,载《河北法学》2011 年第 5 期。

77. 莫于川、梁爽:《社会应急能力建设与志愿服务法制发展——应急志愿服务是社会力量参与突发事件应对工作的重大课题》,载《行政法学研究》2010 年第 4 期。

78. 莫于川、王宇飞:《平安校园建设与学校突发事件防范机制创新》,载《南都学坛》2013 年第 2 期。

79. 莫于川:《公共危机管理的行政法治现实课题》,载《法学家》2003 年第 4 期。

80. 莫于川:《通过改革创新更有效地应对突发事件、保障基本权利、约束公共权力——以甬温线动车追尾事故救援处置工作教训为研究线索》,载《法学杂志》2012 年第 9 期。

81. 莫于川:《我国的公共应急法制建设——非典危机管理实践提出的法制建设课题》,载《中国人民大学学报》2003 年第 4 期。

82. 莫于川:《建议在我国行政程序法典中设立紧急程序条款》,载《政治与法律》2003 年第 6 期。

83. 莫于川:《我国平安校园、和谐校园建设的法治路向——兼谈学校突发事件应急管理与应急法制研究的背景》,载《哈尔滨工业大学学报》(社会科学版)2011 年第 3 期。

84. 莫于川:《我国生产安全法制深化发展的又一个里程碑》,载《安全与健康》2019 年第 6 期。

85. 莫于川:《应积极发挥行政指导措施在应对国际金融危机冲击中的作用——兼论通过行政管理方式创新提升政府的危机干预能力》,载《行政法学研究》2009 年第 4 期。

86. 莫于川:《学会刚柔相济应对突发事件——谈谈应急管理工作中的行政指导措施》,载《中国应急管理》2007 年第 10 期。

87. 莫于川:《国外应急法制的七个特点》,载《中国应急管理》2007 年第 3 期。

88. 莫于川:《突发事件应急管理应尽快立法——建立应急法制以健全应急预案为先》,载《财经》2006 年第 2 期。

89. 戚建刚、杨小敏:《"松花江水污染"事件凸显我国环境应急机制的六大弊端》,载《法学》2006 年第 1 期。

90. 戚建刚:《行政应急管理体制的内涵辨析》,载《行政法学研究》2007 年第 1 期。

91. 戚建刚:《紧急权力的自由模式之演进》,载《中国法学》2005 年第 4 期。

92. 戚建刚:《我国应急行政主体制度之反思与重构》,载《法商研究》2007 年第 3 期。

93. 秦治来:《国外突发事件应急管理的若干启示》,载《中国党政干部论坛》2010 年第 5 期。

94. 闪淳昌、周玲:《从 SARS 到大雪灾:中国应急管理体系建设的发展脉络及经验反思》,载《甘肃社会科学》2008 年第 5 期。

95. 闪淳昌:《建立健全突发事件应急预案》,载《中国减灾》2004 年第 6 期。

96. 闪淳昌:《切实加强应急预案体系的建设》,载《城市与减灾》2006 年第 5 期。

97. 孙正、赵颖:《关于突发事件的指挥与处置问题的几点思考》,载《中国行政管理》2006 年第 11 期。

98. 陶振:《突发事件应急预案:体系、编制与优化》,载《行政论坛》2013 年第 5 期。

99. 滕宏庆:《绸缪与因应:广州地方应急法制化路径探析》,载《法治论坛》2009 年第 2 期。

100. 滕宏庆:《论行政应急权的合宪性控制》,载《法律科学(西北政法大学学报)》2011 年第 6 期。

101. 滕五晓:《新时代国家应急管理体制:机遇、挑战与创新》,载《人民论坛·学术前沿》2019 年第 5 期。

102. 童星、陶鹏:《论我国应急管理机制的创新——基于源头治理、动态管理、应急处置相结合的理念》,载《江海学刊》2013 年第 2 期。

103. 王宏伟:《美国应急管理的发展与演变》,载《国外社会科学》2007 年第 2 期。

104. 王宏伟:《中国特色应急管理体制的构建与应急管理部的未来发展》,载《中国安全生产》2018 年第 6 期。

105. 王建平、李军辰:《灾害应急预案供给与启动的法律效用提升——以“余姚水灾”中三个应急预案效用总叠加为视角》,载《南京大学学报》(哲学·人文科学·社会科学)2015 年第 4 期。

106. 王久平:《尊崇法治理念　科学构建应急管理法制体系——应急管理法律与政策研究基地主题沙龙综述》,载《中国应急管理》2020 年第 1 期。

107. 王萌:《我国突发事件应急法制问题浅析》,载《理论研究》2010 年第 1 期。

108. 王世彤、毛华斌、窦艳芬:《地方政府及组织突发事件应急预案制定原则分析》,载《社会科学家》2006 年第 3 期。

109. 王曦、胡苑:《美国国家应急计划概述》,载《环境保护》2007 年第 Z1 期。

110. 王雅琴:《突发事件与应急机制构建》,载《山西高等学校社会科学学报》2014 年第 12 期。

111. 王滢芝:《我国水污染事件应急预案的现状及建议》,载《中国建设信息(水工业市场)》2010 年第 9 期。

112. 王宇飞:《“一案三制”是学校突发事件应急管理的治本之策》,载《哈尔滨工业大学学报》(社会科学版)2011 年第 3 期。

113. 卫睿博:《应对突发公共事件的法律思考》,载《中国律师》2009 年第 4 期。

114. 温志强、郝雅立:《转危为机:应急管理体系的完善与发展困境——汶川地震十周年回顾》,载《理论学刊》2018 年第 4 期。

115. 温志强:《政府职能转变视域下的突发事件应急决策模式创新研究》,载《管理世界》2016 年第 5 期。

116. 吴晓涛:《中国突发事件应急预案研究现状与展望》,载《管理学刊》2014 年第 1 期。

117. 肖文涛、许强龙:《基层政府应急预案管理:困境与出路》,载《理论探讨》2016 年第 1 期。

118. 谢如鹤、宗岩:《论我国应急物流体系的建立》,载《广州大学学报》(社会科学版)2005 年第 11 期。

119. 熊灿平:《对加强应急管理工作的思考》,载《中国发展观察》2008 年第 10 期。

120. 许兆亭、孟昭威、尹燕福:《灭火预案编制中存在的问题及对策》,载《消防科学与技术》2005 年第 3 期。

121. 薛澜、钟开斌:《突发公共事件分类、分级与分期:应急体制的管理基础》,载《中国行政管理》2005 年第 2 期。

122. 薛元杰、周建新、刘铁民:《突发事件应急预案的评估研究》,载《中国安全生产科学技术》2015 年第 10 期。

123. 寻寰中、王德:《构筑我国政府应急管理后勤保障体系》,载《中国行政管理》2004 年第 1 期。

124. 闫旭:《突发事件应急演练组织实施与常见问题研究》,载《管理观察》2019 年第 15 期。

125. 闫章荟:《中国自然灾害应急管理自适应系统研究》,载《公共行政评论》2012 年第 4 期。

126. 颜海、赵冲、马强:《我国应急管理体制与机制理论研究综述》,载《图书情报工作网刊》2010 年第 7 期。

127. 杨建顺:《论危机管理中的权力配置与责任机制》,载《法学家》2003 年第 4 期。

128. 杨静、陈建明、赵红:《应急管理中的突发事件分类分级研究》,载《管理评论》2005 年第 4 期。

129. 杨力、邢娟娟:《学校突发事件应急管理与预案模式探讨》,载《中国安全生产科学技术》2010 年第 1 期。

130. 杨龙、郑春勇:《地方合作在区域性公共危机处理中的作用》,载《武汉大学学报》(哲学社会科学版)2011 年第 1 期。

131. 杨懋源、宋峰:《对地震应急预案的科学性、可操作性和体系性的讨论》,载《国际地震动态》2002 年第 1 期。

132. 杨姝玲:《突发环境污染事件应急机制法律问题探讨》,载《哈尔滨商业大学学报》(社会科学版)2010 年第 6 期。

133. 姚国章、郭梦、黄森等:《美国〈国家应急计划〉之一》,载《电子政务》2006 年第 6 期。

134. 姚国章:《典型国家突发公共事件应急管理体系及其借鉴》,载《南京审计学院学报》2006 年第 2 期。

135. 姚国章:《日本突发公共事件应急管理体系解析》,载《电子政务》2007 年第 7 期。

136. 于安:《突发事件应对法着意提高政府应急法律能力》,载《中国人大》2006 年第 14 期。

137. 于安:《制定〈突发事件应对法〉的理论框架》,载《法学杂志》2006 年第 4 期。

138. 于安:《制定紧急状态法的基本问题(上)》,载《法学杂志》2004 年第 4 期。

139. 于安:《制定紧急状态法的基本问题(下)》,载《法学杂志》2004 年第 5 期。

140. 于瑛英、池宏、高敏刚:《应急预案的综合评估研究》,载《中国科技论坛》2009 年第 2 期。

141. 于瑛英、池宏:《基于网络计划的应急预案的可操作性研究》,载《公共管理学报》2007 年第 2 期。

142. 鱼海深:《编制抗震防灾应急预案的初步探讨》,载《灾害学》1988 年第 4 期。

143. 蔡冠华、黎伟:《美国应急预案体系研究及对我国的标准化建议》,载《质量与标准化》2013 年第 7 期。

144. 喻尊平:《美国灾害应急管理体系及社区志愿者队伍建设的启示》,载《中国减灾》2013 年第 7 期。

145. 袁振龙:《我国应急管理体制改革的路径与重点》,载《社会治理》2018 年第 5 期。

146. 翟丹妮:《应急平台中数字化预案系统建设的研究》,载《中国公共安全》(学术版)2008 年第 1 期。

147. 詹承豫、顾林生:《转危为安:应急预案的作用逻辑》,载《中国行政管理》2007 年第 5 期。

148. 詹承豫、李程伟:《北京市突发事件应对体系的发展回顾与趋势研究》,载《北京社会科学》2010 年第 5 期。

149. 詹承豫:《动态情景下突发事件应急预案的完善路径研究》,载《行政法学研究》2011 年第 1 期。

150. 张大成:《论对高校应急预案编制和管理的完善》,载《辽宁工业大学学报》(社会科学版)2010 年第 1 期。

151. 张海波、童星:《中国应急预案体系的优化——基于公共政策的视角》,载《上海行政学院学报》2012 年第 6 期。

152. 张海波:《中国应急预案体系:结构与功能》,载《公共管理学报》2013 年第 2 期。

153. 张海波:《中国应急预案体系的运行机理、绩效约束与管理优化》,载《中国应急管理》2011 年第 6 期。

154. 张海龙、李雄飞、董立岩:《应急预案评估方法研究》,载《中国安全科学学报》2009 年第 7 期。

155. 张红:《我国突发事件应急预案的缺陷及其完善》,载《行政法学研究》2008 年第 3 期。

156. 张红:《英美两国应急预案制度及其借鉴意义》,载《中国应急管理》2008 年第 3 期。

157. 张健:《确保核事故应急演习的检验性》,载《核安全》2009 年第 2 期。

158. 张盼娟、陈晋、刘吉夫:《我国自然灾害类应急预案评价方法研究(Ⅲ):可操作性评价》,载《中国安全科学学报》2008 年第 10 期。

159. 张鹏、李宁、范碧航等:《近 30 年中国灾害法律法规文件颁布数量与时间演变研究》,载《灾害学》2011 年第 3 期。

160. 张勤、张书菡:《志愿服务参与应急管理的能力提升探析》,载《中国行政管理》2016 年第 5 期。

161. 张廷竹:《国内外事故应急救援预案管理概况》,载《浙江化工》2006 年第 7 期。

162. 张小兵、张然、解玉宾:《我国应急演练管理研究新进展》,载《中国安全生产科学技术》2016 年第 10 期。

163. 张研:《事故应急救援预案编制技术》,载《黑龙江科技信息》2013 年第 32 期。

164. 张英菊、闵庆飞、曲晓飞:《突发公共事件应急预案评价中关键问题的探究》,载《华中科技大学学报》(社会科学版)2008 年第 6 期。

165. 张永春:《地震应急预案管理和社会动员机制的建立》,载《福建地震》2004 年第 2 期。

166. 张再生、孙雪松:《基层应急管理:现实绩效、制度困境与优化路径》,载《南京社会科学》2019 年第 10 期。

167. 赵伟、储江红:《浅析我国应急预案管理面临的困境及未来取向》,载《改革与开放》2018 年第 24 期。

168. 赵园园:《正确看待我国应急管理中存在的问题》,载《求实》2012 年第 S2 期。

169. 钟开斌、张佳:《论应急预案的编制与管理》,载《甘肃社会科学》2006 年第 3 期。

170. 钟开斌:《"一案三制":中国应急管理体系建设的基本框架》,载《南京社会科学》2009 年第 11 期。

171. 钟开斌:《回顾与前瞻:中国应急管理体系建设》,载《政治学研究》2009 年第 1 期。

172. 钟开斌:《应急管理“机制”辨析》,载《中国减灾》2008 年第 4 期。

173. 钟开斌:《中国应急预案体系建设的四个基本问题》,载《政治学研究》2012 年第 6 期。

174. 周永根:《中国社区应急管理预案法制体系研究》,载《湖南社会科学》2018 年第 5 期。

175. 朱陆民、董琳:《我国应急管理的法制建设探析》,载《行政管理改革》2011 年第 6 期。

176. 朱芒:《论行政规定的性质——从行政规范体系角度的定位》,载《中国法学》2003 年第 1 期。

三、有关应急预案研究的部分报纸文章目录

1. 侯佳儒:《做好应急管理体系和能力现代化法治保障》,载《经济日报》2019 年 12 月 12 日,第 9 版。

2. 姜传胜:《美国应急预案体系建设对我国的启示》,载《中国应急管理报》2020 年 1 月 7 日,第 7 版。

3. 姜传胜:《我国应急预案体系的主要问题与对策》,载《中国应急管理报》2020 年 1 月 27 日,第 3 版。

4. 张春中:《推进红十字会应急管理体系和能力现代化》,载《中国红十字报》2019 年 12 月 13 日,第 3 版。

5. 莫于川:《〈突发事件应对法〉与我国应急法制建设》,载《光明日报》2011 年 7 月 7 日,第 15 版。

6. 莫于川:《应对新型冠状病毒肺炎疫情的应急法治原则》,载《法制日报》2020 年 2 月 5 日,第 9 版。

7. 莫于川:《疫情治理:仰赖尊法学法守法用法》,载《检察日报》2020 年 3 月 4 日,第 3 版。

8. 支振锋:《在抗疫中完善应急法治体系》,载《环球时报》2020 年 2 月 17 日,第 15 版。

四、有关应急预案研究的部分学位论文目录

1. 付晓强:《突发公共卫生事件应急预案研究》,吉林大学 2008 年硕士学位论文。

2. 顾铖祎:《论我国紧急行政体系中的应急预案制度》,华东政法大学 2008 年硕士学位论文。

3. 韩文源:《论应急行政中的权利保障》,山东大学 2009 年硕士学位论文。

4. 侯晓蕾:《行政应急权研究》,吉林大学 2010 年博士学位论文。

5. 姜亭琪:《我国地震应急预案体系研究》,吉林大学 2008 年硕士学位论文。

6. 姜雨昊:《法治视野下行政应急性原则的确立》,中国政法大学 2012 年硕士学位论文。

7. 雷颖:《我国突发事件行政应急法律问题研究》,辽宁大学 2012 年硕士学位论文。

8. 李丽:《应急管理中部门协调方式的法制化》,中国政法大学 2009 年硕士学位论文。

9. 李述麟:《大型体育赛事突发事件应急预案编制的技术及应用研究》,湖南大学 2010 年硕士学位论文。

10. 刘佳:《紧急状态下行政应急法制研究》,吉林大学 2009 年硕士学位论文。

11. 路敏:《我国灾害应急法制之研究》,复旦大学 2009 年硕士学位论文。

12. 彭华:《论我国行政应急行为的司法审查》,中国政法大学 2014 年硕士学位论文。

13. 任堃:《危机管理视角下的当代中国政府形象构建》,山东大学 2010 年博士学位论文。

14. 王海涛:《突发公共卫生事件应急预案管理研究——以平顶山市为例》,郑州大学年 2011 年硕士学位论文。

15. 王守海:《紧急状态下政府信息公开制度研究》,中国政法大学 2010 年硕士学位论文。

16. 谢伟:《突发环境事件应急管理法律机制研究》,复旦大学 2011 年硕士学位论文。

17. 杨凤平:《北京市应急管理能力评价指标体系研究》,首都经济贸易大学 2014 年硕士学位论文。

18. 杨艳玲:《大型工程项目风险预警及应急预案研究》,重庆交通大学 2009 年硕士学位论文。

19. 于瑛英:《应急预案制定中的评估问题研究》,中国科学技术大学 2008 年博士学位论文。

20. 张义:《突发公共卫生事件中政府应急管理研究——基于吉林省甲型 H1N1 流感防控的实证分析》,吉林大学 2011 年博士学位论文。

后　　记

2003年非典以及其后的高致病性禽流感等诸多重大突发公共事件，暴露出我国危机应对机制及其法律保障体系存在诸多薄弱环节。因此，党中央、国务院提出要大力建设以"一案三制"（应急预案、应急体制、应急机制和应急法制）为核心的应急管理体系。经过多年努力取得很大进步，而应急预案体系也已成为我国应急管理体系的重要组成部分。但是，在这次新冠肺炎疫情防控过程中特别是在疫情防控工作前期，出现了突发公共卫生事件管理体系和应急法制运行不到位的诸多教训。其中，比较突出的一个教训是突发公共卫生事件应急预案的准备、启动和实施受阻不畅，不能满足疫情防范应对工作需要，成为学术界和实务界均予批评、亟须解决且达成共识的重大疑难课题。基于上述认知，我带着学术团队在国家社科基金项目阶段成果的基础上，针对疫情防控中的经验教训进行补充调研，力求通过系统深入、科学适用的专门研究成果来回应现实需求，最终形成这部一绪言、四编、十四章、五附录、一结语、约58万字的学术专著。

本书初稿撰写或翻译分工如下。绪言：莫于川、任肖容；第一章：林鸿潮；第二章：詹成豫；第三章：禹竹蕊；第四章：林鸿潮；第五章：钟开斌；第六章：杜吾青；第七章：曹海青；第八章：肖洋洋；第九章：雷振；第十章：雷振；第十一章：栗燕杰；第十二章：禹竹蕊；第十三章：曹海青；第十四章：栗燕杰；附录：莫于川、詹成豫、肖洋洋、李蕊佚、吕夏溪、唐静、杨珊、徐传梅、高斌、龚姝、刘雄伟、孙政、戎慧琳；结语：莫于川、梅帅。本书由主编补充、修改、定稿。协助统稿人员：曹海青、肖洋洋、任肖容、杜吾青、梅帅、孙政、戎慧琳。

这次新冠肺炎疫情是中华人民共和国成立以来在我国发生的传播速度最快、感染范围最广、防控难度最大的一次重大突发公共卫生事件。对执政党和人民政府、全国人民来说，这是一次危机，也是一次大考，更是一次通过全面深刻反思改进我国社会今后能够获得更稳健持续发展的机会。而依法防控疫情的要义之一，就是必须高度重视、认真建设和妥善运用突发公共卫生应急预案体系，本书就是我带领学术团队回应这个社会需求作出的最新专业努力。感谢各位参加调研、撰稿和协助统稿工作的年轻学子们！感谢给予我和学术团队巨大支持帮助的各组织机构和有识人士！感谢一直给予我巨大支持帮助的法律出版社领导和法治与经济分社沈小英分社长和单洁责任编辑！感谢抗击新冠疫情各条战线的专业人士和志愿者朋友们给予我和学术团队的巨大精神激励！

祈愿这项学术成果能够为领导决策机关和主管部门和有关机构的公务人员、企事业单位和各类社会组织的管理人员、管理学和法学师生以及广大各界读者，学习了解、研究运用应急预案理论与实务知识提供专业参考，从智力支持的角度促进应急预案体系建设，逐步提升应急预案法治化水平，助力中国特色应急法治体系更完善，切实发挥出依法保障经济社会协调稳健发展的特殊功用。

莫于川

2020 年 3 月 10 日于北京世纪城绿园

图书在版编目(CIP)数据

应急预案法治论：突发事件应急预案的法治理论与制度建构／莫于川主编. -- 北京：法律出版社，2020

ISBN 978-7-5197-4488-5

Ⅰ. ①应… Ⅱ. ①莫… Ⅲ. ①突发事件－公共管理－法治－研究－中国②突发事件－公共管理－制度建设－研究－中国 Ⅳ. ①D922.104②D63

中国版本图书馆CIP数据核字(2020)第076315号

应急预案法治论
——突发事件应急预案的法治理论与制度建构
YINGJI YUAN FAZHI LUN
—TUFA SHIJIAN YINGJI YUAN DE FAZHI LILUN YU ZHIDU JIANGOU

莫于川 主编

策划编辑 沈小英
责任编辑 沈小英 单 洁
装帧设计 李 瞻

出版 法律出版社
总发行 中国法律图书有限公司
经销 新华书店
印刷 固安华明印业有限公司
责任校对 李景美
责任印制 吕亚莉

编辑统筹 法治与经济出版分社
开本 710毫米×1000毫米 1/16
印张 27.5
字数 580千
版本 2020年9月第1版
印次 2020年9月第1次印刷

法律出版社／北京市丰台区莲花池西里7号(100073)
网址／www.lawpress.com.cn
投稿邮箱／info@lawpress.com.cn
举报维权邮箱／jbwq@lawpress.com.cn
销售热线／400-660-8393
咨询电话／010-63939796

中国法律图书有限公司／北京市丰台区莲花池西里7号(100073)
全国各地中法图分、子公司销售电话：
统一销售客服／400-660-8393/6393
第一法律书店／010-83938432/8433 西安分公司／029-85330678 重庆分公司／023-67453036
上海分公司／021-62071639/1636 深圳分公司／0755-83072995

书号：ISBN 978-7-5197-4488-5 **定价**：128.00元
(如有缺页或倒装，中国法律图书有限公司负责退换)